21 世纪本科院校土木建筑类创新型应用人才培养规划教材

建设项目评估

主　编　黄明知　尚华艳
副主编　魏向辉　罗时朋　顾广娟
参　编　邓　宁　柴光文　刘莹莹
　　　　郑　娟　祝星星　王哲宁
主　审　徐　莉

内容简介

本书结合工程案例系统地介绍了建设项目评估的各部分内容，包括建设项目评估学概论、项目建设的必要性评估、建设项目技术方案评估、财务基础数据测算的评审、建设项目财务评估、建设项目经济费用效益分析、建设项目环境影响评价、建设项目社会评价、建设项目风险和不确定性评估、建设项目综合评估和建设项目后评估等。

本书结构完整、内容丰富、方法具体，各章既有实际引例和案例分析，也有思考练习题。本书可以作为高等院校土木工程和工程管理类专业本科生的教材或学习参考书，也可作为规划设计、科学研究、金融投资咨询、建设管理等企事业单位及政府行业主管部门工作人员的培训教材或参考书。

图书在版编目(CIP)数据

建设项目评估/黄明知，尚华艳主编．—北京：北京大学出版社，2013.1
(21世纪本科院校土木建筑类创新型应用人才培养规划教材)
ISBN 978-7-301-21310-0

Ⅰ.①建… Ⅱ.①黄… ②尚… Ⅲ.①基本建设项目—项目评价—高等学校—教材 Ⅳ.①F282

中国版本图书馆 CIP 数据核字(2012)第 230570 号

书　　　　名：	**建设项目评估**
著作责任者：	黄明知　尚华艳　主编
策划编辑：	吴　迪　卢　东
责任编辑：	吴　迪
标准书号：	ISBN 978-7-301-21310-0/TU・0290
出版发行：	北京大学出版社
地　　　址：	北京市海淀区成府路 205 号　100871
网　　　址：	http://www.pup.cn　新浪官方微博：@北京大学出版社
电子信箱：	pup_6@163.com
电　　　话：	邮购部 010-62752015　发行部 010-62750672　编辑部 010-62750667
印　刷　者：	北京虎彩文化传播有限公司
经　销　者：	新华书店

787 毫米×1092 毫米　16 开本　19.75 印张　462 千字
2013 年 1 月第 1 版　2024 年 7 月第 10 次印刷

定　　价：48.00 元

未经许可，不得以任何方式复制或抄袭本书之部分或全部内容。
版权所有，侵权必究
举报电话：010-62752024　电子信箱：fd@pup.pku.edu.cn

前　言

　　建设项目评估是投资决策者、金融机构或咨询公司在可行性研究工作的基础上，对拟建项目的建设必要性、技术可行性、经济合理性、财务营利性、环境相容性、社会影响的可接受性、项目实施可能性和风险性以及项目建成后的运营可靠性等进行的再分析和再研究，对于提高投资效益、降低投资风险、优化资源配置等都具有十分重要的意义和作用。本书根据中华人民共和国教育部关于土木工程类专业本科生培养目标和中华人民共和国住房和城乡建设部高等学校工程管理专业指导委员会制定的课程教学大纲的要求，在总结吸收国内外建设项目评估的成熟理论和实践经验的基础上，结合作者多年的教学科研实践和项目评估领域的前沿动态撰写而成。

　　本书具有4个方面的突出特点：第一是理论与方法体系较为完整。本书在借鉴吸收国内外同类著述精华的同时，密切联系我国项目评估的实际情况，构建了相对完整而独特的项目评估理论与方法体系。第二是特别注重理论联系实际，突出理论方法的实用性与可操作性。每章都精心选取了若干个具有代表性的典型案例，并结合案例进行讲解，有利于读者学习和理解项目评估的基本理论与方法。第三是特别强调教学内容和教学方式的创新。主要表现在：紧密结合建设项目评估的理论、方法、政策、法规与参数等的新变化，如《建设项目经济评价方法与参数》（第三版），及时更新教材内容；另一方面各章的内容都进行了一定程度的创新，进一步丰富和完善了内容体系。第四是特别适合教师的教学和学生的自学。本书从教学的规律和特点出发，为方便教师和学生更好地把握建设项目评估的知识体系和教学要点，在每一章的正文前都列出了"教学目标"、"学习要点"、"基本概念"和"引例"，正文后给出了"本章小结"与"习题"，而且还将在互联网上配套发布32学时左右的教学配套视频与电子课件，免费提供给读者自由使用。这非常有利于学生的自学和在学习过程中更好地抓住关键知识点，并通过练习和思考达到检验、巩固和提高的目的，而且还可以大大降低教师课堂上的教学强度，使教学双方有更多的时间和精力用于互动交流。课后习题答案可在北京大学出版社第六事业部网站（http://www.pup6.cn）下载。

　　本书共11章，由武汉理工大学黄明知和首都经济贸易大学尚华艳担任主编，负责全书框架的设计和统稿、定稿工作，武汉科技大学魏向辉、武汉理工大学罗时朋、安徽新华学院顾广娟担任副主编，其他参编人员还有中南财经政法大学邓宁、武汉理工大学柴光文、刘莹莹、祝星星、郑娟、王哲宁等，主审为武汉大学博士生导师徐莉教授。尽管本书的编写经过了反复推敲和仔细深入的研究工作，但是由于作者本身的能力和水平所限，书中的疏漏和不妥之处仍在所难免。因此作者恳请使用本书的读者和有关专家提出宝贵的意见和建议，以便在今后的进一步修订中使本书的质量得以提高，使整个建设项目评估学科的知识体系得以完善。

建设项目评估

本书编写过程中参考了国内外同行专家的相关著作、兄弟院校的教材以及相关文献资料，其中主要资料已列入本书参考文献，或在书中注明，在此谨向各位同行表示衷心感谢！

编　者

2012 年 10 月

目 录

第1章 建设项目评估学概论 …………… 1
  1.1 建设项目概述 ………………… 3
    1.1.1 建设项目的划分 ………… 3
    1.1.2 建设项目发展周期 ……… 4
    1.1.3 项目前期研究 …………… 5
  1.2 建设项目评估 ………………… 7
    1.2.1 建设项目评估的基本概念 … 7
    1.2.2 建设项目评估的内容 …… 8
    1.2.3 可行性研究 ……………… 8
    1.2.4 建设项目可行性研究与项目评估的异同 ……………… 8
    1.2.5 建设项目评估工作的难点和重点 ………………………… 9
  1.3 建设项目评估学 ……………… 10
    1.3.1 建设项目评估学的基本概念 ……………………………… 10
    1.3.2 建设项目评估学的研究内容 ……………………………… 10
    1.3.3 建设项目评估学的前沿发展趋势 ………………………… 10
  本章小结 ………………………… 14
  习题 ……………………………… 14

第2章 项目建设的必要性评估 ………… 15
  2.1 项目建设必要性评估概述 …… 17
    2.1.1 项目建设必要性评估的概念 ……………………………… 17
    2.1.2 项目建设必要性评估的目的、意义和作用 ……………… 19
    2.1.3 项目建设必要性评估的依据 ……………………………… 20
    2.1.4 项目建设必要性评估的主体和对象 ……………………… 20
  2.2 项目建设必要性评估的准则及指标 ……………………………… 20
    2.2.1 项目建设必要性评估的准则 ……………………………… 20
    2.2.2 项目建设必要性评估的指标 ……………………………… 21
  2.3 建设项目市场需求分析 ……… 21
    2.3.1 项目市场需求分析的含义及作用 ………………………… 21
    2.3.2 项目市场需求分析的内容 ………………………………… 23
  2.4 建筑产品的市场需求调查研究的内容 ………………………………… 32
    2.4.1 市场调查的含义 ………… 32
    2.4.2 市场调查的内容 ………… 33
    2.4.3 市场调查的作用及功能 … 34
    2.4.4 市场调查的程序 ………… 34
    2.4.5 市场调查的方法 ………… 35
  2.5 建筑产品的市场需求预测的基本方法和模型 …………………… 37
    2.5.1 市场需求预测的含义和作用 ……………………………… 37
    2.5.2 市场需求预测的原则与内容 ……………………………… 37
    2.5.3 市场需求预测的程序及种类 ……………………………… 38
    2.5.4 市场需求预测的基本方法和模型 ………………………… 40
  本章小结 ………………………… 58
  习题 ……………………………… 59

第3章 建设项目技术方案评估 ………… 61
  3.1 建设项目技术评估 …………… 63
    3.1.1 建设项目技术评估的概念 … 63
    3.1.2 建设项目技术评估的必要性 ……………………………… 64
    3.1.3 建设项目技术评估的内容 … 64
    3.1.4 建设项目技术评估的主体 … 65
    3.1.5 建设项目技术评估的方法 … 65
    3.1.6 建设项目技术评估的准则 … 67
  3.2 建设项目生产规模方案评估 … 71
    3.2.1 项目生产规模的概念 …… 71
    3.2.2 项目生产规模的影响因素 … 71
    3.2.3 项目生产规模的确定方法 … 74
  3.3 建设项目物料供应方案评估 …… 75

3.3.1 建设项目所需的物料
种类 …………………… 75
3.3.2 物料供应方案评估准则 …… 76
3.3.3 原材料供应条件评估的
内容 …………………… 77
3.3.4 燃料及动力供应条件评估的
内容 …………………… 78
3.3.5 公用设施条件评估的内容 … 79
3.4 建设项目的选址分析报告评估 …… 80
3.4.1 项目建厂地区分析 ……… 81
3.4.2 项目厂址分析内容 ……… 82
3.4.3 项目厂址分析方法 ……… 86
3.5 建设项目的技术工艺方案评估 …… 89
3.5.1 项目工艺技术方案的
概念 …………………… 89
3.5.2 影响项目工艺技术方案的
因素 …………………… 90
3.5.3 项目生产工艺技术方案分析
内容 …………………… 91
3.5.4 项目生产工艺技术方案分析
方法 …………………… 92
本章小结 ……………………………… 95
习题 …………………………………… 95

第4章 财务基础数据测算的评审 …… 97
4.1 财务基础数据测算的评审概述 …… 98
4.1.1 财务基础数据测算的评审
概念 …………………… 98
4.1.2 财务基础数据测算的评审
内容 …………………… 99
4.1.3 财务基础数据测算的评审
主体与对象 …………… 100
4.1.4 财务基础数据测算的评审
依据 …………………… 100
4.1.5 财务基础数据测算的步骤和
评审原则 ……………… 101
4.2 项目投资成本的测算 …………… 101
4.2.1 项目总投资成本的内容 … 101
4.2.2 建设项目投资的构成 …… 101
4.2.3 建设项目投资的估算
方法 …………………… 104
4.2.4 流动资金的构成 ………… 109
4.2.5 流动资金的估算方法 …… 109

4.3 项目生产成本与费用的测算 …… 111
4.3.1 总成本费用的构成 ……… 111
4.3.2 总成本费用的估算 ……… 112
4.4 经营成本的测算 ………………… 117
4.4.1 经营成本测算概述 ……… 117
4.4.2 固定成本与可变成本的
估算 …………………… 118
4.5 项目收益与利润的测算 ………… 118
4.5.1 项目销售收入的估算 …… 118
4.5.2 项目税金及附加的估算 … 118
4.6 项目销售利润及税后利润分配的
估算 ……………………………… 122
4.6.1 项目销售利润的估算 …… 122
4.6.2 项目税后利润及其分配 … 123
本章小结 ……………………………… 123
习题 …………………………………… 124

第5章 建设项目财务评估 …………… 125
5.1 建设项目财务评估概述 ………… 126
5.1.1 项目财务效益评估的含义
及其必要性 …………… 126
5.1.2 项目财务效益评估的
内容 …………………… 127
5.1.3 项目财务效益评估的基本
目标 …………………… 127
5.1.4 项目财务效益评估的
原则 …………………… 128
5.1.5 项目财务效益评估的
方法 …………………… 128
5.1.6 项目财务效益评估的
要求 …………………… 129
5.2 建设项目财务评估的指标与准则 … 129
5.2.1 静态盈利能力分析 ……… 130
5.2.2 静态清偿能力指标 ……… 131
5.2.3 动态盈利能力指标 ……… 134
5.2.4 动态偿债能力指标 ……… 140
5.2.5 建设项目财务评估
的准则 ………………… 140
5.3 建设项目财务评估的方法 ……… 141
5.3.1 资金的时间价值概述 …… 141
5.3.2 资金时间价值的计算 …… 142
5.4 建设项目财务评估的案例 ……… 147
5.4.1 静态盈利能力案例 ……… 147

        5.4.2 动态盈利能力案例 …… 148
        5.4.3 项目清偿能力案例 …… 150
        5.4.4 借款偿还期案例 …… 151
        5.4.5 项目运营期内资金流动性
              分析案例 …… 152
    本章小结 …… 154
    习题 …… 154

第6章 建设项目经济费用效益分析 …… 156
    6.1 建设项目经济费用效益分析
        概述 …… 159
        6.1.1 建设项目经济费用效益
              分析的含义及必要性 …… 159
        6.1.2 经济费用效益分析与财务
              分析的关系 …… 160
        6.1.3 经济费用效益分析的
              步骤 …… 161
    6.2 经济评价参数 …… 162
        6.2.1 社会折现率 …… 162
        6.2.2 影子汇率 …… 163
    6.3 经济费用效益分析中费用和效益的
        识别 …… 165
        6.3.1 费用和效益的概念 …… 165
        6.3.2 直接费用和直接效益 …… 166
        6.3.3 间接(外部)费用和间接(外部)
              效益 …… 166
        6.3.4 转移支付 …… 167
        6.3.5 费用和效益的识别原则 …… 168
        6.3.6 费用和效益的计算原则 …… 168
    6.4 影子价格及其调整计算 …… 169
        6.4.1 货物的划分 …… 169
        6.4.2 影子价格 …… 169
        6.4.3 外贸货物的影子价格 …… 170
        6.4.4 非外贸货物的影子价格 …… 170
        6.4.5 特殊投入物的影子价格 …… 171
        6.4.6 其他投入物的影子价格 …… 174
    6.5 经济费用效益分析指标 …… 174
        6.5.1 经济净现值 …… 174
        6.5.2 经济内部收益率 …… 175
        6.5.3 经济效益费用比 …… 175
    6.6 经济费用效益分析报表 …… 177
        6.6.1 经济费用效益分析基本
              报表 …… 177

        6.6.2 经济费用效益分析辅助
              报表 …… 178
    本章小结 …… 181
    习题 …… 181

第7章 建设项目环境影响评价 …… 183
    7.1 环境影响评价概述 …… 184
        7.1.1 环境影响评价的概念 …… 184
        7.1.2 国内外环境影响评价的
              发展 …… 184
        7.1.3 我国环境影响评价制度的
              主要内容 …… 185
        7.1.4 环境影响评价程序遵循的
              原则 …… 185
    7.2 建设项目环境影响评价概述 …… 186
        7.2.1 建设项目环境影响评价的
              概念 …… 186
        7.2.2 建设项目环境影响评价的
              目的和基本功能 …… 186
        7.2.3 建设项目环境影响评价的
              主体和法律依据 …… 187
        7.2.4 建设项目环境影响评价的
              重要性 …… 187
    7.3 建设项目环境影响评价的分类及
        管理 …… 188
        7.3.1 建设项目环境影响评价的
              分类管理 …… 188
        7.3.2 建设项目环境影响评价分类
              管理中类别的确定 …… 188
        7.3.3 建设项目环境影响评价
              分类管理中环境敏感区的
              规定 …… 189
    7.4 建设项目环境影响评价的编制
        要求 …… 189
        7.4.1 建设项目环境影响评价的
              基本程序 …… 189
        7.4.2 建设项目环境影响评价的
              内容 …… 191
        7.4.3 建设项目环境影响报告书内
              容的有关法律规定 …… 194
        7.4.4 环境影响报告表和环境
              影响登记表的内容和填报
              要求 …… 195

7.5 建设项目环境影响评价的方法 …… 195
 7.5.1 环境影响的识别方法 …… 195
 7.5.2 环境影响预测的方法 …… 202
 7.5.3 环境影响的综合评价方法 …… 204
7.6 地理信息系统技术在环境影响评价方法中的应用 …… 209
 7.6.1 地理信息系统的定义 …… 209
 7.6.2 地理信息系统应用于建设项目环境影响评价中的益处 …… 209
 7.6.3 地理信息系统存在的问题 …… 210
本章小结 …… 210
习题 …… 211

第8章 建设项目社会评价 …… 212

8.1 建设项目社会评价概述 …… 213
 8.1.1 建设项目社会评价的含义 …… 213
 8.1.2 建设项目社会评价的目的和任务 …… 214
 8.1.3 建设项目社会评价的特点 …… 214
 8.1.4 建设项目社会评价的作用 …… 215
8.2 建设项目社会评价的内容 …… 215
 8.2.1 建设项目社会评价的项目范围 …… 215
 8.2.2 建设项目社会评价的内容 …… 217
 8.2.3 项目建设不同阶段的社会评价 …… 220
8.3 建设项目社会评价的原则和评价指标 …… 223
 8.3.1 建设项目社会评价的原则 …… 223
 8.3.2 建设项目社会评价的指标 …… 223
8.4 建设项目社会评价的步骤和方法 …… 226
 8.4.1 建设项目社会评价的步骤 …… 226
 8.4.2 建设项目社会评价的方法 …… 226
本章小结 …… 228
习题 …… 228

第9章 建设项目风险和不确定性评估 …… 230

9.1 建设项目风险和不确定性评估概述 …… 232
 9.1.1 建设项目风险和不确定性评估的概念 …… 232
 9.1.2 建设项目风险和不确定性产生的原因 …… 233
 9.1.3 建设项目风险和不确定性评估的目的、意义和作用 …… 234
 9.1.4 建设项目风险和不确定性评估的依据 …… 236
 9.1.5 建设项目风险和不确定性评估的主体与对象 …… 237
9.2 建设项目风险和不确定性评估的内容 …… 238
 9.2.1 建设项目风险评估的内容 …… 238
 9.2.2 建设项目不确定性评估的内容 …… 238
9.3 建设项目风险和不确定性评估的指标 …… 239
9.4 建设项目风险和不确定性评估的准则 …… 243
9.5 建设项目风险和不确定性评估的方法 …… 244
 9.5.1 建设项目的不确定性分析方法 …… 244
 9.5.2 建设项目的风险评估方法 …… 257
9.6 建设项目风险和不确定性评估的案例 …… 262
本章小结 …… 264
习题 …… 264

第10章 建设项目综合评估 …… 266

- 10.1 建设项目综合评估概述 …… 267
  - 10.1.1 建设项目综合评估的概念 …… 267
  - 10.1.2 建设项目综合评估的必要性 …… 267
  - 10.1.3 建设项目综合评估的内容 …… 269
- 10.2 建设项目综合评估的理论方法 …… 271
  - 10.2.1 建设项目综合评估的步骤 …… 271
  - 10.2.2 建设项目综合评估的指标 …… 272
  - 10.2.3 建设项目综合评估的方法与准则 …… 273
- 10.3 建设项目综合评估报告的编制 …… 275
  - 10.3.1 建设项目综合评估报告的编制要求 …… 275
  - 10.3.2 建设项目综合评估报告的内容 …… 276
- 本章小结 …… 280
- 习题 …… 280

第11章 建设项目后评估 …… 281

- 11.1 建设项目后评估概述 …… 282
  - 11.1.1 建设项目后评估概念 …… 282
  - 11.1.2 我国建设项目后评估分类 …… 283
  - 11.1.3 建设项目后评估的特点 …… 284
- 11.2 建设项目后评估的内容 …… 285
- 11.3 建设项目后评估的程序和方法 …… 287
  - 11.3.1 逻辑框架法 …… 288
  - 11.3.2 对比法 …… 290
  - 11.3.3 层次分析法 …… 292
  - 11.3.4 因果分析法 …… 298
  - 11.3.5 综合评价法 …… 299
  - 11.3.6 成功度评价法 …… 300
  - 11.3.7 社会调查法 …… 302
  - 11.3.8 预测法 …… 303
- 本章小结 …… 304
- 习题 …… 304

参考文献 …… 306

第1章 建设项目评估学概论

教学目标

主要讲述建设项目评估学的基本理论和方法。通过本章学习,应达到以下目标:
(1) 掌握建设项目评估学的相关概念和内容;
(2) 理解建设项目评估与可行性研究的联系和区别;
(3) 了解建设项目评估学的前沿发展趋势。

学习要点

知识要点	能力要求	相关知识
建设项目评估的相关概念	(1) 理解建设项目的概念 (2) 理解建设项目评估的概念 (3) 理解建设项目评估学的概念	(1) 建设项目的划分 (2) 建设项目的发展周期 (3) 西方国家与我国的项目前期研究
建设项目评估的相关内容	(1) 掌握建设项目评估的内容 (2) 掌握建设项目评估学的内容	(1) 建设项目可行性研究的内容 (2) 建设项目评估与可行性研究的异同 (3) 建设项目评估的重点和难点
建设项目评估学的发展前沿	了解建设项目评估学的前沿发展趋势	项目评估学几个主要流派的特点和区别

建设项目评估

 **基本概念**

建设项目；建设项目发展周期；可行性研究；建设项目评估；建设项目评估学。

 引例

鲁布革工程

鲁布革水电站位于云南罗平和贵州兴义交界的黄泥河下游，整个工程由首部枢纽拦河大坝、引水系统和厂房枢纽3部分组成。首部枢纽拦河大坝最大坝高103.5m；引水系统由电站进水口、引水隧洞、调压井、高压钢管4部分组成，引水隧洞总长9.38km，开挖直径8.8m，调压井内径13m，井深63m，有两条长469m、内径4.6m、倾角48°的高压钢管；厂房枢纽包括地下厂房及其配套的40个地下洞室群。厂房总长125m，宽18m，最大高度39.4m，安装15万kW的水轮发电机4台，总容量60万kW，年发电量28.2亿kW·h。

早在20世纪50年代，国家有关部门就开始安排对黄泥河的踏勘。昆明水电勘测设计院承担项目的设计。原水利电力部在1977年着手进行鲁布革电站的建设，中国水利水电第十四工程局有限公司（以下简称水电十四局）开始修路，进行施工准备。但由于资金缺乏，准备工程进展缓慢，前后拖延7年之久。1981年6月经国家批准，鲁布革电站被列为重点建设工程，总投资8.9亿美元，总工期53个月，要求1990年全部建成。

为了使用世界银行贷款，工程三大部分之一的引水隧洞工程被从水电十四局的"铁饭碗"中捞出来，投入了国际施工市场。在中国、日本、挪威、意大利、美国、联邦德国、南斯拉夫、法国8个国家承包商的竞争中，日本大成公司以比中国与外国公司联营体投标价低3 600万元的价格中标。

引水隧道工程于1984年6月15日发出中标通知书，7月14日签订合同。1984年7月31日发布开工令，1984年11月24日正式开工。中国工人在大成公司的管理体制下，创造出了惊人的效率。日本大成公司仅派到中国三十多人的管理队伍，从水电十四局雇佣了424名劳务工人，他们开挖隧道，单头月平均进尺222.5米，相当于我国同类工程的2~3倍，全员劳动生产率4.57万元/每人每年。1988年8月13日该工程正式竣工。合同工期为1 597天，实际工期为1 475天，提前了122天。

鲁布革工程质量综合评价优良，管理经验得到了世界银行的充分肯定，受到我国政府的高度重视，号召建筑施工企业对其进行学习。其中，世界银行的建设项目评估体系起到了非常重要的监督作用。

世界银行对于由其贷款的项目有一整套完善的评估体系和监督审查制度。例如，通过项目预评估和项目评估，详细、准确地考察项目的经济技术可行性，对项目的技术、管理、经济和财务等方面进行评价，考察项目成功实现的可能性，以及如何才能保证项目的顺利实施，为世界银行最终决定发放贷款提供坚实依据，同时，也为以后对项目的监督和总结评价提供比较的基础。在此阶段，世界银行要编写一份"评估报告"，还要讨论采购计划的安排、确定采购方式、组织管理等问题；进行投标人的资格预审、编制和发售招标文件和接受投标书；项目完成后，世界银行与借款人一起，将项目执行结果与"评估报告"进行比较，进行评价，编写出项目完成报告。

从鲁布革工程的先进经验可以看出，建设项目评估对于整个建设项目的成功开展起到了至关重要的作用。本书将围绕建设项目评估的相关知识展开，本章介绍了相关的基础知识。

1.1 建设项目概述

1.1.1 建设项目的划分

为满足工程管理和工程成本经济核算的需要，按照中华人民共和国国家统计局颁发的统计文件的规定，工程建设项目可划分为建设项目、单项工程、单位工程、分部工程和分项工程5个层次，如图1.1所示。

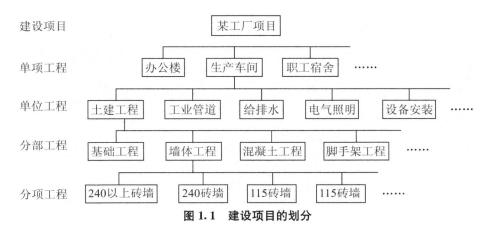

图 1.1　建设项目的划分

1. 建设项目

建设项目一般是指经批准按照同一个总体设计、同一份设计任务书的范围进行施工而建设的各个单项工程实体之和。

建设项目，在行政上有独立组织形式的单位，经济上是实行独立核算、统一管理的法人组织。一个建设项目，可以是一个独立工程，也可以包括几个或若干个单项工程。在同一设计任务书的范围内，按规定分期进行建设的项目，仍算做一个建设项目。例如，一座钢铁厂、一所学校、一所医院等均为一个建设项目。

2. 单项工程

单项工程一般是指具有独立的设计文件和施工条件，建成后能够独立发挥生产能力或使用效益的工程。一个建设项目可以是一个单项工程，也可能包括几个单项工程。生产性建设项目的单项工程包括各生产车间、办公楼、仓库等；非生产性建设项目中，如学校教学楼、学生宿舍等均为单项工程。

3. 单位工程

单位工程是单项工程的组成部分。一般是指在单项工程中具有单独设计文件，具有独立施工条件而又可以单独作为一个施工对象的工程。单位工程建成后一般不能单独发挥生产能力或效益。一个单项工程，可以分为若干个单位工程。

4. 分部工程

分部工程是单位工程的组成部分。一般是按建筑物的主要结构、主要部位以及安装工程的种类划分的。例如，土建工程划分为土石方工程、打桩工程、基础工程、砌筑工程等；安装工程也可分为管道安装工程、设备安装工程、电气安装工程等。

5. 分项工程

分项工程是分部工程的组成部分。分项工程指的是通过较为简单的施工过程就能生产出来，且可以用适当的计量单位进行计量、描述的建筑或设备安装工程各种基本构造要素，如土石方工程中的挖土方、回填土、余土外运等。

1.1.2　建设项目发展周期

工程建设程序是指工程建设项目从规划、设想、选择、评估、决策、设计、施工，到竣工验收投产并交付使用的整个工程建设全过程中，各项工作必须遵循的先后次序的法则。工程建设是一种综合性的经济活动，涉及工程项目建设的发展过程和内外联系的许多工作，不同阶段的工作有着严格的先后次序，既不容许混淆或遗漏，又不容许颠倒或跳跃。工程建设程序如图 1.2 所示。

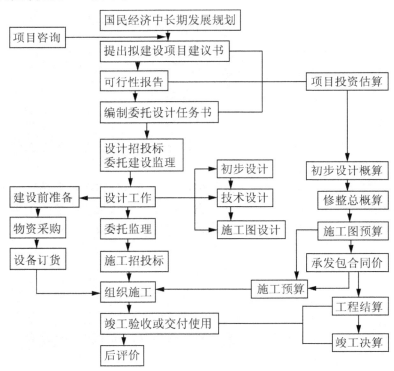

图 1.2　工程建设程序

建设项目发展周期是指一个建设项目从开始构想、施工建设、建成投产，直到最终报废所经过的时间，可以划分为投资前期、投资建设期和建成投产期3个阶段。

1.1.3 项目前期研究

1. 西方国家的项目前期研究

按基础资料占有程度，研究内容、研究深度及可信度不同，西方国家将投资前期研究分为机会研究、初步可行性研究、详细可行性研究、项目评估与决策4个阶段，如图1.3所示。

$$
投资前期\begin{cases} 机会研究（项目设想）\\ 初步可行性研究阶段（初步选择阶段）\\ 详细可行性研究阶段（项目拟定阶段）\\ 评估与决策（评价报告）\end{cases}
$$

图1.3 西方国家投资前期研究示意

（1）机会研究亦称为投资鉴定或项目设想。它是可行性研究的第一阶段。任务是研究和确定合理的投资方向、投资规模和投资结构，也就是在了解掌握国民经济和社会发展的长远规划和行业、地区规划、经济建设方针、建设任务和技术经济政策的基础上，通过对拟投资领域相关条件及环境背景的调查分析，为建设项目的投资方向和投资时机提出设想和策划。所需时间约用1~3个月，所需费用约占投资总额的0.2%~1%，估算投资额和成本效益的精度在±30%左右。

（2）初步可行性研究，又称预可行性研究，是指在投资机会研究已确定了大致的投资方向和投资时机的基础上，通过对投资项目的初步概算和经济效果评价，进一步判断投资机会研究的结论是否正确，并做出是否有必要进行下一步详细可行性研究的结论。主要内容包括：①判定项目有无生命力和发展前景；②市场供求的预测，生产工艺和设备等方面的研究；③判断项目是否可行。初步可行性研究阶段决定是否进行详细可行性研究。估算额精度误差一般要求为±20%左右，所需费用约占投资总额的0.25%~1.5%，需耗时约4~6个月。

（3）详细可行性研究也称最终可行性研究，是指通过一定方法对项目的技术可行性和经济可行性进行详细的论证分析。它为项目决策提供全面的评价参考，为项目的具体实施提供科学准确的依据。主要内容为①深入研究，推荐一个以上可行方案；②开展详细的经济评价；③提供项目的最终可行性标准和依据。详细可行性研究阶段是项目的定性阶段。通常需耗时8~12个月甚至更长，所需费用约占投资总额的1%~3%，估算额精度误差一般要求不超过±10%。

（4）项目评估与决策是指在详细可行性研究的基础上，由有关投资决策者委托有关机构或专家对可行性研究报告的内容进行核实、确认与论证，对项目技术可行性和经济可行性做出客观评估并提出最终建议，最后由投资决策者做出最终投资决策。

项目评估是投资决策的重要手段，投资者、决策机构、金融机构以项目评估的结论作为实施项目、决策项目和提供贷款的主要依据,所以,要力求保证项目评估结论的客观性。在开展项目评估的过程中,必须坚持考察因素的系统性、实施方案的最优性、选择指标的统一性、数据选取的准确性、评估方法的科学性等原则,做到评估工作的科学、规范、准确。

2. 我国现阶段项目前期研究

现阶段,我国投资前期研究划分为项目建议书、可行性研究、项目评估3个阶段。

1)项目建议书

这一阶段相当于西方国家的机会研究,由各工业部门,各省、市、自治区以及有关的企、事业单位,根据国家的经济发展的长远规划和行业、地区规划,经济建设方针,技术经济政策和建设任务,结合资源情况、建设布局等条件,在调查、预测的基础上向国家或上级主管部门提出的项目建议书。对于跨行业的或对国计民生有重大影响的大型项目,则由有关部门联合提出项目建议书。

项目建议书的主要内容有:①项目提出的理论和依据,对于技术引进项目还应包括国内外技术差距和引进理由;②产品方案、拟建规模和建设地点的初步选择或设想;③资源情况、建设条件、协作关系;④投资估算与资金筹措的初步设想,利用外资项目要说明利用外资的可能性及偿还贷款能力的初步分析;⑤项目建设进度的安排;⑥对经济效益、社会效益的初步分析。

编写时,应在调查研究、收集资料的基础上,采用定性和定量相结合的分析方法。定量分析时,通常采用类似工程项目的推算方法,粗略地分析出项目的经济效果,然后做出项目是否可行的初步结论。建议书经有关部门审查批准后,即可委托承担单位进行可行性研究。

2)可行性研究

可行性研究是项目建议书的深化,也是整个投资前期的关键阶段。其内容可能因项目所属行业的不同而各有所侧重,但必须包括以下3方面内容:①市场分析,即能否成立的前提和依据。没有市场,项目就没有必要建设。从另一个角度讲,投资项目的年生产规模也应根据市场需要的情况来确定。所以市场分析是可行性研究的基础。②有关技术分析,包括资源情况、厂址选择、工艺方案选择和设备选型、未来工厂的组织设计、劳动定员和环境保护等。③建设项目的合理性,即经济效益分析是核心和重点。

3)项目评估

项目评估是投资前期研究工作的最后阶段,通常可由决策部门委托贷款银行或咨询公司组织有关人员或外请专家来进行。任务是检查和判断可行性研究报告的真实性和可靠性,并从评审角度提出项目是否可行的意见,作为投资者决策的依据。

评审报告要同可行性研究报告一起,送投资者或投资主管部门进行审批,一般大中型项目还要报中华人民共和国国家发展和改革委员会批准,重大项目还需报国务院批准。

1.2 建设项目评估

1.2.1 建设项目评估的基本概念

评估，又称评价(estimate，assess，appraise)，是指评价者(evaluators)根据一定的评价标准对人、事(行动方案)、物等评价对象存在的意义、价值或者状态进行系统的、客观的分析研究，并最终做出优劣、好坏等级判断的一种活动。

项目是指在限定时间、限定资源的约束条件下，以创造某种独特产品或者提供某种独特服务为明确目标的一次性任务。根据功能和作用，项目可划分为纯公益性项目、准公益性项目和经营性项目。

项目评估就是对完成项目这种独特的一次性任务的多种可能的行动方案进行系统的、客观的综合分析研究，并最终做出优劣、好坏等级判断的一种活动。它实质上是对可行性研究报告的审查和再研究，有些类似于老师批改学生的作业，因此它要求项目评估机构和评估人员必须熟悉可行性研究理论和方法，熟悉有关信息的内容及处理方法。对可行性研究报告的审查主要从3方面进行：①可行性研究内容是否全面，是否研究了影响建设项目可行性的各种因子；②审查可行性研究的数据来源和测算方法是否准确可靠；③审查可行性研究的方法是否正确。

建设项目是一类特殊的项目，是指在一个总体设计或初步设计范围内，由一个或几个单项工程所组成，经济上实行统一核算，行政上实行统一管理的建设单位。建设项目评估就是由建设项目主管部门或贷款机构依据国家、行业和部门的有关政策、规划、法规及参数，对上报的建设项目可行性研究报告进行全面的审查和估价，即对拟建中的建设项目的必要性、可行性、合理性及效益、费用进行的再评价过程。

建设项目评估是对完成建设项目的多种可能的行动方案或成果(即建筑产品)做出优劣、好坏等级判断的一种活动，而多种可能的行动方案或成果(即建筑产品)由可行性研究者提供，建设项目评估实质上就是对可行性研究成果的再研究和优劣、好坏的等级判断。

评估(评价)是人类社会的一项活动或者一种工作，像空气一样无处不在，时时刻刻都需要。评估是为人(与什么样的人交往和如何打交道)、处事(采取什么样的行动方案)、造物(建造什么样的产品和如何建造)等各种决策的基础和前提。评估和决策具有重要的意义。因为，做正确的事要比正确地做事重要得多。强行建设不该建设的工程项目，就会造成巨大损失。工程项目一般都是先有评估后做决策，决策之前必须评估，因此评估甚至重于决策。建设项目评估工作最重要的是解决以下问题：

(1) 该不该建设(建设必要性和紧迫性的评估)？
(2) 值不值得建设(经济合理性评估)？
(3) 可不可以建设(建设可行性评估)？

(4) 能不能成功完成建设任务（建设条件符合性评估）？

(5) 建成达产的把握有多大（建设运营的风险与不确定性评估）？

1.2.2 建设项目评估的内容

(1) 建设项目的必要性评估（详细见第 2 章）。

(2) 建设项目的技术评估，评估技术上的可行性（详细见第 3 章）。

(3) 建设项目的经济评估，评估经济上的合理性，对于像三峡工程这样特别重大的工程，还要评估国力的可承受性（详细见第 6 章）。

(4) 建设项目的财务评估，评估财务上的盈利性（详细见第 5 章）。

(5) 建设项目的投资估算和筹资方案评估（详细见第 4 章）。

(6) 建设项目的环境影响评估，评估生态破坏和环境污染的影响及其可补救性（详细见第 7 章）。

评估工程建设过程和建成后运营过程产生的"三废"（废水、废气、固体废物）是否在水环境、大气环境的可降解能力范围之内，若超过环境承载力，则必须降下来。

(7) 建设项目的社会影响评估，评估项目建设对社会相关利益主体的可接受性（acceptability），如核电站建设的核辐射、水库淹没等（详细见第 8 章）。

(8) 建设项目的综合评估，从总体上对建设项目的正反两方面的影响进行评估，尤其是多个方案的比较分析等（详细见第 10 章）。

1.2.3 可行性研究

可行性研究（feasibility study）是在进行建设项目投资决策之前必须做的一项十分重要的工作，其工作内容包括：①调查研究拟建项目所涉及的有关自然、社会、经济、技术等各方面的历史现实情况和未来发展趋势；②预测该项目建成后的社会经济效益；③在上述工作的基础上，综合分析论证项目建设的必要性、财务上的营利性、经济上的合理性、技术上的先进性和适应性以及建设条件的可能性和可行性，其工作的目的就是为项目评估和投资决策提供科学依据。

可行性研究一般包括：①总论——拟建项目概述；②产品市场和拟建规模；③资源、原材料供应与设备情况；④建设条件与厂址方案分析；⑤项目工程技术分析；⑥环保与劳保方案分析；⑦生产组织、定员与人员培训；⑧项目实施进度分析；⑨经济效果分析；⑩研究结论和建议。

1.2.4 建设项目可行性研究与项目评估的异同

项目可行性研究与评估工作都是对拟建项目的建设必要性、技术可行性、经济合理性、实施可能性和风险性、项目建成后的运营可靠性等进行客观、公正的综合分析论证，两项工作是建设项目全寿命周期管理的首要任务和重要环节，对该建设项目能否如期取得预计的经济社会效益起着关键作用。可行性研究和项目评估这两项工作之间的关系如下所述。

（1）可行性研究为项目评估提供工作基础，项目评估则是可行性研究论证工作的延伸、深化和再研究；在项目建议书批准之后进行可行性论证工作，项目评估工作在项目可行性研究论证报告出来之后进行。

（2）可行性论证与项目评估有相同之处：①两项工作均处于项目发展周期的建设前期；②两项工作都是在建设投资决策之前为投资决策服务的经济分析手段；③两项工作的内容基本相同，而且经济评价指标计算的基本原理、分析对象、分析依据、分析内容相同，都要运用市场学、工程经济学、费用—效益分析等理论；④两项工作的最终目的及要求相同，都是在进行充分调查研究的基础上做综合分析和预测，并判断拟建项目可行与否，最终目的是使资源得到最佳配置。

（3）可行性研究与项目评估不同之处见表 1-1。

表 1-1　可行性研究与项目评估的区别

不 同 点	可行性研究	项 目 评 估
行为主体	由建设单位（即投资者）负责组织委托	由贷款银行或政府有关部门负责组织委托
立足点	站在投资者的角度考察项目	站在贷款银行或有关部门的立场上考察项目
侧重点	侧重于项目建设的必要性与技术方面的论证	侧重于考察项目建设的可能性与借款的偿还能力
作用	投资主体进行投资决策和计划部门审批项目的依据	贷款部门参与决策和决定贷款与否的依据，是项目投资最终决策的依据
所处时点	可行性论证在先	项目评估在后，工作顺序不能颠倒

1.2.5　建设项目评估工作的难点和重点

做正确的事要比正确地做事重要得多，建设项目评估要最优先解决的重要问题毫无疑问是应不应该建或者值不值得建的论证问题，也就是必要性评估。拟建项目是否必要或者迫切需要建设从根本上讲还是取决于社会需要或者市场需求的大小及其迫切程度。从这个意义上讲，建设必要性的论证评估问题实际上转化为调查分析、预测评估拟建项目所提供的产品或服务的市场现实需求和未来容量问题。建设一条何种等级的铁路或公路、建设一座何种级别的机场关键还是看车流量或客流量，而这一切都是预测值。此外拟建项目的总投资估算、销售收入、建成后的运营成本测算等，全部是面向未来的预测数据。未来是不确定的，预测不可能准确，有误差是很正常的事情，然而项目可行性研究与评估工作的成果全部都是建立在预测数据的基础上，因此建设项目评估工作的难点和重点就应该是市场需求的预测和财务评价基础数据的测算。

1.3 建设项目评估学

1.3.1 建设项目评估学的基本概念

建设项目评估学是研究如何又好又快地完成建设项目评估这项工作的专门学科，该学科至少应该回答以下几个最基本的问题。

(1) 为什么进行建设项目评估(Why)。建设项目评估最重要的评估内容是应不应该建，也就是必要性评估。在建设某一项目之前都应该考虑项目该不该建，值不值得建。不该建的项目若建了就大错特错。以珠海机场为例，在珠海附近100千米的范围内，已有深圳宝安国际机场、广州白云国际机场、香港赤鱲角国际机场、澳门机场，珠海硬要设计客运周转量为1 200万人次的特大机场。结果建成10年后，使用率一直很低：实际旅客吞吐量仅为设计能力的6%；货邮吞吐量不到设计能力的1/60。该机场长期处于亏损运营状态，政府一年至少要贴7 000万元，到目前为止，至少已经贴了7个亿，总负债40亿元。

(2) 应确定应该由谁评估(Who)。应确定工程建设可行或不可行最终由谁说了算。目前项目评估主要是由工程业主或者贷款银行聘请的咨询机构(如中国国际咨询公司)或咨询专家进行，不远的将来项目的利益相关者(stakeholders)或者社会公众在项目评估中的参与程度会越来越深，对像三峡这样特别重大的工程甚至还要由全国人民代表大会决定是否有必要兴建。

(3) 评估什么(What)。建设项目评估的内容实质上包括项目建设的必要性(项目建设有多重要、多紧迫)、可能性、能行性(建设条件有无可能)、相容性(环境影响是否可容许)、经济合理性、可靠性(建设成功的把握性有多大)、国力可承受性(对三峡这样特别重大的工程，必须论证国家财力是否可承受，资金能否供应得上)。

(4) 怎样评估(How)。此乃评估的方法和准则问题。评估的准则应该是技术可行、财务盈利、经济合理、环境相容(在环境承载能力容许范围内)、社会各界可接受。

1.3.2 建设项目评估学的研究内容

与建设项目评估的工作内容有所不同的是，建设项目评估学是从理论上研究如何又好又快地做好建设项目评估这项工作，包括建设项目的内容构成、评估主体、评估对象、评价方法、评价指标、评价准则、评估程序等。

1.3.3 建设项目评估学的前沿发展趋势

工程建设决策(尤其是重大工程决策)的正确与否对我国21世纪经济建设全局和社会发展大计都将产生巨大影响，因而系统深入地研究工程建设项目可行性论证与评估决策的理论与方法就具有十分重要的理论意义和紧迫的现实意义,具体原因有以下3点:①国内外都有许多因决策失误而造成巨大损失的工程,如埃及的阿斯旺水坝工程、国内的三门峡工程、珠海机场项目、广州乙烯工程、川东天然气氯碱工程、二滩水电站建设"过木机道"隧洞(损失8亿元)、福建长乐国际机场(5年累计亏损11亿元)等。据世界银行估计,"七五"到"八五"计划期间,中国投资决策重大失误造成的直接间接损失在4 000亿~5 000亿元。有如此众多决策失误的重大工程,而且损失又如此惊人,只能认为工程可行性研究论证、项目评估、建设决策的理论与方法及机制等方面存在重大缺陷。考虑到我国今后还将建设更多的大型工程,因此就有必要高度重视对工程决策的经验和教训加以研究、分析和总结。②传统计划体制下,重大工程建设资金主要靠国家划拨,其决策权力高度集中于少数政府主管部门;而市场经济条件下,公益性重大投资项目仍然主要靠财政资金支持,但竞争性行业的重大工程建设则将采用 PPP、PFI、ABS、BOT、BOO、BOOT、TOT 等投融资方式,工程建设相关利益主体也逐渐多元化,为此就必须研究改革和完善深入了解民情、充分反映民意、广泛集中民智、切实珍惜民力的可行性论证与评估决策机制,推进决策科学化、民主化,完善重大决策的规则和程序,建立与群众利益密切相关的重大事项社会公示制度和社会听证制度,完善专家咨询制度,实行决策的论证制和责任制,防止决策的随意性等问题。③我国实行改革开放政策和加入世界贸易组织(World Trade Organization,WTO)以来,许多重大工程建设吸收了世界银行、亚洲开发银行等国际金融组织的优惠贷款和一些外国政府的出口信贷资金,这些外资项目的决策模式和决策程序与国内的做法有很大不同,为此只有对原来的基建体制和决策机制加以创新,才能更进一步适应国内建筑市场开放及参与国际工程建设的需要。下面逐一对国内外学者关于工程可行性研究论证、项目评估、建设决策问题的研究成果加以简要分析介绍。

1. 关于工程建设决策指导思想和决策准则的研究动向

工程建设决策的首要问题是决策指导思想和决策准则的选择问题,中国工程院多位院士对此提出了最新见解。徐匡迪院士(2004)指出,工程活动要考虑人与自然的协调问题,要考虑天人合一,必须重视诸如三峡工程所涉及的移民、下游安全及生态平衡问题和新疆塔里木河上游屯垦灌溉引起下游断流、生态植被破坏等工程建设的负外部性问题。潘家铮院士也认为,导致新中国建国50年水利事业建设出现重大问题和失误的原因就是违反客观规律,片面号召"人定胜天",不懂得适应自然,和大自然协调共处才能可持续发展。

究竟应该如何看待和评价工程建设合理性的问题确实是一个复杂的问题。殷瑞钰院士(2004)指出,一个工程往往有多种技术、多个方案、多种路径可被选择,这就要求工程努力实现在一定边界条件下的综合集成和多目标优化。傅志寰院士(2004)也强调:重大工程建设要考虑其经济价值、生态价值、社会价值、艺术价值,还要考虑其长远的历史价值。对两位院士所强调的多目标优化和多元价值观在今后重大工程建设决策中无疑应该高度重视,而张寿荣院士(2004)则特别强调应该处理好工程建设活动中局部与整体、工程技术专业视野与社会层面矛盾、互补的关系问题,汪应洛院士(2004)提出应该开展具有可持续发展内涵和可持续发展利益的工程观研究、工程辩证观研究、工程系统

观研究、工程生态观研究以及工程价值观的研究。上述问题应该成为建设决策理论的重要研究方向。

2. 关于工程建设决策体制与决策机制的研究动向

中国工程院郭重庆、FIDIC 组织以及世界银行都认为，目前我国的工程决策机制存在重大缺陷，主要是工程咨询机构始终处于政府机构的从属地位，缺乏独立的真知灼见和始终坚持自己的咨询判断及建议的独立性。清华大学谈毅、仝允桓指出，当前我国对重大工程建设决策由国家相关部委自行组织专家开展论证的方式已经暴露出很大的弊端，例如京沪高速铁路的论证中，铁道部组织的专家全力支持"高速轮轨"方案，科技部和中国科学院的专家则极力推荐"磁悬浮"方案。西安交通大学席酉民也认为，对三峡工程这样非常复杂的大系统，其系统目标能否达成，真正的问题并不是技术问题，而是人的问题、部门利益的问题、信息交流的问题。北京大学李玲玲提出了公共决策主体体系应该包括核心主体（即各级政府）、准公共决策主体（即 NGO、NPO 等非政府组织）和社会公众等三方面的观点。我们认为，重大工程建设决策机制研究必须解决决策信息不对称、不完备、决策环境不确定以及工程利益相关者利益不一致的问题，其实质是诺贝尔经济学奖获得者 Simon 教授所指出的决策者有限理性问题。根据 Simon 的最新解释，有限理性一是指行为者具有理性意向，二是指个体的人的理性会受到自身的经验、阅历、信息、知识水平、技能等实际智能的限制，使其做决策时往往陷于一种并不完全理性的预期之中。

3. 关于工程项目评估方法与决策理论的研究动向

19 世纪 40 年代，法国工程师贝勒格勒（Dupuit）首先提出了公共工程项目社会效益的概念。1929 年项目的费用效益分析（B/C）方法（Benefit/Cost analysis）逐渐受到重视。1936 年，美国颁布《全国洪水控制法》规定采用 B/C 方法来评价洪水控制和水资源开发项目。20 世纪 60 年代，项目决策的理论和方法体系得到进一步完善，并日渐成熟。先是诺贝尔经济学奖获得者廷佰格（Tinbergen）提出了在投资项目经济分析中运用"影子价格"的观点，他对发展经济评价理论和方法起了重要作用，后来英国牛津大学著名福利经济学家利特尔（Little）和詹姆斯·莫里斯（Jams Mirrlees）(1968；1974) 针对发展中国家资源价格失真问题，提出了一种调整价格法（简称 L—M 法），伦敦经济学家达斯古普塔（Dasgupta）教授和哈佛大学的马格林（Marglin）教授则提出了 UNIDO 法，世界银行研究人员斯夸尔（Squire）和 Tak（1975）中提出了 S—V—T 法，这 3 种方法在项目评价理论和方法中最为重要。在国内，原中华人民共和国计划委员会（现称为中华人民共和国改革与发展委员会）(1987；1993；2005) 分别出版了《建设项目经济评价方法与参数》一书第一版、第二版、第三版。

20 世纪 70 年代后，国外项目评价又增加了社会评价（Social Assessment，SA）的内容，使项目决策理论方法的发展进入了更高的层次。SA 主要考察项目建设对实现社会目标的贡献，尤其是考察项目收益分配的合理性和公平性。1990 年联合国开发计划署制定了人类发展指数（Human Development Indicator，HDI），HDI 成为反映人民生活质量及社会公平性的国际通行指标，但目前尚未有人将 HDI 用于工程项目的社会评价中。

20 世纪 80 年代后，工程项目综合论证评估开始推广运用多目标决策方法、DEA 方法、AHP 方法、模糊数学综合评价法、满意度方法和数理统计方法等多种数学分析方法。但是，对类似宏观经济决策、重大项目评估等涉及全局的复杂巨系统问题（Open Complex Giant Systems，OCGS），由于它们是问题成堆的问题（即堆题，mess），且建模困难，仅仅靠数学分析其结果可信度反而并不高，对求解多目标决策问题和涉及不同文化背景的决策问题尤其如此。为此 Kottemann(1991) 对决策目标的冲突及其调和机制做了研究，Brugha(2001) 对东西方民族决策的思维方式进行了比较研究。英国的 Checkland 所提出的 CATWOE 分析方法，中国科学院的顾基发和英国赫尔大学的朱志昌（1994）合作提出的处理具体决策问题的物理-事理-人理方法论（Wuli-Shili-Renli，WSR），以及日本著名系统和控制论专家椹木义一提出的 Shinayakana 系统方法论，则是一套有重大理论意义和实际应用价值的决策方法。顾基发指出，从事工程项目综合评价与决策应该"懂物理、明事理、通人理"，不少工程项目虽然对物理、事理有清晰的理解，但由于不懂人理而失效。在 WSR 方法论正式提出之前，顾基发等人曾将该方法应用于众多项目评价实践中并取得了良好的效果，目前 WSR 方法已引起国内外同行的重视，也应成为重大工程决策的一个重要准则。

但是，国内外关于工程项目评估与决策的技术-经济-财务-环境-社会影响评价理论体系还存在一些缺陷，表现在：有工程的技术可行性研究，却没有工程技术的社会影响评价；工程经济评价和财务评价考虑工程建设的负外部性很不充分；社会影响评价理论还不成熟，基于可持续发展理念和面向工程项目生命周期全过程进行综合评估的理论研究成果很少。另外，目前国内外的工程环境影响评价主要还是针对单个建设项目的，而针对工程项目群来进行整体环境影响评价的研究还很少，蒋固政认为这种工程项目层次上的环评属于"末端治理"，它难以保证水资源开发与生态环境保护的协调发展，为此他提出，在流域水资源梯级开发中必须进行战略规划环评。工程环评理论上的缺陷就导致了松花江水污染事件以及一些高污染、高危险的建设项目布设在人口集中居住区域、江河湖海沿岸的饮用水水源地上游等奇特现象。

4. 关于工程决策程序的研究动向

郭重庆、谈毅、仝允桓等学者对建立健全重大工程决策程序体系的研究最有代表性。郭重庆认为，重大工程决策应纳入立法程序，应该缩小行政部门的投资决策权限，扩大立法部门的干预权限，其决策过程中的职责和权利应通过法规形式明确规定，增大决策过程的透明度，应制定鼓励社会成员广泛参与的制度。谈毅、仝允桓则提出，全国人民代表大会应该设立技术评价委员会，并通过听证会、问责制监督政府部门所聘专家的决策过程。我们认为，如何既保障公众参与又极大地降低建设决策论证的时间费用成本和利益相关者的支出还需要进一步研究。

总之，系统而深入地研究重大工程建设的论证评估决策理论与方法具有十分重要的理论意义和紧迫的现实意义，国内外学者对此进行了创造性研究，并提出了进一步研究的一些方向，其中工程建设的负外部性，非独立项目群的环境影响评价模型，技术评价的标准，社会影响评价的指标、方法和模型以及基于可持续发展理念的工程项目综合评估理论与方法等课题需要着重研究。

本 章 小 结

通过本章的学习，可以加深对建设项目、建设项目发展周期、建设项目评估和建设项目评估学的理解，有助于掌握建设项目可行性研究与项目评估的联系及区别。

本章提纲挈领地阐述了建设项目评估的内容，并且提出了建设项目评估工作的重点和难点，便于读者从整体上把握建设项目评估这门课程的学习。

学习一门课程，最重要的应该是多关注此领域的发展前沿，本章在最后为读者提供了项目评估学这一领域几个主要流派的观点和看法，对读者了解与认识项目评估的前沿发展趋势大有裨益。

习　　题

思考题

（1）什么是建设项目？什么是建设项目评估？
（2）简述我国项目前期研究的3个阶段。
（3）建设项目评估的内容有哪些？
（4）简述建设项目可行性研究与项目评估的异同。
（5）建设项目评估工作的难点和重点有哪些？
（6）何谓建设项目评估学？建设项目评估学的研究内容有哪些？
（7）讨论学习建设项目评估学的前沿发展趋势。

第 2 章
项目建设的必要性评估

教学目标

主要讲述建设项目必要性评估的基本理论和方法。通过本章学习,应达到以下目标:
(1) 理解项目建设必要性评估的含义和作用;
(2) 熟悉项目建设必要性评估的准则及指标;
(3) 熟悉项目市场需求分析的内容;
(4) 理解市场调查的方法;
(5) 掌握市场预测的基本方法和模型。

学习要点

知识要点	能力要求	相关知识
必要性评估的内容与方法	(1) 了解必要性评估的依据 (2) 熟悉必要性评估的内容 (3) 掌握必要性评估的方法	(1) 项目宏观必要性评估 (2) 项目微观必要性评估 (3) 项目必要性评估的目的、主体及对象、准则与指标
市场分析的内容和作用	(1) 熟悉市场分析的主要内容 (2) 理解市场分析的重要作用	(1) 市场环境、现状及营销策略分析 (2) 市场预测及目标市场的确定 (3) 建筑产品与竞争力分析
市场调查的程序和方法	(1) 掌握市场调查的程序 (2) 理解市场调查的一般方法	(1) 市场调查的内容 (2) 调查报告的编制 (3) 资料调查法、实地调查法、网络调查法、市场普查、市场抽样调查
市场预测的方法、原则及种类	(1) 理解市场预测的原则和种类 (2) 掌握市场预测的各种方法	(1) 市场预测的内容及程序 (2) 定性、定量预测方法

建设项目评估

 **基本概念**

项目建设必要性评估；市场分析；系统抽样调查；市场调查；需求敏感域；市场预测；时间序列法；指数平滑法。

 引例

中国的地铁建设热潮

据《中国青年报》报道，截止到2010年7月，全国已经有33个城市上报城市轨道交通建设规划，其中已审批28个。在2020年之前，全国各地的城市轨道交通投资规模将超过1万亿元，其中主要是地铁投资。

在当今中国，地铁梦就像滴在宣纸上的墨汁，正在大大小小的城市里迅速蔓延。2011年7月14日，武汉地铁8号线一期工程项目选址意见书对外公示；7月18日，昆明地铁3号线在市中心多节点开工；7月19日，为给郑州地铁1号线和2号线的建设让道，世界上最早建立的水利行业博物馆——黄河博物馆被拆除平移。

几乎同期，美国《纽约时报》在其头版文章中做了一个有趣的比较：7年内，纽约市将建成公众期盼已久的第二大道地铁线的一个约3.2千米的路段。而同样的时间里，位于中国中部、人口达900万的武汉市计划建成一个全新的地铁系统，该地铁的总长度将近225千米。

相比较之下，武汉的规划似乎太过激进。但这样的现象在当今中国不足为奇。在地铁修建历史长达百年的莫斯科、巴黎和东京，其地铁线路总长分别是286千米、221千米和304千米，而根据中国各个城市的远景规划，可以预见的未来是，在不到20年的时间里，将会有近20个城市的地铁里程数超过这三座世界大都市。

数据显示，2006年，全国只有10条地铁线路运行；2010年增至48条；2015年则预计会变为96条；到2050年，这一数字将有可能变为289。

"实际上，我们用10年的时间就完成了发达国家100年走过的历程，未来还会更快。"北京交通大学教授王梦恕坦言，"当然值得骄傲，但同样，不能缺少反思。"

据王梦恕介绍，自1863年世界第一条地铁在英国伦敦建成通车以来，地铁便因其占用土地和空间最少、运输能量最大、运行速度最快、环境污染最小等优势而成为备受推崇的理想交通方式。但鲜有人知的是，自问世以来，地铁便因其修建和运营成本过高而饱受争议。在中国，地铁修建成本每千米约5亿元，如果按一条地铁长30千米计算，其修建成本或可高达150亿元人民币——这是一个中等城市一年的财政收入总额。

目前，国务院对修建地铁的城市的最低要求是，年国内生产总值（Gross Domestic Product，GDP）总量在1 000亿元以上、人口300万以上、财政收入100亿元以上。

某种程度上，地铁热正以无可阻挡的态势在这片土地上蔓延。在搜索引擎上输入与地铁有关的关键词，越来越多的二、三线城市被裹挟到这场大潮中。例如，太原城市轨道交通建设项目已进入国家审批程序；石家庄城市轨道交通建设规划正在进行评审；大理白族自治州就滇西中心城市轨道交通概念规划征求各界意见……

那么这些城市是否真正有必要修建地铁呢？如何对其建设进行必要性评估？学习完本章，就会对该问题有一个较清楚的认识。

2.1 项目建设必要性评估概述

2.1.1 项目建设必要性评估的概念

项目建设必要性评估，是指针对可行性研究报告中的项目，围绕是否应该建设、是否值得建设、建设的重要性与紧迫性等问题进行再分析、再研究和再论证。在项目建设的可行性研究阶段，相关单位已经对其建设的必要性进行了评估与论证。项目建设的必要性评估就是在可行性研究的基础上，重新站在国家和社会的角度，主要从宏观方面评价项目的经济效益和社会效益，进一步审查建设项目的市场预测的方法是否科学、结论是否准确，以便使项目更趋完善。

建设项目评估的最基本、最重要的问题就是论证该项目是否应该建设，是否值得建设，即项目建设的必要性评估。不应该建设的项目若盲目建设就容易铸成大错，而应该建设的项目没有建设就会阻碍经济的发展和社会的进步。由此可见，做好项目建设的必要性评估非常重要。

项目建设的必要性评估大体上分为宏观必要性评估与微观必要性评估两方面。

1. 宏观必要性评估

项目建设宏观必要性评估，是指从国民经济的整体角度出发，衡量项目是否符合国民经济总量平衡和结构优化的需要，是否符合国家产业政策以及地区规划与行业规划等。一般来说，对于大中型建设项目应侧重于从国民经济和社会发展的角度进行分析评估；对于中小型建设项目则侧重于从地区与行业发展的角度进行分析评估。具体评估内容如下。

1) 项目是否符合国民经济总量平衡和结构平衡发展的需要

国民经济总量的平衡是指社会总需求量和总供给量的基本平衡。社会总需求由投资需求和消费需求两部分构成，社会总供给由投资品供给和消费品供给组成，项目建设投资直接构成投资需求。在消费供求平衡条件下，如果投资需求规模过大，将使社会总需求大于总供给，导致财政和信贷收支不平衡，引发通货膨胀和经济波动；如果投资需求规模过小，将导致社会总需求小于总供给，使经济出现萧条和衰退。所以，应根据国民经济总量平衡的需要决定项目的停建、缓建、压缩或者扩大规模。

国民经济结构的平衡主要是指国民经济各部门之间的比例关系协调、产业结构合理。从一定意义上来讲，国民经济能否平衡发展主要取决于结构的平衡。在社会主义市场经济条件下，国家各级政府需要利用国民经济发展计划和各种经济杠杆，根据资源的可能性和社会的需求实现资源的合理配置，主动寻求实现国民经济结构优化的途径。投资作为一种特殊的经济活动，能够起到调节产业结构，促进国民经济平衡发展的积极作用。当国民经济出现不平衡时，及时地调整投资方向，给"瓶颈"产业以更多的投资，压缩"长线"产业的投资，从而可以积极影响国民经济产业结构，促使国民经济转入良性循环，趋于平衡发展。另一方面，由于经济形势、市场、技术、资源等条件不断发生变化，国民经济不可能停留在原有的水平上，必须通过科学确定和调整国民经济结构，使产业结构不断向高级化、现代化转变。因此，对投资项目进行评估，应从宏观上分析、考察项目的建设是否具有这种功能。如果对实现国民经济平衡发展具有积极作用，则可以认为项目的建设是必要的；否则，是不必要的。这一点对大型投资项目尤为重要。

2) 项目是否符合国家一定时期的产业政策

产业政策对投资项目建设具有指导作用，可以引导投资者把资金投向鼓励发展的产业。目前我国产业结构优化的重点是高度重视农业，调整和改造加工工业，加快发展基础设施、基础工业和第三产业，振兴支柱产业。考察项目在宏观上是否有建设的必要性，应当深入研究国家同期的产业政策，并把项目建设与产业政策的要求进行对比分析。只有符合国家产业政策的项目，才是有必要的。

3) 项目是否符合布局经济的要求，促使国民经济地区结构优化

根据生产力最佳配置的要求，在一国或一个地区范围内，选择最适宜的地理位置和最佳的组合形式安排投资建设，由此产生的经济效益就是所谓的布局经济。每个国家在一定时期都有相应的布局构想，科学的经济布局能够协调整个国民经济的发展。根据布局经济的要求，一个国家或地区的经济开发总是具有一定的先后顺序，按照"梯级开发"的规律，以发达地区的经济逐步带动落后或不发达地区经济的发展。一方面，合理的经济布局能够减少运输费用和生产成本，有效地利用各种资源，加快信息的传递，同样的投资能够取得较好的经济效益。另一方面，合理的布局能促进分工协作，形成重点突出、各有特色的经济区域和生产组织，促进地区之间和地区内部的分工协作，从而达到加快地区经济和整个国民经济发展的目的。因此，对投资项目进行考察评估，必须将拟建项目放进国家或地区的经济布局中，考察项目是否符合布局经济的要求。

除上述评估内容外，还可以考察项目建设是否符合国民经济长远发展规划、行业发展规划、地区发展规划的要求；考察项目产品在国民经济和社会发展中的地位与作用等，为项目建设的宏观必要性提供更为充分的依据。

2. 项目微观必要性评估

项目微观必要性评估，主要是从企业发展的角度出发，衡量项目对市场需求、企业发展、科技进步和投资效益等微观因素的影响，对项目建设的必要性进行分析评估。

1) 项目所生产的产品（或提供的服务）是否符合市场的需求

市场需求是项目建设的基础，也是企业生存和发展的基本前提。投资项目所生产的产品（或提供的服务）是否符合市场需要，从根本上决定了投资项目能否取得良好的经济效益，决定了投资项目是否有必要建设。只有把资金投向适应市场需求的产品的生产项目，投资才具有必要性。

评估项目的微观必要性，必须首先研究市场的需求情况，对项目产品市场的需求和竞争能力进行深入调查分析。通过对与项目产品有关的生产资料和消费资料，以及项目产品在国内外的供应量与需求量的调查和预测，综合分析项目产品的社会总需求与总供给是否

适应，从而判断和评估项目产品市场需求的可靠性，并进一步分析产品在质量、性能、成本和价格等方面在国内外市场上的竞争力和市场占有率。只有项目产品（或提供的服务）适销对路，满足社会和市场需要，拟建项目的投资才是必要的。因此，市场需求的分析研究是进行项目建设微观必要性评估的起点。

2）项目是否符合企业发展战略

市场经济条件下，企业是一个独立核算、自主经营、自负盈亏的经济实体，企业的发展目标包括产品结构的调整、生产能力的提高、经营范围的扩大等。但无论实现哪个目标都离不开投资。任何企业都有自身的发展规划和要求，投资项目必须符合企业发展规划的要求。项目评估时，首先要了解企业的发展规划和要求，分析企业的发展规划是否符合国家经济发展规划、地区或行业发展规划，是否与大环境相吻合；然后，对比分析拟建投资项目的目标与企业的发展规划和要求，研究项目的建设能否为企业带来经济和社会利益；最后，判断项目的建设对于企业是否必要。

3）项目是否考虑了合理生产规模

生产规模的大小直接影响到项目建设条件、技术方案的选择和生产产品的成本与效益水平。在产品市场需求与市场竞争能力允许的前提下，结合产品生产所需原材料、能源、资源及协作配套条件，依据规模经济原则与产业结构要求，方能确定合理生产规模。生产规模评估是项目建设必要性评估的又一项重要内容，能够对可行性研究报告中提出的拟建项目的设计生产能力是否与产品的市场需求相适应，是否与资金、原材料、能源及外部协作配套条件相适应，是否与项目的合理经济规模相适应，以及是否符合本行业的产业结构变化趋势进行深入分析与评价。如果投资项目的建设既符合市场需求，也符合合理经济规模要求，那么该项目的建设就是必要的。

4）项目是否有利于技术进步

科学技术是第一生产力，对生产力的发展起着第一位的推动作用，科学技术进步已成为生产力发展的主导因素。科学技术以渗透的方式凝结于生产力的实体要素之中，使生产力发生了质的变化。要想转化为物质生产力，增加社会财富，必须经过一定的途径才能实现。一种途径是通过投资把科研成果转化为社会需要的产品。无论是新建还是改扩建项目，都应尽可能地采用先进适用的新技术、新工艺和新设备，满足项目在技术上的先进性和适用性要求，并将新的科研成果尽快地运用于产品的设计与生产，使其转化为社会生产力。对这类项目进行必要性评估时，首先要评估科研成果转化为社会生产力的必要性和可能性，然后考察拟建项目是否具备这方面的能力。若能把科研成果尽快地转化为生产力，则项目建设是必要的。

2.1.2　项目建设必要性评估的目的、意义和作用

项目建设必要性评估是在可行性研究报告的基础上，重新分析和论证项目建设的理由是否充分可靠、市场需求预测方法是否科学合理、结论是否客观准确。目的在于保证投资项目规划和投资决策的正确性，避免盲目建设和重复建设的发生，从而使项目方案臻于完善，为项目产品增强竞争能力、提高投资效益和降低投资风险提供可靠的依据。

进行项目建设的必要性评估，有利于指导投资者和贷款机构选择正确的投资方向，确保贷款或融资的回收及其高收益率的实现；有利于实现业主的战略目标，确保其利益最大

化；有利于企业获取最大经济效益和规避风险等。例如，安徽阜阳机场一度成为"野兔的乐园"，根源在于没有进行任何的项目建设必要性评估，导致透支了当地未来十几年的财政收入。由此可见，"做正确的事"必须建立在必要性评估的基础上。

总体上，项目建设必要性评估的作用主要表现在以下方面。

（1）保证投资项目的规划和投资决策的正确性。

（2）控制投资项目建设规模，避免盲目和重复建设。

（3）为项目增强产品竞争能力、提高投资效益和降低投资风险提供可靠的依据。

（4）指导投资者和贷款机构选择正确的投资方向。

2.1.3　项目建设必要性评估的依据

在现阶段，项目建设必要性评估的依据主要是可行性研究报告中项目建设必要性的论证，故可行性研究报告的编制依据同样约束着项目建设的必要性评估。因此，项目建设必要性评估的依据包括以下几项。

（1）国家制定和颁布的经济发展战略、产业政策及投资政策。

（2）项目所在地的区域经济发展规划和城市建设规划。

（3）项目所在地的区域经济性资源、地形、地质、水文、气象及基础设施等资料。

（4）行业部门发展规划。

（5）有关部门制定和颁布的项目评估规范及参数。

（6）中华人民共和国住房和城乡建设部发布的《建设项目经济评价方法与参数》。

（7）项目可行性研究报告和规划方案。

（8）各有关部门的批复文件，如项目建议书、可行性研究报告的批复。

（9）投资协议、合同和章程等。

（10）其他有关信息资料。

2.1.4　项目建设必要性评估的主体和对象

项目建设必要性评估的主体主要为政府部门、金融机构、投资方、咨询专家及其他的利益相关者，对象主要是可行性研究报告的必要性论证成果。例如，针对市场需求量和供求预测结果进行再审查和再论证。值得注意的是，纯公益性和准公益性项目也应该征求社会公众的意见。

2.2　项目建设必要性评估的准则及指标

2.2.1　项目建设必要性评估的准则

根据功能和作用，项目可划分为纯公益性项目、经营性项目和准公益性项目。以此为分类标准，项目建设必要性评估包括以下 3 个准则：

（1）纯公益性项目必要性评估的准则：项目是否满足国家和地区层面的经济社会发展的现实需要及中长期需要。一个国家为了本国经济的发展、社会的进步、人民幸福，需要一定时期内兴建一些纯公益性的项目。这些项目不以盈利为目的，甚至可能亏损，但能够极大地促进当地的经济社会发展，改善当地人民的生活质量，提高当地的可持续发展能力。因此，政府部门通常以此准则来判定某一纯公益性项目是否应该建设，是否值得建设。

（2）经营性项目必要性评估的准则：项目所生产的产品（或提供的服务）是否符合市场的需求并为企业创造利润。这类项目主要是以盈利为目的，建设的宗旨就是使企业利益最大化。市场上的大多数项目都属于此类项目。

（3）准公益性项目必要性评估的准则：以社会效益为主，经济效益为辅。准公益性项目是介于纯公益性项目和经营性项目之间的项目，主要目的是为社会的发展服务，同时也兼顾企业自身的利益。例如，一些水利水电项目，既承担防洪、排涝等公益性管理运行维护任务，又具有工程供水、水力发电等经营性功能。世界最大的水利工程三峡工程具有防洪、发电航运、供水等多方面的功能。在这些效益中，防洪、航运和供水等属于社会公益性功能；而发电则属于经济性功能，是三峡工程经济效益的主要来源。三峡工程的兴建使长江中下游的防洪能力显著增强，使江汉平原和洞庭湖地区1 500万人民和2 300万亩（1亩≈666.67平方米）耕地免受洪水威胁。另一方面，三峡工程经济效益非常巨大，相应减少的煤炭消耗更是惊人。所以，三峡工程的建设评估考虑社会效益的同时，兼顾了经济效益，保证了项目的顺利运营。

2.2.2 项目建设必要性评估的指标

目前，项目建设必要性评估的指标很多，不同类型的项目评估指标也有所不同。其中，最基本的指标为市场需求量和市场价格指标。市场需求量在不同的建设项目中有不同的表现形式。例如，对港口项目而言，表现为吞吐量；对机场项目而言，表现为客流量；对道路交通项目而言，表现为车流量；对电力项目而言，表现为售电量。以地铁项目和高速公路项目的部分具体指标为例。

（1）地铁项目的评估指标：城市年GDP总量＞1 000亿元；人口数量＞300万；财政收入＞100亿元。

（2）六车道高速公路项目评估指标：能适应按各种汽车折合成小客车的远景设计年限，年平均昼夜交通量为45 000～80 000辆。

2.3 建设项目市场需求分析

2.3.1 项目市场需求分析的含义及作用

1. 市场与市场分析的含义

市场是指商品和劳务在从生产领域到达消费领域的转换过程中，发生的一切交换行为和职能的总和,包括有形市场和无形市场。有形市场即商品交换的场所,如百货商店、集市等;无形市场是指没有固定的交易场所,靠广告、中间商及其他交易形式寻找货源或买主,沟通买卖双方,促成交易的一系列活动的总称,如某些技术市场、房地产市场等。

市场分析是对市场供求、规模、位置、性质、特点等调查资料所进行的经济分析,是了解产品变化趋势及未来销路问题的一种方法。

市场分析需要解决项目产品是否有市场、有多大市场、如何将项目产品有效推向市场等问题,即"做什么"、"做多少"和"为谁做"。需要估计产品的市场供求、竞争情况,并考察如何将所生产的产品按既定价格顺利地销售出去。

具体而言,"做什么"回答的是投资项目应当提供什么样的产品服务的问题;"做多少"则是对整个市场容量、供求关系和竞争状况进行分析和预测,确定项目产品的最佳生产规模,从而为总体建设方案提供依据;"为谁做"则解决在确认了目标细分市场后,针对不同目标客户群体的不同需要提供不同产品的问题。

2. 市场需求分析的作用

1) 确定合理的生产规模

一般情况下,可以根据规模经济理论和市场供求分析预测确定生产规模。即在考察了市场供求缺口及未来市场供求情况预测、未来竞争者情况分析、产品的竞争能力等因素后,结合规模经济理论和投资者的资金情况,确定合理的生产规模。

2) 初步确定投资规模

通过市场分析,在确定生产规模的基础上,对厂房建设、设备购买、流动资金投入等进行测算,从而基本确定项目的总体投资规模。

3) 确定产品生产方案

通过目标市场分析,根据不同目标消费者的消费行为特征,把握消费者的需求倾向,找到市场潜在供求存在缺口的产品类别,由此选择能够满足更多消费者需求、市场竞争力更强的产品进行生产,并对生产产品的品种、数量、质量标准、技术参数指标等进行指导。

4) 为财务分析提供合理的数据基础

市场供求现状及预测和营销策略分析是确定产品价格的重要基础。通过市场分析可以确定产品营销的策略,制定产品的销售价格;通过市场分析确定生产规模,有助于确定项目聘用人员数量、直接原材料和燃料动力的消耗、流动资金的需求量等,对财务基础数据的估算和财务效益分析具有重要意义。

5) 为市场风险分析提供客观的判断依据

前期影响项目产品市场销售的因素中,可以客观、准确评价的因素越多,则未来收益预测的不确定性(达到预期收益的概率)就会越小。这些因素包括:对市场分析的数据是否准确,对竞争者的竞争能力和未来发展潜力的评价是否客观,影响市场预测的各方面因素考虑是否全面,市场环境是否稳定等。上述分析越透彻,则市场分析对风险分析的价值越大。

2.3.2 项目市场需求分析的内容

市场分析包括市场调查与市场预测两部分,基本内容可以概括为以下几个方面。

1. 市场环境分析

环境对项目的影响往往是持久、深远而且难以改变的,分析环境是为了更好地适应环境。项目评估的市场环境分析包括对政策、经济、自然和资源等多方面环境的分析和评估。

1) 政策环境分析

首先,要分析政策(宏观)环境,把握国家目前和今后一段时间内的主要政策导向,分析对项目的建设是否有利。例如,近年来国家提出振兴东北老工业基地的战略,相应出台了许多政策支持老工业基地的企业改制和技术设备更新。可以预期,在东北地区兴建相关项目,会面临较好的宏观政策环境。又如,国家实施宏观调控,严格控制土地资源供应及加息等宏观政策相继出台,一是直接影响项目建设用地、资金筹措等;二是可以预计今后几年内,国家为了抑制固定资产投资过热,还可能出台一系列相关政策,间接融资环境将相对偏紧。因此,受到上述因素影响的项目投资决策应当更加审慎。

其次,分析产业(中观)环境,把握项目所处行业中哪些项目受到国家支持,哪些受限制或被禁止;哪些政策有利于项目的实施,哪些将给项目带来不利影响。例如,钢铁、电解铝行业为国家限制性行业,不符合国家产业布局规划、规模达不到国家规定标准的项目就不能上马;而环保产业项目,附加值高、污染小,符合可持续发展战略,就能够得到政策的支持。

再次,区域性(微观)政策分析也很重要,主要分析拟建项目所在地区的地方政策和法规是否有利于项目的建设。例如,应分析地方政府实行哪些招商引资政策,引入项目所属产业在该地是否受到扶持,是否为重点发展的方向,对项目实施有哪些地方优惠和限制政策,由此,判断地方政策环境对企业经营产生的影响。

最后,通过上述3个层面政策环境的分析,综合判断拟建项目的整体政策环境是否适合项目的建设。

2) 经济环境分析

经济环境分析是对项目所在国家或地区的整体宏观经济发展情况、项目所处行业(产业)和相关行业(产业)的发展状况等展开分析。内容包括项目所在地(国、省、市)的生产总值、人口、人均收入水平、消费水平、物价指数等,及上述指标的同比增长情况。通过指标分析,判断项目所在国家或地区所处阶段是否为经济发展繁荣期,经济环境是否有利于项目发展,从宏观和微观的层面上考察影响建筑产品供给和需求的各种因素。国民经济发展状况对建筑产品的供求所造成的影响是全方位的,企业只能依靠自身的战略调整来适应所面临的宏观环境状况。

反映宏观和微观经济发展状况的数据可通过各级政府、行业的统计公告和权威部门的综合评估报告获得。

3）自然和资源环境分析

与项目相关的自然和资源环境包括原材料的供应、交通运输、人力资源及相关产业发展状况等诸多方面。需要明确：项目所需的原材料供给是否充足而且廉价，大宗货物的交通运输是否便利，当地人才是否满足项目人员素质的要求，上、下游产业的发展水平是否足以支持项目的建设等。例如，对于水泥生产项目而言，由于水泥属于大宗产品，运输成本较高，其产品辐射半径一般不应超过500千米（超过此距离，运输成本的上升将使企业产品的市场竞争力大大降低），因此对项目原材料（石灰石矿）占有量的考察非常重要。

不同项目所面临的市场不同，项目产品辐射范围不同，因而市场分析的重点、方法和角度均应有所不同。例如，对于提供区域性产品和服务的项目，市场分析的重点应当放在区域市场上，如房地产项目、酒店、休闲娱乐项目等大多属于这一类；对于达到一定生产规模的工业项目，产品辐射范围一般可覆盖全国，市场环境分析就需要从全国范围入手，再回到周边地区（省市）和本地市场；对既有国内销售又有出口的产品，还需要对国际市场上该类产品的产业发展环境进行分析。

2. 市场现状分析

市场现状分析包括市场需求现状分析、市场供给现状分析和市场供求现状综合分析。

1）市场需求现状分析

市场需求是指在一定时期、一定条件下，在一定的市场范围内消费者购买某种产品（或劳务）的总量。市场需求现状分析即分析产品现阶段的市场销售总量、销售量的历史水平及变化趋势、有效需求、潜在需求、消费偏好的改变等，分析影响销售量变化的主要因素，为需求预测提供依据。

进行市场需求现状分析时，一般先分析项目产品的国内市场需求情况，再分析其国外市场需求情况，最后综合平衡分析。具体而言，了解国际、国内市场需求现状，需要获得项目产品的国际、国内市场消费总量、地区分布，不同消费群体对产品的品种、性能和服务质量的要求等方面的数据。通过广泛的调查可获得过去一定时期内某种产品需求的变化趋势，作为推测未来市场需求的主要依据。同时通过调查，可判断目前是否有部分市场需求尚未得到满足，估计市场潜力有多大等。

潜在需求可能转化为有效需求，因此，需要对潜在需求转化为有效需求的主要约束条件予以分析，即分析促使潜在需求转化为有效需求的各种因素，以及这些因素发生变化之后，可能给市场新增需求量造成的影响。例如，以前汽车在我国属于高档奢侈消费品，有购买意愿的人数远大于市场销售总量，但考虑到汽车价格和个人可支配收入之间的差距，大部分居民并不具备支付能力，因此只属于潜在需求。但随着近几年国产汽车价格大幅下降、居民个人收入水平的不断增长，对汽车的潜在需求转化为有效需求，汽车销售量出现迅猛增长的势头。可见，影响汽车从潜在需求向有效需求转化的主要因素是汽车的价格和居民的个人收入水平，其他因素可能还有政策变化，如购买、维护汽车需要缴纳的各种税费政策的变化，以及交通状况、个人的价值取向（消费观念）和相关产品（如汽油）的价格变化等。

2）市场供给现状分析

市场供给是指在一定时期、一定条件下，在一定市场范围内可提供给消费者的某种商品或劳务的总量。市场供给现状分析是行业生产能力现状的分析。这里所指的生产能力不仅包括原有企业的生产能力，还包括正在兴建企业的潜在生产能力及产品供应的增长。换句话说，既要把握目前产品供给企业的最大生产能力和实际产量，又要考察影响潜在供给的主要因素，为预测未来供给提供依据。

供给现状分析的具体内容有国内外市场的总体供给能力，供给地区的分布状况，主要生产企业的生产能力、产量、品种、性能及质量水平，影响供给变化的主要因素等。

一般而言，如果项目产品所在行业内企业的生产能力可以满足市场上全部需求，即市场处于饱和或过饱和状态，则新建项目产品在性能方面没有较大程度的创新，在成本、价格方面也没有绝对优势，那么难以在市场竞争中获得预期的市场份额，项目的投资决策就应该更加审慎。

3）市场供求现状综合分析

市场供求现状综合分析是在掌握了项目产品的市场容量和供求现状后，根据历史数据分析目前供求平衡状况。第一，分析市场是供不应求还是供大于求，其形成的原因和发展趋势、行业平均利润水平、行业竞争水平等。第二，需要获取并分析产品目前的价格水平，包括产品价格的历史走势、影响价格波动的主要因素等。第三，分析价格的形成机制，是市场定价还是行政控制价格，有无行业垄断或倾销；价格对行业利润率和行业竞争度的影响；国际国内市场价格变化有无相关性，关联程度的大小等。

一般来说，如果产品供不应求，那么项目产品的市场前景看好。但需要分析形成这种状况的原因，是新产品（替代产品）的产能不够，还是技术、资源被垄断，其他厂商进入的门槛高，致使产量上不去。如是供大于求，需要分析：目前行业产品的整体产品构成，是否还有较大的市场潜力可挖；是否目前产品存在缺陷，有无更新换代的可能或趋势；拟建项目产品在创新程度、技术含量、资源占用等方面是否具有市场竞争优势；确定项目能否获得预期的市场份额，从而确定项目有无足够的市场生存空间。

对产品价格变动的趋势需要结合供求关系进行分析。通过对目前产品的价格水平和近年来产品价格的波动状况的分析，确定价格与市场供求的相关性，并找出导致价格变化的其他主要因素，如新产品和替代品的出现、技术更新、消费者习惯改变、原材料供应的变化等，为未来（项目建设和运营期内）产品价格和供求变化趋势（市场预测）提供数据和依据。

3. 市场预测

市场现状分析的基础数据和结论是市场预测的前提和基础，市场预测是市场现状分析的进一步拓展和深入，是得出项目评估结论的主要依据之一。

市场预测是在客观、全面的数据调研基础上，采用科学、严谨的方法，对未来市场发展趋势进行分析和预测。市场预测的原则是以历史数据为基础，以国内外经验数据为参考，以经济预测模型分析为主要手段，定性和定量分析相结合。

市场预测的内容包括产品未来的供应量、需求量，产品价格变化趋势，主要原材料供应价格，市场容量和产品饱和度，市场分布情况，主要竞争对手的竞争力和市场份额，项目实施后预计所占的市场份额以及项目产品预计的市场价格等。其中，产品价格预测和市场供求预测是关键环节，其他预测内容主要是为这两个目标服务的，通过这一环节的预测，有助于确定产品的价格和生产规模。

1) 市场供求预测

对市场需求进行预测，不但需要参考历史增长率，还需要分析影响需求变化的其他因素。能够定量分析的就定量分析，不能定量分析的可进行定性分析。另外，在某些情况下，还应考虑相关产品（包括互补产品和替代产品）的需求增长情况。对于没有历史数据作为预测依据的新产品，可根据同类产品情况，结合新旧产品在质量、性能、价格等方面的差异进行预测。若是区域新产品，可以参考该产品在其他区域的历史数据，剔除社会环境（如收入水平、消费习惯、人口等因素）不同可能带来的影响之后，进行市场预测。

对产品供给量进行预测，既要对现有竞争对手未来的发展潜力进行预测，也要考虑潜在竞争对手进入后新增的生产能力；既要预测国内企业的生产供给能力，也要预测国外同类产品进入中国市场的替代能力。需要注意的是，有些新产品刚投入市场时，表现为严重的供不应求，且市场需求预测的前景很好，但并不足以说明项目（特别是大项目）上马就具备充分的市场可行性。如果该项目产品技术含量不高，进入门槛较低，短期的高利润率会吸引大量资本在短时间内进入，使市场供给激增。这样，市场供给增长速度远大于市场需求供给速度，短时间内就会达到市场饱和；而激烈的低水平竞争将使行业的高利润很快消失，行业利润很快就会回归到正常利润的水平，甚至还可能导致全行业亏损。因此，此类项目进行评估，应当更多地评估企业、产品的综合竞争能力，更加客观地分析产品的生命周期，谨慎地进行投资决策。

我国影音光碟（VCD）行业的发展过程就是一个很有说服力的例证。VCD 作为一种新的家用电子产品出现在国内市场时，生产和使用成本都很低廉，在当时的经济发展水平下正好迎合了人们的休闲需求，一度被认为是市场需求广阔、前景看好的产品。但由于其技术含量不高，利润空间又较大，因此在短短的一两年内，市场供给呈几何级数增长，市场很快饱和。到后期，在广东顺德、番禺等地甚至出现了大量手工生产 VCD 的作坊。另外，市场秩序的破坏，以及性价比更佳的 DVD 的迅速崛起，也加速了 VCD 行业的衰败。众所周知的 VCD 生产企业爱多集团，从一个名不见经传的乡镇企业发展到央视年度标王企业，而后又很快走向衰败，只经历了短短 3 年的时间。可以说，爱多集团的兴衰正是 VCD 行业整体发展历程的一个缩影。

另外，市场预测还应该包括对产品主要原材料供应情况进行预测，从而初步确定拟建项目的主要原材料成本支出，为财务分析奠定基础。对原材料供应的预测可以比项目产品的市场供求及价格预测简化，但至少应该对项目运营期间原材料供应的保障程度及价格变化趋势有一个基本判断。

2) 产品价格预测

产品价格预测需要以市场现状分析的数据和结论为基础，结合供求关系和市场竞争情况等因素的变化，预测项目计算期内产品的价格走势，为产品定价和财务效益分析提供依据。

4. 细分市场和目标市场确定

在目前买方市场占主导，又崇尚个性化的时代，对于消费需求的满足不再是当年福特 T 型汽车的大众化营销，而是注重根据需求的不同细分市场，提供能够更好地满足消费者需求的产品，也就是通常所说的"目标营销"。一般通过细分市场、目标市场选定和市场定位几个步骤来实现。在细分市场之前，先要进行消费者行为分析。

1）消费者行为分析

消费者行为分析是研究个人、集团和组织怎样选择、购买、使用和处置商品或服务以满足他们需要和愿望的活动。消费者行为既是形成供求市场现状的基本因素之一，又是造成未来供求关系变化的主要诱因之一。消费者行为的变化可以直接导致产品供应、需求，产品结构、品种、性能和定价，以及生产能力分布等多个方面的变化。

消费者的购买行为一般经历5个阶段，如图2.1所示。

第一阶段：生成消费需求。由于个人和周围环境的变化，消费者习性、偏好的变化等产生新的消费需求。

第二阶段：产生购买动机。不同的消费者具有不同的消费需求，会产生不同的购买目标，如追求廉价、追求实用或追求奢华等。

第三阶段：收集商品信息。消费者通过广告、传媒、经验等，了解商品的性能、价格等多方面信息。

第四阶段：评价待购商品。评价待购商品的性能、价格、品牌形象、服务等。

第五阶段：购买决策。消费者的购买决策受到文化、社会、个人、心理等诸多因素的影响。其中，文化因素包括文化、亚文化、社会阶层等；社会因素包括参考群体、家庭、角色与地位等；个人因素包括年龄、生命周期阶段、职业、经济环境、生活方式、个性和自我概念等；心理因素包括激励、知觉、学习、信念和态度等。

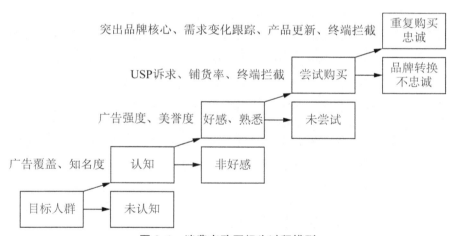

图2.1 消费者购买行为过程模型

因此，通过对消费者的消费层次、心理状况、消费动机、消费方式等进行调查和分析，如调查和分析消费者对产品档次、规格、样式、包装、性能与结构等的要求，对价格的敏感度和接受程度，对目前产品未能满足的功能需求等，可以针对消费者的需求特点及变化趋势，确定在多大的市场中提供怎样的产品。

2）市场细分和目标市场的确定

市场细分（market segmentation）的概念是美国市场学家温德尔·史密斯（Wendell R. Smith）于20世纪50年代中期提出来的，指营销者通过市场调研，依据消费者的需要和欲望、购买行为和购买习惯等方面的差异，把某一产品的市场整体划分为若干消费者群的市场分类过程。每一个消费者群就是一个细分市场，每一个细分市场都是具有类似需求倾向的消费者构成的群体。市场细分可以通过考察地理、人文、心理、和行为等多个变量进行。一般情况下，每一个细分的市场应该满足：有足够的规模和需求，细分市场内消费者偏好相似并具有一定的购买力，细分市场之间具有相斥性。一般细分市场的相斥性越高，细分越成功。例如，对汽车市场，按行为变量进行细分，可以划分为寻求基本交通运输工具者、寻求高性能汽车者、寻求豪华汽车者和寻求安全型汽车者等多种。生产者可以根据市场分析和预测，选择其中一个或几个最看好的细分市场进行投资。

通过市场细分，可以清楚目前行业产品的各"子市场"的供求和竞争状况，哪些属于供不应求，哪些属于供过于求；哪些"子市场"的发展潜力较大；那些"子市场"还有更合理的细分空间，可以帮助项目寻求到市场缝隙；结合产品自身的特点和对消费者行为的分析，发现市场供求缺口或找到消费者未能满足的需求，从而为项目的建设确定目标市场。

所谓目标市场，就是指企业在市场细分之后的若干"子市场"中，运用营销活动之"矢"而瞄准市场方向之"的"的优选过程。目标市场的确定是细分市场的评估和选择的过程。项目的实施必须有明确的目标市场，并且对目标消费者的行为有比较充分的了解。例如，新建一条日产 2 500 吨的窑外分解技术水泥生产线，产品有别于传统水泥，以新法生产且以高标号水泥为主。如果根据地理区划来细分市场，由于水泥产品辐射半径不超过 500 千米，那么若该项目拟建于大连，则辽南地区市场将是项目最重要的目标市场，同时兼顾沈阳周边地区；如果根据水泥产品的特性划分，产品为高标号水泥，则目标消费者就应主要集中在企业客户特别是建筑企业，装修市场（个人）就基本没有这方面的需求。经过上述分析，可以有效地确定项目产品的目标市场。

5. 项目竞争力分析

项目竞争力分析能够帮助企业明确目前行业和项目自身的竞争状况，预测未来竞争力的变化趋势，从而正确估计行业及项目自身的市场地位和面临的市场风险大小；帮助企业了解市场形势，确定项目的市场竞争战略，扬长避短，在市场竞争中找到自己的立足之地。

1）项目（企业）竞争力分析

目前，项目竞争力分析常用波特五力分析模型、SWOT（Strengths-Weaknesses-Opportunities-Threats）分析法和市场进入障碍分析法。

（1）波特五力分析模型。迈克尔·波特（Michael Porter）认为，由于外部作用力通常影响着产业内的所有企业，项目的竞争力强弱关键在于这些公司（项目）对外部影响的应变能力，因此需要从产业结构的角度考察项目所处行业的竞争力状况。五力分析模型将大量不同的因素汇集在一个简便的模型中，以此分析一个行业的基本竞争态势。五力分析模型确定了竞争的 5 种主要来源，即供应商和购买者的议价能力、潜在进入者的威胁、替代品的威胁，以及来自目前同一行业的公司间竞争。一种可行战略的提出首先应该包括确认并评价这 5 种力量，不同力量的特性和重要性因行业和公司的不同而变化，如图 2.2 所示。该模型还认为，一个产业的竞争者大大超出了现有参与者的范围，顾客、供应商、替代品、潜在的进入者均为该产业的"竞争对手"，这 5 种竞争力共同决定了产业竞争的强度及产业利润率,其中一种或几种作用力将起到关键性的主导作用。例如,若一个项目有很强的市场控制力,也没有潜在竞争对手的威胁,但存在一个先进的、低成本的替代品,那么该项目仍能获得低收益。因此,考察项目产业竞争情况,可以从更高层次上把握项目的竞争状况和潜在收益能力。

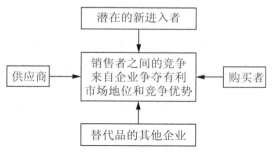

图 2.2　五力分析模型示意

(2) SWOT 分析法。SWOT 分析法又称态势分析法,它是由旧金山大学的管理学教授于 20 世纪 80 年代初提出来的,是一种能够较客观而准确地分析和研究企业现实情况的方法。SWOT 分别代表(优势)strengths、(劣势)weaknesses、(机会)opportunities、(威胁)threats。通过对被分析对象的优势、劣势、机会和威胁等加以综合评估与分析得出结论,将内部资源和外部环境有机结合,能够清晰地确定被分析对象的资源优势和缺陷,了解对象所面临的机会和挑战,从而在战略与战术两个层面加以调整,以达到目标,如图 2.3 所示。

优势 Strength	弱势 Weaknesses	自身条件
机会 Opportunities	威胁 Threats	外部环境

图 2.3　SWOT 分析法示意图

外部环境分析包括机会与威胁分析,主要分析宏观环境、产业(经济)环境、自然和资源环境等给项目建设带来的机会和威胁,可以结合前面所述的市场环境分析内容进行。内部环境分析包括优势和劣势分析,主要考察项目实施具备的优势和劣势条件。SWOT 分析法通过建立机会、威胁、优势和劣势分析矩阵,有针对性地提出抓住机会、规避威胁、发扬优势、弥补劣势的策略。

(3) 项目市场进入障碍分析。市场进入障碍是指在垄断条件下,新的企业要想进入某一行业十分困难,存在许多进入障碍,主要表现有 4 种:一是现有企业控制了产品的基本原料的来源;二是现有企业拥有专利权;三是现有企业规模经济性显著,规模较大;四是政府特许。市场进入障碍的存在,对于建立公平合理的市场机制具有很大的阻碍作用。

就项目而言,项目建成后,作为市场的新进入者,将面临与原有企业的竞争。新进入企业在和已有企业竞争时,存在若干不利的因素,原有企业可以利用这些因素阻碍新企业的进入,从而对新进入企业形成市场壁垒。

如果该项目产品所属产业存在规模经济的话，新进入企业必须具备一定的规模，否则利润水平将会很低甚至无利润。若市场进入障碍较高，那么项目产品进入市场存在较大的风险，但进入障碍保证了该产品市场上合理的盈利水平；若市场进入障碍低，存在超额利润，就会吸引众多厂商的蜂拥而至，供给量急剧增加，导致市场竞争加剧，直至超额利润丧失。因此，新建项目需要充分估计可能的市场进入障碍，并采取相应的措施。

2) 项目市场竞争战略的选择

通过对项目市场竞争状况的分析，结合项目自身的优劣势，可以初步确定项目的市场竞争战略。一般根据对项目产品性能、价格的定位选择如下 7 种战略。

（1）领导者战略。产品市场占有率最大的企业成为领导者，其产品性能和价格成为市场规范。其他企业可以根据自己的特点，选择其他六种竞争战略的一种或者几种与之竞争。

（2）声望竞争者战略。由于历史或其他原因，声望竞争者产品的市场形象较好，品牌深入人心。较高的声望使其无论进入哪个领域，产品均可以处于较高的定价水平。

（3）性能竞争者战略。此类竞争者的产品因性能好，价格也能够高于其他同类产品。例如，汽车工业中的不少顶级品牌，纯手工制造，订单生产，性能为全球所认可，使其价格也远高于普通品牌汽车的价格。

（4）价值竞争者战略。价值竞争者的产品性能好，与同行业竞争者形成明显的价值区别，因此可以选择与领导者产品相同的定价水平。

（5）跟随者战略。大多数具有第二位的企业喜欢追随而不是向市场领导者挑战，如仿制者、紧跟者、模仿者或改变者。跟随者产品的价格和性能都与领导者产品相同。

（6）价格竞争者战略。价格竞争者运用价格手段，通过价格的提高、维持或降低，以及对竞争者定价或变价的灵活反应，与竞争者争夺市场份额。一般来说，产品的性能和领导者产品一致，但价格较低。

（7）经济竞争者战略。经济竞争者产品的价格和性能都比领导者产品低。

6. 建筑产品分析

根据消费者行为分析和目标市场的确定，需要制定符合消费者需求和项目市场竞争战略的产品方案。一方面需要分析建筑产品具备的性能特点；另一方面通过对建筑产品生命周期的分析，明确建筑产品所处的阶段及特点，为确定建筑产品方案和生产规模提供依据。

1) 产品的功能和特性

产品的功能和特性研究主要考察：与同类产品比较，在功能上有哪些改进，具有什么独特优势，能否完全或部分替代现有产品。该部分研究可以使投资者通过对拟建项目产品在性能上与市场原有产品的比较，做到知己知彼。

2) 项目产品的生命周期

产品的生命是有限的，从投入市场到退出市场所经历的时间就是产品的生命周期。作为项目前期的决策，分析和预测项目产品的生命周期非常必要。一方面要分析和预测项目产品生命周期的长短，另一方面需要确定目前所处生命周期的阶段，从而有针对性地制定投资策略，控制项目建设的风险，选择适度的生产规模。

所谓产品生命周期(Product Life Cycle),是指产品从进入市场开始,直到最终退出市场为止所经历的市场生命循环过程,分为4个阶段,即导入期、成长期、成熟期和衰退期,如图 2.4 所示。各阶段的特点如下。

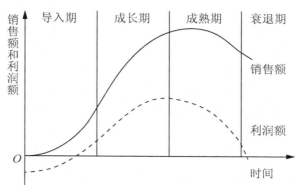

图 2.4　产品生产周期示意图

导入期(introduction):产品刚刚进入市场,未能被大多数消费者所认知;此时产品技术、设计等还未成熟,作为市场开拓者的投入很大,因此风险较高,属于亏损阶段,一般没有或很少有竞争者。

成长期(growth):产品逐渐为市场所接受,产品的供应和需求均呈现快速增长态势;利润贡献同步增长,利润率较高;市场竞争者迅速加入,竞争逐渐激烈起来。

成熟期(mature):产品销售量可能增长,但增长率常呈递减趋势,市场供求呈现基本平衡态势;市场竞争非常激烈,导致市场营销成本费用增加,平均利润率保持稳定或开始下降。但由于规模经济效应,即便在单位产品成本下降、市场销量稍减或不变的情况下,企业利润仍存在增长空间。该阶段产品对企业的利润贡献最多。

衰退期(decline):技术进步、消费者偏好改变等因素导致产品进入衰退期,产品的销售总量急剧下降。产品出现积压,价格下跌,利润迅速减少。市场上出现了更好的替代品,市场大量萎缩,过度竞争使大量企业亏损,最终退出市场。

根据产品生命周期理论,只有正确地理解和分析产品所处阶段的特点,才可能做出正确的投资决策,见表 2-1。

表 2-1　产品生命周期与相应阶段的投资特点

内　　容	导　入　期	成　长　期	成　熟　期	衰　退　期
阶段特点	设计尚未完全定型,基本无需求,成本高	设计已定型,销量增长迅速,出现竞争者	增长缓慢,利润大,市场饱和,竞争激烈	负增长,利润减少,竞争者陆续退出
投资优点	易抢占市场,为发展打下基础	竞争不激烈,易获利	推销和研制费用低,获利丰厚	为企业特殊需要服务
投资缺点	风险大,且开始时无利,容易导致亏本	起步迟,市场份额易被竞争企业抢走	竞争中易处于劣势,获利期短	利润迅速减少,甚至亏损
投资目的	加速产品定型,引导需求	进行速度和产量竞争,提高市场占有率	提高质量、信誉,形成特色,以挤占市场	降低成本,改型换代,增加功能,延长寿命周期

需要注意的是,产品所处的阶段并不是判断是否适宜投资的唯一因素,应用生命周期理论进行投资决策分析时还应考虑以下问题。

首先，产品在生命周期各阶段所经历的时间不一定相同。例如，有些产品的成熟期可能比其他3个阶段之和还长很多，需要经历成长中的成熟、稳定中的成熟和衰退中的成熟等阶段。因此，即使在成熟期投产，仍然有足够长的时间获得投资收益。

其次，生命周期的发展并非是一成不变的。不少产品在进入了成熟期以后，由于应用领域的拓展，又可以进入新的生命周期。美国杜邦公司在尼龙应用领域的拓展就是很好的例证。尼龙最早是被用做降落伞的合成纤维，然后用做妇女丝袜的纤维，接着作为男女衬衣的主要原料，后来又应用于制作汽车轮胎、沙发椅和地毯等，每一种新用途都使得该产品进入新的生命周期。但与此相反，现阶段各领域的技术、知识更新极快，大部分产品的生命周期越来越短，对此更要有充分的认识。

最后，同样产品在不同地区、不同经济发展水平下，所处生命周期的阶段是不同的。有些项目在经济发达地区已经进入成熟期、衰退期，而在相对落后地区却还是成长期。例如，近年来发达国家的基础制造业大范围地向中国、印度等发展中国家转移，而我国海尔集团等家电企业又纷纷投资海外不发达地区。这样不但可使产品的生命周期得以延续，又会给企业增添新的利润。

综上可见，应用生命周期理论需要考察多方面因素，应当根据具体情况灵活运用。

7. 市场营销策略分析

市场营销阶段是将项目产品以正确的途径和合理的成本投入消费领域的过程，是实现产品向现金流转化的关键环节。根据产品、环境、战略选择的不同，市场营销策略可谓千差万别，分析方法也是五花八门。一般认为，传统的4P营销理论具有较好的代表性和实用性，通过对4P环节的分析，可以有效地确定产品的市场营销策略。

4P营销理论包括产品分析(product)、价格分析(price)、渠道分析(place)和促销分析(promotion)。具体而言，产品分析需要结合消费者行为及项目产品的功能特性，对产品的分类、产品线的长度等进行探讨，提出产品的组合决策；价格分析一方面要结合前面章节有关供求分析和价格预测的内容，另一方面要从企业战略目标出发，考虑具体的营销战略和策略，以及促销手段等因素，确定一个适合项目产品自身特点的市场价格，并将其作为财务基础数据中的产品参考价；渠道分析一般需要初步架构项目产品的各级分销渠道，并明确各级分销商之间的职能分工和隶属关系；促销分析的重点应放在对产品市场拓展的战略方向和促销方式的选择上，而具体实施应当专门制订详细的营销计划。

项目评估中的市场营销策略分析，虽然不是项目投产后具体的营销策略，但仍然体现出项目产品在营销环节上的思路、方针和策略，为营销策略的具体实施提供有益的借鉴。

2.4 建筑产品的市场需求调查研究的内容

2.4.1 市场调查的含义

市场调查是市场分析的基础，是对市场供求变化的各种影响因素及变化趋势进行的专门调查,即采用科学的方法,有目的、有系统地收集和分析产品的市场情报,并据此作为市场预测的前提和基础。市场调查包括两方面的含义:一是指以市场为对象的调查研究活动或调查工作过程,这是一种经济性调查;二是指研究及阐述市场理论与方法的学科,是一种理论性的研究。在现代经济活动中,通过市场形成的大量商品、劳务、金融和信息流构成社会经济联系网络,必须首先通过市场调查了解其结构和规律,使企业借助市场、适应市场、开拓市场,企业才能在国内外竞争中求得不断发展和巩固。

2.4.2 市场调查的内容

市场调查涉及的内容十分广泛,根据不同的需要,市场调查的具体内容和侧重点应有所不同。从可行性研究及项目评估的角度看,市场调查可划分为范围调查和对象调查两种类型。范围调查分为国内市场调查及国外市场调查;对象调查可归纳为供求调查、商品变动调查、竞争调查和周边环境调查。对象调查还可进一步细分为需求与供给调查、消费调查、品种与质量调查、科技进展调查、价格调查、竞争调查、市场环境调查等。对象调查往往是范围调查的基础,因此市场调查主要偏重于对象调查。

1. 供求调查

供求调查分为需求与供给调查。市场商品需求是指消费者在一定时期、一定市场范围内具有货币支付能力而购买商品的需求量;市场商品供给指生产者在一定时期、一定市场范围内可以投放市场出售的商品量。调查者应考虑国内、国外市场的需求情况,调查同类或相关产品构成有效需求的因素,如现有及潜在购买人数与购买数量、消费者的类别、购买动机、购买习惯、购买能力、消费嗜好、居住地区等;调查同行业相同产品的供给量及资源情况,包括对国内市场、对外贸进口提供商品总额及构成情况。对于那些既不可能出口、也不需要进口的"非贸易货物"产品(如货样、广告品等),可以只调查分析国内市场的需求与供给情况。

2. 商品变动调查

商品变动调查主要从动态角度来调查市场上各种商品供求变化、库存变化和价格变化。其中,价格变化是对市场影响最敏感的因素。要了解消费者最能接受的价格,分析产品的需求价格弹性,判断价格变化对市场产品供求带来的影响。

3. 竞争调查

产品进入成熟期,竞争加剧。要重视投资项目在市场上的竞争能力及竞争对手数量的调查,包括对同类产品企业的生产技术水平、生产能力和经营特点的调查。此外,还要了解竞争对手产品的品种、价格、质量、技术服务、包装装潢、销售方式、交货方式等情报,作为企业自身制定营销策略的基础。

4. 周边环境调查

调查目的在于了解是否存在企业无法控制但影响市场的外界因素,主要调查政治环境、经济环境、社会文化环境和技术环境。其中,技术环境指国内外新技术、新工艺、新材料的发展趋势及发展速度,国内外新产品的技术现状、发展趋势、发展速度。

2.4.3 市场调查的作用及功能

1. 市场调查的作用

市场调查是观察市场变化和动向的耳目，人们可以借此发现并监督市场。在调查中搜集有关资料和数据，分析研究掌握市场变化规律，了解消费者对商品品种、价格、质量、规格及性能等方面的要求和意见。市场调查的作用主要体现在两个方面：一是为决策提供各种情报资料，作为编制产品生产计划及制订产品销售计划的重要依据；二是为企业研究开发新产品或了解新产品、新技术的动向提供情报。

市场调查的作用很早就得到了认可。例如，1973年美国市场协会（AMA）对436个工业公司进行调查，发现有70%以上的企业展开了各种市场调研活动。为了能及时地反映消费者需求的多样化和竞争者动向，我国现代企业也普遍重视市场调查。

2. 市场调查的功能

一般认为，市场调查有如下功能。
（1）发现和寻求市场需要的新产品。
（2）发掘新产品和寻找现有产品的新用途。
（3）明确在什么地方有多大市场。
（4）发现顾客和竞争者的动向。
（5）分析并判断市场的增长率。
（6）对企业的市场战略进行检验。
（7）便于经常对企业的市场与销售策略进行分析。

2.4.4 市场调查的程序

市场调查实际上就是一个按观察、了解、记录、整理、分析市场情况的顺序进行操作的过程。为了达到预期的目的，市场调查工作要有计划、有步骤地进行。程序大致包括3个阶段和若干个环节。

1）制订调查计划
（1）确定调查内容、目的、要求。
（2）确定调查对象及范围。
（3）选择调查渠道及调查方法。
（4）编写调查计划，培训调查人员。

2）进行实际调查

实际调查是将调查计划付诸实践的过程。在执行过程中可能会出现与原计划不太协调的情况。因此，要求调查人员深入现场，细致调查，充分掌握第一手资料。包括以下两个环节。

（1）搜集、记录、整理调查材料和资料。
（2）设计调查表格、分析调查资料。

3)编制调查报告

编制调查报告包括以下两个环节。

① 资料的分类、综合分析,得出结论、提出建议;

② 提交市场调查报告。

调查报告的格式一般有导言、正文和附件。正文包括调查的目标、调查的对象、调查的内容、调查的方法。调查报告的内容根据调查目的不同而有所不同。一份规范化、符合要求的调查报告一般应包括以下内容:现状与展望;产品生产方法或生产工艺的调查;目前生产厂商情况(包括厂家地址及生产能力);近年来的生产量及销售量;主要相关产品或系列产品的消费量;产品价格与销售额;产品进出口及国际市场情况;参考文献。

2.4.5 市场调查的方法

市场调查过程中,调查方法的选择将直接影响市场调查的效率和质量。因此,应掌握市场调查的常用方法,并在实践中根据不同的时空变化,选择不同的方法。

1. 按资料来源分类

市场调查按资料来源不同,可分为资料调查方法、实地调查方法和网络调查方法。

(1) 资料调查(搜集二手数据)方法,即利用公开资料进行市场调查。因为包括收集已经公布了的信息,又称为桌面调查或第二调查。这种方法非常适用于个人进行市场调查,优点是能够在短时间内就有很大的收获。

资料调查的信息来源主要包括:①政府统计资料,如各种统计年鉴、人口普查、经济普查的数据,发达国家一般拥有专业的统计实体发布这些数据;②行业与工业实体的出版物。每个行业都有某个共同团体(如行业协会)代表它的利益,这些共同团体一般拥有本行业的大量有用信息;③市场调查报告。现在已知有超过 3 万份市场调查的报告可以公开使用,它们分布于各种地方,如《市场搜索》(*Market Search*)和《搜寻索引》(*Findex*);④企业名录与公司报表。企业名录是由当地工商行政管理部门汇总提供的公司详情,既有供应商名录也有购买商名录。普通名录有《中国企业名录》和《中国电信电话黄页本》等。除了普通名录,多数行业还有它们自己的特殊名录。

(2) 实地考察调查(搜集一手数据)。实地调查法是根据市场调查目的、要求和调查对象的特点,采用直接接触调查对象的方法取得第一手资料,具有针对性强、适应性广、材料真实的特点。但实地调查涉及范围广,需要大量人力和财力,因此具有耗时、耗财的缺点。

询问法、观察法和实验法均为实地调查法。

(3) 网络调查方法,也称计算机网络访谈法,是指通过事先邀请,让指定的网友在指定时间内登录一个指定网站进行市场调查的方法。在网络已经成为信息传递必备工具的今天,网络调查方法具有快速、便捷及节约人力财力的优点,将随着计算机技术的发展普及开来。

2. 按资料获得方式分类

市场调查按资料获得方式不同,可以分为市场普查和市场抽样调查。

1）市场普查

普查是对调查对象的总体的所有组成单位逐一调查，即对所有调查对象无一例外地调查。普查可以分为两类：一类是宏观调查，主要指国情的调查，如全国人口普查、工业普查及经济普查等；另一类是微观调查，如企业对产品的供应、销售及库存的全面调查。

市场普查的优点在于能够获得全面、准确、可靠的原始资料和有关数据，市场信息资料价值较高，但市场普查需要消耗大量的人力、物力、财力和时间。因此，主要用于对国民经济有重大影响因素的调查。

2）市场抽样调查

抽样调查简称抽查，是指从市场母体中抽取一部分作为样本，对抽取的样本进行普查，并以样本的调查结果推断市场母体的一种调查方法。市场抽样调查具有工作量较小、节省费用和时间、准确性较高及抽样误差可控的优点。因此，一般采用这种方法。

依据抽样方法的不同，抽样调查又分为随机抽样调查和非随机抽样调查。随机抽样是按随机原则在调查母本中进行抽样，保证母本内的每个样本被抽取的机会均等。随机抽样方法很多，其中最主要的是简单随机抽样、分层随机抽样和分群随机抽样。简单随机抽样，是指从总体 N 个单位中任意抽取 n 个单位作为样本（$n \leqslant N$），使每个可能的样本被抽中的概率相等的一种抽样方式。分层随机抽样在抽样总体中按生物个体划分为若干个层（组），对每层分别抽取一组随机样本，然后通过加权对总体参数做出估计。分群随机抽样将调查母体区分为若干个群体，然后以单纯随机抽样方法选定若干群体作为调查样本，对群体内各子体进行普遍调查。随机抽样调查的最大优点是在根据样本资料推论总体时，可用概率的方式客观地测量推论值的可靠程度，从而使这种推论建立在科学的基础上。因此，随机抽样在社会调查和社会研究中应用较广泛。

非随机抽样是相对于随机抽样而言的，样本的取得并非严格随机得到，可分为任意抽样法、判断抽样法、配额抽样法和系统抽样法。任意抽样法则是完全根据调查人员自身的工作方便来确定调查样本的一种方法。其基本假设是被调查的总体中任意一个样本都是同质的，随意选择任意一个样本进行调查的结果都是一样的。这种方法调查偏差较大，资料的可信度较低。判断抽样法是指由调查人员根据主观经验判断而选择调查样本的一种非随机抽样方法。例如，要调查企业管理水平，调查人员可按个人经验选取若干个管理水平高、管理水平一般与较差的 3 类典型企业作为样本进行调查。这种方法抽样简便易行、回收率高，但样本的代表性取决于调查人员对调查母本的熟悉程度、个人工作经验及判断能力。配额抽样法是指调查人员根据调查母本的某些属性特征进行分层，对分层后的次母本进行配额，配额的样本抽取则由调查人员的主观判断进行。它与分层随机抽样法的区别在于：分层抽样采用随机抽样，而配额抽样则按判断抽样。系统抽样法又称等距离抽样法，是将调查母体内全体样本统一编号、分段后，在每段构成的次母体中抽取一个样本，从而保证相邻两个样本间的距离相等。系统抽样法操作简单，适用于大规模调查，采用该法时样本数均匀分布在总体中，代表性强。

2.5 建筑产品的市场需求预测的基本方法和模型

2.5.1 市场需求预测的含义和作用

1. 预测与市场预测的含义

预测就是对未来事件的推测和估计。市场预测是指运用科学的理论与方法，对未来市场的商品需求量及发展趋势所进行的分析和预测。

2. 市场需求预测的作用

古人云："凡事预则立，不预则废。"也就是说，不论做什么事，事先有准备，就能得到成功，不然就会失败，而这些准备工作正是建立在对未来预测的基础上的。此外，人们也常说"管理的关键在经营，经营的关键在决策，而决策的关键在于预测"，由此可见预测的重要性。市场预测在我国运用的历史不长，几乎与可行性研究同时被引入。市场预测以市场调查为基础，以其信息资料为依据，依靠定量分析或定性分析的方法，全面系统地对引起未来市场需求和需求结构变化的诸因素进行分析研究，掌握未来市场发展方向及变化程度。在项目可行性研究中，市场预测的结论是制定产品方案、确定项目建设规模的依据。如果预测的结果表明项目生产的产品没有市场或市场需求很小，则应及时中断可行性研究，以节省人力、物力、财力和时间，避免造成决策失误。因此可以说，市场预测对可行性研究中的项目来讲，其作用是决定性的。

2.5.2 市场需求预测的原则与内容

1. 市场预测的原则

1）惯性原则

任何事物的发展都有一定的延续性，这种延续性就称为"惯性"。惯性越大表示过去对未来的影响越大，则研究过去所得到的信息对研究未来越有帮助；惯性越小表示过去对未来的影响越小。就产品的市场预测而言，其惯性与两个因素有关：其一是产品的预设规模和范围，规模越大，范围越广，其惯性就越大；其二是产品的生命周期。利用惯性原则进行市场预测是以国民经济系统的稳定性为前提条件的。因此，产品的市场需求经常表现为按一定的规律发展、变化，并且在一定时期内以这种规律持续发展，为人们进行预测提供了理论依据。

2）相关原则

世界上许多事物的发展都不是孤立的，而是与其他事物的发展变化相联系，表现为相互依存、相互制约、相互促进的因果关系，这就是相关性。相关分析通常作为回归预测的基础，对于所建立的预测模型，通过相关性检验，以确定其可信度。

3）类推原则

许多事物在发展变化方面往往有相似之处，利用这种相似性，可以用先发展事物的表现过程类推到后发展的事物上去，从而对后发展事物的前景做出预测。利用类推原则进行预测，首要条件是事物间的发展变化要有类似性。当由局部推断整体时，必须注意局部特征能反映整体的特征，否则，就不能进行类推预测。

2. 市场预测的内容

市场预测的主要内容有市场潜量预测、销售预测、资源预测、产品竞争能力预测、价格及成本预测等。

1）市场潜量预测

市场潜量，指市场潜在的需求量，即某一产品在市场上可能达到的最大销售量。影响市场潜量的因素较多，如社会购买力、经济发展水平、人口变化、文化水准等，但最重要的是社会购买力的变化。在进行市场潜量预测时，关键是预测社会购买力和分析社会购买力的动向。

2）销售预测

销售预测，是对今后一定时期的销售水平所进行的预测。市场的需求在某一时期通常有一个最高点，就是前面提到的市场潜量；同时也会有一个最低点，就是基础销售额。市场潜量与基础销售额之间的距离，被称为该产品的"需求敏感域"。对市场销售预测的要求，就是在需求敏感域中选择最佳点，得出产品销售预测值。

3）资源预测

资源预测，即预测拟建项目在整个寿命周期内各种原材料、辅助材料、能源等资源的可供性。由于资源的稀缺性，这种预测显得颇为重要。资源预测一般包括3个方面的内容：工业、日用品资源预测，农副产品资源预测，能源资源预测。可根据项目的性质，确定项目资源预测的内容。

4）产品竞争能力预测

产品竞争力的强弱，将影响拟建项目的经济效益，甚至决定项目的取舍。决定产品的竞争力的有产品自身因素与企业的因素，前者包括产品的质量、价格、花色、品种，后者包括企业的营销策略及企业商誉。因此，必须选择几项要素，作为影响产品竞争能力的因素进行分析预测。

5）价格及成本预测

预测企业生产的产品在今后一段时期的价格水平和成本水平。通过分析价格、成本、销售额与利润之间的相互关系，考察各种因素对企业盈亏因素的影响，以便评价最佳利润规划，制定目标利润，做出生产和销售决策。

2.5.3 市场需求预测的程序及种类

1. 市场预测的程序

市场预测的程序因预测的对象、目标不同而有所区别，但通常认为一个完整的市场预测程序一般要经过以下4个阶段。

（1）确定预测目标和制订预测计划。市场因素众多，相互联系错综复杂且呈动态变化，为保证市场预测能顺利有效地进行和取得满意的预测结果，必须有明确的预测目标和周密的预测计划。

(2) 收集和整理市场资料。市场资料的收集整理主要是通过市场调查来完成，有时也需根据不同的预测目的进行再整理和补充新资料。

(3) 选择预测方法和进行预测。预测方法的选择是市场预测的关键。由于市场因素的复杂多变，同一预测一般都同时采用多种预测方法进行，以相互印证，取长补短。选择预测方法时要考虑的主要因素有预测期、数据类型、预测费用、时间要求、预测准确度和预测适用程度等。

(4) 分析和修正预测结果。对预测结果的分析和修正主要指对预测误差的分析和修正。分析预测误差中哪些是系统误差，哪些是随机误差，然后通过适当的方法减少系统误差。当某一预测因采用多种预测方法而产生多个预测值时，需从中选择合理的数值为最终或推荐预测值。选择的一般原则：若有两种方法结果接近，则对应的预测值较为合理可靠；位于中间的预测值可能比位于两端的可靠；因果模型可能比时序模型可靠；多变量模型可能比单变量模型可靠。

2. 市场预测的种类

根据研究任务的不同，市场预测可以有不同的分类。通常有以下几种。

(1) 按预测的对象范围不同，可以分为宏观市场预测和微观市场预测。

① 宏观市场预测。是指对整个国民经济、一个地区、一个部门的市场商品供需未来发展前景的预测。它是从对市场经济宏观调控角度出发，以市场商品供需发展的总体前景作为考查对象，对市场商品供需总体未来的发展方向和趋势进行的综合性预测，如对社会商品可供量和社会商品购买力未来的发展方向、总额、构成和平衡状况的预测；主要商品类别未来供应总量、需求总量和平衡状况的预测；对社会物价总水平变动及其对人民生活水平影响的预测等。宏观市场预测，是政府做出经济决策、编制检查计划、进行宏观调控的重要依据。

② 微观市场预测。是指对基层经济单位与市场商品供需有关经济活动未来发展前景的预测。它是从基层经济单位角度出发，以个别企业的生产经营发展前景作为考查对象，对企业生产经营活动的发展前景和影响企业生产经营活动的市场环境的预测，如对工业企业所生产产品的产量、市场需求量、市场占有率及经济效益的前景预测；对商业企业的商品购、销、调、存的规模，构成变动预测；某种商品价格升降预测等。微观市场预测，是企业单位做出生产经营决策、编制检查生产经营计划、参与市场竞争的依据。

由上可知，宏观市场预测以微观市场预测为参考；微观市场预测以宏观市场预测为指导；两者密切联系，相辅相成。

(2) 按预测的时间长短不同，可以分为长期、中期、短期和近期市场预测。

① 长期市场预测。是指对 5 年以上市场商品供需发展前景的预测。它是做出长期经济战略决策，制订国家经济与企业生产经营 10 年计划和规划经济远景发展任务的依据。

② 中期市场预测。是指对 1 年以上，5 年以下市场商品供需发展前景的预测。它是做出中期经济战略决策，制订国民经济与企业生产经营 5 年计划和规划经济 5 年发展任务的依据。

③ 短期市场预测。是指对 3 个月以上、1 年以下市场商品供需发展前景的预测。它是做出短期经济战术决策，制订企业生产经营年度计划、季度计划，明确规定经济短期发展具体任务的依据。

④ 近期市场预测。是指对三个月以下的市场商品供需变动情况的预测。它是做出近期经济战术决策，制订企业生产经营月、旬计划，明确规定经济近期活动具体任务的依据。

相对来说，短、近期市场预测，内容比较详细具体，精确度要求较高；中、长期市场预测内容比较简要粗略，精确度变动范围较大。

（3）按预测的要素、市场不同，可以分为商品市场、金融市场、劳动力市场、技术信息市场和房地产市场等生产要素市场预测。

① 商品市场预测。是指对物质生产部门生产的有形物质产品市场供需前景的预测。包括农产品市场预测、工业消费品市场预测和生产资料市场预测。由于商品市场在市场体系中处于基础位置，是市场体系的三大支柱之一，其他生产要素市场是为商品市场服务的，因此，商品市场预测是市场预测的核心和主干。

② 金融市场（资本市场）预测。是指对通过信用交换形式吸收资金、集中资金和分配使用资金的经济活动发展前景的预测。包括专门从事短期货币资金融通的短期资本市场预测、专门从事长期资本融通的长期资本市场预测、黄金买卖市场预测和外币市场预测。在现代市场体系中，货币是所有资源的一般表现形式，资源的分配首先表现为资金的分配。因此，资本（金融）市场是社会主义市场体系的动脉，也是市场体系的三大支柱之一，从而资本（金融）市场预测也必然成为市场预测的基本组成部分之一。

③ 劳动力市场预测。是指对市场劳动力供需前景的预测。由于劳动力是最能动的生产要素，劳动力市场也是市场体系的三大支柱之一。从而劳动力市场预测也成为市场预测的基本组成部分之一。

④ 技术信息市场预测。包括技术市场预测和信息市场预测。技术市场预测，是指对技术商品的开发、应用和流通全过程发展前景的预测。信息市场预测，是指对信息商品的生产、储存、分配和交换全过程发展前景的预测。由于科技是重要的生产力，信息是生产力发展的必不可少的因素，将技术、信息作为一种要素市场，有利于把技术、信息和生产部门更好地结合起来，加快科技和信息向社会生产力的转化。因此，技术、信息市场预测也是市场预测必不可少的组成部分之一。

⑤ 房地产市场预测。是指对有限期的土地使用权的交易、转让前景和房产商品供需前景的预测。包括土地一级市场预测、房地产开发市场预测、房地产交易市场预测、商品房销售市场预测、房地产金融市场预测和涉外房地产市场预测。将房地产交易作为一种要素市场，有利于政府筹集资金，对土地进行成片开发，合理配置和利用有限的房地产资源，发展社会生产力。因此，房地产市场预测是市场预测的有机组成部分。

2.5.4 市场需求预测的基本方法和模型

1. 市场预测方法概述与比较

市场预测是市场发展趋势的综合评价，涵盖了市场发展的历史数据、政府远景规划目标、社会经济发展规划和趋势、消费者收入增长情况、行业政策变化、竞争者竞争能力预测等多方面内容。市场预测方法分为定性预测方法和定量预测方法两种。其中，定性预测方法包括专家会议法和德尔菲法；定量预测方法包括移动平均法、指数平滑法、趋势预测法和回归预测法。常用市场预测方法之间的比较见表2-2。

表2-2 常用市场预测方法比较

预测方法 因素与条件	定性方法		定量方法			
	专家评估法		时间序列预测			因果分析
	专家会议法	德尔菲法	移动平均法	指数平滑法	趋势预测法	回归预测法
适用的时间范围	长期	长期	即期、短期	近期、短期	中期、长期	短期、中期、长期
需要的数据资料	专家的意见综合、分析与处理	专家的意见综合、分析与处理	数据越多越好，至少3年以上	数据越多越好，至少3年以上	至少5年的数据	定量分析资料，需要至少5年的数据
精确度	尚好	较好	尚好	较好	短期很好，中、长期较好	很好
预测需用时间	短期	≥2个月	短期	短期	短期	取决于分析能力

2. 定性预测方法

定性预测法是在历史数据不足或事物发展变化过程难以定量描述时，利用直观材料，依靠个人经验进行主观判断，对事物未来的状况进行估计的方法。

专家评估法主要包括专家会议法（专家面对面，face to face）和德尔菲法（专家背对背，back to back）等。

1) 专家会议法

专家会议法主要体现在所有专家在完成预测的过程中都有机会与其他专家一起面对面地交换意见，相互启发，弥补个人不足。专家会议法与专家个人判断法相比，占有的信息量大，考虑的因素多，提供的方案更具体。不足则主要表现在集体讨论容易被个别权威或大多数人的意见所左右，正确的意见经常不能充分发表。

专家会议法的程序如下：

(1) 挑选内部、外部的专家组成专家小组，全组专家们会面并共同起草预测调查内容。

(2) 针对调查内容，全组所有专家均在会议中发表自己的意见，并将意见记录在相关表格中，对每种意见都在组内进行充分的讨论。

(3) 每位专家对所提出的意见进行排序，优先选择最好的一个，并用数学方法排列出来。若有必要，第二、三步可以重复进行。

(4) 做出预测报告，根据专家的意见进行分析和综合处理，形成预测结果。

2) 德尔菲法

德尔菲法的基本原理：应用过程是由主持预测的机构确定预测课题并选定专家，人数的多少视具体情况而定，一般是10~50人。预测机构与专家联系的主要方式是函询，专家之间彼此匿名，不发生任何横向联系。通过函询收集专家意见，加以综合、整理后，再反馈给各位专家，征求意见。这样反复进行3~4轮，尽管每个专家的意见各有差异，但由于参与讨论的专家人数较多，会出现一种统计的稳定性，使专家的意见趋于一致，作为最后预测的根据。几次函询的程序和内容概述如下。

第一轮函询调查，一方面向专家寄去预测目标的背景资料，另一方面提出所需预测的具体项目。这轮调查，任凭专家回答，完全没有条条框框束缚。专家可以各种形式回答相关问题，也可以向预测单位索取更详细的统计资料。预测单位对专家的各种回答进行综合整理，把相同的事件、结论统一起来，剔除次要的、分散的事件，用准确的术语进行统一的描述，然后反馈给各位专家，进行第二轮的函询。

第二轮函询，要求专家对于与预测目标相关的各种事件发生的时间、空间、规模大小等提出具体的预测，并说明其理由。预测单位对专家的意见进行处理，统计出每一事件可能发生日期的中位数，再次反馈给相关专家。

第三轮函询是各位专家再次得到函询综合统计报告后，对预测单位提出的综合意见和论据进行评价，重新修正原来各自的预测值，对预测目标重新进行预测。

上述步骤，一般通过 3 轮，预测的主持者应要求各位专家根据提供的全部预测资料，提出最后的预测意见。若这些意见基本一致，则可进行预测。

函询表设计的要求：首先，要把调查预测的问题讲清楚，尽量避免模糊语言；其次，表格要力求简明，提出的问题不能太多，使填表者不致因填表而厌烦；再次，提出的问题不要脱离预测目标，也不要对专家的回答提出任何附加条件，要让专家自由地回答问题；最后，表中要明确专家寄回表格的最晚时间。

专家意见的统计处理：①对数量答案的处理。当预测结果用数量表示时，专家们的预测结果将是一系列可以比较大小的数据。通常采用四分位点法，取中位数作为有代表性的预测值，把上、下四分位数作为有 50% 以上把握的预测区间。四分位区间的大小可以反映专家意见的离散程度，四分位区间越小，说明专家意见越集中。函询过程中，可以根据预测区间的大小确定是否需要进行下一轮函询。②对排序答案的处理。有时需要请专家对某些项目的重要性进行排序，这时最简单的方法就是采用评分法进行处理。若有 m 个项目进行排序，由 n 个专家进行，第 i 个专家对第 j 个项目进行排序，记为 x_{ij}，记分规则为第 1 名记 m 分，第 2 名记 $m-1$ 分，…，最后 1 名记 1 分。然后对每个项目计算其总分，即 $x_j = \sum_{i=1}^{n} x_{ij}$，（$j=1,2,\cdots,m$），以总分 x_j 多少决定排序的顺序。③对选择答案的处理。如果需要专家们从预测对象发展的多种可能性中，选择一个最为可能的结果时，可以简单地用专家回答各种可能结果的频率来预测其出现的概率，概率最大者即最可能者。④对专家预测能力的加权。由于专家的背景各异，对问题了解的程度各不相同，故对同一个问题，其预测能力也就有所不同。为反映这种差异，就必须给不同的专家以不同的权数来处理各专家的预测结论。至于各专家权重的确定，不一定是一个简单的问题，可以由预测组织者根据对专家的了解决定，也可以在预测调查表中由专家自己评定。若每位专家的预测结果为 x_i，其权重为 w_i，则 n 个专家预测值的加权平均值为 $X = \sum_{i=1}^{n} x_i w_i$。

德尔菲法原理简单，应用广泛，费用较低，通常能得到比较准确的结果。适合于那些统计数据缺乏，或者市场变化比较复杂，难以直接用定量的方法加以预测市场情况的项目。德尔菲法在我国项目评估中有很好的应用前景。

3. 定量预测方法

1) 时间序列预测法

时间序列预测法是以预测对象历史的时间序列数据为基础，运用一定的数学方法循其规律外推，从而预测市场未来发展变化趋势的一种方法。时间序列数据是指按间隔相等的时间顺序排列的一组对应经济变量的测定值。时间序列数据的变化受两类因素的影响：一类是对市场供求关系起主导作用的规律性因素；另一类是对市场供求起辅导性及临时性作用的偶然性因素。时间序列预测法假定市场供求关系只受规律性因素支配，通过对过去及现在市场供求变化关系的分析，预测未来的市场供求情况。

由于这种方法强调规律性因素的作用，因此其应用有一定的前提条件：第一，影响未来市场供求的各种因素仍与过去的因素相似；第二，市场供求的发展过程是逐渐变化的，而不是剧烈变化的过程。

时间序列数据的特征有4点：趋势性、季节性、周期性、随机不规则性。通过数据处理，利用前三个特征，设法消除第四个特征，找出预测对象的长期发展趋势和周期性变化规律，并建立相应的预测模型，达到预测的目的。时间序列预测适合于中、短期预测。常见的方法有算术平均法、移动平均法（简单移动平均法、二次移动平均法、三次移动平均法、加权移动平均法）、指数平滑法（一次指数平滑法、二次指数平滑法、三次指数平滑法）、趋势预测法（直线方程预测法、曲线趋势预测法）和季节指数法。下面介绍几种较重要的方法。

2) 移动平均法

移动平均法是时间序列预测法中最常见的一种分析方法。基本原理是将时间序列中的观察值分为若干等时的时间隔段，分段逐点推移平均，寻找规律，依次类推；每推进一个单位时间，就舍去对应于最前面一个单位时间的数据；再进行平均，直到全部数据处理完毕，最终得到一个由移动平均值组成的新的时间序列。

① 一次移动平均法（简单移动平均法）。它根据移动平均法的原理，连续地求出各阶段的平均值，构成新的时间序列数据，可以用公式表达为

$$M_{t-1}^{(1)} = (y_{t-1} + y_{t-2} + \cdots + y_{t-n})/n$$
$$M_t^{(1)} = (y_t + y_{t-1} + \cdots + y_{t-n+1})/n = M_{t-1}^{(1)} + (y_t - y_{t-n})/n \quad (2-1)$$

式中：y_t——预测对象第 t 周期的实际数据，共 m 个；

$M_t^{(1)}$——第 t 阶段的一次移动平均值；

n——每次计算移动平均值的数据个数。

n 取值的大小对平滑效果的影响很大。由式（2-1）可知，当 $n=1$ 时，$M_t^{(1)} = y_t$，移动平均序列值为原数据的序列值；当 $m=n$，即等于全部数据的个数时，移动平均值只有一个，为全部数据的算术平均值。显然，n 越小，平滑曲线灵敏度越高，抗随机干扰的性能越差；n 越大，平滑曲线灵敏度越低，抗随机干扰性能越好，对出现新情况或偶然因素的影响越不敏感。因此，确定合适的 n 值，是采用平均移动法进行预测的关键，通常 n 的取值范围为 3～15。如何使 n 的选择做到合理，可用均方差 $D_{(n)}$ 来评价，$D_{(n)}$ 小的 n 较为合适。均方差的计算式如下：

$$D_{(n)} = \frac{\sum_{t=n+1}^{m}(y_t - M_{t-1}^{(1)})^2}{(m-n)} \quad (2-2)$$

式中：m——时间序列中观测值的个数；

n——每次计算移动平均值的数据个数。

采用式(2-2)计算应当注意的是 m 必须大于 n。

运用一次移动平均法进行预测的前提条件是实际的时间序列数据没有明显的周期变动，并且近期移动平均没有明显的增长或下降趋势。可以直接用最近一个周期的一次移动平均值作为下一周期的预测值，即 $Y_{t+1} = M_t^{(1)}$。

【例 2-1】 已知某高速公路在连续 16 个月内的车流量见表 2-3。取 $n=3$ 和 $n=5$，分别计算一次移动平均值，并预测下个月的车流量。

表 2-3 一次移动平均法预测案例　　　　　　　　　　　　　单位：万辆

月序 要素	1	2	3	4	5	6	7	8	9
月车流量(y_t)	864	868	875	867	889	890	894	901	905

月序 要素	10	11	12	13	14	15	16	17(预测月)
月车流量(y_t)	915	919	920	927	931	929	930	—

解：根据式(2-1)，计算结果见表 2-4。

表 2-4 一次移动平均法预测案例结果　　　　　　　　　　单位：万辆

月序 要素	1	2	3	4	5	6	7	8	9
月车流量(y_t)	864	868	875	867	889	890	894	901	905
$M_t^{(1)}$ ($n=3$)	—	—	869	870	877	882	891	895	900
$M_t^{(1)}$ ($n=5$)	—	—	—	—	873	878	883	888	896

月序 要素	10	11	12	13	14	15	16	17(预测月)
月车流量(y_t)	915	919	920	927	931	929	930	—
$M_t^{(1)}$ ($n=3$)	907	913	918	922	926	929	930	$Y_{17}=930$
$M_t^{(1)}$ ($n=5$)	901	907	912	917	922	925	927	$Y_{17}=927$

若要求明确采用 n 取多少作为移动平均的预测结果更好，那么根据式(2-2)可做出判断：

当 $n=3$ 时，

$$D_{(3)} = \sum_{t=4}^{16} \frac{(y_t - M_{t-1}^{(1)})^2}{16-3} = \frac{(867-869)^2 + (889-870)^2 + \cdots + (930-929)^2}{13}$$
$$= 112.92$$

当 $n=5$ 时，

$$D_{(5)} = \frac{\sum_{t=6}^{16}(y_t - M_{t-1}^{(1)})^2}{(16-5)} = 228.21$$

$D_{(3)} < D_{(5)}$，故选用 $n=3$ 的一次移动平均来预测第 17 个月的车流量较合适。因近期

移动平均值没有明显变化,可采用 $Y_{t+1}=M_t^{(1)}$ 作为预测值,$Y_{17}=930$(万辆)。

但是,运用一次移动平均法进行预测时,存在明显缺陷:当实际数据随时间推移发生变化时,移动平均值的变化总是滞后于实际数据的变化,存在着滞后偏差。并且,n 越大,反应越迟钝,滞后偏差越大。因此,这种方法在项目评估中实际运用价值不大。不过,它却是其他预测方法的基础。

② 加权移动平均法。简单移动平均法将各历史时期的实际数据同等对待,而实际上,往往近期的数据对预测值的影响较大,远期的数据对预测值的影响较小。基于此,加权平均法对不同时期的实际值赋予不同的权重,然后进行平均。以 $W_1,W_2,\cdots,W_N$ 分别作为实际值 $y_t,y_{t-1},\cdots,y_{t-N+1}$ 的权,则第 t 期的加权平均值为

$$M_t=\frac{(W_1 y_t+W_2 y_{t-1}+\cdots+W_N y_{t-N+1})}{(W_1+W_2+\cdots+W_N)} \quad (2-3)$$

于是,第 $t+1$ 期的预测值为 $y_{t+1}=M_t$。加权移动平均法比简单移动平均法预测效果好,但权重的确定缺乏科学依据。通常可以取 $W_1=N,W_2=N-1,\cdots,W_N=1$ 进行预测。

③ 二次移动平均法。当历史数据呈线性增长或减少趋势时,可以采用二次移动平均法进行预测。二次移动平均法是在一次移动平均值的基础上再做一次移动平均。计算公式为

$$M_t^{(2)}=(M_t^{(1)}+M_{t-1}^{(1)}+\cdots+M_{t-n+1}^{(1)})/n=M_{t-1}^{(2)}+(M_t^{(1)}-M_{t-n}^{(1)})/n \quad (2-4)$$

式中:$M_t^{(2)}$——第 t 周期的二次移动平均值。

当实际的时间序列数据有明显的周期变动,而且近期移动平均也呈线性增长或下降趋势时,可以通过建立线性预测模型来预测。

线性预测模型的表达式为

$$Y_{t+T}=a_t+b_t T \quad (2-5)$$
$$b_t=2\times(M_t^{(1)}-M_t^{(2)})/(n-1) \quad (2-6)$$
$$a_t=2M_t^{(1)}-M_t^{(2)} \quad (2-7)$$

式中:t——当前的周期序号;

T——由当前到预测周期的周期间隔数;

Y_{t+T}——第 $t+T$ 周期的预测值;

a_t——线性预测模型的截距;

b_t——线性预测模型的斜率,即每周期预测值的变化量。

【例 2-2】 根据例 2-1 中的数据,并假定最近几年的车流量呈线性变化,取 $n=3$,计算二次移动平均值,并预测该高速公路第 18 个月的车流量。

解:根据式(2-4),
因
$$M_5^{(2)}=(M_5^{(1)}+M_4^{(1)}+M_3^{(1)})/3=(869+870+877)/3=872(万辆)$$
则
$$M_6^{(2)}=M_5^{(2)}+(M_6^{(1)}-M_3^{(1)})/3=872+(882-869)/3\approx876(万辆)$$

依次类推,可得出一个二次移动平均序列数值,见表 2-5。依据该序列数值,可进一步求得预测值。已知当前的月序为 16,有

$$a_{16}=2M_{16}^{(1)}-M_{16}^{(2)}=2\times942-934=950(万辆)$$
$$b_{16}=2\times(M_{16}^{(1)}-M_{16}^{(2)})/(n-1)=2\times(942-934)/(3-1)=8$$

表 2-5 二次移动平均法预测案例表 单位：万辆

月序 要素	1	2	3	4	5	6	7	8	9
月车流量（y_t）	864	868	875	867	889	890	894	901	905
$M_t^{(1)}$（$n=3$）	—	—	869	870	877	882	891	895	900
$M_t^{(2)}$（$n=3$）	—	—	—	—	872	876	883	889	895

月序 要素	10	11	12	13	14	15	16	18（预测月）
月车流量 y_t	915	919	920	927	931	946	950	$Y_{18}=966$
$M_t^{(1)}$（$n=3$）	907	913	918	922	926	935	942	
$M_t^{(2)}$（$n=3$）	901	907	913	918	922	928	934	—

可以得到线性预测模型：

$$Y_{16+T} = a_{16} + b_{16}T$$

由当前到预测月份 18 的间隔为 2，故 $T=2$。第 18 个月可能的车流量为

$$Y_{18} = a_{16} + b_{16}T = 950 + 8 \times 2 = 966（万辆）$$

当数据呈现出有曲率的变化趋势时，用二次移动平均法也是不能很好描述的，在这种情况下就要用三次移动平均法进行处理。三次移动平均法一般不采用算术移动平均的方法，而是采用三次指数加权移动平均的方法进行预测，指数加权移动平均法也就是指数平滑法。

3) 指数平滑法

指数平滑法又称指数修习法，是移动平均法的改进形式，该方法为美国人布朗所创。其基本思路是在预测研究中越近期的数据越受到重视，时间序列数据中各数据的重要性由远及近呈指数规律递增。因此，对时间序列数据的处理采用加权平均法，解决了移动平均法中的两个明显缺点：一是要求有大量的历史数据储存，这在项目评估中往往很难做到；二是对每个观察值数据的重视程度一样，而最近的观察值往往包含着较多的未来情况信息，所以应相对地比前期观察值赋予更大的权数。采用指数平滑的方法进行预测，消除了历史统计序列数据中的随机波动，找出了其中的主要发展趋势。

指数平滑法根据需要，可以分为一次指数平滑法、二次指数平滑法和三次指数平滑法。

① 一次指数平滑法。当实际时间序列数据的变动是随机的变动，无明显的周期变化或上升、下降趋势时，可运用一次指数平滑法。该方法是利用本期的实际观察值和预测值，通过对他们的不同加权分配求得一个指数平滑值，作为下一期预测值的一种方法。

基本公式为

$$S_t^{(1)} = \alpha y_t + (1-\alpha)S_{t-1}^{(1)} \tag{2-8}$$

式中：$S_t^{(1)}$ ——第 t 周期的一次指数平滑值；

y_t ——预测对象第 t 周期的实际数据；

$S_{t-1}^{(1)}$ ——第 $t-1$ 周期的一次指数平滑值，也是第 t 周期的预测值；

α ——指数平滑系数，$0 \leqslant \alpha \leqslant 1$。

α 的含义为近期与远期数据的权重分配比例，α 值越大，则近期数据在 $S_t^{(1)}$ 中的权重越大。α 取值的大小是影响预测效果的重要因素，一般要根据实际时间序列数据的特点及预测者的经验确定。α 的取值可参照以下原则处理：

第一，当时间序列数据的长期趋势比较稳定，其曲线走势趋于水平，应取小的 α 值（0.05~0.20）；

第二，当时间序列数据有缓慢的发展趋势，其曲线走势略有波动，应取较小的 α 值（0.20~0.30）；

第三，当时间序列数据有迅速明显的波动倾向，则应取较大的 α 值（0.30~0.70）。

α 的取值通常还采用式 $\alpha = 2/(n+1)$ 求取。例如，$n=3$ 时，$\alpha=0.5$；$n=5$ 时，$\alpha=0.33$；…；$n=19$ 时，$\alpha=0.10$。只要合理确定 n，α 值也是合适的。

平滑计算公式中 $S_t^{(1)}$ 的值取决于 $S_{t-1}^{(1)}$ 的值，$S_{t-1}^{(1)}$ 的值取决于 $S_{t-2}^{(1)}$ 的值，而 $S_{t-2}^{(1)}$ 的值取决于 $S_{t-3}^{(1)}$ 的值，依次类推，它们最终取决于一个初始值 $S_0^{(1)}$。实际预测时的 $S_0^{(1)}$ 值都是假设的。如果历史观察值较多，初始估计值 $S_0^{(1)}$ 的大小对预测结果的影响不太重要，因为他们被指数平滑过程不断地打折；如果历史观察值较少（少于 15 个），$S_0^{(1)}$ 的大小将会影响预测值。在这种情况下，可以用试算法、平均法等方法估算初始值（取前几个周期数据的平均值），使它符合整个时间序列数据的趋势。

如果实际时间序列数据作有规律的周期变化，曲线呈现某种斜率，或求得的一次指数平滑值时间序列数据有明显的线性增长或下降趋势，则一次平滑后的情况与采用移动平均法相类似，同样存在滞后偏差，必须在求二次指数平滑值的基础上建立预测模型。

② 二次指数平滑法。二次指数平滑法是在一次指数平滑的基础上再进行一次指数平滑，然后结合长期趋势进行调整预测的方法。计算公式为

$$S_t^{(2)} = \alpha S_t^{(1)} + (1-\alpha) S_{t-1}^{(2)} \tag{2-9}$$

在二次指数平滑处理的基础上可建立线性预测模型：

$$Y_{t+T} = a_t + b_t T \tag{2-10}$$

截距与斜率的计算公式分别为

$$a_t = 2S_t^{(1)} - S_t^{(2)} \tag{2-11}$$

$$b_t = \alpha(S_t^{(1)} - S_t^{(2)})/(1-\alpha) \tag{2-12}$$

式中：$S_t^{(2)}$ ——第 t 周期的二次指数平滑值；

Y_{t+T} ——第 $t+T$ 周期的预测值。

【例 2-3】 根据例 2-2 中的数据，设 $\alpha=0.4$，用指数平滑法建立线性预测模型，并预测该高速公路第 18 个月的车流量。

解：已知指数平滑系数 $\alpha=0.4$，从式 $\alpha=2/(n+1)$ 可得 $n=4$，设初始值：

$$S_0^{(2)} = S_0^{(1)} = (y_1+y_2+y_3+y_4)/4 = 868.5（万辆）$$

根据式（2-8）及（2-9）计算：

$$S_1^{(1)} = \alpha y_1 + (1-\alpha) S_0^{(1)} = 0.4 \times 864 + (1-0.4) \times 868.5 = 866.7（万辆）$$

$$S_1^{(2)} = \alpha S_1^{(1)} + (1-\alpha) S_0^{(2)} = 0.4 \times 866.7 + (1-0.4) \times 868.5 = 867.8（万辆）$$

照此，可得到 $S_1^{(1)}, S_2^{(1)}, \cdots, S_{16}^{(1)}, S_1^{(2)}, S_2^{(2)}, \cdots, S_{16}^{(2)}$ 的计算结果，见表 2-6。

表 2-6 案例计算结果表　　　　　　　　　　　　　　　　单位：万辆

要素＼月序	1	2	3	4	5	6	7	8	9
月车流量（y_t）	864	868	875	867	889	890	894	901	905
$S_t^{(1)}$（$\alpha=0.4$）	866.7	867.4	870.4	869.1	877.0	882.2	886.9	892.6	897.5
$S_t^{(2)}$（$\alpha=0.4$）	867.8	867.9	868.9	869.0	872.2	876.2	880.5	885.3	890.2

要素＼月序	10	11	12	13	14	15	16	18（预测月）
月车流量（y_t）	915	919	920	927	931	946	950	$Y_{18}=963.1$
$S_t^{(1)}$（$\alpha=0.4$）	904.5	910.3	914.2	919.3	924.0	932.8	939.7	—
$S_t^{(2)}$（$\alpha=0.4$）	895.9	901.7	906.7	911.7	916.6	923.1	929.7	—

预测模型的截距：
$$a_{16}=2S_{16}^{(1)}-S_{16}^{(2)}=2\times939.7-929.7=949.7（万辆）$$

预测模型的斜率：
$$b_{16}=\alpha(S_{16}^{(1)}-S_{16}^{(2)})/(1-\alpha)=0.4\times(939.7-929.7)/(1-0.4)=6.7$$

从而可得线性预测模型：
$$Y_{16+T}=949.7+6.7T$$

当 $T=18-16=2$ 时，第 18 个月预测车流量为 963.1 万辆。

二次指数平滑预测模型仅适用于预测对象的变动趋势呈线性的情况。如果预测对象的变动趋势是非线性的，则应在求三次指数平滑值的基础上建立非线性模型。

指数平滑法是一种比较简便而实用的预测方法，其使用条件是假定过去存在的各种影响因素今后仍将存在下去。如果市场在保持长期稳定变化趋势之后突然上下波动，就不容易得出接近实际的预测结果。它对短期预测误差较小，正确程度较高，对中长期预测则有较大的误差。所以，指数平滑法适合于短期预测。

4）趋势预测法

趋势预测法亦称趋势外推法，指根据过去的数据，按时间变化的趋势线，外推未来预测值的一种方法。如果时间序列数据大体呈等差级数，则其变化趋势可用直线方程表示；如果时间序列数据大体呈等比级数或呈现抛物线形趋势，则可用曲线方程表示。趋势预测适用于中长期预测。

① 直线趋势预测法。如果时间序列数据 $y_t(t=1,2,3,\cdots,m)$ 满足逐年增加量或减少量基本相近的条件，它的发展趋势也是沿这个方向，就可以用直线型的数学模型来预测。基本公式为

$$y=a+bx \tag{2-13}$$

式中：a、b——待定系数，分别表示直线在 y 轴上的截距、直线斜率。

以历史统计数据 y 和各年代号 x 作为原始数据，确定直线方程后，用下式进行预测：

$$Y_T=a+bT \tag{2-14}$$

式中：Y_T——第 T 年的预测值；

T——预测年份的序号。

对方程中的 a、b 值，可用最小二乘法测定。其原则是使原数据对趋势线的偏差平方和为最小，求得拟合趋势线的数学模型。由此，可导出下列两个方程式：

$$\sum y_i = na + b\sum x_i \qquad (2-15)$$

$$\sum x_i y_i = a\sum x_i + b\sum x_i^2 \qquad (2-16)$$

式中：n——时间序列的项数；

$$\sum —— \sum_{i=1}^{n}，以下均类同。$$

联立公式(2-15)、(2-16)方程组，可求出 a、b 两个参数值：

$$a = (\sum y_i - b\sum x_i)/n \qquad (2-17)$$

$$b = (n\sum x_i y_i - \sum x_i \sum y_i)/[n\sum x_i^2 - (\sum x_i)^2] \qquad (2-18)$$

如果时间序列项数为奇数 $2n+1$，可以令第 $n+1$ 年的代号为0，上下各年分别用 $-n$，…，-3，-2，-1 与 $1,2,3,…,n$ 代表，使 $\sum x_i = 0$；如果时间序列项数为偶数 $2n$，中间一年不为0，上下各年分别用 $-n$，…，-3，-2，-1 与 $1,2,3,…,n$ 代表，仍能使 $\sum x_i = 0$。这样 a、b 的表达式可简化为

$$a = \sum y_i / n \qquad (2-19)$$

$$b = \sum x_i y_i / \sum x_i^2 \qquad (2-20)$$

应用直线方程预测所得值属于理论值，与各年实际数据不可能完全一致。为了估计预测值的准确程度，确定在给定条件下的预测值范围，必须计算预测值的标准误差。标准误差用 σ 表示，计算公式为

$$\sigma = \sqrt{\sum (y_i - Y_T)^2 / n} \qquad (2-21)$$

标准误差是预测值精确程度的标志，σ 值越小，预测值越趋于实际值。

应用标准误差可以对预测值进行区间估计。根据大数定律，在大量观察下，预测值 Y_T 在一个标准误差（$\pm\sigma$）范围内，其可信度为68.27%；在两个标准误差（$\pm 2\sigma$）范围内，其可信度为95.45%；在3个标准误差（$\pm 3\sigma$）的范围内，其可信度为99.70%。

【例2-4】 某城市历年港口吞吐量情况见表2-7，试预测2011—2013年该城市的港口吞吐量。

表2-7 案例数据表　　　　　　　　　　　　　　　　　　　　　　　单位：万吨

年　份	2001	2002	2003	2004	2005	2006	2007	2008	2009	2010
吞吐量	200	216	235	249	272	290	307	319	338	355

解： 从表2-7中可以看出，港口各年吞吐量的序列数据情况基本呈线性关系，可以用直线方程预测并计算，编制成表2-8。

表2-8 直线方程预测表　　　　　　　　　　　　　　　　　　　　单位：万吨

年　份	2001	2002	2003	2004	2005	2006	2007	2008	2009	2010	合计
y_i	200	216	235	249	272	290	307	319	338	355	2781
x_i	−9	−7	−5	−3	−1	1	3	5	7	9	0
$x_i y_i$	−1800	−1512	−1175	−747	−272	290	921	1595	2366	3195	2861
x_i^2	81	49	25	9	1	1	9	25	49	81	330
趋势值 Y_T	200.07	217.41	234.75	252.09	269.43	286.77	304.11	321.45	338.79	356.13	—

将表 2-8 中有关数据代入公式(2-19)、(2-20),得
$$a = 2\,781/10 = 278.10,\ b = 2\,861/330 = 8.67$$
将其代入直线方程,得预测线性方程式
$$Y_T = 278.10 + 8.67T$$

当 T 对应于 x_i 时,可计算得到序列趋势值。当 T 为 11、13、15 时,可分别预测得到 2011 年、2012 年、2013 年港口的吞吐量分别为 373.47、390.81、408.15 万吨。

依据以上计算值,进一步分析预测结果的可信度:
$$\sigma = \sqrt{\sum(y_i - Y_T)^2/n} = \sqrt{45/10} = 2.12(万吨)$$

计算表明,当 2013 年该城市港口实际吞吐量为 (408.15±2.12) 万吨时,可信度为 68.27%;当实际吞吐量为 (408.15±2×2.12) 万吨时,可信度为 95.45%;当实际吞吐量为 (408.15±3×2.12) 万吨时,可信度为 99.70%。

② 曲线趋势预测法。许多事物的发展规律类似于生物的自然增殖过程,近乎于 S 形的曲线,呈两头慢、中间快的发展趋势,通常被称为龚珀兹(Gompertzcurve)曲线和逻辑曲线,如技术的发展与普及过程、新产品的销售与普及过程等。有的呈抛物线发展趋势,如某些长盛不衰或被垄断的产品,其销售势头呈几何级数快速上升,待达到一定饱和点或垄断被打破,才趋于平稳或下降。事物发展的不同趋势,可用下面几种常见类型的曲线方程式分别表示。

线性曲线模型:$y = a + bx$。
二次抛物曲线模型:$y = a + bx + cx^2$。
指数曲线模型:$y = ae^{bx}\ (b > 0)$。
修正指数曲线模型:$y = k + ae^{bx}\ (b > 0)$。
龚珀兹曲线模型:$y = e^{k+ab^x}\ (0 < b < 1)$。
逻辑曲线模型:$y = k/(1 + ae^{-bx})$。

现选择变化趋势属于二次抛物曲线的情况予以介绍。

在 $y = a + bx + cx^2$ 式中,a、b、c 属于待定系数,x 表示各年代号。利用最小二乘法可导出 3 个标准方程式

$$\sum y_i = na + b\sum x_i + c\sum x_i^2 \tag{2-22}$$

$$\sum x_i y_i = a\sum x_i + b\sum x_i^2 + c\sum x_i^3 \tag{2-23}$$

$$\sum x_i^2 y_i = a\sum x_i^2 + b\sum x_i^3 + c\sum x_i^4 \tag{2-24}$$

为简化计算过程,同样可将时间序列中的中间年份设为 $x = 0$,则 $\sum x_i = 0$,$\sum x_i^3 = 0$,于是上述联立方程组即可简化为

$$\sum y_i = na + c\sum x_i^2 \tag{2-25}$$

$$\sum x_i y_i = b\sum x_i^2 \tag{2-26}$$

$$\sum x_i^2 y_i = a\sum x_i^2 + c\sum x_i^4 \tag{2-27}$$

解此联立方程组,可求得待定系数 a、b、c:

$$a = \left(\sum y_i \sum x_i^4 - \sum x_i^2 \sum x_i^2 y_i\right)/\left[n\sum x_i^4 - \left(\sum x_i^2\right)^2\right] \tag{2-28}$$

$$b = \sum x_i y_i / \sum x_i^2 \tag{2-29}$$

$$c = (n\sum x_i^2 y_i - \sum y_i \sum x_i^2)/[n\sum x_i^4 - (\sum x_i^2)^2] \tag{2-30}$$

可得到曲线的预测式

$$Y_T = a + bT + cT^2 \tag{2-31}$$

【例 2-5】 某房地产公司对其开发的楼盘的销售情况进行统计时，发现近 9 个月的销售趋势呈现二次抛物线的图形，具体数据见表 2-9，试预测下一季度的销售情况。

表 2-9 楼盘销售情况表　　　　　　　　　　　　　　　单位：万元

月　　序	1	2	3	4	5	6	7	8	9
销售额	30	37	47	58	68	75	80	85	88

解：根据表 2-9 中的数据，求待定系数 a、b、c 的值，则应分别算出 $x_i y_i$、x_i^2、x_i^4、$x_i^2 y_i$，然后求和，填入表 2-10 中。

表 2-10 楼盘销售额二次抛物线预测表　　　　　　　　　　单位：万元

月　　序	1	2	3	4	5	6	7	8	9	合　计
y_i	30	37	47	58	68	75	80	85	88	568
x_i	-4	-3	-2	-1	0	1	2	3	4	0
$x_i y_i$	-120	-111	-94	-58	0	75	160	255	352	459
x_i^2	16	9	4	1	0	1	4	9	16	60
x_i^4	256	81	16	1	0	1	16	81	256	708
$x_i^2 y_i$	480	333	188	58	0	75	320	765	1408	3627
趋势值 Y_T	27.7	39.0	49.2	58.4	66.6	73.7	79.8	84.9	88.9	—

根据表 2-10 的数据，可求得待定系数 a、b、c 的值分别为

$$a = \frac{(\sum y_i \sum x_i^4 - \sum x_i^2 \sum x_i^2 y_i)}{[n\sum x_i^4 - (\sum x_i^2)^2]} = \frac{(568 \times 708 - 60 \times 3627)}{(9 \times 708 - 60 \times 60)} = 66.57$$

$$b = \sum x_i y_i / \sum x_i^2 = 459/60 = 7.65$$

$$c = \frac{(n\sum x_i^2 y_i - \sum y_i \sum x_i^2)}{[n\sum x_i^4 - (\sum x_i^2)^2]} = \frac{(9 \times 3627 - 568 \times 60)}{(9 \times 708 - 60 \times 60)} = -0.518$$

将其代入曲线方程，得预测抛物线模型

$$Y_T = 66.57 + 7.65T - 0.518T^2$$

当 T 对应于 x_i 时，可计算得到序列趋势值 Y_T（表 2-10）。当 T 为 5、6、7 时，可分别预测得到的下一季度各月的销售额为 91.87、93.82、94.74 万元。

5) 回归预测法

前面研究预测的变量或经济现象，都是与时间有关的变量。而有些实际问题往往涉及几个变量或几种经济现象，相互关联，并且与时间无直接关系。例如，居民货币收入与消费及储蓄之间，商品生产量与销售量及价格之间，公司业绩及成长性与其股票市场价格之间等，n 个变量间都存在直接或间接的联系，但与时间无直接关系。此时，可用回归预测法。

回归预测法是在分析市场现象自变量和因变量之间相关关系的基础上，建立变量之间的回归方程，并将回归方程作为预测模型，根据自变量在预测期的数量变化进行预测。因变量关系大多表现为相关关系。因此，当对市场现象未来发展状况和水平进行预测时，若能将影响市场预测对象的主要因素找到，并能取得其数量资料，就可以采用回归分析预测法进行预测。回归预测法是一种具体的、行之有效的、实用价值很高的常用市场预测方法。

根据自变量的个数，回归方程可以是一元回归（两个变量），也可以是多元回归（两个以上的变量）；根据研究问题的性质，回归方程可以是线性回归，也可以是非线性回归。非线性回归方程可以通过对数运算，化为线性回归方程进行处理。工作程序如下所述：

第一，收集资料，筛选变量；
第二，画散点图；
第三，根据散点图配置相应的回归方程；
第四，运用最小二乘法，计算回归系数；
第五，计算相关系数 R，进行相关检验，判断方程的可靠性；
第六，求置信区间，用回归方程进行预测。

(1) 一元线性回归预测法。如果所得数据表明变量之间的关系基本上是线性关系，就可以用一元线性回归方法对未来趋势做出预测。一元线性回归方程的一般表达式为

$$y = a + bx \tag{2-32}$$

式中：y——因变量（预测对象）；
$\quad\quad x$——自变量。

将 n 个样本观察点描绘在坐标散点图上，如果散布点至某拟合直线的距离（用残差 c_i 表示）的平方和最小，那么这条直线就是应用最小二乘法所拟合的直线。显然，残差 c_i 的平方和为

$$M = \sum_{i=1}^{n} c_i^2 = \sum_{i=1}^{n}(y_i - y)^2 = \sum_{i=1}^{n}(y_i - a - bx_i)^2 \tag{2-33}$$

为求出上式的最小值，可根据极值原理，对 M 求 a、b 的偏导数，并令其等于 0：

$$\partial M / \partial a = -2\sum_{i=1}^{n}(y_i - a - bx_i) = 0 \tag{2-34}$$

$$\partial M / \partial b = -2\sum_{i=1}^{n}(y_i - a - bx_i)x_i = 0 \tag{2-35}$$

展开并整理，得到

$$a = (\sum y_i - b\sum x_i)/n \tag{2-36}$$

$$b = (n\sum x_i y_i - \sum x_i \sum y_i)/[n\sum x_i^2 - (\sum x_i)^2] \tag{2-37}$$

对所取得的样本数 n，要求大于 15，否则预测的结果不理想。

以上过程与直线趋势预测极相似，但一元线性回归分析中的变量不是时间序列数据，而是呈因果关系，两者概念不同。

自变量与因变量之间是否确实存在线性关系，相关程度如何，需做出分析。通常用相关系数 R 进行判断，其中：

$$R = \frac{n\sum x_i y_i - \sum x_i \sum y_i}{\sqrt{\left[n\sum x_i^2 - (\sum x_i)^2\right]\left[n\sum y_i^2 - (\sum y_i)^2\right]}} \tag{2-38}$$

或

$$R = \sqrt{1 - \sum(y_i - y)^2 / \sum(y_i - \overline{y})^2} \tag{2-39}$$

$0 \leqslant |R| \leqslant 1$，$|R|$ 越接近 1，说明线性相关性越强，预测结果的可信度越高，其中，R 趋于 -1 时，表明两种变量之间有很强的负相关性。$|R|$ 越小，说明线性相关性越弱，预测结果越不可靠。

一元线性回归预测有两项内容，除了前面完成回归系数 a、b 的计算及建立回归预测模型外，另一项内容就是对规律化的数学模型进行置信区间的估计。为此，须先分析其显著性，只有当 $|R| > R_0$ 时，所预测的回归方程在统计范围内才具有显著性，用该方程预测才有意义。

R_0 为相关系数临界值，它是由样本数 n 和显著水平 f 两个参数决定的。f 表示用线性方程在某一区间描述自变量与因变量相关性不可靠的概率，或者用 $1-f$ 表示其置信度。

回归直线反映了两个变量之间一般数量关系的平均线，但根据这条线由已知的自变量推算出因变量的预测值，并不是精确的数值，而是一个估计值或理论值。即未来实际发生值可能落在回归线上，也可能不落在回归线上，与预测值不一致。对于任意的 $x = x_0$，无法确切地知道相应的 y_0 值，只能通过求置信区间判断在给定概率下 y_0 实际值的取值范围。已知样本数，置信度为 $1-f$ 的条件下，y_0 的置信区间为

$$Y_0 \pm t(f/2, n-2) S_{(y)} \tag{2-40}$$

式中：Y_0 ——与 x_0 相对应的根据线性回归方程计算的 y_0 预测值；

$t(f/2, n-2)$ ——标准统计值，即自由度为 $n-2$，置信度为 $1-f$ 时，t 分布的临界值，可从 t 分布表查得；

$S_{(y)}$ ——修正后的因变量 y 的标准差。

$S_{(y)}$ 可通过以下公式求出：

$$S_{(y)} = S_{y \cdot x} \sqrt{1 + 1/n + (x_0 - \overline{x})^2 / \sum(x_i - \overline{x})^2} \tag{2-41}$$

$$\overline{x} = \sum x_i / n \tag{2-42}$$

式中：$S_{y \cdot x}$ ——标准误差，$S_{y \cdot x} = \sqrt{\sum(y_i - Y_i)^2 / (n-k)}$；

Y_i ——与 x_i 相对应的由回归方程计算的估计值；

k ——变量的个数。

当观察数据较多(30 个以上样本)时，置信区间的计算公式可简化为：

$$Y_0 \pm t(f/2, n-2) S_{y \cdot x} \tag{2-43}$$

当观察数据较少(30 个以下样本)时，置信区间的计算公式为

$$Y_0 \pm t(f/2, n-2) S_{y \cdot x} \sqrt{1 + 1/n + (x_0 - \overline{x})^2 / \sum(x_i - \overline{x})^2} \tag{2-44}$$

运用上述公式确定的置信区间只是理论上的推断。当客观情况很复杂时，要结合各种因素进行综合分析。要注意预测的前提条件，即明确预测对象的环境条件没有重大变化，并且确认预测对象与所选自变量的关系成立。有时还要对影响市场发展变化趋势的各种情

况进行判断，对模型进行适当的修正，才能得出准确的结论。

【例 2-6】 某地区统计出居民用于家用电器的支出情况，在一定的范围内随家庭的收入呈正的相关性，有关的资料见表 2-11。试预测当家庭收入达到 30 千元/年的时候，每个家庭每年平均在市场上购买家电的总费用。

表 2-11　家庭收入与家用电器消费关系表　　　　　　　　　单位：千元

家庭年收入	9.50	11.00	12.50	14.00	15.50	17.00	18.50	20.00	21.50	23.00
家电年支出	0.50	1.30	2.40	3.40	4.60	5.00	7.50	7.70	9.80	10.90

解： 将家庭年收入视为自变量 x，购买家用电器年支出费用作为因变量 y，绘制散点图（图形略），观察到相互之间具有线性关系。配直线方程 $y = a + bx$，确定回归系数 a、b，将计算的中间结果填入表 2-12 中。

将表中计算值代入式 (2-36)、(2-37)，即可求出

$$b = \frac{(n\sum x_i y_i - \sum x_i \sum y_i)}{\left[n\sum x_i^2 - (\sum x_i)^2\right]} = 1442.25/1856.25 = 0.777$$

$$a = (\sum y_i - b\sum x_i)/n = -7.31$$

由此可得预测方程

$$Y = -7.31 + 0.777x$$

当家庭年收入为 30 千元时，代入上式，预测年添置的各种家用电器的支出将达到 $Y = 16$ 千元。

表 2-12　参数计算值　　　　　　　　　　　　　　　　　　　单位：千元

序　号	1	2	3	4	5	6	7	8	9	10	合　计
y_i	0.5	1.3	2.4	3.4	4.6	5.0	7.5	7.7	9.8	10.9	53.1
x_i	9.5	11.0	12.5	14.0	15.5	17.0	18.5	20.0	21.5	23.0	162.5
$x_i y_i$	4.75	14.3	30.0	47.6	71.3	85	138.75	154.0	210.7	250.7	1007.1
x_i^2	90.25	121	156.3	196	240.3	289	342.25	400	462.25	529	2826.25
y_i^2	0.25	1.69	5.76	11.56	21.16	25.0	56.25	59.29	96.04	118.81	395.81
Y_i	0.07	1.23	2.40	3.57	4.73	5.90	7.06	8.23	9.40	10.56	—

进行相关分析，计算相关系数：

$$R = \frac{(n\sum x_i y_i - \sum x_i \sum y_i)}{\sqrt{\left[n\sum x_i^2 - (\sum x_i)^2\right]\left[n\sum y_i^2 - (\sum y_i)^2\right]}} = 1442.25/1453.73 = 0.9921$$

因 $n - 2 = 8$，取 $f = 0.05$，由表可查得相关系数临界值 $R_0 = 0.632$。$R > R_0$，表明该案例中的预测模型具有显著性，能用于预测。

求置信区间。由于样本小于 30 个，适用式 (2-44)：

$$S_{y \cdot x} = \sqrt{\sum (y_i - Y_i)^2 /(n-k)} = \sqrt{1.893/(10-2)} = 0.49$$

置信度取 $1 - f = 0.95$，当 $x_0 = 30$ 千元时，由回归方程计算得 $y_0 = 16$ 千元，查得 t 分布表 $t(0.95/2, 8)$ 等于 2.31。

对于给定的 $x = x_0$，可求得标准偏差：

$$S_{(y)} = S_{y \cdot x} \sqrt{1 + 1/n + (x_0 - \overline{x})^2 / \sum (x_i - \overline{x})^2} = 0.49 \times 1.052 = 0.52$$

最终，求得置信区间为 $Y \pm 2.31 S_{(y)} = 14.80 \sim 17.20$ 千元，并且有 95% 的可能性。

(2) 多元线性回归预测法。市场需求情况的变化有时受多种因素影响，人们常常遇到两个或两个以上因素都对产品需求量产生重要影响的情况。例如，某些耐用消费品（彩电、汽车），其销售量不仅受居民货币收入水平的影响，而且还受社会保有量、价格等因素的影响。这种预测就必须考虑多种因素的共同作用，进行多元回归预测。

如果是二元回归预测，则同时考虑两个自变量对因变量的影响；如果是多元回归预测，则同时考虑多个自变量对因变量的影响。这类运算的原理与一元回归基本相同，但运算复杂，除二元回归预测外，三元以上的回归预测难以用手工计算，一般要借助于计算机完成。

多元线性回归方程的表达式为

$$y = a + b_1 x_1 + b_2 x_2 + \cdots + b_m x_m \quad (2-45)$$

式中：$x_1, x_2, \cdots, x_m$ ——互不相关的自变量；

$b_1, b_2, \cdots, b_m$ ——y 对 $x_1, x_2, \cdots, x_m$ 的偏回归系数，其含义是当其他自变量保持不变时，x_i 变化一个单位所引起的 y 的变化量；

a ——含义同前。

这里只介绍二元线性回归预测，其基本式为

$$y = a + b_1 x_1 + b_2 x_2 \quad (2-46)$$

利用最小二乘法可求得 3 个标准方程式

$$\sum y_i = na + b_1 \sum x_{1i} + b_2 \sum x_{2i} \quad (2-47)$$

$$\sum x_{1i} y_i = a \sum x_{1i} + b_1 \sum x_{1i}^2 + b_2 \sum x_{1i} x_{2i} \quad (2-48)$$

$$\sum x_{2i} y_i = a \sum x_{2i} + b_1 \sum x_{1i} x_{2i} + b_2 \sum x_{2i}^2 \quad (2-49)$$

求解以上联立方程，应先根据实际资料计算出 x_{1i}、x_{2i}、x_{1i}^2、x_{2i}^2、$x_{1i} x_{2i}$、y_i、$x_{1i} y_i$、$x_{2i} y_i$ 各项数值之和，并代入联立方程，可得出 a、b_1、b_2 3 个回归系数。

建立二元线性回归方程后，再进行相关分析，计算相关系数：

$$R = \sqrt{1 - \sum (y_i - y)^2 / \sum (y_i - \overline{y})^2} \quad (2-50)$$

R 的判断原则与一元线性回归预测的判断原则相同。下一步是根据建立的二元线性回归方程进行预测。在最后计算置信区间时，应先计算标准误差：

$$S_{y \cdot x} = \sqrt{\sum (y_i - Y_i)^2 / [n - (m+1)]} \quad (2-51)$$

式中：m ——自变量的个数。

其他计算步骤与一元线性回归方程的相似。

(3) 非线性回归分析。在相关因素对预测目标的影响是非线性关系情况下，就要采用非线性回归分析预测法。常见的有指数函数、双曲函数、对数函数、幂函数以及二次曲线等非线性关系。对这些非线性关系的曲线，需要先将曲线方程式化为线性回归方程，再采用最小二乘法计算回归系数，进行回归分析。

特别指出的是,进行项目的市场预测时,应注意以下几点。

首先,预测方法的选取。并非所有场合都适用定量预测方法。相反,多数情况下,难以建立用于预测未来市场趋势的精确数学模型,或者难以建立市场因素(自变量)与预测结果(因变量)之间的关系,或者市场因素的变化导致预测对象不能被量化。此时,即便费尽周折建立了模型,预测结果也不能够真正反映市场的发展趋势,市场预测也就失去了意义。这种情况下,专家会议法或德尔菲法更为适用。实际工作中,定性预测方法更常见。

其次,不能过度依赖预测结果。不管模型多么完善,计算多么精确,其预测结果对决策也只能起到参考作用。由于市场中一切可以变化的因素随时都在变化,因此,预测结果与实际偏差很大的情况时有发生。例如,我国高速公路项目在上马之前,均经过了交通勘测设计院等专业部门的前期论证和研究,运用成熟的预测模型进行了交通流量预测,并给出了合理的公路设计方案。实际情况却是,20世纪90年代以来建成通车的国内11条重要高速公路,尽管远景设计年限一般为15~20年,但从投入使用到车流量饱和,平均只有9.4年的时间。由于经济增长速度和区域间贸易往来的增加远远高于项目建设前的预测,导致交通流量的增长速度远高于预测值。这充分说明,市场预测结果的准确程度受其他因素影响非常巨大。

最后,市场预测数据与时间有较强的相关性。预测时间周期越长,市场影响因素中的不确定因素就越多,预测误差就越大。通过数学模型计算得到的数据,如果比较充分地考虑了未来市场的变化,5~8年的预测结果具有较好的借鉴意义,时间再长的预测结果意义就不大了。另外,政府的远景规划,一般都是通过各行业主管部门,会同业内专家、学者,经过多方调研和科学论证后所认可的目标,在没有重大不可预见风险因素影响时,预测目标实现的可能性较大。因此,实际工作中政府远景规划也常常作为市场预测的重要依据之一。

综上所述,市场预测方法的应用需要更多地考虑是否适用,是否具备使用的条件,并在实际工作中灵活地加以运用。

 案例分析

蓬长大桥建设的必要性评估

渤海海峡跨海通道是一项面向21世纪中国沿海地区经济和社会发展的重大软科学研究课题。该课题的基本设想是利用渤海海峡的有利地形,在蓬莱和旅顺之间以跨海大桥和海底隧道相结合的形式,建成便捷通达的连接渤海南北两岸的交通运输干线,全面沟通环渤海高速公路网、铁路网,进而北上与东北老工业基地、东北亚国家及横贯俄罗斯的欧亚大陆桥连接,南下与经济发达的长江三角洲、珠江三角洲、港澳台地区及横贯中国的欧亚大陆桥陇海线相连,最终形成一条总长约4 000多千米(国内部分),贯通我国南北、连接东北亚及亚洲和欧洲的现代化综合交通运输体系,为中国沿海、东北亚及环太平洋地区的经济发展和大市场的形成创造重要条件。而蓬长大桥作为渤海海峡跨海通道的首期工程与重点建设项目,其建设又有哪些必要性呢?试对此项目做必要性评估。

答：首先，该建设项目的必要性评估依据有以下几种
（1）国家和山东省有关的政策、法规、规范和规定。
（2）长岛县国民经济和社会发展"十一五"规划纲要。
（3）长岛县城市总体规划。
（4）有关设计标准、规范及规定。
（5）建设单位提供的基础资料及数据。

其次，分析长岛县的自然地理情况及交通现状。

长岛，历称庙岛群岛，又称长山列岛，位于胶东、辽东半岛之间，黄海、渤海交汇处，是山东省唯一的海岛县。全县由32个岛屿组成，其中有居民岛10个，设8个乡镇，岛陆总面积56平方千米，海域面积700平方千米，海岸线146千米，有5万人口，县城坐落在南长山岛。

长岛县是典型的海岛县，岛屿众多。近年来，长岛的基础设施建设有了长足的发展，先后在全县10个有居民岛屿建成了11座陆岛交通码头和1座旅游专用码头，从而实现了有居民岛屿岛岛通轮渡的目标。目前投入运营的各类客船达到17艘（包括滚装船、普通船和高速船），但仍不能满足旅游旺季游客进出的要求。海岛的电力供应主要靠海底电缆解决，目前拥有蓬长110千伏和35千伏输配电系统各一套，但运行和维修成本高的问题比较突出。海岛供水主要依靠地下水和海水淡化两条途径解决。

最后，通过分析得出以下结论。

（1）蓬长大桥的建设将从根本上改善海岛交通落后的状况，满足经济和人民生活长远发展的需要。长岛县对外交通运输主要是通过海上运输，并不便利，通行能力也有限，候渡时间和过渡时间较长，费用高，且受气候影响较大。随着经济的不断发展，进出岛的交通量必然会有较大的增加，若不改渡为桥，必然会形成经济发展过程中的"交通瓶颈"。如建成蓬长跨海大桥，不仅使该县具有了陆地县市区的优势，而且也能使长岛本身特有的优势得到充分发挥，从而给长岛产业革命创造条件。

（2）蓬长大桥的建设是开发旅游资源，加快发展旅游业的需要。长岛县是国家级重点风景名胜区，但长期以来，由于进出岛交通不便，大量游客只能望岛兴叹。如建成蓬长大桥，将使长岛县与蓬莱、威海及整个胶东旅游景区形成一个大旅游板块，进岛游客将有大幅度增加。同时，大桥建成后，本身就是一个非常具有吸引力的景观，随之也必然带动该县房地产业的兴起，成为"寸土寸金"，地价必然会大幅度升值，促进海岛经济的全面振兴，真正成为山东的"海上明珠"。

（3）蓬长大桥和水、电、气跨海工程相结合，将进一步提高海岛的基础设施配套水平。蓬长大桥建成后，能有效解决海岛用水、用电、用气难的现状，同时还可以利用海岛的地理优势，建设10万吨级的深水码头，这将极大地带动该县及周边地区海上运输业的发展。

（4）蓬长大桥的建设，将有效提高长岛要塞军事防御能力。长岛要塞是扼守海口、卫护京津的前哨，历来为兵家必争之地。如建成蓬长大桥，能把长岛要塞与陆地连接起来，能更有效地封闭渤海，保卫京津。同时，今后国家蓬旅跨海通道工程建成，将把海中诸岛屿串成一线，形成一条机动支援的整体防线，使长岛要塞成为一道真正的"钢铁国门"。

（5）蓬长大桥的建设，将显著提高当地的经济效益。本项目建成投产后，直接收入和间接收入均十分显著，直接收入主要来源于项目自身的营业收入，主要包括车辆过桥收入、人群过桥收入、供电供水和通信线路租用收入；间接收入主要包括旅游收入、土地增

值收入两部分。

① 车辆、人流过桥收入（直接收入）。2005年长岛至蓬莱的轮渡公司收入是客票3 000万元，车票1 500万元，加起来是4 500万元。因为长岛交通受到天气的影响比较大，每年旅行社的车辆基本上都不进岛，到了长岛以后租用长岛旅行社的车辆。如果大桥架设成功，旅行社的车辆就会进岛，从而预计过桥收费会在每年1亿元以上。

② 供电供水和通信线路租用收入（直接收入）。按照年均300万元计算，该部分收入将全部纳入该项目的偿债资金范围管理。

③ 旅游收入（间接收入）。一是旅游景点门票收入，长岛与蓬莱旅游景观各具特色，互为补充，蓬莱以人文历史景观为主，长岛以海岛自然景观为主。目前蓬莱年接待游客人数比长岛多100多万，大部分游客是因交通不便而无法进岛的。大桥建成后，这部分游客中的80%将进岛旅游，每年净增加门票收入4 000万元（每人按50元计算）；二是餐饮、住宿、购物及其他收入，按年新增游客50万人计算，每年新增纯收入5 000万元。

④ 土地增值收入（间接收入）。由于交通不便，目前长岛土地每亩平均价格为30万元左右，大桥建成后，岛上土地将会高于蓬莱大陆土地价格。目前南、北长山岛闲置土地4 000多亩，按每亩增值50万元计算，将增值20亿元，再加上现已初步开发的城区和村庄面积约3 000亩，按每亩增值70万元计算，将增值21亿元，以上两项合计增值41亿元。

综上所述，蓬莱—长岛跨海大桥作为渤海海峡跨海通道的首期工程，具有重大的经济、军事、政治和科技意义。经过多年论证，启动建设的条件已经具备。大桥位于国家名胜旅游区蓬莱市和国家海岛森林公园长岛县之间，跨海直线距离7千米，该海域水浅、地质条件好，可以利用的地形多、投资较少。长岛县政府拟采取优惠政策，以BOT方式或以土地、旅游景点合资、合作等多种方式对外招商，并给予合理的经济补偿。该项目建成投产后，长岛国民经济发展将呈现出几何级的增长速度；同时国民经济结构也将发生重大变化，迅速形成以服务业为主要支柱的国民经济发展新体系，长岛的国民经济综合实力将得到极大增强。

因此，蓬长大桥的建设是必要的。

本 章 小 结

通过本章学习，可以加深对项目宏、微观必要性评估的内容与方法的理解，有助于领悟建筑产品市场需求分析的内涵，从而在进行市场分析时，能更好地发现机会，应对威胁，做到扬长避短，准确定位目标市场。

通过开展建筑产品的市场需求调查研究工作，可以获得比较充分的市场分析所需的数据，有利于进一步对项目做出客观公正的市场预测。

市场预测分为定性预测和定量预测两部分。定性预测的方法包括专家个别判断法、专家会议法和德尔菲法；定量预测的方法有移动平均法、指数平滑法、趋势预测法和回归模型分析。两者各有优劣，应根据具体情况选择适当的方法，切忌盲目使用定量预测的方法。

习 题

1. 思考题

(1) 什么是项目建设必要性评估？简述宏、微观必要性评估的内容。

(2) 根据产品生命周期理论，拟建项目在不同阶段分别具有哪些优势和劣势？

(3) 简要回答市场调查及市场预测的概念。市场调查的内容有哪些？

(4) 解释市场预测的 3 个原则，简述市场预测的基本方法。

(5) 德尔菲法有哪些特点？简述该预测方法的程序。

(6) 用时间序列法进行预测的假设前提是什么？它的特征有哪些？

(7) 移动平均法中参数 n 的大小对预测结果有什么影响？如何考虑 n 的取值？

(8) 简述指数平滑法的基本思路。它相对于移动平均法有何区别？选择平滑系数 α 的原则是什么？

(9) 在课堂上分小组讨论国内外著名工程（如三峡大坝等）的建设必要性。仁者见仁，智者见智。

2. 练习题

(1) 根据国家统计局的相关统计数据，2000—2009 年房地产开发企业竣工房屋造价见表 2-13，取移动平均项数为 3，分别运用一次移动平均法和二次移动平均法预测 2011 年竣工房屋造价。

表 2-13 房地产开发企业竣工房屋造价表

年 份	2000	2001	2002	2003	2004
造价/(元/m²)	1 139	1 128	1 184	1 273	1 402
年 份	2005	2006	2007	2008	2009
造价/(元/m²)	1 451	1 564	1 623	1 672	1 720

(2) 某上市公司股票在以往 12 个交易日收盘价格见表 2-14。

表 2-14 交易日收盘价格　　　　　　　　　　　　　　　　　　单位：元

交 易 日	1	2	3	4	5	6
收盘价	6.95	7.08	7.00	6.94	7.12	7.18
交 易 日	7	8	9	10	11	12
收盘价	7.09	7.26	7.33	7.45	7.52	7.65

当 $\alpha = 0.4$ 时，建立线性预测模型，并预测第 13 个交易日该股票价格。

(3) 某城市 2001—2009 年财政年度货币收入与已实现的购买力资料见表 2-15。当 2010 年度财政收入达到 35.55 亿元时，用线性回归法预测该年的购买力。

表 2-15　货币收入与实现购买力表　　　　　　　　　　　单位：亿元

年　　份	2002	2003	2004	2005	2006	2007	2008	2009	2010
货币收入	13.49	14.74	18.61	22.11	25.14	25.56	29.56	32.00	35.55
实现购买力	12.46	12.71	16.92	18.04	20.90	21.24	23.46	26.25	?

第 3 章
建设项目技术方案评估

教学目标

主要讲述建设项目技术评估的基本理论和方法。通过本章学习，应达到以下目标：
(1) 了解建设项目技术评估的必要性、内容和主体；
(2) 熟悉项目技术评估的方法及准则；
(3) 熟悉项目技术评估各部分方案评估的内容；
(4) 理解项目技术评估各部分方案评估的影响因素；
(5) 掌握项目技术评估各部分方案评估的基本方法和模型。

学习要点

知识要点	能力要求	相关知识
技术评估的内容与方法	(1) 理解技术评估的概念 (2) 熟悉技术评估的内容 (3) 掌握技术评估的方法及评估准则	(1) 项目技术评估主体 (2) 项目技术评估指标
项目生产规模方案评估的影响因素和评估方法	(1) 熟悉生产规模方案评估的影响因素 (2) 掌握生产规模方案评估的评估方法	(1) 生产规模方案评估的因素分析 (2) 生产规模方案确定方法
项目物料供应方案评估的内容	(1) 熟悉项目原材料供应条件评估的内容 (2) 熟悉项目燃料及动力供应条件评估的内容 (3) 了解公用设施条件评估的内容	(1) 项目建设所需物料种类 (2) 物料供应方案评估准则

建设项目评估

续表

知识要点	能力要求	相关知识
项目的选址分析报告评估的内容与方法	(1) 熟悉项目选址分析的内容 (2) 掌握项目选址分析的各种方法	(1) 建厂地区选择的准则 (2) 选择建厂地区时要考虑的因素 (3) 厂址选择的基本原则
项目的技术工艺方案评估的内容和方法	(1) 熟悉项目技术工艺方案评估的内容 (2) 掌握项目技术工艺方案评估的方法	(1) 项目技术工艺方案的相关概念 (2) 影响技术工艺方案的因素

 基本概念

建设项目技术评估；生产规模；原材料供应条件；工艺；生产工艺方案。

 引例

京沪高速铁路技术方案选择引争议

京沪线位于我国东部经济发达地区。这条铁路已经超负荷运转，亟需一条高速的客运专线。1994 年，我国开始酝酿建设京沪高速铁路，1998 年 3 月，全国人民代表大会正式宣布建设京沪高速铁路。早在 1994 年 12 月，中华人民共和国铁道部（以下简称铁道部）等几个部委联合提交的"京沪高速铁路重大技术经济问题前期研究"课题报告就声称，修建京沪高速铁路迫在眉睫，应该力争在"九五"期间尽早开工。此后，铁道部方面一直在呼吁国家尽早立项。关于这个计划的前期研究工作已经进行了 10 余年，数以千计的科技人员取得了 200 多项科技成果，然而至今这条铁路还没有上马。原因就在于，一场"磁悬浮与轮轨"的学术之争延误了该工程开工。

1994 年，这个计划一经提出，日、德、法 3 国争相来到中国，竭力推销自己的技术。由于当时这个项目铁道部力主轮轨技术，因此，3 国开始推荐的都是轮轨技术。1998 年，中国政府高层对德国磁悬浮技术表现出了极大的兴趣。3 个国家之间同一技术的竞争就变成了两种技术——磁悬浮和轮轨技术之间的竞争。"高速轮轨方案"是铁道部递交的，主张在京沪线建高速铁路（类似法国高铁）；"磁悬浮方案"是由中国科学院的 3 名院士提出的，他们主张在 1 300 千米的京沪线上马"磁悬浮"项目，该方案认为高速磁悬浮铁路克服了传统轮轨铁路提速的重要障碍，具有能耗小、噪声低、环境污染小、启动停车快以及安全、舒适等优点。有些媒体指出，这场争论不亚于当年是否修三峡大坝之争。

值得注意的是，媒体和公众对这场技术方案争论表现出了前所未有的关注。尤其是 2002 年当媒体透露铁道部将可能采用日本新干线技术的时候，在公众之间引起了轩然大波。很多人将此同历史教训、民族情感以及国家经济安全联系了起来，反对采用日本技术。一些专家也指出，京沪高速是国家主干线，出于国家战略安全考虑，绝大部分应以国产技术为主，部分引进国外关键先进技术。而所有引进的国外关键技术，也应有国产的替代技术，以备在战争时不影响国家安全。虽然国家对"京沪高铁"的决策过程并没有公开听取普通公众的意见，但不可否认舆论还在一定程度上影响了国家正在进行的论证和决策。我国政府和公众也逐渐认识到，有关国计民生的重大工程，需要社会的监督，加强透明化，并应保障民众的知情权和发言权。

1998年下半年开始，中国工程院机械与运载工程学部组织的近30位专家，对磁悬浮和高速轮轨进行了技术比较分析。在中国工程院次年3月向国务院提交的咨询报告中，一个主要的结论是，"京沪线上采用轮轨技术方案是可行的"。对于磁悬浮技术方案，咨询报告称，由于世界上并未建成商业运营线，在京沪线上采用的技术和投资风险都很大，它与既有铁路网也不能兼容，所以，"至少在近10年内，不能在京沪全线采用磁悬浮列车主案进行工程建设"。对于上海铁路局原总工程师华允璋等人提出的第三种方案，即利用摆式列车(车体具有可倾摆功能)改造既有线提速，咨询报告认为，利用摆式列车提速对我国是十分必要的，但对客、货高密度混运的京沪线而言，难以提速到200千米/时以上，因而是不可取的。与"轮轨派"观点不同，中华人民共和国科学技术部(以下简称科技部)和中国科学院则对磁悬浮技术非常热情，科技部成立了磁悬浮项目科研机构，还把它列入国家863计划在"十五"期间的12个重大专项之一。早在1998年初，中国科学院3位院士就提出以磁悬浮列车取代传统轮轨列车的主张，并受到科技界的支持，其最富"诱惑力"的口号是"从北京到上海只需坐4个半小时磁悬浮列车"。2003年8月底，中华人民共和国国家发展和改革委员会(以下简称国家发改委)委托中国国际工程咨询公司(以下简称中咨公司)牵头组织，先后到秦皇岛和上海对中国第一条客运专线秦沈线和第一条磁悬浮线进行比选。9月1~5日，在北京召开了专家论证会，与会的共有20多人，包括7名铁道部专家，7名科技部专家，国家发改委综合运输研究所专家以及一些经济学家。这次会议被认为是科学比选的开始，比选结束后由专家组拿出各自的方案，再由中咨公司上报给国家发改委，最后由国家发改委组织成意见上报国务院。

据媒体透露，2004年年初，争论了5年的京沪高速铁路建设方案终于尘埃落定。经多方权衡，1月7日，国务院常务会议已经讨论并原则通过了京沪高速铁路弃用磁悬浮、采用轮轨技术的方案。

那么，为什么要展开技术分析？为何技术层面的讨论会陷入僵局？国务院会基于什么考虑采用轮轨技术方案？又如何对建设项目进行技术评估呢？本章的学习将有助于较清楚地认识这些问题。

3.1 建设项目技术评估

3.1.1 建设项目技术评估的概念

技术评估，又称技术评价(Technology Assessment)，是指充分评价和估计某一项技术的性能、水平和经济效益，以及该技术对环境、生态乃至整个社会、经济、政治、文化和心理等可能产生的各种影响。技术评估通常着重于研究该技术潜在的、高次级的、

非容忍性的负影响，设法提出对策或采取修正方案。技术评估是解决技术社会发展问题的方法和决策活动，也是新兴的管理技术和政策科学，具有多重价值观以及跨学科的预测性质。

3.1.2 建设项目技术评估的必要性

技术评估是项目评估的重点和基本内容之一，是从技术上对项目的可行性进行的分析。技术是否可行是项目存在的前提，技术上的成功与否往往决定着一个项目的成败。也就是说，一个项目是否可行，首先要看其技术上是否可行。如果在技术上不安全、不可靠，那么项目就缺少存在的基础和前提。同时，项目的技术方案也决定着项目的经济效益。因此，在项目评估中，应正确处理好技术评估、经济效益评估及必要性评估之间的关系。

3.1.3 建设项目技术评估的内容

技术评估主要是对生产规模方案、物料供应方案、选址方案、技术工艺方案，以及组织与进度方案等进行分析评估。具体分析时应侧重于以下 4 个方面。

1. 技术分析评估

对备选技术方案的性质、使用条件、应用范围、投产运行的可能性、发展趋势和前景等进行详细的估计和评估。同时，还要对替代技术方案产生的可能性及其前景做出准确的预测和评估。

2. 经济分析评估

详细估算备选技术方案的投资和成本，并从国民经济的角度研究引进或发展某项技术对于市场供应、国家财政、国民收入和经济结构等所产生的影响与变化程度。

3. 环境分析评估

按照环境保护法规，分析研究备选技术方案对环境影响的方式、范围、程度以及可能采取的措施。公众和环境保护组织的反映，也是项目技术方案是否可以实施的重要因素。因此，必须对备选技术方案做出严密的环境分析评估。

4. 社会分析评估

备选技术方案必须符合国家的有关路线、方针、政策和法规。有时选择某项技术方案，并非是出于精简的因素，而是出于对社会因素的考虑。因此，要尽可能全面分析备选技术方案对政治体制、国防安全、劳动就业、收入分配、社会福利、文化教育、生活方式、伦理道德等社会各方面的影响，并对有关的负面影响提出切实可行的补救措施。

在每一个备选的技术方案中，如果上述 4 个方面之间存在着相互矛盾或制约关系的话，就需要在分析评估的基础上，根据有关部门的价值标准和原则，对方案进行综合评估，从中选出整体上最佳的方案。

3.1.4 建设项目技术评估的主体

评估是主体对客体价值的认识活动。对于评估主体有狭义和广义之分，狭义的评估主体就是进行评估的人或组织，而广义的评估主体包括价值主体、狭义的评估主体和决策主体。需要评估的科学技术可以给价值主体带来价值，决策主体是根据资源条件对科学技术整个过程中的决策问题有决策权的主体。一般由决策主体提出评估，价值主体对评估内容和标准产生影响，因此广义的评估主体的 3 个方面对评估都有影响。

不同层次和不同类型的科学技术在评估主体方面的复杂度和关系是不同的。国家层面的评估的价值主体一般是社会公众，而政府一般是决策主体，评估主体一般为政府的或独立的社会评估机构。

传统的或狭义的评估主体只是将专家、研究机构或评估机构作为评估主体。而评估过程中由于要对技术的综合作用与影响进行技术本身和外在影响的综合全面分析与评估，所以要考虑公众、各利益相关群体、研究机构等多方面的参与。对技术直接作用的相关利益群体或价值主体在评估时给予重视，甚至将其吸纳到评估主体中。决策主体的层次和资源等也会对评估产生影响，因此也应有所考虑。所以虽然狭义的评估主体仍然是评估系统中评估主体的主要部分，但对价值主体和决策主体也要有所吸纳。多元的评估主体可以提高评估的质量、促进评估结果的使用、强化评估决策功能。

在本章中，评估主体为狭义的评估主体。

3.1.5 建设项目技术评估的方法

1. 专家评分法

专家评分法，是这样一种方法：利用专家的经验和学识，根据预选技术方案的具体情况选出评估项目，对每个评估项目均定出评估等级标准，并用分值来表示。然后以此对预选技术方案的各评估项目评定分值。最后将各个评估项目的分值经过运算，求出各方案的总分值，并以此来决定取舍。

专家评分法按评分的计算方法不同，又分为加法评分法、连乘评分法、加乘混合评分法和加权评分法。

1) 加法评分法

设预选技术方案评估项目数为 n，其中第 j 个评估项目的得分值为 u_j；预选技术方案的总分值为 U，平均的分值为 $\overline{U}$，则综合得为分值为

$$U_{加} = \sum_{j=1}^{n} u_j \tag{3-1}$$

$$\overline{U}_{加} = \frac{1}{n} \sum_{j=1}^{n} u_j \tag{3-2}$$

加法评分法的适用条件为评估项目得分差距较大，而重要性程度差异不大，或评估项

目得分差距和重要性程度差异都很小。

2) 连乘评分法

该方法是在对各单项指标进行定量评分的基础上，通过指标连乘的方式计算出各个备选方案的总得分，并依据总分高低选择技术方案。

$$U_{乘} = U_1 U_2 \cdots U_n \qquad (3-3)$$

$$或 U_{乘} = \sqrt[n]{U_1 U_2 \cdots U_n} \qquad (3-4)$$

连乘评分法的适用条件为评估项目得分差距不大，而重要性程度差异较大；或者，评估项目得分差距和重要性程度差异都很小。

3) 加乘混合评分法

该方法集加法评分和连乘评分于一体，依据计算得出的总分多少进行技术方案的取舍决策：

$$U_{加乘} = U_{加} + U_{乘} \qquad (3-5)$$

4) 加权评分法

该方法的程序是首先按评估项目的重要程度给出加权系数 λ_i，其次确定各技术方案对评估项目的得分值 S_i；最后各评估项目权数乘以对应评估项目的分值并加总求和，就得到预选技术方案的总分值 A：

$$A = \sum_{i=1}^{n} \lambda_i S_i \qquad (3-6)$$

采用加权评分法进行技术方案评估时，总分值最大的方案就是最优的技术方案。

加权评分法的适用条件是在实际技术方案比选中，各评估项目的重要程度相差很大。

【例 3.1】 某项目有 4 个技术备选方案，对每一种方案从 4 个方面进行评估，评估结果见表 3-1。

表 3-1 各技术方案的评估参数

方案 项目	方案一	方案二	方案三	方案四
评估项目 A 得分	9	8	9	9
加权系数 λ_A	0.3	0.2	0.3	0.3
评估项目 B 得分	9	7	8	9
加权系数 λ_B	0.3	0.1	0.2	0.3
评估项目 C 得分	8	9	9	9
加权系数 λ_C	0.2	0.3	0.3	0.3
评估项目 D 得分	8	10	8	7
加权系数 λ_D	0.2	0.4	0.2	0.1

根据表 3-1 中的数据，采用不同方法，计算结果见表 3-2。

表 3-2　方案评估结果

评分与排名＼方案	方案一	方案二	方案三	方案四
加法评分法	34	34	34	34
排名	1	1	1	1
连乘评分法	5 184	5 040	5 184	5 103
排名	1	4	1	3
加乘混合评分法	5 218	5 074	5 218	5 137
排名	1	4	1	3
加权评分法	8.6	9	8.6	8.8
排名	3	1	3	2

从表 3-2 中的结果可以看出，若按加法评分法进行评估，4 种方案得分一样。这种情况在实际生活中经常遇到，则需要采用其他方法进行选择。此时，连乘评分法和加乘混合评分法的结果一样，方案一与方案三均可。采用加权评分法时，方案二的总得分最高，是最佳方案。

2. 定性描述法

定性描述法的评估过程分两个步骤完成。首先，对各个备选技术方案的每一单项指标进行分析比较；其次，在各方案单项因素分析评估的基础上，再加上评估者综合权衡基础上的倾向性意见。由于没有统一的评判标准，该方法评估时主观因素较多，故仅适用于技术方案的初步评选。

3. 多级过滤法

将社会影响、环境生态等作为制约因素，制定一个最低标准；把技术方案与各项标准相比较，进行层层筛选；在满足最低要求的前提下，最后以费用效益分析作为决策依据，对各个备选技术方案进行筛选。

4. 系统分析法

本方法以系统分析理论为依据，运用各种系统优化方法进行综合评估。

总之，技术方案评估是一种系统研究。任何技术实践，它的经济效果不是孤立产生的，它反映社会、政治、经济科学、技术和环境相互作用的结果。在现代社会经济条件下，作为战略决策的依据，任何规模和层次的评估都应是综合的。不仅要评估近期的、有形的、直接的效果，而且要评估远期的、无形的、间接的效果。既要有定性的分析，又要有定量的测度。

3.1.6　建设项目技术评估的准则

建设项目技术评估的准则是指建设项目评估人员在进行建设项目技术评估过程中应当遵循的基本行为准则。内容包括如下 4 个方面，每一项准则对应着相应的评估标准。

1. 技术的先进性

先进性原则是指建设项目评估人员应当以技术先进为标准进行建设项目技术评估的原则。先进性原则要求建设项目应尽可能地采用当时世界上最先进的技术。但是，在现实生活中，采用世界上最先进的技术存在一定的困难。

判断建设项目技术（技术方案）是否符合先进性原则的标准如下。

（1）起点是否在现有的在运行项目（企业）技术水平之上。在运行项目是指到拟建项目评估时止，已经建成投产（交付使用）的在生产和在使用项目，其技术水平是指在生产或在使用项目的技术水平。在运行项目表示的是现有企业的生产技术水平。因此，若建设项目技术水平在运行项目技术水平之上，则表示建设项目技术含量高于现有企业产品技术含量。

（2）建设项目产品的技术含量是否高于现有的在运行建设项目。产品的技术含量既是衡量产品价值的尺度，亦是衡量产品使用价值的尺度。因此，建设项目产品技术含量越高，其价值和使用价值就越大，产品打入市场的可能性就越大；并且越能保持其竞争力。从建设项目与其产品的关系看，建设项目是其产品的"母体"。因此，建设项目的技术水平决定了建设项目产品的技术水平，建设项目的技术含量决定了建设项目产品的技术含量。反之，建设项目产品的技术含量也能够说明建设项目技术是否先进。

（3）建设项目及其产品是否具有节约能耗的特征。建设项目生产产品的能源消耗越小，反映出建设项目技术水平越高；同样，其使用过程中单位产品在单位时间内的能源消耗越小，产品技术含量就越高。对非生产建设项目而言，建设项目营运过程中单位时间的能耗越小，建设项目的运行成本越小，表明其技术越先进；反之，则说明建设项目的技术越落后。

（4）建设项目单位产品是否具有节约原材料和人力资源消耗的特征。若单位产品原材料消耗或单位产品人力资源消耗大，必然会增大单位产品成本，在单位产品价格不变的情况下意味着净收益的减少。而产品价格是由市场决定的，企业只能是通过产品供给量和产品质量途径得以实现。建设项目产品销售收入的增加，一方面通过增加产量和提高产品质量来完成；另一方面，则通过降低产品成本来实现。而降低产品成本可通过提高技术水平和管理水平来完成。从技术水平与管理水平的关系看，技术水平是管理水平的基础。所以，能否通过技术降低单位产品生产成本成为衡量技术进步的一个重要尺度。

（5）建设项目是否具有节约用地的特征。技术进步的一个重要特征是实现集约化、精细化生产。落后技术的载体往往是由大体积的笨重设备组成的，而先进技术的载体则往往是由精细的设备组成的，即技术载体是随技术进步而精细化的。技术载体占地面积将随精细化程度而减小。因此，越先进的技术在建设项目中的运用越有利于节约建设用地。

2. 技术的适用性

适用性原则是指建设项目评估人员应当以技术是否适用为标准进行建设项目技术评估的原则。适用性原则要求建设项目的工程技术、工艺技术、设备选型方案及产品方案的技术标准或水平不能简单地服从于先进性原则，而应当采用与建设项目所在国家或地区的技术发展水平、市场需求、原企业的技术水平和人力技术等方面相协调的先进技术。离开了适用性原则,谈技术先进性显然是不现实的。违反适用性原则的建设项目技术运用必然会导致投资失败,从而无法实现预期的投资目标。

判断建设项目技术是否符合适用性原则的标准如下。

(1) 作为建设项目技术载体的产品是否适合市场的需要。对于财务性建设项目而言,其投资目标在于获得预期的投资收益,而投资收益的实现则是通过产品生产及其销售得以完成的。因此,产品能否适应市场的需要是实现财务性建设项目投资目标的关键。然而,产品能否满足消费者的需要则取决于产品的使用价值,产品的使用价值在很大程度上又取决于产品的技术含量。因此,消费者选择产品包含着对产品技术的选择,这种现象在科学技术突飞猛进的现代社会表现得尤为突出。所以,市场选择是对建设项目的技术是否符合适用性原则的极好检验。

(2) 建设项目技术是否适合于现有企业(或非企业单位)的技术水平。对于技术改造项目,在建设项目评估过程中,应当特别审查和分析的技术问题是拟建技术改造项目的技术水平是否与现有企业(或非企业单位)的技术水平相适应。若技术改造的技术水平与原有企业的技术水平无法协作生产,技术改造将失去其现实的意义。

(3) 建设项目技术是否适合于项目外部协作条件。一种建设项目的营运,必须依靠外部协作完成;一种建设项目先进技术的运用,必须与其他项目(包括现有企业)形成协作运行机制。因此,建设项目的技术水平应与其投资区位所在区域或国家的技术水平相适应,即与项目外部形成协作关系。否则建设项目的生产经营(使用)将会面临诸多无从解决的困难,甚至根本无法生产经营(使用)。因此,建设项目与其外部是否协调运作是检验建设项目技术是否符合适用性原则的一个极为重要的标准。

(4) 建设项目技术水平是否适合于建设项目所在国家或地区,尤其是与建设项目相邻地区的人力资本素质。建设项目所在国家或地区,尤其是与建设项目相邻地区的生产力发展状况和其人口素质是紧密相关的。首先,建设项目的运营需要一定的操作和管理人员,这些操作和管理人员的技术水平必须与建设项目的技术水平相适应。其次,建设项目所生产的产品的技术水平应当与建设项目所在地区的消费者素质相适应。否则,将会导致因缺乏需求而形成产品滞销的结果。因此,建设项目技术水平应当与建设项目所在地区及其邻区的人力资本素质相适应。

3. 技术的安全性

安全性原则是指建设项目评估人员应当以保证技术的安全性为标准而进行建设项目技术评估的原则。安全既是建设项目质量的保障,也是建设项目生产的产品质量的保障。没有安全保障的技术只能是没有实践意义的实验室技术。因此,不符合安全性原则的技术即使是最先进的,也不能运用于建设项目本身的生产和产品生产中。

判断建设项目的技术是否符合安全性原则的标准在于以下几点。

(1) 建设项目技术能否保证建设项目本身的生产安全。建设项目本身的生产是指建设项目各单位、单项工程的施工。建设项目本身的生产安全取决于两个方面:一是建设项目各单位、单项工程的设计技术水平,二是建设项目工程施工技术水平。建设项目工程设计技术是建设项目质量与安全的基本保证,而建设项目施工技术又是保证建设项目质量与安全的必备条件,二者缺一不可。技术对建设项目本身的生产安全包括:①所采用的技术能否保证生产出符合要求的建安产品；②所采用的技术能否保证施工过程中工作人员的生命和健康安全。若建设项目的技术不能保证上述两方面安全，则建设项目的技术不符合安全性原则，其技术方案应被排除。

（2）建设项目技术能否保证建设项目竣工投产后生产出符合设计要求的产品。生产性建设项目是以产品销售为实现收益目标途径的，而产品能否适销或畅销又取决于市场需求的旺盛或疲软。市场需求的旺盛或疲软又决定于消费者的生产生活需要和产品质量。因此，建设项目产品的销售与产品质量直接相关。若建设项目的技术不能保证建设项目竣工投产后生产出符合消费者所预期质量的产品，产品就会面临滞销的严峻局面。这将会导致无法实现投资者预期的投资收益的后果。同样，即使建设项目技术能够保证建设项目生产出预期质量的产品，但若建设项目技术不能保证建设项目竣工投产后生产出能使收益水平在盈亏平衡点以上的产品数量，这也会使投资者蒙受损失。所以，建设项目技术水平必须能够达到保证建设项目竣工投产后生产出预期的质量和数量的产品。

（3）建设项目技术能否保证建设项目产品的安全生产。建设项目竣工投产以后就形成了生产产品的生产力系统，该系统是否能够安全地进行产品生产，取决于包含于建设项目的各单位单项工程之中的技术。若建设项目的技术水平达不到安全要求，生产员工的生命及健康将会受到严重威胁。为了保证建设项目竣工投产后生产人员的生命及健康安全，应当要求建设项目技术水平达到保证安全生产的要求。

（4）建设项目技术能否保证建设项目所生产的产品使用安全。保证建设项目所生产的产品的使用安全，是保证建设项目所生产产品的消费者在使用产品的过程中，不能受到来自产品本身对消费者生命及健康所造成的威胁。这是保护消费者利益的一个十分重要的方面，亦是维护社会公众利益和正常经济秩序的重要内容。若建设项目的技术水平达不到保证其产品安全使用的要求，势必形成损害消费者健康乃至对消费者生命安全构成威胁的严重后果，亦将破坏社会公共安全，对维持正常的经济秩序和社会秩序形成不良的影响。

4. 技术的经济性

经济性原则是指建设项目评估人员应当以经济利益（利润）最大化为标准进行建设项目技术评估的原则。

判断建设项目的技术是否符合经济性原则的标准在于以下几点。

（1）最低技术成本标准。即在进行建设项目技术分析和评估时应当优先考虑成本较小的技术方案，以通过节约技术成本，实现投资收益水平的最大化。该标准在公共投资建设项目中比较适用。因为在公共建设项目中，投资目标一般是既定的（如建设一所医院，规模是既定的），技术水平只要达到能够实现投资目标的要求则是可行的。在这样的方案中，可以选择成本最小的技术方案进行评估。而在财务性投资建设项目中，技术水平起点越高，所能获得的经济利益可能就越大，而技术水平高的方案其投资成本也相应较高。因此，不能简单地运用最低技术成本标准。

（2）净收益最大化标准。即通过收益与成本的比较与分析，对技术方案的合理性进行评估。这时，可能会存在技术水平低、成本低、净收益水平低的方案与技术水平高、成本高、净收益水平高的方案可供选择，这就需要在进行投资者资金可能性风险分析之后再做出选择和评估。

3.2 建设项目生产规模方案评估

3.2.1 项目生产规模的概念

生产规模指劳动力、劳动手段和劳动对象等生产要素与产品在一个经济实体中的集中程度。项目生产规模指项目的设计生产量。就是要合理选择拟建项目的生产规模，解决"生产多少"的问题。

建设项目生产规模的确定，是项目可行性研究中的重要组成部分，也是项目评估的重要内容之一。项目生产规模的确定与选择合理与否，直接关系到项目建成投产后的生产经营状况的好坏和投资经济效益的高低。

无论是从项目产品的市场需求量及项目的宏、微观经济技术环境出发，还是从项目自身的生产技术关系着眼，每一个建设项目都存在着合理规模的选择问题。当单位产品的报酬一定时，项目的经济效益与项目规模成正比。项目生产规模小于项目产品的市场容量，意味着放弃部分市场和相应的收益。当生产规模大于项目产品市场需求量时，则会导致开工不足、产品积压或降价销售的问题，进而致使项目的经济效益低下。特别是，从项目自身的生产技术关系看，不同的规模往往意味着不同的单位产品报酬。此外，项目的经济技术环境等也对项目规模的选择起着不同程度的约束作用，如经济发展规划、运输条件、协作条件、资金条件以及技术水平等。

3.2.2 项目生产规模的影响因素

在项目评估中，确定拟建项目的生产规模，目的在于为拟建项目规划合理的规模，使其达到规模经济。一般来讲，制约和决定项目生产规模的因素主要包括以下几个方面。

1. 国家经济计划因素

经济计划是指各级政府在一定时期的经济计划安排和规定。尽管我国已经确立了市场经济体制，在经济活动中，以市场调节为主，但从宏观上还需要政府的干预。各级政府为了宏观经济的稳定和可持续发展，制定国家或地区的经济计划，安排了各个产业和区域的投资结构，同时包括项目的生产规模，特别是生产有关国计民生产品的大中型项目。

2. 国家产业政策因素

制定产业政策是国家为了加强和改善宏观调控，有效调整和优化产业结构，提高产业素质，促进国民经济持续、快速、健康发展的重要手段。产业政策包括产业结构政策、产业组织政策、产业技术政策和产业布局政策，以及其他对产业发展有重大影响的政策和法规。确定拟建项目的生产规模要考虑国家的产业政策，主要是按照产业政策所规定的投资项目经济规模的标准确定项目的最低生产规模。在我国，投资项目小型化、分散化是工业企业达不到规模经济、生产效率低下的主要原因之一。为此，国家产业政策规定了部分规模效益比较显著、市场供需矛盾比较突出的热点产品实施固定资产投资项目的经济规模标准化。

3. 市场需求量因素

市场决定项目的命运，项目产品有市场，才有必要实施该项目。市场潜在的需求量有多大，项目的生产规模就应按这个量来确定。这样，才能保证项目的顺利实施和正常生产，才不至于浪费有限资源。在确定拟建项目的生产规模时，必须对市场分析的结果进行研究，分析项目产品的市场供求关系以及项目产品的市场需求量，并把其作为制约和决定项目生产规模的重要因素。

4. 工艺设备因素

在不同的工业部门中，可供使用的加工工艺和设备通常按照某种生产能力进行了标准化。例如，汽车、电视机、电冰箱等生产线，具有额定的生产能力，并受到产业政策和其他有关政策及规定的制约，越来越向标准化、大型化的项目工艺和设备发展。为此，确定拟建项目的生产规模要与此相适应。如果标准化的工艺和设备适用于较低的生产规模，可能不在规模区间内，可以采用其他的组合方式来确定拟建项目的生产规模，使其达到规模经济。这种组合方式并不完全取决于标准化的工艺和设备因素，还需要考虑其他限制因素。

5. 资金和基本投入物的因素

国内外资金的短缺和基本投入物的匮乏，都可能限制拟建项目的规模。这些因素往往是决定拟建项目生产规模的重要因素。

1）资金

可用于投资的资金总是有限的，有时是非常短缺的。资金供给量的大小与确定多大的生产规模有密切关系，即使是在工艺和设备的选择上，也要进行充分的比较和遴选，能节约的资金也是有限的。资金的有限性表现为自有资金不足，又难以得到金融的支持。如果项目所需的设备和投入物全部或部分需要从国外进口，又要受到外汇供给的限制，没有投资资金的支持，无论确定何种标准的生产规模，都是难以实现的。

2）基本投入物

项目的基本投入物是指用于项目经营的主要原材料、中间产品和主要的燃料及动力等。在一定时期，资源的需求和资源的供给往往会发生矛盾。资源的稀缺性导致项目所需的基本投入物资可能受到 3 方面的限制：一是总的供应量满足不了项目的需要；二是基本投入物质量满足不了项目的需求；三是使用基本投入物的成本问题。

6. 专业化分工与协作条件因素

现代化的工业，分工越来越细，专业化水平越来越高。那些大而全（或小而全）的企业，已不能适应形势发展的需要。一个项目，往往不是独立的，需要有许多企业或单位协作配套，包括提供原辅材料的配套、生产零部件的配套、动力供应及交通运输的配套等，投产后才能正常发挥作用。所以，确定项目的拟建规模要充分考虑协作配套条件，即项目的规模要与协作配套的量相符合。规模过小，浪费了资源，协作配套企业或单位的能力或效益不能充分发挥出来；规模过大，项目的生产能力利用率低，也同样浪费资源。

7. 其他建设因素

其他建设因素包括土地、交通、通信、环境保护等。这些因素从不同的方面制约着项目生产规模。我国的耕地面积少，而项目建设需要使用土地。一方面，确定的生产规模要尽可能少占用土地；另一方面，确定生产规模要考虑可能供给的土地面积和土地质量。交通、通信等基础产业一直是我国的"瓶颈"产业，发展相对滞后。建设现代化的工业项目，确定生产规模时必须考虑基础产业的制约。另外，环境保护问题也越来越受到重视，对因项目而出现的"三废"排放物，国家规定有排放标准，确定项目的生产规模时必须要考虑这个因素。

8. 经济效益因素

经济效益是制约和决定项目生产规模的关键因素。在项目评估中，按照经济效益的高低，通常可以把项目生产规模分为以下4种类型。

1) 亏损规模

亏损规模就是销售收入小于总成本费用的规模。

2) 起始规模

起始规模，即最小经济规模，就是销售收入等于总成本费用的保本最小规模。

3) 合理经济规模

合理经济规模，即适宜经济规模，就是销售收入大于总成本费用，并保证一定盈利水平的生产规模。

4) 最佳经济规模

最佳经济规模就是能够产生最高经济效益的生产规模。

可以看出，最佳经济规模是最理想的规模，拟建项目的生产规模最好能达到这个水平。但受许多因素的限制，最佳经济规模一般很难达到。而亏损规模和起始规模又不能选择，因此，一般情况下，应当优先考虑合理经济规模。

案例分析

珠海机场对建设项目生产规模影响因素的考虑

珠海机场位于珠海西区三灶岛西南端，三面环海，净空良好，距市区31千米。该机场严格按照国际一级民用机场标准进行总体规划、设计和施工，其跑道、候机楼、通信系统、供油和安全等均达到国际先进水平。机场建有长4 000米、宽60米的跑道和长4 000米、宽44米滑行道各一条，可供当今世界上各型客机起降。候机楼建筑面积9.2万平方米，设有综合大厅、候机厅和观景厅，到港与出港旅客分流。机场采用美国和瑞典的计算控制大屏幕航班显示及引道系统、设备控制及管理计算机系统、旅客服务电子计算系统、行李自动分检系统。

1995年兴建的珠海机场是全国唯一纯地方政府投资的机场，投资总额达60多亿元。珠海机场按一级民用机场进行总体规划，设计年飞行量10万架次，年旅客吞吐量1 200万次，年货邮吞吐量40万吨，规划停机体60万平方米，拥有40多个机位。已停机体30万平方米，拥有近机位17个，远机位4个，候机站总面积91 600平方米，楼前广场停车面积20万平方米，停车位约5 000个。

下面一组数据可反映珠海机场的建设规模与现实经营状况之间的差距。

9.2万平方米：珠海机场候机楼占地面积，澳门机场客运大楼占地面积4 500平方米，不足珠海机场的1/20。

4 000米×60米：珠海机场跑道面积，是中国最长的机场跑道。

27.7万平方米：停机坪面积，有21个停机位。而澳门机场停机坪只能停靠6架波音747型客机和10架麦道11型客机。

17 363架次：2000年珠海机场起落总架次，不足设计年航空起降架次数的1/5（10万架次），是香港新机场去年全年升降班次的1/10（18万架次）。

579 379人次：2000年客运量，不到设计客流量的1/24（1 200万人），不足深圳黄田机场1/10（600万人次），不足北京首都国际机场的1/35（过2 000万人次），不足香港新机场的1/60（过3 200万次）。珠海机场每月客流量只相当于广州白云机场一天的客流量，每年的客流量只相当于香港新机场一周客流量。

95.6亿元：机场对外宣称的投资总额。1998年香港梁振英测量行给珠海机场的评估现值是110亿元人民币。1997年5月31日深圳机场集团上市时评估后的净资产只有2.97亿元，客运量与货运量均超过珠海机场数十倍的澳门机场是澳门最大的一项工程，机场总投资预算也不过73亿澳门元（约75亿元）。95.6亿人民币是1998年珠海全年GDP（263.5亿元）的1/3，也是1998年珠海全年财政收入（16亿元）的6倍。

珠海机场拖欠债务17亿多元，应债权人请求，所有的经营收入，包括机场建设费、客货销售收入全部被法院冻结；一些设备和物业也被法院查封。珠海机场集团公司是独立的企业法人，按国际惯例，债务人不能按期偿还债务，债权人有权要求法院进行破产清算。目前，天津航道局等债权人已向法院提出了这一要求。

评析：

当然，珠海机场项目失败的原因有很多，但规模过大是最主要的原因。在投资决策时，太多的因素没有考虑到。珠海占珠江三角洲的一角，北面是中山和广州，南面是澳门，东与香港和深圳对望，西面则是广大的粤西地区，地理位置非常优越。但在同一个区域，除了珠海的机场外，同时还有澳门的澳门国际机场、香港的国际机场、广州的白云机场、深圳的黄田机场。在小小的一个珠江三角洲上，同时拥有7个机场。从经济角度而言，这种布局足以引起决策者对兴建珠海机场论证工作的充分重视。当地航空领域的竞争非常激烈。据统计，90%以上货物转运都是以香港的国际机场为基地，余下不足10%的货物则分流到其他几个机场。显然市场需求并不旺盛。在这种情况下，大规模投资建设无疑注定了珠海机场项目的巨大风险。

3.2.3　项目生产规模的确定方法

1. 经验法

经验法是指根据国内外同类或相似企业的经验数据，考虑生产规模的制约和决定因素，确定拟建项目生产规模的一种方法。

2. 适者生存法

适者生存法是美国学者斯泰勒提出的。其基本理论依据是经营效率较高的建设项目，也就是单位产品成本较低的建设项目。这些建设项目在充分竞争的条件下，经过时间的考验，会生存下去并发展起来。

3. 工程技术法

工程技术法是一种以工程技术能力平衡为基础，以最低单位成本或社会成本为衡量经济效益主要指标的确定建设项目最佳建设规模的一种定量分析方法。

主要内容有：①确定其规模；②确定运营中所需的各种消耗定额；③确定成本分析中的各项费用，包括直接的与间接的；④计算成本的资金时间价值；⑤比较各工程技术方案，并从中选出一个社会成本最低的方案。

4. 专家咨询法

专家咨询法是依靠专家们的经验判断确定建设项目经济规模的方法。其主要内容包括：①确定咨询内容；②确定专家名单；③发调查表；④咨询汇总处理；⑤咨询反馈，反馈给专家，并要求其澄清观点。这种方法的优点是简便灵活，省时省钱，而且可以预测未来一段时间的发展趋势；局限性是选择的准确性取决于所聘专家的水平和能力，使得项目规模的选择受到一定人为因素的影响。

5. 分步法

分步法也叫"逼近法"，其特点是先确定起始生产规模作为所选规模的下限，确定最大生产规模作为所选规模的上限，然后在上下之间，拟定若干个有价值的方案，通过比较，选出最合理的生产规模。

3.3 建设项目物料供应方案评估

3.3.1 建设项目所需的物料种类

在建设项目的可行性研究中，物料供应是比原材料供应更广泛的一个经济范畴。拟建项目的建设和生产所需要的物料种类繁多，内容繁杂，包括主要原料、材料、辅助材料、包装材料、维修材料、配套件（元件、半成品、配件）、燃料（煤、石油、天然气、氢气及其他燃料）、水、电力以及热力等。

不同项目所需的资源条件及原材料供应的要求是不同的，所以各项目评估的侧重点也会有所差别，但都应根据拟建项目的具体情况进行详细的调查研究。建设项目所需的资源或原料等一般分为以下几方面。

1. 自然资源

自然资源是工业生产的物质基础，为工业提供原料和燃料。工业的自然资源分为矿产资源、森林资源和农业资源等几类。

1）矿产资源

矿产资源是指在一定的技术经济条件下，能从自然界中提取出来并有工业价值的矿物性原料的总称。矿产资源分为能源、金属或非金属等几种。

2）农业资源

农业资源（农作物、畜产品、水产品等）是工业，特别是轻工业的主要原料来源，我国目前约有70%的轻工业原料来自农业。从这个意义上讲，轻工业是农业的加工业，在农作物中，其收获物主要用做工业原料的作物常称为工业原料作物，如纤维作物、油料作物、糖料作物和饮料作物等。

3）森林资源

森林是地球上最重要的资源之一，它为工业提供多种宝贵的原材料，为人类的经济生活提供多种食品，并具有调节气候、净化空气、消除噪声等作用。

2. 原材料

原料是指耗费了人类劳动而开采或创造出来的劳动对象。例如，采掘工业和农业的产品是加工工业的原料。材料是指经过工业进一步加工过的原料，如钢材、水泥等。原料和材料一般统称为原材料。

1）原材料的分类及来源

原材料按其在生产过程中所起的作用，可分为主要原材料、辅助原材料和燃料。主要原材料是指在生产过程中构成产品主要实体的原材料；辅助原材料是指参加生产过程，但不构成产品主要实体的原材料。

工业中所使用的原材料，主要来自工业、农业和海洋资源3个方面。

2）原材料在工业发展中的地位

原材料是发展工业必需的物质条件，是生产资料的重要组成部分，能够影响到产品的质量、规模和工业布局以及劳动生产率和产品成本的高低。一个国家原材料资源的特点及其对新型材料的研究和应用状况，在一定程度上决定了某些工业部门的工艺特点和发展方向。

在项目评估中，对拟建项目所需要的原材料情况必须进行详细的调查研究。否则项目一旦投产，若没有足够数量并符合质量要求的原材料，生产就不能顺利进行，投资的效益也就不能正常发挥。

3.3.2 物料供应方案评估准则

物料是项目生产的物质基础，在进行物料供应方案评估时，必须坚持以下评估准则。

1. 适用性准则

物料的投入是为了生产出能够满足社会需要的产品。不同的物料可以制造出同一种产品，但是所制得产品的品种、性能、质量却可能因物料投入方案的不同而完全不同。物料的选择应首先满足适应性的要求，即制造出的产品符合项目预定的要求。例如，打印纸、电容器纸和描图纸等中高档纸用木浆作原料，而箱板纸等低档纸则选择草浆作原料。

2. 可靠性准则

稳定可靠的原材料供应是正常生产的基本条件。宏观上考查物料供应的可靠性，必须把握各种物料的总体规模、结构、质量以及供应效率。在微观上，为了保证物料的可靠供应，还必须落实具体的供应渠道、供应协议或意向书。

在建设项目评估中，主要从落实物料供应的数量、规格、质量和价格，可供期限及供应渠道等方面来保证物料供应的可靠性。

3. 经济性准则

经济性准则就是要选择该方案所造成的项目原始投资和投产后的经营费用的最低程度。分析物料方案的经济性，不能仅看物料本身的价格高低，而是要综合分析物料供应方案的采用对整个项目的原始投资所造成的影响，对工艺技术方案及设备构成的影响，以及对燃料、动力及人工费用的影响等方面，从而选择综合经济效益最佳的方案。值得注意的是，经济性是相对而言的。

4. 合理性准则

物料供应方案的适用性、可靠性和经济性主要是从项目本身来考虑的，而合理性则是从整个国民经济的角度来考察的。所谓合理性，就是资源在国民经济中利用和分配的合理程度。

随着资源综合利用程度的提高、物料来源和使用的多元化，物料供应合理性的评估变得日趋复杂和重要。每一种经济资源都有多种不同的用途，并且能够产生不同的经济效果。为了从宏观上保证原料分配利用的合理性，国家在政策上做出了限制和规定，实际工作中必须严格执行。

5. 减少能源，消耗准则

能源动力是建设项目物料供应的重要内容。同时，项目建设的其他因素，如场址选择、工艺选择、原材料投入物的方案选择等，都对能源消耗的数量和结构有重要影响。然而能源短缺是发展中国家普遍存在的问题，能源项目的建设，一般投资大、周期长，而且能源开发往往跟不上加工工业的发展。为了保证建设项目做到合理利用能源和节约能源，新建、改建和扩建工程项目设计必须认真贯彻国家产业政策和行业节能设计规范。凡采用国家已公布的限制（或停止）生产的产业序列、规模，或行业已公布的旧工艺翻版扩产增容及选用淘汰型产品的工程设计，国家不予批准。

3.3.3　原材料供应条件评估的内容

原材料供应条件是指项目在建成投产后生产经营过程中所需各种主要原材料、辅助材料及半成品等的供应数量、质量、价格、供应来源、运输距离及仓储设施等方面的条件，是工业生产所必备的基本条件。

原材料供应条件评估主要包括以下内容。

（1）分析和评估原材料的质量是否符合生产工艺的要求。在评估时，要对所需要的主要原材料的名称、品种、规格、化学和物理性质以及其他质量上的要求加以了解。一般来说，注意分析特定项目对各种投入物在质量和性能特征上的要求，因为它们直接影响到该项目的生产工艺、产品质量和资源利用程度。

（2）分析和评估原材料的供应数量能否满足项目生产能力的需要。对于工业项目来说，如果所需原料没有稳定的来源和长期的供应保证，其生产将会受到极大的影响。在评估时，应根据项目的设计生产能力、选用的工艺技术和使用的设备来估算所需原材料的数量，并分析预测保证项目近期和远期的需要量和供应来源的可靠性。

（3）分析和评估原材料的价格及其变动趋势对项目产品成本的影响。一般来说，主要原材料的价格及其来源的可靠保证，对项目的技术可行和经济合理及其合理规模的确定都有决定性的影响。所以，不但要考察主要投入物价格目前的变化动向，还要依据过去价格的运动趋势预测其未来的变化，并估计原材料供应的价格弹性和互补性，以保证原材料的合理替换和选择，实质上体现了资源优势利用和加工工艺的经济合理性。

（4）分析和评估原材料的运输费用对产品成本的影响。项目所需主要原材料运输费用的高低，对项目生产的连续性和产品成本的高低都有很大的影响。运输费用的高低与运输距离的长短及采用的运输方式是密切相关的，所以做到就地取材、缩短距离且采用合理的运输方式，将有助于降低运输费用，从而也会降低产品成本。为此，在评估时应注意分析计算其运输能力和运输费用，以做出正确的评估。

（5）分析和评估原材料的存储设施条件。原材料供应条件应包括供应原材料的技术规格、供应规模和合理的储备量，在评估时，应分析拟建项目存储设施规模是否适应生产的连续性，以及原材料的储备量是否合理。

（6）如有可能，应编制原材料和能源平衡流程图或表示数量流动的图表。这些图表应当说明不同的各项原材料在何时进入到生产流程的各个部分，制造过程之外的部分也应包括进来，特别是不同的投入物的供应，投入物的运输、贮藏，成品包装和产品的储运，以及对不同部分的排放物加以统一确定。

3.3.4 燃料及动力供应条件评估的内容

项目生产所需的燃料主要有煤炭、石油或天然气等；而所需动力是指外购的水、电、风、汽和气及其他带有能量的工作介质等。燃料和动力是建设项目生产和建设过程中不可缺少的重要物质条件，也是保证项目建成投产和维持长期稳定生产的关键因素。

燃料及动力供应条件评估的主要内容如下。

1. 分析和评估项目所需燃料的需求量能否得到满足

项目所需燃料种类，一般可根据项目本身生产工艺和设备选型的要求，并依据所选燃料和动力对产品的生产过程、成本、质量、厂区环境以及生态平衡的影响程度而定。同时，还需审查和分析燃料供应的有关政策、供应数量、质量、来源与供应方式等。

当前，能源供应紧张，国家对燃料、动力的供应控制得比较严格。因此，当市场自由机动数量较少时，应尽量避免在燃料和动力供应短缺或不足的地区建设耗能较多的项目。

2. 分析和评估工业用水供应条件

工业项目所需工业用水范围广泛。项目评估时，对项目工业用水供应条件的分析和评估,应根据对项目水源、水质的基本要求,计算出项目的用水量,并结合当地的供水价格,分析耗水费用对生产成本的影响。除此之外,还应审查正式的水文地质资料和相关的化验数据,以便分析和评估生产中对工业用水的综合利用设施、污水净化设施,以及供水泵站、管网等供水设施等方面的条件是否具备和完善。

3. 分析和评估电力供应条件

电力是工业生产的主要动力。因此,对耗电量大而又要求连续生产的工业投资项目,应对其电力供应条件进行专题调查研究和审查分析,即不仅要审查分析项目用电总量、供电来源及可供量、备用量、输变电费用等因素,还需按生产工艺要求审查分析其日耗电量、年耗电量及其对产品成本的影响等。

4. 分析和评估其他动力供应条件

工业项目生产过程中所需的其他动力供应条件,主要是指提供汽、气等的动力设施及其需求总量与供应方式,以及其对产品成本的影响等。如果消耗量大且连续性较强,并需要自备供应设施的项目,还需计算所需蒸汽锅炉、煤气发生器、制氧机、空气压缩机和供应管网的投资费用,并分析其技术经济上的合理性和安全性。

3.3.5 公用设施条件评估的内容

公用设施是指除原料、燃料等主要资源以外的工业生产规划所必不可少的基础结构,如供电、供水、供气、运输及废水、废物处理设施等。对所需公用设施的具体估计,虽然只能在分析和选择了建厂地区,并确定了生产工艺和工厂生产能力之后才能详细计算,但在此之前还是有必要做出一般性的估计的。如果不考虑或者低估了公用设施的费用,那么就会导致投资费用及生产成本的计算结果不准确,进而影响到结论的正确性。

公用设施的内容很多,下面仅概要叙述主要部分。

1. 供水设施

任何建设项目都离不开水,所以拟建项目的地址必须具有充足、可靠的水源。任何形式的水源,其可供水量必须满足项目的近期和远期发展所需的生产、生活和其他用水的水量要求。

对供水设施的评估,主要是分析项目对用水量、水质、水源的要求以及供水成本的大小,以选择最佳的供水方案。除此之外,还应注意分析项目所在地的现有供水设施的情况,如供水能力、设备完好情况、供水可靠性、水质及水价等,并查清现有供水设施与项目厂址的距离和两地点的绝对标高差,以便估算出供水管网的工程投资、输水能耗及经营费用。

此外,还应分析项目是否有水资源的循环设施和污水的净化设施等,评估时应与环境保护措施的评估结合起来。

2. 供电及供热设施

电力及热力是工业生产的主要动力。项目评估时,首先应弄清项目所在地的现有发电站、热电站、集中供热锅炉房、区域变电站及输电线路等主要设施的设备能力、装机容

量、电压等级、供热负荷、温度及压力等资料数据，摸清电力和热力富余量及可能扩建的情况，并了解现行电价及蒸汽或热水价格等情况，然后对项目的电力和热力工业做出具体分析。

3. 运输设施

运输设施是工业生产的生命线，工厂物料搬运是进行科学组织生产、调节生产的重要手段。运输是沟通工厂内外联系，解决工厂原材料、燃料、半成品和成品进、出、供、求的纽带，它与工厂的经营管理质量和产品成本大小有着直接的影响。科学地选择运输方式和进行有效的运输组织，是使生产连续而有规律进行的可靠保证。

1）运输种类

运输按使用地点分为场外运输和场内运输两类。场外运输是工厂为输入原材料、燃料，以及运出成品、半成品和废料而与国家或地区交通运输干线发生的联系，或工厂与其原材料基地、码头、车站及其他协作单位之间发生的联系。运输的方式有铁路、公路、水路、航空、管道、架空索道、带式运输等多种。

厂内运输是厂区内部各组成部分之间的材料、半成品、成品等物料的运输循环系统，是实现工厂正常生产的基本手段。厂内运输方式也有铁路、道路、管道、架空索道等方式并日趋多样化。

2）运输方式的选择

运输设施的评估，包括运输方式、运输设备的选择，运输中的装、卸、运、储各环节间的协调和组织管理，各类型物料进、出量及其对生产过程和产品成本等内容。其中运输方式的选择涉及的因素很多，是运输设施评估的重点。

对运输方式的评估，必须结合当地的具体条件，对各种运输方式进行技术经济比较，以选取经济合理的运输方式。进行技术经济分析时，应注意计算和评估相关运输项目的相关投资，以便使各运输方式具有可比性，同时也便于安排相关项目的同步建设。

3.4 建设项目的选址分析报告评估

项目选址有新建企业和老企业扩建两种情况。新建企业的选址内容包括建厂地区选择和厂址选择两部分。建厂地区选择又称为选点，是按照建厂条件在较大范围内进行选择，确定项目所在的地理区域。厂址选择又称为定址，就是确定拟建项目的具体厂址，即按照建厂条件及厂址的工程费用等，从建厂地区提供的几个可选择的厂址中，通过详细的比较，确定工程项目具体坐落的位置。因此，项目选址是一个先选点后定址的过程。

项目选址关系到投资的地区分配、区域社会的经济发展、经济结构、自然生态环境、城市规划和产品生产要求、未来产品销售市场等诸多方面，是带有全局性和长远性的主要问题。因此，合理选择项目的厂址，是项目顺利实施并达到预期投资目的的关键环节。

3.4.1 项目建厂地区分析

1. 建厂地区选择的准则

(1) 要符合国民经济发展的战略规划、国家工业布局总体规划和地区经济发展规划的要求，以有利于逐步实现地区经济发展的相对均衡。

(2) 在统一规划下，处理好地区生产专业化与综合发展的关系，既要促进各地区合理分工协作，又要保证各地区的综合发展。

(3) 执行"控制大城市规模、合理发展中等城市、积极发展小城市"的方针，在建设项目布局时，正确处理集中和分散的关系。

(4) 建厂地区应尽量接近原料、燃料产地和消费地区。

(5) 根据项目的特点和需要，对自然条件、原材料条件、基础设施条件、各地区对项目产品需求及运输条件等进行全面的综合分析。

2. 选择建厂地区时要考虑的因素

1) 社会、政治因素

在项目选址时，应首先遵循国家法律、法规、投资指南、开发战略，以及项目审批权限和程序等，以便考虑可能获得的各种特许及鼓励政策，分析其能否满足建厂需求。

2) 经济技术因素

经济技术因素包括拟选地区的经济实力、协作条件、基础设施、技术水平、市场潜力、人口素质与数量等，这些因素对项目选址会产生很大的影响。在经济实力强的地区建设项目，可以利用已有的基础设施和良好的协作条件，建在离消费地较近的地区，这样可以产生集聚效应，但也可能有远离原材料供应地的不足。对于要在项目所在地进行融资的项目，选址时就要对地区融资能力加以考虑。

3) 基础设施条件

基础设施条件主要是指项目建设和运行过程中所需的必备条件，如"五通一平"等，此外还包括拟建地区现有的公用事业及基础设施情况等。

4) 原材料、燃料产地和产品销售市场条件

由于运输费用通常是成本费用的重要组成部分，所以建厂地区应尽量接近原料产地、燃料产地和消费地区。根据原材料的供应状况和主要市场情况可以提出几个厂址地区方案，计算不同厂址地区方案的运费、生产和销售费用，选择总费用最低的方案为最优方案。一般可分为以下几种情况。

(1) 原料投入量比成品产出量明显多的项目，宜选择在原料产地；所用原料在技术上或经济上不易长途运输的，也应接近原料产地。

(2) 大量依靠进口原材料，或产品主要供出口的工厂，建在港口附近为宜。

(3) 原料在加工中失重程度较小，不宜运输的项目，一般应接近消费区；产品易变质或农产品加工项目，也应建在销售市场附近。

(4) 能耗大的项目，一般应靠近能源供应地。

(5) 受运输因素影响较小的项目，可以建在资源产地，也可以靠近消费中心建厂，或者建在两者之间的某优化点上。

(6) 对于某些工程技术项目，一般不受运输因素限制，厂址选择有较大的灵活性。

(7) 对于不过分面向资源或市场的项目，应考虑将下列因素结合起来选择建厂地区：与原材料和市场的距离合理；环境条件良好；劳动力储备丰富；能以合理的价格取得充足的动力和燃料；运输条件良好以及具有废物处理设施等。

5) 自然环境因素

自然环境也是影响建厂地区选择的主要方面之一，其影响因素主要包括以下几点。

(1) 气候条件。包括气温、湿度、日照时间、风向、降水量和飓风风险等方面。项目类型不同，气候条件对项目起作用的方式也不同。

(2) 地质条件。一般情况下，地质勘查问题对选择适当的厂址关系更大。包括土壤条件、地下水位和一些特殊因素对厂址的危害。

(3) 生态条件。有些项目可能本身对环境并没有不利的影响，但项目的建设和运行对生态环境的要求比较高。

3.4.2 项目厂址分析内容

1. 厂址选择的基本原则

(1) 服从国家、地区城市规划的要求。城市规划是根据每个地区特点制定的，并经国家批准实施的一种具有法律效用的建设和开发计划，不能任意破坏。

(2) 厂址的气候、地质、地形等自然条件要能够满足项目建设和生产的要求，使各类建筑物、构筑物、道路及场地等得到合理布置。

(3) 合理利用土地。我国建设用地日趋紧张，应按照《中华人民共和国土地管理法》的有关规定，结合建设与生产的要求，尽量提高土地利用率，节约使用土地，贯彻保护耕地的基本国策，尽量少占或不占耕地和农田。

(4) 有利于专业化协作。按照专业化要求协作组织工业生产，可以大大节约用地和建设投资，提高劳动生产率，因此在选择厂址时应该尽可能考虑厂际协作。

(5) 满足对原材料、能源、水和人力的供应以及生产工艺和营销的要求。

(6) 既考虑生产又方便生活。选择厂址时，不仅要保证生产需要，还要考虑职工生活条件，处理好生产与生活的关系。因此应该尽可能靠近已有的企业或居民点，以便于利用现有的市政及生活设施，同时厂址不宜选在影响居民生活环境卫生的上风向和现有烟尘污染较重的工厂的下风向。

(7) 尽可能节省投资。选择厂址时，尽量做到就地取材、就地生产、就地销售，或者尽可能靠近主要运输干道和车站，以节省运输费用或减少交通站场建设投资，以较少的投入，取得较大的产出。

(8) 注重环境保护和生态平衡。应全面考虑项目对周围环境的影响以及由此而要付出的代价，要注意保护风景区和名胜古迹，防止污染和破坏生态平衡。

案例分析

建设项目选址实例评析一

某沿海地级市 20 世纪 90 年代初期,根据自身发展需要,准备在城市东部建设中心区。主要目的是疏解旧城区人口、商业和行政办公的压力,用以发展城市新的商务中心、金融服务中心、大型会展文化中心和部分市级行政办公机构。当时,该城市东部正处于城市主要发展地区,面积约 3 平方千米,面对内海湾,与原有旧城既有一段距离,又有比较方便的交通联系,是该市中心区建设理想的选址地点。市政府随后组织编制中心区详细规划和城市设计,开始对外招商,准备大干一场。但是没有想到,随着国家治理经济过热和 1997—1998 年的亚洲金融危机,不少原准备开发的投资方,由于资金的限制,加上大环境的需求不足,纷纷撤资或停工等待,中心区只建成了一个会展中心、一个图书馆和一个中心广场。市政府为了继续推动该地区的开发,匆忙修改规划,将原来准备建设商务中心的大片土地改为居住用地,重新招商,开发房地产,陆续在中心区的周边建起了 3 个住宅小区。但是,2000 年以后,随着经济形势的逐渐好转,全市性的商务办公和金融服务的需求又重新上升,申请建设的项目增加不少,可是这些好项目苦于找不到合适的选址,原中心区的土地已经有相当部分被转变为居住用地。该市政府开始着急了,一方面,原中心区实际上只建成一半,城市中心职能远远没有发挥出来,几乎没有剩余的土地;另一方面,新的建设项目又没有地方建设。政府希望有关规划部门能够重新确定一个中心区的位置,以解决城市的燃眉之急。

评析:

这个例子说明两个问题。第一,一个城市的土地资源是有限的,并不是可以无限任意扩大的。城市主要功能区的选址有时往往是唯一的,或者至少是非常有限的,特别是像中心区这样重要片区的选址,它既是城市的心脏部位,是城市行政、商业、商务、文化的重要设施所在地,又是城市具有代表性的重要景观区,一般项目不应该允许在中心区建设。第二,政府应处理好一个城市发展的长远利益与眼前利益的关系,城市中心区的建设不是一两年就可以完成的,应该认真规划,逐步建设,任何操之过急的行动都很有可能给城市带来长久的不利影响。城市建设是百年大计,只顾眼前利益,不顾城市建设的规律,最终只能为城市带来不良的后果。

2. 项目厂址分析的主要内容

1) 自然气候条件

由于建设项目产品性质、生产设备、工艺技术和"三废"特点,在选厂址时要特别重视自然气候条件,包括气温、湿度、日照、气压、风向、降水量(包括雨和雪)、雷电等,要了解历史上的最高、最低和平均数据;厂址要选在城市的下风向,防止工厂的"废气"对城市的污染;生产易爆易燃物的工厂不宜建在引爆因素较多和极易产生雷击的地方。

2）工程地质和水文地质条件

对工程地质条件进行评估分析时一方面要审查分析厂址所在地段的自然地理地质条件对项目建设可能产生的影响；另一方面要审查分析工程地质条件和项目建筑物的相互影响，从而合理地选择相适应的地质条件，以保证投资项目建设和生产的稳定性。

工业建设项目一般情况下都要求有良好的地质条件，不应布置在断层、沙滩、溶洞、塌陷性黄土等地质恶劣地区。在山区建厂要避免断层、滑坡、泥石流、岩溶、泥泞等不良地质地段；在黄土分布地区建厂应尽可能选在湿陷较小的地区。应当尽可能回避地震活跃区，7级或7级以上的地震活跃区不应建厂。此外，地基要有足够的承载能力，特别是某些项目在生产过程中会对地面产生很大的静压力和动压力，对地基承载力提出了较高的要求。某些配备地下设备的项目，还要求土壤比较干燥且不易渗水等。

对水文地质条件进行评估分析时，要全面了解厂址所在地段的地下水文形成、分布和运动规律，以及它的物理、化学性质等水文地质资料。同时，应根据项目所在地区全年不同时期的水位变化、流向、流速和水质条件，确定在施工、生产、生活等用水方面的保证程度，并由此决定其基础工程、打桩工程的设计和施工技术方案的选择。地下水位一般要低于地下室和地下管网的深度。厂区位置选择应避免洪水的威胁，一般应在该地区历史最高水位以上，以确保安全，历史洪水水位较高的地区一般不宜布置建设项目。山区建厂要尽量避免选择受山洪威胁的地带。选择厂址时还应注意不能选在水库坝址的下游，如必须建在坝址下游的，则一定要选择溃坝可能淹没区范围以外的地段。地下水的水质要求不至于对混凝土产生腐蚀作用。

3）地形地貌条件

结合项目生产规模、特点和要求，分析拟选厂址的地形、地貌条件，如标高、坡度等能否满足项目建设规模和建设条件的要求，并计算挖填土石方工程量及所需的工程费用和风向等。

4）土地面积和形状

根据项目建设规模，主要建筑物、构筑物的组成，参照同类项目计算拟建项目需要占用的土地面积。在节约用地的原则下，保证所选厂址土地面积与形状能使各类构筑物、建筑物、道路及场地等得到合理的布置，还应考虑将来有扩大建设的可能，故应有足够的面积，其形状应满足生产工艺的要求，不宜过于狭长和零碎。

5）水源和能源条件

建设项目通常需要消耗大量用水，水源选择十分重要。厂址应尽量靠近水质、水量均能满足生产要求的水源，以便不建设巨大的线路和管道工程就可以取得所需的生产、生活用水，并注意工业和农业用水的协调平衡，缺水地区应尽量采用循环用水。

在项目选址时，还应考虑能源条件，分析原材料品质和数量是否能够满足项目的要求，且供应是否可靠；同时还要分析是否靠近热电厂，供电、供气是否有可靠的来源。自设热电站或锅炉房时，要考虑燃料供应是否可靠，并需留有储煤储灰的场地。

6）交通运输条件

交通运输条件关系到项目建设和生产所需的物资能否保证及时供应，进而关系到项目产品的生产成本和投资效益。因此，交通运输条件是项目选址必须考虑的重要条件和关键环节之一。

交通运输条件的分析，就是估算各种类型货物的运进量和运出量，分析其对生产过程与产品成本的影响，对运输方式和运输设备选择的要求，对运输过程中的各个环节以及运输组织的要求，从而分析项目建设地点的现有运输条件能否满足项目建设的要求。重点应注意运输成本、运输方式的经济合理性、运输中各个环节的衔接性以及运输能力等方面。

7) 征地拆迁移民安置及施工条件

征地拆迁移民安置方案，包括移民数量、安置途径、补偿标准、移民迁入地情况，以及拆迁安置工作量和所需投资，这些在选址时都必须考虑。另外，当地建筑材料是否充足，有无良好的施工队伍和施工机械，能否满足施工期用电、用水的需要，这些同样十分重要。

8) 其他条件

某些项目对空气含尘量、电磁场、电磁波等有特殊要求，厂址选择也应满足这些特殊的要求。另外，厂址不应位于下列地区：有用矿藏的蕴藏区和采空区（相关生产企业除外）、风景区、名胜古迹和自然保护区，水土保持禁垦区，矿山作业等爆破危险区，有放射性污染或有害气体污染严重的地区，传染病、地方病等流行区，军事设防区，生活饮用水潭的卫生防护地带以及与科研、文教和民族风俗有抵触的地区。

综上可知，项目选址是一个非常复杂的问题，要找到各种条件都符合要求的理想厂址也是较为困难的，因此厂址选择首先要确定哪些条件要求对本项目具有决定意义，哪些是次要条件，对其进行深入分析，并做好多方案比较。

 案例分析

建设项目选址实例评析二

某城市 20 世纪 90 年代初期，城市供电紧张。政府招商准备建设一座 5 万千瓦的燃油发电厂，作为城市补充电源。当时提供选址的用地经过比较只有靠近市区边缘的一处准备搬迁的工厂，但是该工厂周边是职工宿舍区。如果发电厂建设上马，势必会给临近的居住小区造成很大的污染。为此，市政府召开多次会议，各方意见争执不下，最后决定暂缓发电厂建设。经过两年以后，省电网提供了足够的电量，彻底解决了该市长期电力不足的难题。

评析：

（1）该项目选址，市政府还是考虑到了城市长期发展的需要，判断有严重污染的项目，即使近期有上马的必要，也还需要重点考虑项目的环境保护措施。如果措施不当，或措施不配套，污染项目将会给城市带来长期严重的危害。

（2）在项目选址上，首先应严格按照城市总体规划统一安排；其次，应处理好近期利益与城市可持续发展的关系。只有多方面比较，经过合法程序，采用科学方法，项目选址才会合理可靠。上述例子由于市政府采纳了专家的意见，采取了暂缓建设的计划，从而避免了拆迁和今后的重复建设。

3.4.3 项目厂址分析方法

1. 费用比较法

费用比较法,就是计算各方案的建设费用和经营费用,选择费用最小者为项目选址的最优方案。

(1) 估算各备选方案的各项建设费用及项目投产后的经营费用,列出投资与经营费用估算表,见表3-3。

表3-3 投资与经营费用估算表

项目	单位	备选方案		备选方案		备选方案		备注
		数量	金额	数量	金额	数量	金额	
一、建设费								
1. 土石方工程								
2. 铁路专用线								
3. 厂外公路								
4. 人工构筑物								
5. 供水								
6. 排水								
7. 防洪措施								
8. 供电								
9. 区域开拓费								
10. 建材运输费								
小计								
二、经营费								
1. 工厂物料运费								
2. 供水								
3. 排水								
4. 动力供应								
5. 其他经营费								
小计								
合计								

(2) 根据上表中的基础数据,选择一定的评估指标计算并确定最佳方案。

① 静态评估指标。

追加投资回收期:

$$T = \frac{I_2 - I_1}{C_1 - C_2} \quad (3-7)$$

式中：T——追加投资回收期；

　　I_1、I_2——两个对比方案的建设投资费用；

　　C_1、C_2——两个对比方案的年度产品成本或经营费用。

比较选择的标准：$T < T_H$，取投资额大的方案；反之，取投资额小的方案。

年完全费用：

$$ATC = C + E_H I = C + \frac{I}{T_H} \quad (3-8)$$

式中：ATC——年完全费用；

　　　C——年经营费用；

　　　I——初始投资费用；

　　　E_H——基准投资效果系数；

　　　T_H——基准投资回收期；$E_H = \frac{1}{T_H}$。

选择各备选方案中年完全费用最小的备选方案为最佳方案。

② 动态指标。

费用现值最小法：

$$PC = \sum_{t=1}^{n} \frac{(I_t + C_t)}{(1 + i_c)^t} \quad (3-9)$$

式中：PC——方案的费用现值；

　　　I_t——该方案第 t 年的投资费用；

　　　C_t——该方案第 t 年的经营费用；

　　　i_c——基准收益率。

选取各方案中费用现值最小者为最优方案。

费用年值最小法：

$$AC = \sum_{t=1}^{n} \frac{I_t}{(1+i_c)^t} \times \frac{i(1+i_c)^n}{(1+i_c)^n - 1} + C \quad (3-10)$$

式中：AC——费用年值；

　　　C——年经营费用。

选择各备选方案中费用年值最小者为项目选址的最优方案。

【例 3-2】 某建设项目有两个方案可供选择，甲方案采用一般工艺设备，投资 4 000 万元，年生产成本 2 000 万元；乙方案采用自动化较高的工艺设备，投资 5 500 万元，年生产成本为 1 500 万元。该部门的基准投资回收期为 4 年，试问应采用哪种方案？

解： $T = \dfrac{I_2 - I_1}{C_1 - C_2} = \dfrac{4\,000 - 5\,500}{1\,500 - 2\,000} = 3$（年）

因为 $T < T_c = 4$，故应采用乙方案。

2. 评分优选法

评分优选法就是比较各备选方案的建厂条件指标评估值，取其中最高者为最佳厂址方案的方法。它是一种定量分析评价与定性分析评价相结合的方法。步骤如下。

(1) 根据项目特点,列出各备选方案的建厂条件指标比较,见表3-4。

表3-4 某厂厂址方案条件指标(部分)

建厂条件指标	厂址方案		备 注
	方 案 1	方 案 2	
1. 厂址位置	某市某工业区	某市某厂附近	
2. 占地面积	15 万 m²	36 万 m²	
3. 可利用固定资产原值	2 900 万元	7 600 万元	
4. 可利用原有生产设施	没有	生产性设施 15 万 m²,现有铸造车间 3.4 万 m²,其中可利用的 2 万 m²	
5. 交通运输条件	无铁路专用线	有铁路专用线	
6. 土方工程量	新建 3 万 m² 厂房,填方 6 万 m³	无大的土石方工程量	
7. 所需投资额	7 500 万元	5 000 万元	
8. 消化引进技术条件	易于掌握引进技术	消化引进需较长时间	

(2) 根据拟建项目对各项建厂条件的要求,评比确定各备选方案的每一项指标对项目的适应程度,并给出具体评分。第 i 方案第 j 指标的取值用 P_{ij} 表示,见表3-5。其中各指标评估值的确定,有的可根据经验判断,有的可根据已知数据计算出其中一个方案指标值在总评估值中的比重。

表3-5 指标评估值表

建厂条件指标	厂址方案		指标评估值之和
	方案1(P_{1j})	方案2(P_{2j})	
1. 厂址位置	0.350	0.650	1.000
2. 占地面积	0.300	0.700	1.000
3. 可利用固定资产原值	0.276	0.724	1.000
4. 可利用原有生产设施	0.000	1.000	1.000
5. 交通运输条件	0.200	0.800	1.000
6. 土方工程量	0.100	0.900	1.000
7. 所需投资额	0.400	0.600	1.000
8. 消化引进技术条件	0.800	0.200	1.000

(3) 确定指标权重。根据各建厂条件指标对整个项目选址方案的重要程度,选定各指标的权重。第 j 项指标对厂址方案的影响程度,用相对权重 W_j 表示,W_j 的取值范围为 0~1,见表3-6。

(4) 根据各备选方案的各评估指标值和相对权重,计算方案总评估值,比较各方案的评估值,取其最高者为最佳厂址方案,作为推荐方案。

表 3-6 方案评估值计算

建厂条件指标	比重因子 W_j	不同方案的指标评估值 方案 1	不同方案的指标评估值 方案 2	指标评估值之和
1. 厂址位置	15%	0.052 5	0.097 5	0.150 0
2. 占地面积	15%	0.045 0	0.105 0	0.150 0
3. 可利用固定资产原值	10%	0.027 6	0.072 4	0.100 0
4. 可利用原有生产设施	10%	0,000 0	0.100 0	0.100 0
5. 交通运输条件	5%	0.005 0	0.045 0	0.050 0
6. 土方工程量	10%	0.010 0	0.090 0	0.100 0
7. 所需投资额	15%	0.060 0	0.090 0	0.150 0
8. 消化引进技术条件	20%	0.160 0	0.040 0	0.200 0
合计	100%	0.360 1	0.639 9	1.000 0

3. 应用数学模型法

应用数学模型法，即以建厂投资和运输费用之和最小的地点为最优厂址位置。假设已知可能建厂的地点和数目、各地点的建厂投资费用，工厂所需原料供应地点及各销售点产品的销售量、各供应地的运输方式、运输单价，产品的销售地点和各销售点产品的销售量和运输单价，则可建立数学模型并求解，以得出最优厂址。其数学模型如下：

$$Z = \sum_{j=1}^{n} k_j y_j + \sum_{i=1}^{m} \sum_{j=1}^{n} c_{ij} x_{ij} \qquad (3-11)$$

式中：n——可能建厂的地点数目；

　　　k_j——在 j 处建厂的基建投资；

　　　y_j——0~1 变数，只有选中时 $y_j=1$，否则 $y_j=0$；

　　　m——原料供应地点及产品销售地点的总数目；

　　　c_{ij}—— i 地运往 j 地的原料数量（或 j 地运往 i 地的产品数量）；

　　　x_{ij}—— i 地运往 j 地的原料单位运输成本（或 j 地运往 i 地的产品单位运输成本）。

将备选方案的相关数据代入式(3-11)，可以得到相关方程式，其中全部费用最小者，即为所求的最优建厂地点方案。

3.5 建设项目的技术工艺方案评估

3.5.1 项目工艺技术方案的概念

工艺是指为生产某种产品所采用的工作流程的制造方案，或者是指生产工人采用生产工具，对原材料、半产品进行加工或处理，使之成为产品的方法。

生产工艺方案则是指项目采用的生产工艺流程及产品的制造方法。

项目技术评估的核心内容是对项目生产工艺方案的评估。这是因为，项目采用的生产工艺，决定着项目需要的生产设备，影响着项目投资额的大小、建设期的长短、未来的产品质量、产品的生产数量及其投资的经济效益等。所以，项目的工艺评估在项目的技术评估中占有十分重要的地位。

3.5.2 影响项目工艺技术方案的因素

1. 需求因素

技术进步有两种模式，即由市场需求引起的技术进步和由追求科学技术的可能性引起的技术进步，分别被称为市场吸引模式和技术推进模式。市场需求因素是制约技术方案选择的重要因素。

2. 资源因素

资源因素主要指的是资金、人力资源、能源、原料、机器设备等的制约。这主要是由于不同的技术方案在项目建成后表现出不同的资源密集特性。在进行技术方案分析和选择时，必须考虑项目所可能拥有的资源条件。

资金有本国资金和外汇两种形式，通常情况下，本国资金不能替代外汇资金，所以必须分别考虑这两种形式资金的可供量，并且主要对资金密集型技术形成制约。

人力资源一般分为 7 种类型：非熟练工人，熟练工人，初级、中级、高级工程技术人员，基层管理人员和高级管理人员。在进行技术方案选择时，特别是对于知识密集型技术和劳动密集型技术的选择，应充分考虑不同类型人力资源的可供量和质量以及工种构成和专业构成等的约束和限制。

由于时空分布不均，不同地区的能源稀缺程度是不同的，尽管能源的类型有多种，但是项目进行技术方案选择时，还是应视具体情况区别对待，能源因素对高耗能技术制约更明显。

各种原材料、机器设备及其他生产资料可以在国内生产，也可以从国外进口。进口能源、材料、设备等不仅取决于外汇资金，而且还受制于贸易制度，国产原材料及设备的供应则应取决于国内生产能力和技术水平。

3. 环境因素

1) 经济技术环境

经济技术环境是指能使技术发挥作用的经济技术条件。包括基础设施和技术能力两方面内容。

基础设施是为生产提供一般性共同条件的设施，包括直接为生产系统提供条件的设施和间接为生产系统运行提供条件的设施，具备必要的基础设施是现代工业技术发挥作用的一个基本条件。

技术能力是指对某一生产领域有关各种知识的理解与掌握程度，具体表现为生产、投资和创新 3 种能力。一个项目所拥有的工程技术人员和经营管理人员的额度数量、素质、经验及其所掌握的信息、情报与资料等是构成技术能力的重要因素。考虑经济技术环境对项目技术方案选择的制约,只有具备了与所选技术相当的技术能力,才能发挥该技术的全部作用。

2) 社会文化环境

社会文化环境对技术方案选择的制约作用可以从特定的社会制度及文化传统影响人们的价值观念,从而影响技术方案的选择。此外,对于在特定社会文化环境中从事生产活动的企业和产业部门来说,技术方案的选择必须在国家的有关制度、政策和法令许可的范围内进行,并且必须与社会发展目标的要求相一致。

3) 自然生态环境

自然生态环境对技术方案选择的制约作用表现为①某些技术要求在一定的自然条件下才是有效的;②任何技术的开发与采用都不应对当地的自然环境和生态系统构成不可承受的危害,使其影响到人类的生活、劳动和自然界生物的生存。

3.5.3 项目生产工艺技术方案分析内容

项目生产工艺技术方案分析一般应包括以下内容。

1. 工艺方案市场需求的适应性分析

市场需求的不断变化,需要产品在品种性能等方面不断适应社会的需要。采用不同生产工艺方案,可以得到不同质量、性能和品种的产品。项目所采用的工艺方案应具有一定的应变能力,能够适应市场需求的变化,并且能随着这些变化及时调整和改变技术工艺。所选的工艺路线不仅技术上应当可靠,其产品质量能够满足用户要求,而且营运成本也应最低,能取得最佳的经济效果。

2. 工艺方案成本的经济性分析

工艺成本包括原材料消耗费、能源消耗费、运转维护费、生产操作和管理人员的工资和工艺技术装备及厂房的折旧费等,所以可以研究选择先进合理的原材料消耗定额,提高收益率。但不能为了降低消耗定额而增加很多设备,因为这样就提高了操作难度,降低了效率,使其投资增加。因此,在具体分析时,可通过对各种预选工艺方案的单位产品的工艺成本的比较,选出技术可靠,产品质量能满足用户要求,且成本最低的工艺方案。

3. 工艺方案原材料适应性分析

能否合理地利用和节约原材料、资源,应成为工艺方案选择的重要因素。不同性质的原材料资源,要求不同的工艺技术,而工艺技术的选择又必须根据具体的原材料的来源和性质决定。此外,还应分析原材料的供应来源是否能保证稳定以及供应量能否满足需要。

4. 工艺流程的均衡协调分析

工艺流程的均衡协调分析即分析每道工序、每个班组和每个车间前后工序的协调性与生产能力的平衡性,从而保证全厂工艺流程的合理性。

5. 工艺过程连续性分析

有些工序存在着间歇式和连续化生产两种工艺的情况。一般来说,连续化生产能缩短工艺流程,相应地减少设备和场地,具有投资少、原材料及能源消耗低以及生产成本低等优点。当然,连续化生产要求有较高的管理水平,但作为现代化大生产的发展方向,还是应优先选择连续化的生产工艺。

6. 工艺方案的成熟性分析

工艺方案的成熟性包括两方面的含义:①选择的技术方案在实际运用中被证明是行之有效的技术;②必须选择已通过中间扩大试验并经过鉴定的可靠技术。这是由于任何一项工艺技术方案,从实验室到工业性生产,都有一个过渡过程。在实验室阶段允许失败,在工业生产上则不允许失败。所选用的工艺技术必需得经过实际运用并且被证明是行之有效的,或者是通过工业性规模实验验证的,否则不宜直接应用于生产。

7. 工艺技术方案满足产品质量要求分析

能否满足项目设计所规定的产品性能、品种、规格及质量要求,也是工艺方案选择的决定因素,对于出口产品或者需要在本国市场上与进口产品相竞争的产品来说更是如此。

8. 工艺技术方案的环境保护分析

在选择工艺方案时,要尽量选择那些可以减少"三废"外排,建立"闭路循环"工艺的系统,将"三废"消灭在生产过程中,而不能在排放后治理。最好选择无污染工艺以及生产无污染的新型产品等先进技术,以杜绝新污染源的形成,这也是工艺技术选择的方向。

在本章引例中,对于京沪高速铁路应选择哪种工艺技术方案的问题,就应该从以上8个方面进行分析。

3.5.4 项目生产工艺技术方案分析方法

项目的技术方案选择是否恰当,不仅对产品的性能、质量有直接影响,而且对产品生产的经济性、技术相关性和社会环境等也有直接影响。

1. 成本分析法

工艺技术方案的选择,特别是工艺和设备的选择在很大程度上取决于生产产品的数量。

为了计算上的方便,我们把产品制造成本用工艺成本的形式来表示。按照其是否随产量变化而发生变化,将工艺成本分为变动成本和固定成本两部分,工艺成本中的变动成本包括原材料费、生产工人工资、燃料动力费、通用设备的维修和折旧费以及通用工具的维修和折旧费等。工艺成本中的固定部分包括专用设备调整、维修和折旧费,专用工具的维修费、折旧费和管理费用等。

单位产品的工艺成本可用以下公式表达:

$$C = V + \frac{C_F}{Q} \tag{3-12}$$

式中:C——单位产品工艺成本;
V——单位产品变动成本;

C_F——生产该产品的年固定成本；
Q——该产品的年产量。

该产品的年工艺总成本可用以下公式计算：

$$C_m = VQ + C_F \tag{3-13}$$

式中：C_m——该产品的年工艺成本。

从以上的表达式可以看出，产品的工艺成本与它的年产量有关。

由式(3—13)可知，如果加工某种产品有两种方案可以选择，那么这两种方案的年工艺成本分别为

$$C_{m1} = V_1 Q_1 + C_{F1} \tag{3-14}$$

$$C_{m2} = V_2 Q_2 + C_{F2} \tag{3-15}$$

根据以上函数关系可分别画出成本曲线，如图 3.1 所示。

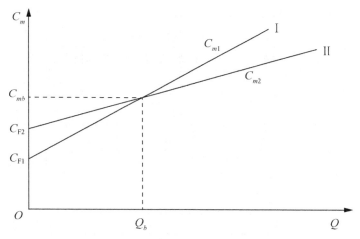

图 3.1　不同方案年工艺成本与产量关系

从图中可以看出，当两个方案的年产量都等于 Q_b 时，$C_{m1} = C_{m2} = C_{mb}$，则

$$Q_b = \frac{C_{F2} - C_{F1}}{V_1 - V_2} \tag{3-16}$$

可以看到，当产量 $Q < Q_b$ 时，应采用方案Ⅰ；当 $Q > Q_b$ 时，应选择方案Ⅱ。因此，Q_b 就成为取舍不同方案的规模经济临界产量。当然，实际应用中可供选择的方案可能不止两个，此时，同样可采用这种方法分别求出规模经济的临界产量。

2. 费用效益分析法

通过分析和测算不同生产工艺技术方案的费用和效益水平，利用经济指标的评价和度量方法，比较各工艺技术方案的费用和效益水平，最终达到对不同工艺方案评价选择的目的。

【例 3-3】　某钢铁公司投资建设项目，进行生产工艺技术方案选择。要获得同样数量的钢产量，是采用方案 A 进行炼钢好，还是采用方案 B 炼钢好？

这主要取决于对费用和效益的分析。当然，这里也有技术掌握的问题。例如，从每炉钢的冶炼时间看，方案 B 工艺有很大的优越性，见表 3-7。

表 3-7　每炉钢的冶炼时间

年　　份	方　案　A	方　案　B
2004	5 小时 25 分	24 分
2005	4 小时 45 分	24 分
2006	4 小时	24 分

正因为方案 B 炼钢效率高，因此国外目前应用方案 B 工艺较为普遍。例如，日本年产的一亿吨钢中，90％以上是方案 B 炼出来的。但是，在我国采用方案 A 炼钢仍占主导地位。

如果从费用和效益分析，方案 B 工艺还有比方案 A 节省投资的优点。以我国 2004 年的水平为例，方案 A 车间每吨炼钢能力投资为 170 元左右，再加上废钢处理、石灰焙烧等辅助设施，每吨炼钢能力的投资约为 200 元。方案 B 车间每吨炼钢能力投资约为 100 元，比方案 A 炼钢节约一半。具体数据分析见表 3-8 和表 3-9。

表 3-8　方案 A 炼钢车间的投资额

厂　　名	炼钢炉公称能力	年产量/万吨	车间投资/万元	单位投资/(元/吨)
甲钢厂	370 吨×3 500 吨×2	120	21 000	175
乙钢厂	500 吨×6	220	37 000	168

表 3-9　方案 B 炼钢车间的投资额

厂　　名	设计产量/万吨	总投资/万元	炼钢单位投资/(元/吨)
甲钢厂(30 吨×3)	90	8 800	98
乙钢厂(50 吨×3)	150	1 480	99
丙钢厂(120 吨×3)	260～280	2 750	98～105

两种方案在成本上的差异见表 3-10。

表 3-10　两种方案炼钢的成本指标

厂　　名	方案 A 成本指数	方案 B 成本指数	成本指数差异	钢铁料消耗费用差额	冶炼费用差额
甲钢厂	100	102.5	＋2.5	＋4.5％	－1.9％
乙钢厂	100	104.5	＋4.5	＋14.1％	－4.4％
丙钢厂	100	102.8	＋2.8	＋9.1％	－2.9％
平　均	100	103.3	＋3.3	＋9.2％	－2.8％

再考虑两种工艺所用废钢比例：方案 A 为 30％；方案 B 为 15％。

由此可见，方案 A 炼钢成本平均比方案 B 炼钢成本高 2％～5％，方案 B 因废钢多，自然成本低些，但是从钢的质量和从钢铁企业总的经济效益看，方案 A 的工艺要优越得多。因此，对两种炼钢工艺的选择必须进行全面的分析，利用有关经济评价指标仔细分析投资和成本之后，即可得出哪一种工艺费用最低。

3. 差额投资收益率法

$$R_a = \frac{C_1 - C_2}{I_2 - I_1} \times 100\% = \frac{\Delta C}{\Delta I} \times 100\% > i_c(i_s) \tag{3-17}$$

式中：C_1、C_2——两个比较方案的成本；

ΔC——两个比较方案的成本差额；

I_1、I_2——两个比较方案的投资额；

ΔI——两个比较方案的投资差额；

$i_c(i_s)$——行业基准收益率（或社会折现率）。

如果差额投资收益率大于设定的基准收益率 $i_c(i_s)$，则说明投资大的方案较优。

【例 3.4】 某建设项目有两个方案可供选择，甲方案采用一般工艺设备，投资 4 000 万元，年生产成本 2 000 万元；乙方案采用自动化较高的工艺设备，投资 5 500 万元，年生产成本为 1 500 万元。该部门的基准投资收益率为 25%，试问应采用哪种方案？

解： $$R_a = \frac{C_1 - C_2}{I_2 - I_1} \times 100\% = \frac{1\ 500 - 2\ 000}{4\ 000 - 5\ 500} \times 100\% = 33.3\%$$

因为 $R_a > i_c = 25\%$，故应采用乙方案。

4. 专家评分法

利用专家的经验与学识，通过专家评分使评价项目定量化。将多目标评价问题转化为单目标评价问题，进而用单一的综合评价值评选技术方案。

评估步骤：首先根据拟选技术方案的具体情况选出评价项目，对每个评价项目均制定出评价等级指标，并用分值表示；然后根据评价项目及评价标准对拟选技术方案的各个评价项目评定分值；最后将各个评价项目的分值经过运算，求出各方案的总分值，以此来决定选择哪个技术方案。

本 章 小 结

> 项目技术评估是指针对项目的技术条件是否合理和是否满足一定标准而进行的综合分析评价。技术评估应遵循先进性、适用性、安全性和经济性等原则。
>
> 技术方案评估的主要内容是对生产规模方案、物料供应方案、选址分析报告、技术工艺方案、组织及进度方案进行分析评估。
>
> 通过本章学习，可以加深对项目建设的技术评估的内容与方法的理解，同时，进一步了解生产规模方案、物料供应方案、选址分析报告、技术工艺方案、组织及进度方案评估的内容，掌握各方案评估的评估方法、评估准则及影响因素。

习 题

1. 思考题

（1）什么是技术评估？技术评估的准则有哪些？

（2）什么是项目的生产规模？决定项目生产规模的因素有哪些？

(3) 确定项目生产规模的方法有哪些？

(4) 项目物料供应的原则有哪些？

(5) 原材料、燃料及动力供应条件评估包括哪些内容？

(6) 项目选址需要遵循哪些准则？

(7) 项目选址时应考虑哪些因素？

(8) 工艺技术方案评估的影响因素有哪些？

(9) 工艺技术方案评估的内容有哪些？

2. 练习题

(1) 某项目有 4 种技术备选方案，每一种方案可以通过 5 个不同的技术指标进行评估，评估结果见下表 3-11。

表 3-11 各技术方案的评估参数

	方 案 一	方 案 二	方 案 三	方 案 四
评估指标 A 得分	9	8	8	9
加权系数 λ_A	0.25	0.2	0.2	0.25
评估指标 B 得分	9	7	8	7
加权系数 λ_B	0.25	0.15	0.2	0.15
评估指标 C 得分	8	9	7	8
加权系数 λ_C	0.2	0.25	0.15	0.2
评估指标 D 得分	7	8	7	10
加权系数 λ_D	0.15	0.2	0.15	0.3
评估指标 E 得分	7	8	10	6
加权系数 λ_E	0.15	0.2	0.3	0.1

试利用加权评分法选出最优技术方案。

(2) 某厂计划生产一种产品，目前生产该产品有两种方案可供选择，方案 A：单位产品变动成本为 50 元，年固定成本 20 万元；方案 B：单位产品变动成本为 40 元，年固定成本 24 万元。若该产品的计划年产量为 5 000 件，则应选择哪种方案？

(3) 有两种锅炉可供选择，假定它们的投资分别为 54.5 万元和 34 万元。高价锅炉比低价锅炉有如下优越性：①热效率高，节省燃料；②可以连续运转；③操作简单；④修理费用少；⑤能胜任高峰超负荷。

在运行费用上有如下差异：低价锅炉平均热效率 65%，平均全年燃料费 13.5 万元；高价锅炉平均热效率 80%，平均全年燃料费 12 万元。

此外，高价锅炉还有如下的费用节约：给水预热器的燃料费年节约 1.6 万元；可避免的故障时间损失 5 000 元；可节约修理费 1.1 万元；可节约动力费 3 000 元。

假设行业基准收益率为 15%，则应选择哪种方案？

第4章 财务基础数据测算的评审

教学目标

主要讲述建设项目财务基础数据测算评审的基本理论和方法。通过本章学习,应达到以下目标:

(1) 理解项目财务基础数据测算评审的相关概念;
(2) 熟悉项目财务基础数据测算评审的内容;
(3) 理解项目财务基础数据测算评审的依据和原则;
(4) 掌握各种财务基础数据测算评审的方法。

学习要点

知识要点	能力要求	相关知识
基础数据测算评审的相关含义与内容	(1) 理解财务基础数据测算评审的含义 (2) 了解财务基础数据测算评审的目的 (3) 熟悉财务基础数据测算评审的内容	(1) 基础数据、基础数据测算、基础数据测算的评审 (2) 总投资成本的费用估算、生产经营成本的费用估算、销售(运营)收入与税费的估算、利润及其分配的估算、建设工期与建设项目生命周期的估算
基础数据测算评审的主体、对象、依据及原则	(1) 熟悉财务基础数据测算评审的主体和对象 (2) 理解财务基础数据测算评审的原则	(1) 基础数据测算评审的主体 (2) 基础数据测算评审的对象 (3) 基础数据测算评审的依据 (4) 基础数据测算评审的原则

知识要点	能力要求	相关知识
各种财务基础数据测算评审的内容和方法	(1) 熟悉各种财务基础数据测算评审的内容 (2) 掌握各种财务基础数据测算评审的方法	(1) 项目总投资成本测算评审的内容与方法 (2) 项目生产经营成本测算评审的内容与方法 (3) 项目收益与利润测算评审的内容与方法 (4) 项目销售利润及税后利润分配测算评审的内容与方法

基本概念

财务评估基础数据的测算；项目总投资成本；生产经营成本费用估算；扩大指标估算法；建设期借款利息；双倍余额递减法。

引例

悉尼歌剧院的悲欢曲

建筑与其他绘画艺术不一样，它不单纯只供人们欣赏，而是要在工程上建成实现的。建筑师如果只考虑其外在形式，而不考虑采用什么样的结构方案去实现它，其结果则事与愿违。有的建筑方案根本无法实现，而有的虽能实现，但结构可能极不合理。悉尼歌剧院1957年选中方案，1959年动工，直到1973年完工，工期长达14年之久。而造价呢？预算造价350万英镑，实际造价达5 000万英镑，超出10多倍。为了筹措经费，除了募集基金外，澳大利亚政府还曾于1959年发行悉尼歌剧院彩券。

尽管悉尼歌剧院目前已经成为世界著名的表演艺术中心、悉尼的标志性建筑，但是它的建设却给后人留下了两点教训：一是不能违反工程建设的客观规律；二是工程造价的估算不能过于盲目。本章内容的学习，能够教会大家各种财务基础数据测算评审的内容和方法。

4.1 财务基础数据测算的评审概述

4.1.1 财务基础数据测算的评审概念

1. 财务评估基础数据

财务评估基础数据是指与项目的现金流量有关的，并对财务评估有重大影响的基础数据。它是在财务评价过程中，必须予以充分考虑的、与项目直接相关的各种投入产出要素数据的统称。

财务基础数据分为两类：一是计算用数据；二是各种基本参数，包括计算用参数（如计算期）和判别用参数（如基准收益率等）。

2. 财务评估基础数据测算

财务评估基础数据测算是指在建设必要性、建设运营条件和技术评估的基础上，按照评估办法规定的要求和方法，调查、收集、鉴别和测算一系列财务经济数据，并编制有关的财务数据估算表格的工作。

投资建设一个项目是为了获取一系列的预期收益而现时需要投入或者垫付一定数量的货币资金或者实物的经济活动。可以说，获利性是项目投资的主要特征。运用定量分析的方法，分析计算拟建项目的效益，比较其收益与支出，可以为投资者的决策提供可靠依据。

3. 财务基础数据测算的评审

财务基础数据测算的评审就是对财务基础数据的测算结果进行评估审查，以确保其准确性，从而为财务评估的进行奠定基础。

4.1.2 财务基础数据测算的评审内容

财务基础数据测算的评审有助于为财务评估和国民经济效益评估提供准确的数据支撑。因此，其内容主要包括项目预测期内各年的经济活动情况及全部财务的收支及结果。具体包括以下几方面。

1. 总投资成本的费用估算

总投资成本的费用估算指对项目建设期间各年的投资支出和建设项目的总投资进行估算，包括建设投资和建成投产后需要垫付的流动资金的估算，其中建设投资包括固定资产投资、无形资产投资、开办费及建设期利息。投资成本费用估算可按照预算定额计算或者粗略估算。投资成本费用估算所提供的数据，可作为固定资产折旧、摊销费及贷款偿还期预测的依据。

2. 生产经营成本的费用估算

生产经营成本的费用估算指项目建成投产后，在一定时期内，对总成本费用及各年度成本费用进行的估算。包括对项目的生产经营总成本、可变成本和固定成本、单位产品成本和经营成本进行估算。成本费用估算所提供的数据既是利润和收益估算的依据，也是项目决策的重要依据。

3. 销售（运营）收入与税费的估算

销售（运营）收入与税费的估算指在建成投产期间，对产品各年的销售收入和销售税费的估算。其中，销售收入包括正常年份销售收入和未达到设计生产能力年份的销售收入；销售税费是指按照国家税法规定应该交纳的各种流转税金，包括增值税、消费税、营业税、城市维护建设费和资源税、教育费附加等。

4. 利润及其分配的估算

销售利润的估算是指项目投产后各年的利润与收益的估算，利润包括销售利润、投资净收益和营业外收支净额。销售利润是指销售收入扣除成本、费用和各种销售税金及附加后的数额;销售利润在缴纳所得税并提取公积金和公益金之后的剩余部分可用于分配的项目收益。

5．建设工期与建设项目生命周期的估算

项目生命周期包括项目的建设期和投产期。建设期是指项目从资金正式投入开始到项目建成投产为止所需要的时间;建设工期一般是指从拟建项目永久性工程开工之日,到项目全面建成投产或交付使用所需的全部时间。建设工期主要包括土建施工、设备采购与安装、生产准备、设备调试、联合试运转、交付使用等阶段。

建设期评估的主要方法:①按项目的性质和规模,根据主管部门的规定确定(如小型纺织工业为 18 个月,中型为 36 个月);②依据或参照主管部门制定的建设期定额,并注意建设项目所在地区的类别和工期定额种类进行确定;③一次性估算法,通常先按单位工程和单项工程分别确定,再汇总计算项目总工期较为准确合理。

投产期是指从项目建成投产或交付使用起,到实际年产量达到设计生产能力时止所经历的时间。正常生产期是指达到设计规定的生产能力 100％时的生产期,工业项目的生产期一般按综合折旧寿命期确定。固定资产,特别是主要设备的寿命期可分为自然寿命期、技术寿命期和经济寿命期。项目生产期的确定以主要设备的经济寿命期为基础,并考虑其技术寿命年限的影响进行评估。

4.1.3　财务基础数据测算的评审主体与对象

由于财务基础数据的测算工作在项目可行性研究阶段已经完成,所以在项目评估阶段,工作的重点转移到对财务基础数据的测算结果进行评审,其评审的主体是相关单位所聘请的财务方面的咨询专家,评审的对象为财务基础数据的测算结果。

4.1.4　财务基础数据测算的评审依据

财务基础数据测算的评审依据主要有以下几个方面。

(1) 国家、行业和地方政府的有关规定。

(2) 工程勘察与设计文件,图示计量或有关专业提供的主要工程量和主要设备清单。

(3) 行业部门、项目所在地工程造价管理机构或行业协会等编制的投资估算指标、概算指标(定额)、工程建设其他费用定额(规定)、综合单价、价格指数和有关造价文件等。

(4) 类似工程的各种技术经济指标和参数。

(5) 工程所在地的同期的工、料、机市场价格,建筑、工艺及附属设备的市场价格和有关费用。

(6) 政府有关部门、金融机构等部门发布的价格指数、利率、汇率、税率等有关参数。

(7) 与建设项目相关的工程地质资料、设计文件、图纸等。

(8) 委托人提供的其他技术经济资料。

4.1.5 财务基础数据测算的步骤和评审原则

财务基础数据测算按照以下程序进行。
(1) 熟悉建设项目的概况,制订财务基础数据测算的工作计划。
(2) 搜集与财务基础数据测算有关的资料。
(3) 进行财务基础数据测算。

财务基础数据测算的评审原则主要有尊重事实原则、尊重科学原则、尊重规章制度原则、坚持可比性原则、尽量符合项目实际情况原则。

4.2 项目投资成本的测算

4.2.1 项目总投资成本的内容

项目总投资成本是指投资项目从前期准备工作开始到项目全部建成投产为止所发生的全部投资费用。降低项目投资额,减少建设期利息支出,是提高投资效益的重要工具。因此,准确估算项目投资成本总额,科学制定资金的筹措方案,具有十分重要的意义。

项目总投资估算包括建设投资估算和流动资金投资估算两部分。具体内容如图 4.1 所示。

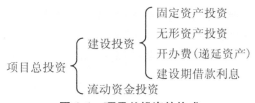

图 4.1 项目总投资的构成

4.2.2 建设项目投资的构成

建设项目投资是指建设单位在项目建设期间与筹建期间所花费的全部费用,包括固定资产投资、无形资产投资、开办费及预备费等。

1. 固定资产投资的构成

固定资产投资是指为形成项目固定资产所花费的全部费用,它的构成内容如图 4.2 所示。

(1) 工程费用是指直接形成固定资产的工程项目费用。其中建筑工程费用主要是指由于土建工程、矿建工程等工程的建设所发生的费用;设备购置费主要是指工程项目必需的全部需要安装的和不需要安装的设备、工器具等的购置费用;安装工程费用是指对需要安装的设备进行安装所发生的各种费用。

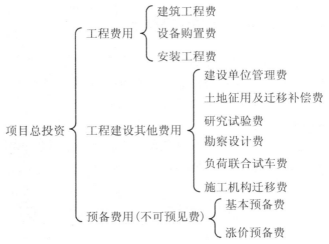

图 4.2　固定资产投资的构成

（2）工程建设其他费用是指从工程筹建起到工程竣工验收交付生产或使用止的整个建设过程中，除建筑安装工程费用和设备及工、器具购置费用以外的，为保证工程建设顺利完成和交付使用后能够正常发挥效益或效能而发生的各项费用。这些费用不直接用于工程项目但与工程项目建设有关，应列入固定资产投资。

（3）预备费包括基本预备费和涨价预备费两种。前者是指由于无法预见今后可能出现的自然灾害、设计变更、工程内容增加等情况而需要增加的投资额；后者是指由于物价的上涨而导致的项目需要增加的投资额。物价上涨包括两个方面，一是通货膨胀引起的物价上涨，二是国家根据政策对某些物资实行一次性调价而引起的物价上涨。这两种情况都应该在项目投资额中得到反映。预备费可以按照固定资产投资额计提，也可以按照全部建设投资计提。如果是前一种计提方法，则预备费计入固定资产投资；如果是后一种计提方法，则可将预备费在固定资产与无形资产开办费之间进行分摊。

2. 无形资产投资的构成

根据《企业财务通则》的规定，无形资产是指供企业生产经营中长期使用，但是没有具体实物形态的特殊性资产。无形资产通常代表企业所拥有的一种法定权或者优先权，或者是企业所具有的高于行业平均水平的获利能力。

无形资产是一种特殊的资产，与其他资产相比具有以下特点：不存在实物形态；可以在较长时期内为其拥有者提供经济效益；与特定企业或者企业的有形资产不可分离；有偿取得性；其所提供的未来经济效益具有不稳定性。

从不同的角度考察，无形资产可划分为不同的类型。根据无形资产的期限划分，可以将无形资产分为两大类：有期限无形资产，即其有效期限为法律所规定，如专利权、商标权等；无期限无形资产，即其有效期限在法律上无规定，如商誉等。根据其能否辨认划分，可以分为可辨认的无形资产和不可辨认的无形资产。我国现行的财务会计制度将无形资产分为以下几类。

（1）专利权。所谓专利权是指经过规定的法律程序，由国家授予的对某一产品的造型、配方、结构、制造工艺或程序拥有的使用和转让的特殊权利。专利权是一种财产权，具有排他性。专利权包括发明、实用新型和外观设计3种。

（2）非专利技术。非专利技术又称专有技术、技术秘密或者技术诀窍，是指未经公开的、未申请专利保护的、在生产和经营过程中已经采用了的可以带来经济效益的技术知识和经验。非专利技术的主要内容有工业专有技术、商业专有技术及管理专有技术等。

（3）商标权。商标是用于辨认特定商品和公务的标记，商标权是指专门在某类指定的商品或者产品上使用特定的名称或者图案的权利。商标经过注册，就获得了法律上的保障。

（4）商誉。商誉是指企业的信誉，也是企业的社会声誉。企业的商誉是各种综合因素（如优越的地理位置、良好的服务态度、先进的生产技术和科学的管理方法等）形成的。财务会计学一般认为，当由于上述各种因素的影响，使得某企业获得的收益超过同类企业的平均盈利水平时，则认为该企业有商誉。

（5）土地使用权。土地使用权是指土地使用者以协议、招标或拍卖的方式从国家或者集体手中取得的在一定年限内对土地的占有、使用、收益和有限处分权。为了加强对国有土地的管理，合理地利用土地，保护土地资源，发展社会主义市场经济，我国于2004年对《中华人民共和国土地管理法》进行了第二次修正。该法明确规定，我国土地实行社会主义公有制，即全民所有制和劳动群众集体所有制。任何单位和个人都不得侵占、买卖或者以其他形式非法转让土地。国有土地可以依法确定给全民所有制单位或者集体所有制单位使用，国有土地和集体所有的土地的使用权可以依法转让。这种土地使用权的转让一般有两种方式：一种是以无偿划拨的方式转让，即国家依法将指定地块的使用权力无偿划拨给使用者使用。通过这种方式取得土地使用权的单位和个人，只需支付土地使用税而不支付土地受让金。按照法律规定这种土地使用权不得进行转让、出租和抵押，因此，无法形成其他企业的无形资产；另一种方式是以有偿的方式出让，即国家将指定地块以一定的购买年限、用途和其他条件，通过协议、招标或者拍卖的方式把土地使用权出让给受让人开发经营，受让人按照协议、投标或者拍卖价格向国家支付土地受让金。这种以有偿的方式取得的土地使用权，可以在市场上转让、出租或者抵押，使用者支付的受让金构成了企业的无形资产。

3. 开办费的构成

所谓开办费，是指企业在筹建期间所发生的各种费用，主要包括生产职工培训费，在注册登记和筹建期间起草文件、谈判、考察等发生的各项支出，销售网的建立和广告费用，筹建期间人员的工资、办公费、培训费和差旅费等，以及不计入固定资产和无形资产构件成本的汇兑损益和利息费，投资者为取得各项固定资产、无形资产所发生的各项费用支出，筹建期间应当计入资产价值的汇兑损益和利息支出等各项费用支出。

开办费形成项目投产后的递延资产，并在项目投产后的前几年内逐步摊销。从本质上讲，递延资产是一种费用，但这些费用要在将来才能产生效益；同时，这些费用支出数额较大，若将其在发生时一次计入成本，则与当期损益不相匹配，难以准确反映当期经营成果，故应将其作为递延资产处理。

4. 建设期贷款利息

建设期贷款利息是指项目建设期间建设投资借款的应计利息，按规定应计入项目总投资，在投资计划中单独立项。项目竣工后，建设期利息作为交付使用财产价值的一部分，按比例分摊计入固定资产原值、无形资产和开办费，用于计算折旧和摊销费。

4.2.3 建设项目投资的估算方法

1. 固定资产投资估算

1）扩大指标估算法

扩大指标估算法是以套用原有同类项目的固定资产投资额进行拟建项目固定资产投资额估算的一种方法。该方法最大的优点是计算简单，不足之处是估算的准确性较差，并且需要积累大量的有关基础数据，并经过科学系统的分析和整理。扩大指标计算法主要包括以下3种方法。

（1）单位生产能力投资估算法。该方法是指根据同类项目单位生产能力所耗费的固定资产投资额来估算拟建项目固定资产投资额的一种方法。其计算公式如下：

$$I_2 = P_2(I_1/P_1)C_F \tag{4-1}$$

式中：I_2 ——拟建项目所需固定资产投资额；

I_1 ——同类项目实际固定资产投资额；

P_2 ——拟建项目生产规模；

P_1 ——为同类项目生产规模；

C_F ——物价换算指数。

运用该方法时，应当注意拟建项目与同类项目的可比性，尽量减少误差。该方法将同类项目的固定资产投资额与其生产能力的关系简单地视为线性关系，与实际情况的差距较大。用这种方法估算固定资产的投资额误差较大。

【例 4-1】 某拟建项目年产某种产品40万件。调查研究表明，本地区年产该种产品20万件的同类项目的固定资产投资额为1 000万元，假定不考虑物价因素的变动，则拟建项目的固定资产投资额为多少？

解： $I_2 = P_2(I_1/P_1)C_F = 40 \times (1\ 000/20) \times 1 = 2\ 000$（万元）

（2）指数估算法。指数估算法又叫生产规模估算法，是指根据同类项目实际固定资产投资额来估算拟建项目固定资产投资额的一种估算方法。其计算公式如下：

$$I_2 = I_1(P_2/P_1)^n C_F \tag{4-2}$$

式中：n ——生产规模指数（$0 < n \leq 1$），其大小根据不同类型企业的统计资料确定。

该方法仅适用于同类型项目，且其规模扩大的幅度不宜大于50倍。生产规模指数应该根据项目的具体情况而定，当依赖加大设备规格来扩大生产规模时，n 取 0.6~0.7；当依赖增加相同数量来扩大生产规模时，n 取 0.8~1.0；对于高温高压工业项目，n 一般取 0.3~0.5。

（3）比例估算法。该方法是根据已有的同类项目主要设备投资占整个项目固定资产投资总额的比例等统计资料，估算拟建项目固定资产投资额的一种估算方法。其计算公式如下：

$$I = \frac{1}{K}\sum_{i=1}^{m} Q_i P_i \tag{4-3}$$

式中：I——拟建项目的固定资产投资额；

K——拟建项目主要设备占其总固定资产投资的比例(%)，根据同类企业的经验数据获得；

m——设备种类数；

Q_i——拟建项目中第i种设备的数量；

P_i——拟建项目中第i种设备的单价(到厂价格)。

设备投资在项目固定资产投资中所占的比例较大，且与其他投资呈正相关关系。因此，运用该法也可得出拟建项目的固定资产投资额，但准确性差一些。

【例4-2】 某项目主要设备的种类、数量、到厂价格见表4-1。假定同类项目主要设备占其总投资的比例为50%，求拟建项目的固定资产投资总额。

表4-1 某项目主要设备的种类、数量和到厂价格

数据＼设备	甲设备	乙设备	丙设备	丁设备
数量/台	10	15	8	20
价格/万元	5	11	6	7

解：$I = \dfrac{1}{K}\sum_{i=1}^{m}Q_iP_i = (5\times10+11\times15+6\times8+7\times20)\times50\% = 806$（万元）

2) 详细估算法

扩大指标估算法计算简单，便于操作，但得出的估算值误差较大，在项目评估阶段一般不宜采用，而应采用详细估算法进行固定资产投资估算。详细估算法是指先将构成固定资产投资的各个组成部分分别加以估算，然后汇总得出固定资产投资总额的一种计算方法。

(1) 建筑工程投资估算，一般根据项目建筑面积与相应的概算指标加以估算，其计算公式如下：

$$建筑工程投资 = 项目建筑面积(平方米) \times 每平方米造价 \qquad (4-4)$$

式中，项目建筑面积根据其生产能力来确定，每平方米的造价根据有关部门制定的概预算编制文件或者经验数据来确定。运用上述公式时应当注意，不同类型的建筑物或构筑物，其单位造价是不同的，应分别加以估算，并与相应的建筑面积相乘，最后汇总得出总建筑工程投资。

(2) 设备购置费估算。根据设备的来源不同，可将设备分为国内设备和进口设备，按照不同的价格构成分别计算设备购置费。

国内标准设备的购置费用的计算公式如下：

$$设备购置费 = 设备出厂价 + 运杂费 \qquad (4-5)$$

设备出厂价通过向厂家多方询价加以确定，运杂费包括运输费、装卸费和保险费等，根据设备供应厂家到项目场地的距离、供货方式和运输方式等加以确定。

国内非标准设备，其购置费用的计算公式如下：

$$设备购置费 = 设计费 + 生产成本 + 计划税金 + 计划利润 + 运杂费 \qquad (4-6)$$

式中，设计费、生产成本由建设单位与供货厂家根据预计支出额加以确定；运杂费的

确定方式同上；计划税金与计划利润根据下列公式计算：

$$计划利润 = (设计费 + 生产成本) \times 成本利润率 \qquad (4-7)$$

$$计划税金 = (设计费 + 生产成本 + 计划利润) \div (1 - 税率) \times 100\% \qquad (4-8)$$

式中，成本利润率、税率均取同行业平均水平。

国外进口的设备，其购置费用的计算公式如下：

$$\begin{aligned}设备购置费 = & 到岸价格 + 进口关税 + 进口消费税 + 进口增值税 \\ & + 银行与外贸手续费 + 国内运杂费\end{aligned} \qquad (4-9)$$

在估算进口设备购置费时，应该首先估算设备的到岸价格。在国际贸易中，根据交货方式的不同，设备的交货价主要有 3 种形式：一是离岸价格(FOB)，即以设备装上运输工具为条件的价格。采取离岸价格时，卖方负责在装运港将设备装上买方所指定的运输工具前的一切费用和风险，由启运港到目的港的运输费和运输保险费则由买方负责。二是离岸加运费价格(CFR)，也称成本加运费价格，即以卖方将设备装上运输工具，并支付启运港到目的港运费为条件的价格。采取离岸加运费价格时，卖方负责在启运港将设备装上运输工具，并支付运费，由买方自行保险。三是到岸价格(CIF)，亦称成本加运费、保险费价格，以卖方将设备装上运输工具，并支付启运港到目的港的运费和保险费为条件的价格。除上述 3 种主要形式外，国际贸易中设备的交货价格还可以采取一些其他的形式，如装运地交货价格、装运港交货价格、工厂交货价格、飞机上交货价格、内陆交货价格、产地交货价格、到岸加汇费价格、到岸加利息价格、到岸加佣金价格等。根据有关规定，有如下公式：

$$到岸价格 = 离岸价格 + 海运费 + 海运保险费 \qquad (4-10)$$

式中，离岸价格通过向外商询价情况加以确定，海运费、海运保险费的计算公式如下：

$$海运费 = 离岸价格 \times 海运费费率 \qquad (4-11)$$

$$海运保险费 = 离岸价格 \times 海运保险费费率 \qquad (4-12)$$

海运费费率视设备的价值、运输距离而定，可向外贸部门查询获得；海运保险费费率视设备价值、类别及易损程度而定，可向外贸、商检、海关和保险公司等部门调查获得。

进口设备的关税、消费税、增值说、外贸手续费、银行手续费和国内运杂费，根据有关部门的规定计算。

在上述估算中，应根据所涉及的不同币种分别计算，外币一般以美元计算，并按当时的汇率将外币换算为人民币。

【例 4-3】 在进口设备交货类别中，买方承担风险最大的交货方式是(　　)。

  A. 在进口国目的港码头交货   B. 在出口国装运港口交货
  C. 在进口国内陆指定地点交货   D. 在出口国内陆指定地点交货

解：该题主要考核进口设备在不同交货地点交货，买方承担风险的程度是不一样的。在出口国内陆的某个地点交货，卖方及时提交合同规定的货物和有关凭证，并负担交货前的一切费用和风险；买方按时接受货物，交付货款，负担接货后的一切费用和风险，并自行办理出口手续和装运出口，因此买方承担的风险比其他交货方式的风险大。故正确答案为 D。

(3) 安装工程投资估算。一般根据设备购入价与相应的安装费率或设备重量与相应的安装费加以估算，其计算公式如下：

安装工程投资＝设备购入价×安装费率 　　　　　　　　　(4-13)

安装工程投资＝设备重量(吨)×每吨设备安装费 　　　　　(4-14)

设备购入价和设备重量通过向生产厂家或贸易公司了解得到，安装费率、每吨设备安装费根据国家有关规定或经验数据加以确定。

(4) 工程建设其他费用估算。可以按照国家规定的范围和收费标准分别计算，也可按照类似企业该项费用占工程费用的比例估算，或者按照实际发生的费用量估算。

2. 无形资产投资估算

无形资产所包括的内容较多，取得的形式多种多样，因而其计价较为复杂。我国现行财务会计制度规定，无形资产按照取得时的实际成本计价。具体的计价方法如下。

(1) 投资作为资本金或合作条件投入的，按照评估确认或者合同、协议约定的金额计价。

(2) 从企业外部购入的，按照实际支付的余额计价。

(3) 自行开发的，按照实际支出计价。

(4) 接受捐赠的，按照所附单据或者参照同类无形资产市价计价。

商誉只有在企业合并、接受投资和从外购入时入账，否则不能作为无形资产入账。

3. 开办费估算

开办费一般根据所评估项目筹建期间的支出项、项目特点以及同类项目的经验数据加以估算。

项目投资的开办费应按照实际可能发生的支出估算。例如，咨询调查费，应根据需要咨询调查的内容和咨询机构的收费标准进行估算；人员培训费，须按人员培训的数量、培训项目、费用标准等进行估算；筹建人员的工资，应按照筹建人员数量、工资等级标准、奖金水平予以测算。

4. 预备费估算

不同类型项目的复杂程度不同，预备费的比例也不同。预备费的计算可考虑两种方法：一是分别计算基本预备费和涨价预备费。前者视项目的具体情况，如投资估算的粗略程度、不可预见因素的多寡等确定计算比率；后者可根据当时的物价上涨指数考虑。二是两项合在一起，取一个比率计算，一般为固定资产投资与无形资产投资和开办费总和的10%~20%。当然，有些特殊的项目也可以取更高的比率。

下面介绍分别计算基本预备费和涨价预备费的情形。

基本预备费是以设备及工器具购置费、建筑安装工程费用和工程建设其他费用三者之和为基础，乘以基本预备费费率进行计算。即

基本预备费＝(工程费用＋工程建设其他费用)×基本预备费费率 　　　(4-15)

基本预备费费率的取值应执行国家及部门的有关规定。

涨价预备费是指建设项目在建设期间内由于价格等变化引起工程造价变化的预测预留费用。其费用内容包括人工、设备、材料、施工机械的价差费，建筑安装工程费及工程建设其他费用调整、利率、汇率调整等增加的费用。涨价预备费的测算方法，一般是根据国家规定的投资综合价格指数，以估算年份价格水平的投资额为基数，根据价格变动的趋势，预测价格上涨率，采用复利方法计算。计算公式为

$$PC = \sum_{t=1}^{n} I_t [(1+f)^t - 1] \qquad (4-16)$$

式中：PC——涨价预备费；

　　　n——建设期年份数；

　　　I_t——建设期中第 t 年的投资额，包括设备及工器具购置费、建筑安装工程费、工程建设其他费用及基本预备费；

　　　f——年均投资价格上涨率。

【例 4-4】 某工程项目的静态投资为 22 310 万元，按本项目实施进度规划，项目建设期为 3 年，3 年的投资分年使用比例为第一年 20%，第二年 55%，第三年 25%，建设期内年平均价格变动率预测为 6%。求该项目建设期的涨价预备费。

解： 第一年的年度投资使用计划额：

$$K = 22\ 310 \times 20\% = 4\ 462(万元)$$

第一年不考虑价格变动因素。

第二年的年度投资使用计划额：

$$K = 22\ 310 \times 55\% = 12\ 270.5(万元)$$

第二年的涨价预备费 = 12 270.5 × [(1+0.06) - 1] = 736.2(万元)

第三年的年度投资使用计划额：

$$K = 22\ 310 \times 25\% = 5\ 577.5(万元)$$

第三年的涨价预备费 = 5 577.5 × [(1+0.06) - 1] = 689.4(万元)

故建设期的涨价预备费 = 736.2 + 689.4 = 1 425.6(万元)

将上述 5 项汇总，即可得到拟建项目建设投资总额。按估算的各项数据填列建设投资估算表，见表 4-2。

表 4-2　建设投资估算表

序号	工程费用名称	第 一 年				第 二 年			
		外汇	人民币	小计		外汇	人民币	小计	
1	固定资产投资								
1.1	建筑工程投资								
1.2	设备购置费用								
1.3	安装工程费用								
1.4	工程建设其他费用								
2	无形资产投资								
2.1	土地使用权								
2.2	其他								
3	开办费								
4	预备费								
4.1	基本预备费								
4.2	涨价预备费								
5	合计								

5. 建设期借款利息

由于建设项目一般耗资巨大，因而大多数的建设项目都会利用贷款来解决自有资金的不足，以完成项目的建设。然而利用贷款必须支付利息，所以，在建设期应支付的贷款利息也构成了项目投资的一部分。建设期贷款利息按复利计算。当总贷款是分年均衡发放时，建设期利息的计算可按当年借款在年中支用考虑，即当年贷款按半年计息，上年贷款按全年计息。计算公式为

$$建设期年应计利息 = (年初借款累计 + 本年借款额/2) \times 年利率 \quad (4-17)$$

式中，年利率应为经过测算后的实际利率。建设期借款利息估算表，见表 4-3。

表 4-3 建设期借款利息估算表

序 号	项 目	1	2	3	合 计
1	年初借款累计				
2	本年借款额				
3	本年应计利息				
4	本年借款余额				

【例 4-5】 某新建项目，建设期为 3 年，在建设期第一年贷款 300 万元，第二年贷款 600 万元，第三年贷款 400 万元，年利率为 12%。用复利法计算建设期贷款利息。

解： 第一年借款利息 = 300/2 × 12% = 18(万元)

第二年借款利息 = (318 + 600/2) × 12% = 74.16(万元)

第三年借款利息 = (318 + 600 + 74.16 + 400/2) × 12% = 143.06(万元)

故建设期借款利息总和 = 18 + 74.16 + 143.06 = 235.22(万元)

4.2.4 流动资金的构成

流动资金是指企业在生产过程中处于生产和流通领域供周转使用的资金。企业流动资金从货币资金形态开始，依次经过供应过程、生产过程和销售过程3个阶段，并再回到货币形态，不断地周而复始。在现实经济生活中，企业的流动资金同时以货币形态和实物形态按比例分配于各个阶段。根据管理方式的不同，又可将流动资金划分为定额流动资金和非定额流动资金两大类。前者是指规定有最低限度经常需要量的那部分流动资金。主要表现为储备资金、生产资金和成品资金，是企业流动资金的主要组成部分；后者是指不需规定最低需要量的那部分流动资金，主要表现为发出商品所占用的资金、货币资金和结算资金。

4.2.5 流动资金的估算方法

不同类型的项目，其流动资金的需要量差异较大，一般可根据项目的类型与同类项目的经验数据加以估算。流动资金常用的估算方法主要有以下几种。

1. 扩大指标估算法

扩大指标估算法是根据类似企业的实际资料，求出各种资金率指标，依次估算项目流

动资金需要量的一种方法。

1）销售收入资金率法

销售收入资金率是指项目流动资金需要量与一定时期内销售收入的比率。用该比率计算流动资金需要量的公式如下：

$$\text{流动资金需要量} = \text{项目年销售收入} \times \text{销售收入资金率} \qquad (4-18)$$

式中，项目年销售收入取项目达到设计生产能力时的数值，销售收入资金率根据同类项目的经验数据加以确定。

一般加工工业项目多采用该法进行流动资金的估算。

2）总成本（或经营成本）资金率法

总成本（或经营成本）资金率是指项目流动资金需要量与一定时期内总成本（或经营成本）的比率。用该比率计算流动资金需要量的公式如下：

$$\text{流动资金需要量} = \text{项目年总成本（或经营成本）} \times \text{总成本（或经营成本）资金率}$$
$$(4-19)$$

式中，项目年总成本（或经营成本）取达到设计能力时的数值，总成本（经营成本）资金率根据同类项目的经验数据加以确定。

一般采掘项目多采用该法进行流动资金估算。

3）固定资产价值资金率法

固定资产价值资金率是指项目流动资金的需要量与固定资产价值的比率。用该比率计算流动资金需要量的公式如下：

$$\text{流动资金需要量} = \text{固定资产价值} \times \text{固定资产价值资金率} \qquad (4-20)$$

式中，固定资产价值根据前述方法得出，固定资产价值资金率根据同类项目的经验数据加以确定。

某些特定的项目（如火力发电厂、港口项目等）可采用该法进行流动资金估算。

4）单位产量资金率法

单位产量资金率是指项目单位产量所需的流动资金数额。用该比率计算流动资金需要量的公式如下：

$$\text{流动资金需要量} = \text{达产年产量} \times \text{单位产量资金率} \qquad (4-21)$$

式中，单位产量资金率根据同类项目经验数据加以确定。某些特定的项目（如煤矿项目）可采用该法进行流动资金估算。

2. 分项详细估算法

分项详细估算法是指在分项估算储备资金、生产资金和成品资金的基础上加以汇总，进而得出流动资金需要量的一种估算方法。

1）储备资金估算

储备资金是指为保证生产经营活动的正常进行，需要储备一定数量的材料、商品等物资而占用的那部分流动资金。对于占用资金较多的材料、商品等，要按品种类别逐项分别计算。储备资金估算的公式如下：

$$\text{某投入物流动资金需要量} = (\text{该投入物的价格} \times \text{年耗用量})/360 \times \text{储备天数} \qquad (4-22)$$

$$\text{储备天数} = \text{在途天数} + (\text{平均供应间隔天数} \times \text{供应间隔系数}) +$$
$$\text{验收天数} + \text{整理准备天数} + \text{保险天数} \qquad (4-23)$$

式中，供应间隔系数一般取 50%～60%。

各项投入物流动资金除以所占储备资金的百分比，即项目的储备资金的需要量。

2) 生产资金估算

生产资金是指从投入生产到产品完成这一阶段所占用的流动资金，计算公式如下：

$$\text{生产资金需要量}=\text{在产品每日平均生产费用}\times\text{生产周期天数}\times\text{在产品成本系数} \quad (4-24)$$

$$\text{在产品成本系数}=[(\text{单位产品成本中的材料费}+\text{单位产品成本中的其他费用})/2]/\text{单位产品成本} \quad (4-25)$$

式中，在产品成本系数是指在产品平均单位成本与产成品单位成本的比值。产品的生产费用是在生产过程中逐渐形成的，随着生产的进行而不断地积累，因此，在产品成本系数的大小根据生产费用逐渐增加的程度而定。如果生产费用集中在生产开始时投入，则在产品成本系数就大；反之亦然。如果生产费用在生产过程中均衡发生，则在产品成本系数可以按照 50% 计算。在上式中，假定原材料费用在生产开始时发生，其他费用在生产过程中均衡发生。

3) 成品资金估算

成品资金是指从生产完成到产品售出这一阶段所占用的流动资金。成品资金应按品种类别分别计算后汇总，其计算公式为：

$$\text{成品资金需要量}=\text{产品平均日销售量}\times\text{工厂单位产品成本}\times\text{定额天数} \quad (4-26)$$

4.3 项目生产成本与费用的测算

4.3.1 总成本费用的构成

总成本费用由生产成本和期间费用两部分构成。

1. 生产成本的构成

生产成本也称制造成本，是指企业生产经营过程中实际消耗的直接材料、直接工资、其他直接支出和制造费用。

1) 直接材料

它包括企业生产经营过程中实际消耗的原材料、辅助材料、设备配件、外购半成品、燃料、动力、包装物、低值易耗品以及其他直接材料等。

2) 直接工资

直接工资包括企业直接从事产品生产人员的工资、奖金、津贴和补贴。

3) 其他直接支出

其他直接支出包括直接从事产品生产人员的职工福利费等。

4) 制造费用

制造费用是指企业各个生产单位(分厂、车间)为组织和管理生产所发生的各项费用，包括各生产单位车间、分厂管理人员的工资、职工的福利费、折旧费、维简费、修理费、物料消耗及低值易耗品摊销、劳动保护费、水电费、办公费、差旅费、运输费、保险费、租赁费(不包括融资租赁费)、设计制图费、试验检验费、环境保护费以及其他制造费用等。制造费用一般是间接计入成本，当制造费用发生时一般无法再接判定它所归属的成本计算对象，因而不能直接计入所生产的产品成本中去，而须按费用发生的地方先行归集，月终时再采用一定的方法在各成本计算对象间进行分配，计入各成本计算对象的成本中。

2. 期间费用的构成

期间费用是指在一定会计期间发生的与生产经营没有直接关系或关系不密切的管理费用、财务费用和销售费用。期间费用不计入产品的生产成本，直接体现为当期损益。

1) 管理费用

管理费用是指企业行政管理部门为管理和组织经营活动所发生的各项费用。包括公司经费(工厂总部管理人员工资、职工福利费、差旅费、办公费、折旧费、修理费、物料消耗及低值易耗品摊销以及其他公司经费)、工会经费、职工教育经费、劳动保险费、董事会费、咨询费、顾问费、交际应酬费、税金(指企业按规定支付的房产税、车船使用税、土地使用税、印花税等)、土地使用费(海域使用费)、技术转让费、无形资产摊销、开办费摊销、研究发展费以及其他管理费用。

2) 财务费用

财务费用是指企业为筹集资金而发生的各项费用，包括企业生产经营期间的利息净支出(减利息收入)、汇兑净损失、调剂簿记手续费、分融机构手续费以及筹资发生的其他财务费用等。

3) 销售费用

销售费用是指企业在销售产品、自制半成品和提供劳务等过程中发生的各项费用以及专设销售机构的各项经费。包括应由企业负担的运输费、装卸费、包装费、保险费、委托代销费、广告费、展览费、租赁费(不包括融资租赁费)和销售服务费用、销售部门人员工资、职工福利费、差旅费、办公费、折旧费、修理费、物料消耗、低值易耗品摊销以及其他经费。

4.3.2 总成本费用的估算

总成本费用估算表见表4-4。

表4-4 总成本费用估算表

序号	项目	1	2	3	4	5…
	生产负荷					
1	生产成本					
1.1	直接成本					
1.1.1	原材料					
1.1.2	燃料动力					
1.1.3	人工费用					

续表

序号	项目	1	2	3	4	5…
1.2	间接费用					
1.2.1	折旧费					
1.2.2	维修费					
1.2.3	低值易耗品					
2	销售费用					
3	管理费用					
3.1	摊销费					
3.1.1	无形资产摊销					
3.1.2	开办费摊销					
3.2	财务费用					
3.2.1	建设期投资利息					
3.2.2	流动资金利息					
3.3	其他管理费					
4	总成本					
4.1	变动成本					
4.2	固定成本					
5	经营成本					
	其中：固定成本					

为便于计算，在总成本费用估算表中，将工资及福利费、折旧费、修理费、摊销费、利息支出进行归并后分别列出。该表中的"其他费用"是指在制造费用、管理费用、财务费用和销售费用及扣除工资及福利费、折旧费、修理费、摊销费、维简费、利息支出后的费用。按照总成本费用估算表的内容，总成本费用的计算公式为

$$总成本费用＝外购原材料＋外购燃料动力＋工资及福利费＋修理费＋\\折旧费＋维简费＋摊销费＋利息支出＋其他费用 \quad (4-27)$$

1. 外购原材料成本的估算

原材料成本是总成本费用的重要组成部分，其计算公式如下：

$$原材料成本＝全年产量×单位产品原材料成本 \quad (4-28)$$

式中，全年产量可根据测定的设计生产能力和生产负荷加以确定，单位产品原材料成本是依据原材料消耗定额及单价确定的。

工业项目生产所需要的原材料种类繁多，在评估时，可根据具体情况，选取耗用量较大的、主要的原材料为估算对象，依据国家有关规定和经验数据估算原材料成本。

2. 外购燃料动力成本的估算

燃料动力成本估算公式为

$$燃料动力成本＝全年产量×单位产品燃料动力成本 \quad (4-29)$$

式中，全年产量可根据测定的设计生产能力和生产负荷加以确定，单位产品燃料动力成本依据燃料消耗定额及单价确定。有关测算内容见表4-5。

表 4-5 单位产品原材料、燃料动力成本估算表

序号	原材料、燃料动力名称	规格	单位	消耗定额	单位	单位成本
1	外购原材料					
1.1						
1.2						
1.3						
	小计					
2	外购燃料动力					
2.1						
2.2						
2.3						
	小计					
	合计					

3. 工资及福利费的估算

如前所述，工资及福利费包括在制造成本、管理费用和销售费用之中。为便于计算和进行项目经济评估，需将工资及福利费单独估算。

1) 工资的估算

工资的估算可采取以下两种方法：

一是按全厂职工定员数和人均年工资额计算年工资总额，计算公式为

$$年工资成本 = 全厂职工定员数 \times 人均年工资数 \qquad (4-30)$$

二是按照个体间的工资级别对职工进行划分，分别估算每一级别职工的工资，然后再加以汇总，一般可分为5个级别，即高级管理人员、中级管理人员、一般管理人员、技术工人和一般工人。若有国外的技术和管理人员，要单独列出。

2) 福利费的估算

职工福利费主要用于职工的医药费、医务经费、职工生活困难补助以及按国家规定开支的其他职工福利支出，不包括职工福利设施的支出，一般按照职工工资总额的一定比例提取。

4. 折旧费的估算

折旧费包括在制造成本、管理费用和销售费用中。为便于进行项目的经济评估，可将折旧费单独估算和列出。

所谓折旧，就是固定资产在使用过程中，通过逐渐损耗（包括有形损耗和无形损耗）而转移到产品成本或商品流通中的那部分价值。

计提折旧是企业回收其固定资产投资的一种手段。按照国家规定的折旧制度，企业把已发生的资本性支出转移到产品成本费用中去，然后通过产品的销售，逐步回收初始的投资费用。

根据国家有关规定，计提折旧的固定资产范围是企业的房屋、建筑物、在用的机器设备、仪器仪表、运输车辆、工具器具、季节性停用和修理停用的设备、以经营租赁方式租

出的固定资产以及以融资租赁方式租入的固定资产等。结合我国的企业管理水平，可将企业固定资产分为三大部分、22类，按大类实行分类折旧。在评估时，可分类计算折旧，也可综合计算折旧，要视项目的具体情况而定。

我国现行的固定资产折旧方法，一般采用平均年限法或工作量法。

1) 平均年限法

平均年限法也称直线法，即根据固定资产的原值、估计的净残值率和折旧年限计算折旧。计算公式为

$$年折旧率＝固定资产原值×(1－预计净残值率)÷折旧年限 \qquad (4-31)$$

式中，固定资产原值是根据固定资产投资额、预备费和建设期利息计算求得的。预计净残值率是预计的企业固定资产净残值与固定资产原值的比率，根据行业会计制度规定，企业净残值按照固定资产原值的3%～5%确定。净残值低于3%或高于5%的特殊情况，由企业自主确定，并报主管财政机关备案。在项目评估中，折旧年限根据项目的固定资产经济寿命期决定，因此固定资产的残余价值较大，净残值率一般可选择为10%，个别行业如港口等可选择高于此数。固定资产折旧指一定时期内为弥补固定资产损耗，按照规定的固定资产折旧率提取的固定资产折旧，或按国民经济核算统一规定的折旧率虚拟计算的固定资产折旧。它反映了固定资产在当期生产中的转移价值。除国务院财政、税务主管部门另有规定外，固定资产计算折旧的最低年限如下：①房屋、建筑物为20年；②火车、轮船、机器、机械和其他生产设备为10年；③电子设备和火车、轮船以外的运输工具以及与生产、经营业务有关的器具、工具、家具等为5年。若采用综合折旧，项目的生产期即折旧年限。在项目评估中，轻工、机械、电子等行业的折旧年限可确定为8～15年；有些项目可确定为20年；港口、铁路、矿山等项目则可超过30年。

在项目评估中，一般采用平均年限法计算折旧费。

2) 工作量法

对于下列专用设备，可采用工作量法计提折旧。

(1) 交通运输企业和其他企业专用车队的客货运汽车可根据行驶单程计算折旧费。计算公式如下：

$$单位里程折旧额＝原值×(1－预计净残值率)÷总行驶里程$$
$$年折旧额＝单位里程折旧额×年行驶里程 \qquad (4-32)$$

(2) 大型专用设备，可根据工作小时计算折旧费。其计算公式如下：

$$每工作小时折旧额＝原值×(1－预计净残值率)÷总工作小时 \qquad (4-33)$$

3) 加速折旧法

加速折旧法又称递减折旧费用法，是指固定资产在前期提取折旧较多，后期较少，使得固定资产价值在使用年限内尽早得到补偿的折旧计算方法。这是一种鼓励投资的措施，国家先让利给企业，加速回收投资，增强还贷能力，因此只对某些确有特殊原因的企业，才准许采用加速折旧。加速折旧的方法很多，有双倍余额递减法和年数总和法等。

(1) 双倍余额递减法。双倍余额递减法是以平均年限法确定的折旧率的双倍乘以固定资产在每一会计期间的期初账面净值，从而确定当期应提折旧的方法。其计算公式为

$$年折旧率＝2÷折旧年限×100\% \qquad (4-34)$$
$$年折旧额＝年初固定资产账面原值×年折旧率 \qquad (4-35)$$

实行双倍余额递减法的固定资产,应当在其固定资产折旧年限到期前两年内,将固定资产净值扣除预计净残值后的净额平均摊销。

(2) 年数总和法。年数总和法是以固定资产原值扣除预计净残值后的余额作为计提折旧的基础,按照逐年递减的折旧率计提折旧的一种方法。

采用年数总和法的关键是每年都要确定一个不同的折旧率。计算公式为

$$年折旧额=(折旧年限-已使用年数)\div[折旧年限\times(折旧年限+1)\div 2]\times 100\% \qquad (4-36)$$

$$年折旧额=(固定资产原值-预计净残值)\times 年折旧率 \qquad (4-37)$$

如果采用综合折旧的方法,可根据固定资产原值和折旧年限计算出各年的折旧费。一般来讲,生产期各年的折旧费是相等的。

5. 修理费的估算

与折旧费相同,修理费也包括在制造成本、管理费用和销售费用之中。进行项目经济评估时,可以单独计算修理费,修理费包括大修理费用和中小修理费用。在现行财务制度中,修理费按实际发生额计入成本费用中。当年发生额较大时,可计入递延资产在以后年度摊销,摊销年限不能超过5年。但在项目评估时无法确定修理费具体发生的时间和金额,一般按照折旧费的一定比例计算,比例值可参照同类行业的经验数据加以确定。

6. 维简费的估算

维简费即维持简单再生产的资金,是指采掘、采伐工业按生产产品数量(采矿按每吨原矿产量,林区按每亿立方米原木产量)提取的固定资产更新和技术改造资金。企业发生的维简费直接计入成本,计算方法和折旧费相同。这类采掘、采伐企业不计提固定资产折旧。

采煤工业(全国统配和重点煤矿)从1985年起,改变按每吨煤从成本中提取维简费和国家拨款的办法,恢复计提固定资产折旧费。

7. 摊销费的估算

摊销费是指无形资产和开办费在一定期限内分期摊销的费用。无形资产的原始价值和开办费也要在规定的年限内,按年度或产量转移到产品的成本之中,这一部分被转移的无形资产原始价值和开办费,称为摊销。企业通过计提摊销费回收无形资产及开办费的资本支出。

摊销方法:不留残值,采用直线法计算。即企业将债券购入时的溢价或折价,按债券从购入后至到期前的期内平均分摊的一种方法,各期投资收益不变。

无形资产的摊销关键是确定摊销期限。无形资产应按规定期限分期摊销,即法律和合同或者企业申请书分别规定了法定有效期和受益年限的,按照法定有效期与合同或者企业申请规定的收益年限孰短的原则确定;没有规定年限的,按不少于10年的期限分期摊销。

开办费按照不短于5年的期限分期摊销。无形资产和开办费发生在项目建设期或筹建期间,而应在生产期分期平均摊入管理费中,在经济评估时,也可单独列出。

若各项无形资产摊销年限相同,可根据全部无形资产的原值和摊销年限计算出各年的摊销费;若各项无形资产摊销年限不同,则要根据无形及递延资产摊销估算表计算各项无形资产的摊销费,然后将其相加,即可得到生产期各年的无形资产摊销费。开办费的摊销

计算与无形资产摊销费的计算同理。

8. 利息支出的估算

利息支出是指因筹集资金而发生的各项费用,包括生产经营期间发生的利息净支出,即在生产期发生的建设投资借款利息与流动资金借款利息之和。

建设投资借款在生产期发生的利息计算公式为

$$每年支付利息 = 年初累计借款余额 \times 年利率 \qquad (4-38)$$

为简化计算,还款当年按年末偿还,全年计息。

流动资金借款利息计算公式为

$$流动资金利息 = 流动资金累计借款额 \times 年利率 \qquad (4-39)$$

9. 其他费用的估算

如前所述,其他费用是指在制造费用、管理费用、财务费用和销售费用中扣除工资及福利费、折旧费、修理费、摊销费及利息支出后的费用。

在项目评估中,其他费用一般是根据总成本费用中前七项(外购原材料成本、外购燃料动力成本、工资及福利费、折旧费、修理费、维简费及摊销费)之和的一定比率计算的,其比率应按照同类企业的经验数据加以确定。

根据总成本费用估算表将上述各项合计,即得出生产期各年的总成本费用。

4.4 经营成本的测算

4.4.1 经营成本测算概述

经营成本是指项目总成本费用扣除折旧费、维简费、摊销费和利息支出以后的成本费用。计算公式为

$$经营成本 = 总成本费用 - 折旧费 - 维简费 - 摊销费 - 利息支出 \qquad (4-40)$$

经营成本是工程经济学特有的概念,它涉及产品生产及销售、企业管理工程中的物料、人力和能源的投入费用,它反映企业生产和管理水平。同类企业的经营成本具有可比性,在项目评估中,它被应用于现金流量的分析中。之所以要从总成本费用中剔除折旧费、维简费、摊销费和利息支出,主要原因如下所述

(1) 现金流量表反映项目在计算期内逐年发生的现金流入和流出。与常规会计方法不同,现金收支何时发生,就在何时计算,不作分摊。由于投资已按其发生的时间作为一次性支出被计入现金流出,所以,不能再以折旧、提取维简费和摊销的方式计为现金流出,否则会发生重复计算;除此,作为经常性支出的经营成本中不包括折旧费和摊销费,同理也不包括维简费。

(2) 因为全部投资现金流量表以全部投资作为计算基础,不分投资资金来源,利息支出不作为现金流出,而自由资金现金流量表中已将利息支出单列,因此,经营成本中也不包括利息支出。

4.4.2 固定成本与可变成本的估算

从理论上讲,成本按形态可分为固定成本、可变成本和混合成本三大类。

固定成本是指在一定的产量范围内不随产量变化而变化的成本费用,如按直线法计提的固定资产折旧费、计时工资及修理费等。

可变成本是指随产量的变化而变化的成本费用,如原材料费用、燃料动力费用等。

混合成本是指介于固定成本和可变成本之间,随产量变化但又不成正比例变化的成本费用,又被称为半固定成本或半可变成本,即同时具有固定成本和可变成本的特征。在线性盈亏平衡分析时,要求对混合成本进行分解,以区分出其中的固定成本和可变成本,并分别计入固定成本和可变成本总额之中。

在项目评估中,将总成本费用中的前两项(即外购原材料费用和外购燃料动力费用)视为可变成本,而其余各项均视为固定成本,划分的主要目的就是为盈亏平衡分析提供前提条件。

经营成本、固定成本和可变成本根据总成本费用估算表直接计算。

4.5 项目收益与利润的测算

4.5.1 项目销售收入的估算

项目的销售收入是指项目在一定的时期内(通常是一年)销售产品或者提供劳务所取得的收入。

销售收入是项目建成投产后补偿总成本费用、上缴税金、偿还债务和保证企业自生产正常进行的前提,它是进行利润总额和销售税金估算的基础数据。销售收入的估算公式如下:

$$销售收入 = 产品销售单价 \times 产品年销售量 \quad (4-41)$$

式中,产品销售单价一般是经过测算的不变价格。产品销售量等于年产量,这样年销售收入就等于年产值。在现实的经济生活中,产值不一定等于销售收入,但在项目评估中,一般运用这种假设。这样就可以根据投产后各年的生产负荷确定销售量。如果项目的产品比较单一,用产品的单价乘以产量即可以得到每年的销售收入;如果项目的产品品种比较多,要根据销售收入和销售税金及附加估算表进行估算,即应首先计算各年销售收入;如果产品部分销往国外,应计算外汇收入,并按外汇牌价折算成人民币,然后再计入项目的年销售收入总额中。

4.5.2 项目税金及附加的估算

项目税金主要包括项目销售产品或提供劳务应负担的各种流转税以及对经营所得和其

他所得征收的所得税。根据我国现行税法，国家向企业征收的税收主要有增值税、消费税、营业税、城市建设维护税、土地增值税、关税、资源税、企业所得税、外商投资企业所得税、城镇土地使用税、房产税、车船使用税等。当然，对一般项目来说，以上各种税收并不是全部都要缴纳的，而只是缴纳与自身经营有关的若干种税收。

1. 增值税

1）增值税的税率

增值税是对在我国境内销售货物或提供加工、修理修配劳务以及进口货物的单位和个人所征收的一种以增值额为征收对象的价外流转税。增值税已经成为中国最主要的税种之一，增值税的收入占中国全部税收的60%以上，是最大的税种。增值税由国家税务局负责征收，税收收入中75%为中央财政收入，25%为地方收入。进口环节的增值税由海关负责征收，税收收入全部为中央财政收入。根据2008年修订并于2009年1月1日起正式施行的《中华人民共和国增值税暂行条例》的规定，增值税的一般纳税人适用以下税率：

（1）纳税人销售或者进口货物，除以下第二项、第三项规定外，税率为17%。

（2）纳税人销售或进口下列货物，税率为13%：粮食、食用植物油、自来水、暖气、冷气、热水、煤气、石油液化气、天然气、沼气、居民用煤炭制品、图书、报纸、杂志、饲料、化肥、农药、农机、农膜、农业产品以及国务院规定的其他货物；

（3）纳税人出口货物，税率为零；但是，国务院另有规定的除外；

（4）纳税人提供加工、修理、修配劳务税率为17%。纳税人兼营不同税率的货物或应税劳务，应分别核算不同税率货物或劳务的销售额。未分别核算销售额的，从高确定适用税率。

2011年10月31日，中华人民共和国财政部（以下简称财政部）公布财政部令，增值税、营业税起征点有较大幅度上调。

2）增值税应纳税额的计算

（1）一般纳税人销售货物或提供应税劳务，应纳税额为当期销项税额抵扣当期进项税额后的余额。其计算公式为

$$应纳税额 = 当期销项税额 - 当期进项税额 \qquad (4-42)$$

项目的增值税可利用以下公式近似地测算：

$$项目的增值税 = (年销售收入 - 年外购原材料燃料动力成本) \div (1+增值税税率) \times 增值税税率 \qquad (4-43)$$

（2）小规模纳税人销售货物或提供应税劳务，按销售额和规定的征收率计算应纳税额，不得折扣进项税额，其计算公式为

$$应纳税额 = 销售额 \times 征收率 \qquad (4-44)$$

（3）纳税人进口货物，按照组成计税价格和规定的税率计算应纳税额，不得抵扣任何税额。计算公式为

$$组成计税价格 = 关税完税价格(即到岸价格) + 关税 + 消费税$$

$$应纳税额 = 组成计税价格 \times 税率 \qquad (4-45)$$

2. 营业税

营业税是对在我国境内从事提供劳务、转让无形资产或者销售不动产活动的单位和个

人，按其营业额或者销售收入征收的税种。它具有按行业设计税目与税率多环节总额课征，且简单易行等特点。

营业税应纳税额的计算：纳税人提供应税劳务、转让无形资产和销售不动产，按照营业额和规定的税率计算应纳税额。其计算公式为

$$应纳税额＝营业税×税率 \qquad (4-46)$$

3. 消费税

消费税是对特定的消费品和消费行为征收的一种价内流转税。根据2008年修订并于2009年1月1日起正式施行的《中华人民共和国消费税暂行条例》的规定，消费税是在对货物普遍征收增值税的基础上，选择少数消费品再征收的一种税种，主要是为了调节产品结构，引导消费方式，保证国家财政收入。现行消费税的征收范围主要包括：烟，酒及酒精、鞭炮、焰火、化妆品、成品油、贵重首饰及珠宝玉石，高尔夫球及球具，高档手表、游艇、木制一次性筷子，实木地板，汽车轮胎，摩托车，小汽车等税目，有的税目还进一步划分若干子目。它的特征是只对一部分消费品向消费行为征税；只在消费品生产、流通或消费的某一环节征税；根据不同消费品的种类、档次、结构、功能等情况，制定不同的税率；税负最终要转嫁到消费者身上，由消费者负担。消费税实行从价定率和从量定额以及从价从量复合计价三种方法。消费税的计算分式为

$$实行从价定本办法计算的应纳税额＝销售额×税率 \qquad (4-47)$$
$$实行从量定额办法计算的应纳税额＝销售数量×单位税额 \qquad (4-48)$$

4. 城市建设维护税

城市建设维护税是为了加强城市的维护建设，扩大和稳定城市维护建设资金来源而征收的一种税，针对在中华人民共和国境内有生产经营收入的纳税人及个人纳税人征收。根据《中华人民共和国城乡建设维护税条例》的规定，城市建设维护税的计税依据一般为销售收入、营业收入、转计收入，税率实行幅度比例税率，一般为0.4%～0.6%，具体税率由各地根据自身的城市建设和经济发展等不同情况，在规定的幅度内确定。

5. 城镇土地使用税

城镇土地使用税是对在城市、县城、建制镇和工矿区范围内使用土地的单位和个人，以其实际占用的土地面积为计税依据，按照纳税规定的税额征收的一种税。城镇土地使用税就其性质而言，是一种级差资源税，旨在保护土地资源、调节土地级差收入、促进土地的合理开发和利用。

根据1988年9月发布并于2006年12月31日修订的《中华人民共和国城镇土地使用税暂行条例》的规定，土地使用税每平方米的年税额为大城市1.5～30元；中等城市1.2～24元，小城市0.9～18元；县城、建制镇和工矿区0.6～12元。具体税额由各省、自治区、直辖市人民政府在条例规定的税额幅度内，根据城市建设状况、经济繁荣程度等条件，确定所在地区的适用税额幅度。同时，为了满足某些特殊用地的需要，照顾某些特殊情况，对国家机关、人民团体、军队及由国家拨付事业经费的单位、宗教寺庙、公园、名胜古迹等自用的土地，免征土地使用税。

6. 资源税

资源税是国家对从事资源开采的单位和个人，因资源差异而形成的级差收入所征收的

一种税。资源税具有征收范围较小,实行定额定率征收的特点,能够促进国有资源合理开发、节约使用、有效配置,合理调节资源级差收入,促进公平竞争,正确处理国家与企业及个人之间的分配关系,并帮助国家取得一定财政收入。应纳税额按照应税产品的课税数量和规定的币值税额计算。计算公式为

$$应纳税额 = 课税数量 \times 单位税额 \tag{4-49}$$

资源税税目、税额的调整,由国务院决定。

2011年11月1日资源税的税目税额幅度表见表4-6所示。

表4-6 资源税税额表

税 目		税 率
一、原油		销售额的5%~10%
二、天然气		销售额的5%~10%
三、煤炭	焦煤	每吨8~20元
	其他煤炭	每吨0.3~5元
四、其他非金属矿原矿	普通非金属矿原矿	每吨或者每立方米0.5~20元
	贵重非金属矿原矿	每千克或者每克拉0.5~20元
五、黑色金属矿原矿		每吨2~30元
六、有色金属矿原矿	稀土矿	每吨0.4~60元
	其他有色金属矿原矿	每吨0.4~30元
七、盐	固体盐	每吨10~60元
	液体盐	每吨2~10元

7. 土地增值税

土地增值税是对土地使用权转让及出售建筑物时所产生的价格增值量征收的税种。根据1993年12月13日颁布并于1994年1月1日正式施行的《中华人民共和国土地增值税暂行条例》的规定,土地增值税以纳税人转让房地产所取得的土地增值额为计税依据。土地增值额为纳税人转让房地产所取得的收入减去规定的扣除项目金额后的余额。土地增值税的扣除项目包括:①转让土地使用权的,取得土地使用权时所支付的金额,对土地进行开发的成本、费用,转让时所支付的有关税金;②建造商品房出售的,取得土地使用权时所支付的金额,新建房及配套设施的成本、费用,转让房地产时所支付的有关税金;③转让旧房及建筑物的,取得土地使用权时所支付的金额、房屋及建筑物的评估价格、销售税金。另外,还包括财政部规定的其他扣除项目。

土地增值税实行四级超额累进税率,即土地增值额未超过扣除项目余额50%的部分,税率为30%;土地增值额超过扣除项目金额50%、未超过100%的部分,税率为40%;土地增值额超过扣除项目金额100%、未超过200%的部分,税率为50%;对土地增值额超过扣除项目金额200%以上的部分,税率为60%。对土地增值税的适用税率,是根据转让增值比例的大小来确定的。增值比例大的,适用高税率;增值比例小的,适用低税率。

这样，有利于对房地产开发经营过程中出现的高收入发挥一定的调节作用。土地增值税应纳税额的计算公式为

$$应纳税额＝土地增值额×适用税率 \qquad (4-50)$$
$$土地增值额＝出售（或转让）房地产的总收入－扣除项目金额 \qquad (4-51)$$

8. 企业所得税

企业所得税是对我国境内的企业（除外商投资企业和外国企业外）在我国境内的生产经营所得和其他所得而征收的一种税。国家能够通过企业所得税调节企业利润水平。企业所得税纳税人即所有实行独立经济核算的中华人民共和国境内的内资企业或其他组织，包括以下6类：①国有企业；②集体企业；③私营企业；④联营企业；⑤股份制企业；⑥有生产经营所得和其他所得的其他组织。需要说明的是，个人独资企业、合伙企业不缴纳企业所得税。

企业所得税的征税对象是纳税人取得的所得。包括销售货物所得、提供劳务所得、转让财产所得、股息红利所得、利息所得、租金所得、特许权使用费所得、接受捐赠所得和其他所得。2008年修订的《中华人民共和国所得税法》规定，一般企业所得税的税率为25%，符合条件的小型微利企业，减按20%；国家需要重点扶持的高新技术企业，减按15%。应纳税所得额为企业每一纳税年度的总额减去准予扣除项目后的余额。纳税人的总收入包括：①生产经营收入；②财产转让收入；③利息收入；④租赁收入；⑤特许权收入；⑥股息收入；⑦其他收入。准予扣除项目是指取得收入相关的成本、费用和损失。但对于向非金融机构借款的利息支出，用于公益、救济性的捐赠，支付职工工资及福利费等应按规定的范围和标准扣除。对违法经营的罚款和被没收财物的损失，各项税收的滞纳金、罚款，自然灾害或意外事故损失的获赔偿部分，超过国家规定允许扣除公益、救济性的捐赠及非公益救济性的捐赠，各种赞助支出，超过一定开支标准和范围的业务招待费，超规定价标准的加速折旧，与取得收入无关的其他支出，不得在计算应税所得额时扣除。对企业发生年度亏损的，可用下一纳税年度的所得弥补；下一纳税年度的所得不足弥补的，可以逐年延续弥补，但是延续弥补的期限最长不得超过5年。

企业所得税的计算公式为

$$应纳所得税税额＝应纳税所得额×比例税率 \qquad (4-52)$$
$$应纳税所得额＝利润总额＋税收调整项目 \qquad (4-53)$$

4.6 项目销售利润及税后利润分配的估算

4.6.1 项目销售利润的估算

利润是企业在一定期间的经营成果，反映了企业的生产经营效益，首先表现为销售利润，其计算公式为

$$销售利润＝销售收入－销售税金及附加－总成本费用 \qquad (4-54)$$

销售利润可用于计算所得税及所得税后利润（简称税后利润），还可用于计算投资利润率、投资利税率等财务指标。

4.6.2 项目税后利润及其分配

项目在获得销售利润以后,按照税法的规定,应向国家缴纳所得税,但是在缴纳所得税之前可以依据有关规定做一些必要的扣除,如弥补企业以前年度的亏损(但不得超过5年)。

我国现行企业所得税税率为25%,符合有关规定的,可以适当减免。应纳税所得额的计算公式为

$$应纳税所得额=(销售利润-必要的扣除项)\times 所得税税率 \quad (4-55)$$

税后利润按照以下顺序进行分配:①提取法定公积金;②提取公益金;③向投资者分配利润。

税后利润减去上述3项的剩余部分是未分配利润,这是偿还建设投资借款本金的主要资金来源。

有关利润的测算见表4-7。

表4-7 损益表

序号	项目	1	2	3	4	5	合计
1	产品销售收入						
2	销售税金						
3	销售成本						
4	销售利润						
5	所得税						
6	税后利润						
7	(公益金)						
8	(公积金)						
9	可分配利润						
10	未分配利润						
11	投资利润						

本 章 小 结

通过本章学习,可以加深对项目财务基础数据测算评审的内容与方法的理解,有助于为项目财务效益评估工作提供准确的数据支撑,从而为整个项目评估工作的顺利实施奠定坚实的基础。

财务基础数据测算评审的内容包括项目总投资成本的费用估算、生产经营成本的费用估算、销售(运营)收入与税费的估算、利润及其分配的估算、建设工期与建设项目生命周期的估算等。

习 题

思考题

(1) 什么是财务评估基础数据?什么是财务基础数据的测算?什么是财务基础数据测算的评审?

(2) 财务基础数据测算的评审内容有哪些?

(3) 进行财务基础数据测算的评审时应遵循哪些原则?

(4) 财务基础数据测算应按照什么程序进行?

(5) 简述项目总投资成本的构成。

(6) 简述项目税后利润的分配顺序。

第 5 章 建设项目财务评估

教学目标

主要讲述建设项目财务评估的相关概念和评估指标。通过本章学习，应达到以下目标：
(1) 熟悉建设项目财务评估的相关内容；
(2) 熟悉建设项目财务效益评估的方法和要求；
(3) 掌握建设项目财务评估指标；
(4) 掌握资金的时间价值和计算方法。

学习要点

知识要点	能力要求	相关知识
建设项目财务评估的内容	(1) 了解财务评估的内容 (2) 熟悉财务评估的基本目标 (3) 掌握财务效益评估的原则 (4) 掌握财务效益评估方法	(1) 财务评估的3个主要方面 (2) 财务效益评估的5个原则 (3) 财务效益评估的2种方法
建设项目财务评估指标	(1) 掌握财务效益静态分析指标 (2) 掌握财务效益动态分析指标 (3) 理解财务外汇效益分析	(1) 投资利润率、投资利税率、资本金利润率、投资回收期、资产负债率、借款偿还期、流动比率、速动比率 (2) 财务内部收益率
建设项目财务评估的方法	(1) 掌握资金时间价值的含义 (2) 掌握资金时间价值的相关计算	(1) 单利和复利、名义利率与实际利率 (2) 复利、单利、终值、年值、净现值的相关计算

 **基本概念**

静态分析法；动态分析法；静态投资回收期；动态投资回收期；资金时间价值；净现值；内部收益率。

 引例

(1) 200 年前本杰明·富兰克林(Benjamin Franklin)曾给费城和波士顿各捐献了 1 000 英镑，两个城市将这笔钱年复一年地进行放贷收息增值活动。100 年后，这笔投资增值的一部分用城市建设和福利事业上，另一部分继续进行再投资。200 年后，人们用波士顿的那笔增值资金组建了富兰克林基金，以极优惠的贷款方式帮助了无数医科学生，还盈余 300 多万美元。给费城的 1 000 英镑同样获得了丰厚的投资增值。这一切都来源于那原始的 2 000 英镑和他们的时间价值。2 000 英镑的资金如何实现了增值？资金时间价值究竟该如何计算？

(2) 假设你现在正在计划买房。你看中了一套总价 70 万元的房子。你准备首付 30%，其余向银行贷款，贷款期为 20 年。目前银行住房商业贷款，2007 年 9 月 15 日最新一次加息后，1～4 年年利息率为 7.65%，5 年以上年利息率为 7.83%，复利计息，采取每月等额还本付息的方式。请问：在 20 年内，你每月必须向银行还多少钱？其中利息共计多少？

通过学习本章，上述问题将会得出答案。

5.1 建设项目财务评估概述

项目财务评估是按国家财税法规和制度，从企业微观制度，预测项目在整个寿命期内的收益和成本，分析企业的盈利能力和偿还贷款的能力。在建设项目中，通常体现为财务效益评估。

5.1.1 项目财务效益评估的含义及其必要性

项目财务效益评估是在国家现行财税制度和有关法律法规的基础上，通过鉴定、分析项目可行性研究报告提出的投资、成本、收入、税金和利润等财务费用和效益，从项目（企业）出发测算项目建成投产后的获利能力、清偿能力和财务外汇效果等财务状况，以评价和判断项目在财务上是否可行的活动，是项目评估的重要组成部分。

财务效益评估对企业投资决策、银行提供贷款及有关部门审批项目都具有十分重要的意义，它是判断项目是否可行的重要决策过程。

5.1.2 项目财务效益评估的内容

1. 盈利能力分析

盈利能力是指企业获取利润的能力。盈利能力的大小是相对的概念，即利润相对于一定的资源投入、一定的收入而言。利润率越高，盈利能力越强；利润率越低，盈利能力越差。企业经营业绩的好坏最终可通过企业的盈利能力来反映。无论是企业的经理人、债权人，还是投资人，都非常关心企业的盈利能力，并重视对利润率及其变动趋势的分析与预测。

盈利能力分析是项目财务效益评估的最主要部分，也是项目能否成立的先决条件。根本目的是通过分析及时发现问题，改善企业财务结构，提高企业偿债能力、经营能力，最终提高企业的盈利能力，促进企业持续稳定地发展。

2. 清偿能力分析

企业的清偿能力是指企业用其资产偿还长期债务与短期债务的能力。企业有无支付现金的能力和偿还债务能力，是企业能否生存和健康发展的关键。投资项目的清偿能力包括两个部分：①项目的财务清偿能力，即项目全部收回投资的能力。回收的时间越短，说明项目清偿能力越好，这是投资者考察投资效果的依据；②项目的债务清偿能力，即项目清偿建设投资借款的能力，这主要是贷款银行考查项目的还款期限是否符合银行有关规定的依据。

3. 财务外汇效果分析

对于项目建设运营利用了国外资源、产品出口创汇、替代进口等涉及外汇收支的投资项目，除了以上两方面的指标外，还需要单独考虑项目外汇使用的财务效益，以保证有限的外汇资金被配置到最优的项目中。

5.1.3 项目财务效益评估的基本目标

1. 考查拟建项目的盈利能力

在市场经济条件下，企业是一个独立的经济实体，在经济上实行自主经营、自负盈亏、自我发展和自我改造。因此，评价一个项目是否值得兴建，首先要考察项目建成投产后能否获取利益，盈利有多大。这关系到企业能否真正做到自负盈亏、自我改造和自我发展；也关系到企业能否在市场竞争中取得发展。

2. 评估拟建项目的投资清偿能力

在分析评价项目盈利能力的基础上，必须根据投入产出原理，对项目的清偿能力进行分析。项目的清偿能力包括两个方面的内容：一是整个项目的投资回收能力，即项目建成投产后，需要多长时间才能回收全部投资，这是投资者关心的主要问题之一；二是项目的贷款清偿能力，即分析项目是否具有偿还贷款的能力，其可为贷款提供决策依据。在市场经济条件下，银行和企业都要面向市场，因此，都十分关注项目的贷款清偿能力。企业只有按期如数归还全部贷款本息，才能尽早卸掉利息包袱，增强竞争力。银行只有如数收回贷款本息，才能实现经营资金的良性循环。

如果是涉及外汇收支的项目，还要对其外汇效果进行分析，即考察各年的外汇余缺程度，对外汇不能平衡的项目，应提出具体的解决办法。

5.1.4 项目财务效益评估的原则

财务效益评估是一项技术性和科学性很强的工作，在进行这项工作的过程中，必须遵循以下原则。

（1）合法性原则。在进行财务效益评估时，必须严格执行国家现行的法律法规，不应以项目评估人员的主观想象作为财务数据估算的依据。合法性原则的目的在于保证财务效益评估工作的合法性和可行性。随着我国社会主义市场经济的不断发展和经济体制改革的不断深入，国家的各项经济法规也会不断完善。因此，项目评估人员应该随时注意收集和掌握有关的法规和制度。

（2）真实性原则。财务效益评估必须体现严肃性、科学性和现实性的统一，应本着实事求是的精神，真实地反映客观情况。对比较重要的数据和参数，评估人员应该从不同的方面进行调查与核实，根据各种可靠的数据，测算基础数据，而不应以主观假设为测算的基础。

（3）科学性原则。科学适用的估算技术和方法是财务效益评估顺利进行的基本要求。在财务效益评估过程中，既要保证估算的数学模型、计算公式和技术方法的科学性，又要从实际出发，坚持简明适用的原则。

（4）准确性原则。财务效益评估的各项数据准确与否直接关系到经济评估的正确与否，因此，评估人员必须把握准确性原则。在数据的选择上，要注意客观性；在预测和分析时，要注意防止主观性和片面性，另外还应考虑比较重要的基础数据和参数的变动趋势，以保证财务效益评估结果的准确性。

（5）可比性原则。主要是指：①计算方法和计算口径与现行财务实务保持一致，以保证估算材料与实际材料的一致性；②效益和费用的计算口径一致，以保证投入产出在同一标准的基础上进行测算。

5.1.5 项目财务效益评估的方法

评估项目的财务效益有多种方法，按其是否考虑资金的时间价值，分为静态分析方法和动态分析方法两种。

1. 静态分析方法

静态分析方法，也叫简单分析方法。它没有考虑资金的时间价值和项目的经济寿命期，而是利用项目正常生产年份的财务数据对项目的财务效益进行分析。这种方法计算简便、指标直观、容易理解，但结论不够准确、全面。在财务效益评估中，运用静态分析法计算的主要指标有投资利润率、投资利税率、资本金利润率、投资回收期、贷款偿还期、资产负债率、流动比率以及速动比率等。

2. 动态分析方法

动态分析方法又称现值法。它考虑资金的时间价值和利息因素的影响，计算整个项目寿命期的财务数据，分析项目寿命期内各年的财务经济效益，并对各年的财务经济数据进行贴现。动态分析方法的计算比较复杂，也比较精确。在财务效益评估中，运用动态分析方法计算的主要指标有财务净现值和财务内部收益率等。

进行财务效益评估时，两种方法要同时采用，互相取长补短。可以先用静态分析方法进行初步评价，再用动态分析方法进行精确评价，综合评估项目的效益。

5.1.6 项目财务效益评估的要求

进行建设项目财务效益评估时，主要有以下几点要求。

(1) 财务效益评估所用的数据，都要以预测数据为依据。

(2) 财务效益评估要考虑项目的整个经济寿命期。

(3) 财务效益评估要用一套完整的指标体系，包括静态评估指标和动态评估指标。计算这些指标时，应尽量运用数学、数理统计和计算机等现代方法和工具。

(4) 财务效益评估要进行不确定性分析。项目寿命期内的不确定性因素很多，加之分析数据本身的随机性很大，所以以预测数据为基础计算出的经济效益指标可能会与实际情况相差甚远。因此，需要进行不确定性分析，以增强项目评估结论的可靠性。

(5) 财务效益评估要进行综合分析。财务效益评估是决定项目取舍的关键，因而要从多侧面、多角度，应用多个指标，对项目的盈利能力和清偿能力进行综合分析与评价，以提供准确的决策参考。

5.2 建设项目财务评估的指标与准则

建设项目财务评估的指标主要涉及两部分，一部分是财务效益静态分析，一部分是财务效益动态分析。按是否考虑资金的时间价值，可以分为静态指标和动态指标；按指标的性质，可以分为时间性指标、价值性指标和比率性指标；按评价内容，可以分为盈利能力分析指标、清偿能力分析指标及外汇效果分析指标。项目财务评估指标体系见表 5-1。

表 5-1 项目财务评估指标

评价内容	基本报表	静态指标	动态指标
盈利能力分析	现金流量表（全部投资）（自有资金）	静态投资回收期	动态投资回收期净现值、净年值、内部收益率
	损益表	销售利润（税）率、投资利润（税）率、资本金利润率	
偿债能力分析	资金来源与运用表	投资借款偿还期	
	资产负债表	资产负债率、流动比率、速动比率	
外汇平衡能力分析	外汇平衡表		

财务效益静态分析又包括两部分：静态盈利能力分析和静态清偿能力分析。

5.2.1 静态盈利能力分析

静态盈利能力分析是指在不考虑资金时间价值的情况下，反映项目在生产期内某个代表年份或平均年份的盈利能力的分析，主要有以下3种指标。

1. 投资利润率

投资利润率是指项目达到生产能力后的一个正常生产年份的年利润总额与项目总投资的比率。对生产期内各年的利润总额变化幅度较大的项目，应计算生产期的年平均利润总额与总投资的比率。计算公式为

$$投资利润率 = 年利润总额或年平均利润总额 / 总投资 \times 100\% \quad (5-1)$$

式中：

利润总额＝营业利润±投资净收益±营业外收支净额

营业利润＝产品销售收入－产品销售税金及附加－总成本费用＋其他业务利润

总投资＝固定资产投资＋无形资产投资＋递延资产投资＋建设期利息＋流动资金

评估时，利润总额一般可以从损益表中取得，总投资可以从投资估算表中取得。投资利润率指标反映项目效益与代价的比例关系。当项目投资利润率高于或等于行业的基准投资利润率或社会平均利润率时，说明项目是可以接受的。投资利润率指标中的分母可以是固定资产投资，以计算固定资产投资利润率；分子中可以考虑折旧额，以计算投资收益率。在将投资利润率与基准经济效益指标比较时，应注意口径一致的问题。

2. 投资利税率

投资利税率是指项目达到设计生产能力后的一个正常生产年份的年利税总额，或项目生产经营期内的年平均利税总额与总投资的比率。计算公式为

$$投资利税率 = 年利税总额或年平均利税总额 / 总投资 \times 100\% \quad (5-2)$$

式中：

年利税总额＝年利润总额＋年销售税金及附加

投资利税率高于或等于行业基准投资利税率时，则证明项目可以采纳。投资利税率和投资利润率不同，它在效益中多考虑了税金。这是为了在财务效益分析时，从国家财政收入的角度衡量项目为国家所创造的积累。特别是一些税大利小的企业，用投资利润率衡量往往不够准确，用投资利税率则能较合理地反映项目的财务效益。在市场经济条件下，使用投资利税率指标，更具有现实意义。

3. 资本金利润率

资本金利润率是指项目达到设计生产能力后，一个正常生产年份的年利润总额或项目生产经营期内的年平均利润总额与资本金的比率，它反映了拟建项目资本金的盈利能力。计算公式为

$$资本金利润率 = 年利润总额或年平均利润总额 / 资本金 \times 100\% \quad (5-3)$$

【例5-1】 某项目总资金为2 400万元，其中资本金为1 900万元，项目正常生产年份的销售收入为1 800万元，总成本费用924万元（含利息支出60万元），销售税金及附加

192万元,所得税税率33%。试计算该项目的总投资利润率、投资利税率、资本金利润率。

解:
年利润总额＝1 800－924－192＝684(万元)
年应纳所得税＝684×33%＝225.72(万元)
年税后利润＝684－225.72＝458.28(万元)
总投资利润率＝684÷2 400×100%＝28.5%
投资利税率＝(684＋192)÷2 400×100%＝36.5%
资本金利润率＝458.28÷1 900＝24.12%

5.2.2 静态清偿能力指标

项目清偿能力分析主要是考察项目计算期内各年的财务状况和偿债能力。运用的指标主要有以下几个。

1. 静态投资回收期

静态投资回收期是指在不考虑资金时间价值的情况下,项目净收益抵偿全部投资所需要的时间。其表达式为

$$\sum_{t=1}^{P_t}(CI-CO)^t=0 \tag{5-4}$$

式中:P_t——静态投资回收期,以年表示;
t——项目计算期,以年表示;

CI、CO 分别为现金流入量和现金流出量,$(CI-CO)^t$ 为第 t 年的项目净现金流量。

静态投资回收期的计算可以采用公式法或列表法。当拟建项目投产后各年的盈利水平相差不大,即各年的收益增减变动不大时,可取其平均收益额进行估算。其公式为

$$P_t=\frac{I}{R+D} \tag{5-5}$$

式中:P_t——静态投资回收期;
R——正常年份的利润总额或年平均利润总额;
D——年新增折旧额及摊销费;
I——项目总投资。

当拟建项目的盈利水平相差较大时,可采用列表法计算静态投资回收期。采用列表法计算静态投资回收期时,可通过财务现金流量表中的累计净现金流量计算求得。其计算公式为

$$P_t=(累计净现金流量开始出现正值年份-1)+ \\ 上年累计净现金流量绝对值÷当年净现金流量 \tag{5-6}$$

式中:P_t——静态投资回收期。

通过项目财务效益评估计算求得的静态投资回收期 P_t 与部门或行业的基准投资回收期 P_c 进行比较,当 $P_t < P_c$ 时,应认为项目在财务上是可行的。投资回收期越短,项目的财务效益也就越好。静态投资回收期的计算起点,可以从项目开始建设的年份算起,也可以从项目投产时算起,分析比较时应注意口径一致。

【例 5-2】 根据表 5-2 中的数据，计算该项目的投资回收期。如果基准投资回收期为 10 年，此方案是否可行？

表 5-2　案例数据

年　份	1	2	3	4	5	6
每年净现金流量	-27 000	5 200	5 080	4 960	4 840	11 720

解： 第一步，计算累计净现金流量，见表 5-3。

表 5-3　净现金流量表

年　份	1	2	3	4	5	6
每年净现金流量	-27 000	5 200	5 080	4 960	4 840	11 720
累计净现金流量	-27 000	-21 800	-16 720	-11 760	-6 920	4 800

第二步，找到累计净现金流量首次出现正值的年份，本题中是第六年。

第三步，找到累计净现金流量为负值的最后一个金额，本题中是 -6 920，采用 -6 920 的绝对值进行计算。

第四步，找到累计净现金流量首次出现正值的年份对应的净现金流量，本题中为 11 720。

第五步，找到以上数据后，用静态投资回收期公式计算：

投资回收期 = (6-1) + 6 920 ÷ 11 720 = 5.6(年)

5.6 < 10，故此方案可行。

2. 资产负债率

资产负债率是项目各年负债合计与资产合计的比率。它反映项目各年所面临的财务风险程度和偿债能力。其计算公式为

资产负债率 = 负债合计 ÷ 资产合计 × 100%　　　　(5-7)

式中：

负债合计 = 流动负债总额 + 建设投资借款

流动负债总额 = 应付账款 + 流动资金借款 + 其他流动负债

资产合计 = 流动资产总额 + 在建工程 + 固定资产净值 + 无形资产及其他资产净值

流动资产总额 = 应收账款 + 存货 + 现金 + 累计盈余资金

实际应用时，资产合计和负债合计可从资产负债表中取得。

将财务效益评估计算求出的资产负债率与行业的资产负债率进行比较，当项目的资产负债率低于或等于行业的平均水平时，说明建设项目在财务上是可以接受的。资产负债率越低，项目的抗风险能力就越强。

3. 借款偿还期

固定资产国内借款偿还期是指在国家财政规定及项目的具体财务条件下，以项目投产后可用于还款的资金，偿还固定资产投资国内借款本金和建设期利息（不包括已用自由资金支付的建设期利息）所需要的时间。其表达式为

$$I_d = \sum_{t=1}^{P_d} R_t \quad\quad\quad (5-8)$$

式中：I_d——固定资产投资国内借款本金和建设期利息之和；
P_d——固定资产投资国内借款偿还期（从借款开始年份算起，当从投产年算起时，应予以注明）；
R_t——第 t 年可用于还款的资金，其中包括可供分配的利润、折旧、摊销费及其他还款资金。

借款偿还期可由资金来源与运用表和国内借款还款付息计算表直接推算，以年表示。其表达式为

$$借款偿还期=（借款偿还后资金开始出现盈余年份-开始借款年份）+ \\ 当年偿还借款余额÷当年可用于还款的资金 \quad (5-9)$$

计算的借款偿还期能满足贷款机构的期限要求时，则认为项目是具有偿还能力的。

涉及外资的项目，其国外借款部分的还本付息，应按已明确的或预计可能的借款偿还条件计算。其偿还本息的方式主要有两种。

1) 等额偿还本金和利息总额

$$A = P[A/P,i,n] = P \times \frac{i(1+i)^n}{(1+i)^n - 1} \quad (5-10)$$

式中：A——每年的还本付息额；
i——年利率；
n——偿还期；
P——建设期末（或宽限期终了）固定资产借款本金和利息之和。

用此方法计算的还本付息额中，偿还的本金和利息各年不等，偿还的本金部分将逐年增多，支付的利息部分将逐年减少。计算公式为

$$每年支付利息=年初借款本金累计×年利率 \quad (5-11)$$
$$每年偿还本金=A-每年应计利息 \quad (5-12)$$

2) 等额还本，利息照付

采用等额还本、利息照付的方法时，各年度之间偿还的本金与利息之和是不等的，即偿还期内每年偿还的本金额是相等的，利息将随本金的逐年偿还而减少。其计算公式为

$$每年支付的利息=年初本金累计×年利率 \quad (5-13)$$
$$每年偿还本金=\frac{P}{n} \quad (5-14)$$

式中：P——还款起始年年初的借款金额，
n——偿还期。

国外借款除支付银行利息外，还要另计管理费和承诺费等费用。

为简化计算，可采用适当提高利率的方法进行处理。

【例 5-3】 假设某建设项目在建设期末累计借款本金及未付利息之和为 1 500 000 元，年利率 8%，分 5 年还清。计算每年的偿还额。

解： 每年偿还的本金是 1 500 000/5=300 000 元。
每年还本付息额为

$$第一年=30\,000+1\,500\,000×(1-\frac{1-1}{5})×8\%=420\,000(元)$$

$$第二年=30\,000+1\,500\,000×(1-\frac{2-1}{5})×8\%=396\,000(元)$$

每年偿还本息的计算结果见表5-4。

表5-4 案例每年偿还本息的计算结果

年 序	年初借本金累计	应付利息	偿还本金	还本付息额	年末借本金累计
	(1)=上年(5)	(2)=(1)×i	(3)=P	(4)=(2)+(3)	(5)=(1)-(3)
建设期末					1 500 000
1	1 500 000	120 000	300 000	420 000	1 200 000
2	1 200 000	96 000	300 000	396 000	900 000
3	900 000	72 000	300 000	372 000	600 000
4	600 000	48 000	300 000	348 000	300 000
5	300 000	24 000	300 000	324 000	0
合计		360 000	1 500 000	1 860 000	

4. 流动比率

流动比率是指项目各年流动资产总额与流动负债总额的比率。它是反映项目偿付短期债务能力的指标。表达式为

$$流动比率 = (流动资产总额 \div 流动负债总额) \times 100\% \qquad (5-15)$$

公式中的流动资产包括现金、有价证券、应收账款、存货等项目；流动负债包括应付账款、短期应付票据、一年内到期的其他债务、应付而未付的工资及应付而未付的税收等。流动资产和流动负债总额一般可以从资产负债表中取得。

一般情况下，流动比率越高，项目偿还流动负债的能力就越强。根据经验，通常认为保持2:1的流动比率较为合适，但是各类项目的情况不尽相同，应具体分析运用。

5. 速动比率

速动比率是指企业速动资产与流动负债的比率。速动资产包括货币资金、短期投资、应收票据、应收账款、其他应收款项等，可以在较短时间内变现。而流动资产中存货、一年内到期的非流动资产及其他流动资产等则不应计入。

速动比率是用来补充说明流动比率的指标。速动比率的高低能直接反映企业的短期偿债能力强弱，是对流动比率的补充，并且比流动比率反映得更加直观可信。因为在计算流动比率时，流动资产包括存货部分，而实际上，当企业需要立即偿还流动负债时，存货很难立即变为现金。如果流动比率较高，但流动资产的流动性很低，则企业的短期偿债能力仍然不高。故用流动比率反映项目的短期偿债能力具有一定的局限性。而速动比率就避免了这种情况的发生。因此，计算流动资产时，把存货部分扣除，用可变现资产（即速动资产）除以流动负债计算速动比率，更能表明企业的短期偿债能力。

一般认为，速动比率略大于1较为合适。速动比率的计算公式为

$$速动比率 = (流动资产总额 - 存货) \div 流动负债总额 \times 100\% \qquad (5-16)$$

5.2.3 动态盈利能力指标

动态盈利能力指标是指在考虑资金时间价值的情况下，对项目计算期内获利能力的分析，主要有以下3种指标。

1. 财务净现值

财务净现值(FNPV)是按行业基准收益率或设定的折现率(当行业未制定基础收益率时),将项目计算期内各年净现金流量折现到建设期初的现值之和。财务净现值是反映项目在计算期内盈利能力的主要动态指标,表达式为

$$\text{FNPV} = \sum_{t=1}^{n}(CI-CO)_t \cdot (1+i_c)^{-t} \tag{5-17}$$

式中:FNPV——财务净现值;

$(CI-CO)_t$——第 t 年的现金流入与现金流出的差额,即净现金流量;

$(1+i_c)^{-t}$—— i_c 下的折现系数。

为了计算净现值,在确定每年的净现金流量以后,还应明确折现率、计算期和年序编号的方法问题。项目财务效益评估所用的折现率除有特殊规定外,一般采用行业的基准收益率(i_c);计算期由建设期和生产期构成;年序编号按国际惯例采用年末法,即从 1 开始编号,表示所有的现金流量均在年末发生。

选择项目的"现值法则":

(1) 采用任何净现值为正数的方案(包括净现值为零的方案),放弃任何净现值为负数的方案。

(2) 如果每个项目(或几个项目组合)是互不相容的,则采纳有最大净现值的那个项目。

(3) 当净现值等于零时,说明项目的内部收益率恰好就是规定的基准收益率,即项目能获得行业的平均收益水平;如果净现值大于零,则说明项目除获得行业平均收益水平之外,还有一定的超额收益,也就是说,此项目能够使项目所在行业的平均收益水平得到提高。因此,只有净现值为正数(包括零)的项目或备选方案才是可取的,否则应当舍弃。在投资总额相等的情况下,净现值越大的项目或方案,其经济效益越显著。

财务净现值可以根据财务现金流量表计算求得。根据项目财务现金流量表可计算求得项目财务净现值,根据资本金财务现金流量表可计算求得资本金财务净现值。

净现值是项目寿命期内各年净现金流量的现值。在投资总额相等的情况下,可以按净现值的大小对项目或备选方案排序。但如果投资额不等,仅仅根据净现值的大小进行决策就可能导致失误。因此,净现值也不能反映项目或备选方案的确切的收益水平。

2. 财务净现值率

为了克服净现值在投资不等的情况下不能排序的缺点,财务效益评估应计算财务净现值率(FNPV_R)。财务净现值率是财务净现值与全部投资现值之比,即单位投资现值的净现值。它是反映项目单位投资效益的评价指标,其计算公式为

$$\text{FNPV}_R = \frac{\text{FNPV}}{I_p} \tag{5-18}$$

式中:FNPV_R——财务净现值率;

I_p——总投资现值。

用净现值率衡量项目或方案的优劣,应选择净现值率大于或等于零的项目或方案。净现值率越大,说明单位投资创造的效益越大,项目或方案的效益越好。

3. 财务内部收益率

财务内部收益率(FIRR)是项目计算期内各年净现金流量现值累计等于零时的折现率。它是评价项目盈利性，进行动态分析时比较普遍采用的一个数据，反映项目对所占用资金的一种补偿、报酬和恢复能力。由于它不受外部变量的影响，不是可任意选择的一个利率，而是决定于项目本身的经济活动，即项目本身的现金流出与流入的对比关系，完全根据项目自身的参数，试图在项目之内找到一个事先并不知道的利率，即找到使现金流出现值和流入现值恰好相等的那个利率，所以被称为内部收益率。其表达式为

$$\sum_{t=1}^{n}(CI-CO)_t \cdot (1+FIRR)^t = 0 \tag{5-19}$$

式中：FIRR——财务内部收益率。

实际运用时，财务内部收益率可根据财务现金流量表中的净现金流量现值，用试差法（或叫插入法）计算求得。试差法的公式为

$$FIRR = i_1 + \frac{i_2 - i_1 \times FNPV_1}{|FNPV_1| + |FNPV_2|} \times 100\% \tag{5-20}$$

式中：i_1——偏低的折现率；
　　　i_2——偏高的折现率；
　　$FNPV_1$——偏低折现率下的财务净现值；
　　$FNPV_2$——偏高折现率下的财务净现值。

试差法的几何解释如图 5.1 所示。

一般情况下，以偏低折现率计算出的净现值为正值，以偏高折现率计算出的净现值为负值，以两者之间的一个折现率计算出的净现值为零，这个折现率就是内部收益率。用试差法计算财务内部收益率时，试算用的两个相邻的偏高与偏低的折现率之间的差额，一般不超过 2%，最高不超过 5%。

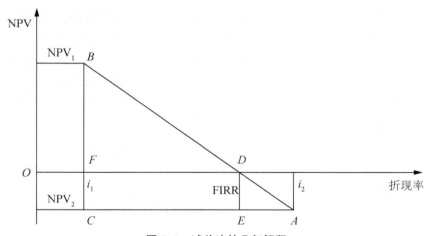

图 5.1　试差法的几何解释

在财务效益评估中，应该将项目的内部收益率与部门或行业的基准收益率进行比较：如果 FIRR≥基准收益率，则表明项目的内部收益率等于或高于设定的收益水平，因此项目可行；如果 FIRR<基准收益率，则项目不可行。

与财务净现值相比,财务内部收益率的优点是比较直观,容易理解,计算时不必事先设定一个折现率,但它也有很明显的缺点:

(1) 计算复杂、耗费时间是它的主要缺点。由于现在计算机的大量使用,一般的电子表格软件都提供了包括财务净现值与财务内部收益率在内的财务函数,使计算过程大为简化,因此这个缺点并不严重了。

(2) 内部收益率可能出现多个解的情况。求解内部收益率的方程是一个一元高次方程。一般情况下,方程的实数根个数与方程的最高次数相同。事实上,如果项目的现金流只变动一次方向,则只有一个有意义的根;但对于现金流多次变化的复杂项目,就会出现多个解的情况,这时也就不能再用内部收益率来评估项目的财务效益了。

【例 5-4】 某项目当折现率为 13% 时,财务净现值为 -620 万元;当折现率为 12% 时,财务净现值为 3 733 万元。试计算该项目的内部收益率。

解:采用试差法计算的财务内部收益率为

$$\text{FIRR} = i_1 + \frac{(i_2-i_1) \times \text{FNPV}_1}{|\text{FNPV}_1| + |\text{FNPV}_2|} \times 100\%$$

$$= 12\% + \frac{(13\%-12\%) \times 3\ 733}{|3\ 733| + |-620|} \times 100\%$$

$$= 12.86\%$$

将财务内部收益率与各行业、各部门的基准收益率进行比较,当财务内部收益率大于或等于行业基准收益率时,应认为项目在财务上是可以接受的,反之应予以否定。

进行财务效益评估时,财务内部收益率可以通过财务现金流量表计算求得。根据项目财务现金流量表可计算求得项目财务内部收益率,根据资本金财务现金流量表可计算求得资本金财务内部收益率。

以上 3 个动态盈利能力评估指标各有优缺点,因此实际工程中,宜结合应用,以便综合考虑项目或方案的效益。表 5-5 介绍了各指标的运用情况。

表 5-5 动态分析指标运用表

指标 用途	净现值(NPV)	内部收益率(IRR)	净现值率(NPV_R)
项目评估	NPV≥0 可接受	IRR≥i_c(或 i_s)可接受	NPV_R≥0 可接受
互斥方案比选	投资额相同时,选择 NPV 较大者;投资额不同时,结合 NPV_R 一起考虑	不能直接用,可计算差额投资内部收益率 ΔIRR,当 ΔIRR≥i_c(或 i_s)时,投资额大的方案较好	有资金限制时,NPV_R 大者为优
项目排队(独立方案按优劣排序的最优组合)	不能直接用	不能直接用	按 NPV_R 结合 NPV 大小排序

表中 i_s 为社会折现率,是项目国民经济效益评估时使用的基本判据(评价参数)。

4. 财务外汇效益分析

对于涉及产品出口创汇及替代进口节汇的项目,在上述财务效益评估的基础上,还应进行项目的财务外汇效益分析。财务外汇效益分析就是分析和评价涉外项目建成投产后可能给国家外汇平衡情况带来的影响,计算项目外汇净现值、换汇成本及节汇成本等指标,用以衡量项目对国家外汇的净贡献或净消耗。

1) 财务外汇流量分析

(1) 外汇流量的相关概念。外汇流量,是指因外汇流入或外汇流出而实际发生的货币数量。外汇流入量,主要包括产品外销收入和其他的外汇收入。外汇流出量,主要是进口原材料、零部件的费用、支付的技术转让费、偿还的外汇借款本息以及其他的外汇支出。

净外汇流量,是指拟建项目计算期内各年度的外汇流入量与外汇流出量之差额。

替代进口收入,指项目产品经确认可替代进口产品而为国家节约的外汇额,即项目计算期内以实际到岸价格计算的替代进口产品的外汇收入,减去投资外汇的本息和生产投入外汇的余额。

(2) 财务外汇流量表。涉外项目及生产替代进口产品的项目,评价时一般需编制外汇流量表,用以测算分析其各年的净外汇流量、财务外汇净现值、财务换汇成本以及财务节汇成本等指标,见表 5-6。

表 5-6 财务外汇流量表

序号	年份 项目	建设期		投产期		达到设计生产能力				合计
		1	2	3	4	5	6	…	n	
1	生产负荷(%) 外汇收入 ① 产品外销收入 ② 其他外汇收入									
2	外汇流出 ① 进口原材料 ② 进口零部件 ③ 技术转让费 ④ 外汇借款本利 ⑤ 其他外汇收入									
3	外汇净流量(1-1)									
4	产品替代进口收入									
5	净外汇效果(3+4)									

财务外汇流量表中的外汇流入,主要表现为项目建成投产后的产品外销或替代的进口节汇;外汇流出表现为建设期借款本息、引进技术转让费、进口原材料及零部件等费用。

(3) 净外汇流量的计算:

$$\text{净外汇流量} = \text{产品外销收入} + \text{其他外汇收入} - \text{进口原材料费用} - \text{进口零部件费用} - \text{技术转让费用} - \text{偿还外汇借款本息} - \text{其他外汇支出} \qquad (5-21)$$

式中:进口原材料费用和进口零部件费用以及技术转让费,均指生产期发生的费用。

2) 财务外汇净现值

财务外汇净现值是指根据折现率计算的各年财务外汇净现金流量之和。财务外汇净现值是分析和评价项目对外汇状况影响程度的重要指标,用以衡量项目对国家外汇的净贡献(创汇)或净消耗(用汇)。财务外汇净现值的表达式为

$$\text{FNPV}_f = \sum_{t=1}^{n} (\text{FI}-\text{FO})_t \cdot (1+i)^{-t} \qquad (5-22)$$

式中：FNPV_f——财务外汇净现值；
　　　　FI——财务外汇流入量；
　　　　FO——财务外汇流出量；
　　$(\text{FI}-\text{FO})_t$——第 t 年的财务外汇净现金流量；
　　　　i——折现率，一般可取外汇贷款利率。

计算财务外汇净现值所需资料可从财务外汇净现金流量表中获取。

财务外汇净现值直观、明确地反映了项目对国家外汇的影响状况。指标数值为正，说明项目对国家外汇有贡献，从外汇平衡角度看项目是可以接受的；指标数值为负，说明项目对国家外汇有净消耗，从外汇角度看项目是不可以接受的。

对于替代进口的项目，可由净外汇效益替代财务净外汇现金流量计算财务外汇净现值。财务外汇效益为净外汇现金流量与产品替代进口收入之和。

3）财务换汇成本

财务换汇成本是分析、评价项目产品在国际上的竞争能力，进而判断其产品是否出口的一个指标，它适用于面向出口的项目。

财务换汇成本是指换取 1 美元外汇所需要投入的人民币数额，为项目计算期内生产出口产品所投入的国内资源的现值与生产出口产品的外汇净现值之比。计算式为

$$\text{财务换汇成本} = \frac{\sum\limits_{t=1}^{n} \text{DR}_t (1+i)^{-t}}{\sum\limits_{t=1}^{n} (\text{FI}-\text{FO})_t \cdot (1+i)^{-t}} \text{（人民币／美元）} \qquad (5-23)$$

式中：DR_t——项目在第 t 年生产出口产品投入的国内资源(包括投资、工资及其他投入)。

财务换汇成本所需的资料从财务外汇流量表及财务现金流量表中可获得。财务换汇成本低于或等于汇率，说明项目出口产品是合算的，项目可以接受。如果高于汇率，则可以放弃该项目。

4）财务节汇成本

财务节汇成本是指节约 1 美元外汇所需投入的人民币数额。产品虽然内销，但经主管部门批准可能替代进口的项目，应计算财务节汇成本。其计算式为

$$\text{财务节汇成本} = \frac{\sum\limits_{t=1}^{n} \text{DR}'_t (1+i)^{-t}}{\sum\limits_{t=1}^{n} (\text{FI}'-\text{FO}')_t \cdot (1+i)^{-t}} \text{（人民币／美元）} \qquad (5-24)$$

式中：DR'_t——项目在第 t 年生产替代进口产品所投入的国内资源(包括国内投资、原材料、工资及其他投入)。FI' 为生产替代进口产品所节约的外汇，FO' 为生产替代进口产品的外汇流出(包括应由替代进口产品分摊的固定生产及经营费用中的外汇流出)。

财务节汇成本所需的资料可从财务外汇流量表中获得。

将计算出的结果与汇率相比，如果节汇成本小于或等于汇率，则项目是可行的；否则，项目是不可行的。

5.2.4 动态偿债能力指标

动态偿债能力指标主要是在考虑资金的时间价值情况下,企业的偿债能力状况。可以用动态投资回收期反映。

动态投资回收期是项目开始建设后累计净现值回收投资所经历的时间,与静态投资回收期相比,区别在于考虑了货币的时间价值。动态投资回收期的表达式为

$$P'_t = \sum_{t=1}^{n}(CI-CO)_t \cdot (1+i_c)^{-t} \qquad (5-25)$$

式中:P'_t——动态投资回收期;
　　　i_c——基准收益率。

动态投资回收期可直接通过财务现金流量表求得,即

动态投资回收期=(累计折现值出现正值的年数-1)+上年累计折现值的绝对值/当年净现金流量的折现值

公式为

$$P'_t = (m-1) + \frac{\left|\sum_{t=1}^{m-1}NPV_t\right|}{NPV_m} \qquad (5-26)$$

式中:m——累计净现值开始出现正值的年份;
　　　$\left|\sum_{t=1}^{m-1}NPV_t\right|$——从1至$m-1$年的累计净现值的绝对值;
　　　NPV_m——第m年的净现值。

设基准动态回收期为P'_c,如果P'_t小于P_c,则项目可行;否则不可行。

动态投资回收期考虑了资金的时间价值,克服了静态投资回收期的缺陷。但仍然具有主观性,同样忽略了回收期以后的净现金流量。当未来年份的净现金流量为负数时,动态投资回收期可能变得无效,甚至做出错误的决策。因此,动态投资回收期计算投资回收期并非是一个完善的指标。

值得指出的是,投资回收期是反映项目财务偿还能力的重要经济指标,除特别强调项目偿还能力的情况外,一般只作为方案选择的辅助指标。

5.2.5 建设项目财务评估的准则

1. 坚持效益与费用计算口径一致的准则

财务效益评估要正确识别项目的财务效益和费用,且计算口径要对应一致。正确的做法是只计算项目的内部效果,即项目本身的内部效益(直接效益)和内部费用(直接费用),不考虑因项目存在而产生的外部效益(间接效益)和外部费用(间接费用)。避免因人为的扩大效益和费用的计算范围,使得效益和费用缺乏可以比较的基础,从而造成财务效益评估失误。

2. 坚持动态分析为主、静态分析为辅的准则

静态分析是一种不考虑资金的时间价值和项目的寿命期，只根据某一年或某几年的财务数据判断项目的盈利能力和清偿能力的方法。具有计算简便、指标直观、容易理解掌握等优点，但也存在着计算不够准确，以及不能正确全面地反映拟建项目财务可行性等缺点。而动态分析方法则可以弥补静态分析方法的不足，强调考虑资金时间价值对投资效果的影响，根据项目整个寿命期各年的现金流入和现金流出情况判断项目的财务效益。尽管动态分析的计算过程复杂，但计算出的指标能够较为准确地反映拟建项目的财务效益。因此，在财务效益评估中，应坚持以动态分析为主、静态分析为辅的原则。

3. 坚持采用预测价格的准则

由于项目计算期一般较长，受市场供求变化等因素的影响，投入物与产出物的价格在项目计算期内肯定会发生某些变化，若仅以现行价格为衡量项目投入物和产出物的价值尺度，显然是不科学的。因此，在财务效益评估中，应以现行价格为基础，预测生产期中的价格，并计算项目的效益和费用，据以对拟建项目的财务可行性做出较客观的评价。

4. 坚持定量分析为主、定性分析为辅的准则

投资项目经济评价的本质要求是对项目建设和生产经营过程中的诸多经济因素，通过效益和费用计算，给出明确的数量概念。即对项目进行财务效益评估时，要以数据说话，做到评之有据。这就要求采用定量分析的方法对项目的财务效益进行评估。但是，一个复杂的项目，总会有一些很难量化甚至不能量化的经济因素，因而无法直接进行定量分析。对此，则应进行实事求是、准确的定性分析，并与定量分析结合在一起进行评价。

5.3 建设项目财务评估的方法

5.3.1 资金的时间价值概述

1. 资金时间价值的含义

在日常生活中，把 100 元存入银行一年，利率为 5%。一年后，银行需要支付存款人 105 元。多出来的 5 元即利息，是银行支付给存款人的报酬。换句话说，今天的 100 元与一年后的 105 元等值。

从上面的例子可以看出，随着时间的推移，资金会增值。资金的时间价值是指同等数量的资金随着时间的不同而产生的价值差异，即不同时点的同等数额的资金，价值是不相等的。资金时间价值的表现形式是利息与利率。由于各方面的原因，今天的一元与一年后的一元的实际购买力是不同的，因而实际价值也是不一样的，这就是资金的时间价值。

随着时间的推延，货币能够增值。但是，作为一般等价物的货币本身并不具备这种增值能力。只有在货币作为资金使用，并与劳动要素相结合的条件下，才能使价值增值。

投资项目一般寿命期较长,这就使得人们在项目评估中不得不考虑资金的时间价值,必须在同一个时间点上考察项目的收益与成本情况。

2. 资金时间价值的来源

从不同的角度出发,资金的时间价值可以被认为有两个来源。

首先,资金只有被投入到实际生产过程中,并参与生产资本的运动才会发生增值,将货币资金保存在保险柜中永远也不会多生出任何价值。这是因为资金增值是在社会大生产中劳动者使用生产资料与劳动对象,通过自己的剩余劳动为社会创造的剩余价值的货币表现;并且,只有在流通领域将劳动者生产出的商品销售出去,才能最终实现生产过程的增值,同时实现资金的时间价值,且流通速度越快,周转期限越短,资金的增值速度也就越快。

其次,按照西方经济学中的机会成本理论,资金时间价值的存在是由于资金使用有机会成本。从投资者或资金持有者的角度来说,在一定的期限内,资金最低限度可以按照无风险利率实现增值,因此起初的资金额至少等于期末的同等资金额加上期间的利息额,因为所有的社会资金都能够实现这种增值,人们就把这种现象当成理所当然的了,并将其称为资金的时间价值。

考察这两种来源,可以发现从根本上说,社会化的扩大再生产以及资金的自由流动是资金时间价值的来源。而机会成本则是从投资者或资金持有者的角度出发产生的一种错觉,仿佛资金可以自动地实现增值。尽管如此,从机会成本的角度及社会资金最优配置的立场出发,计算投资资金的时间价值也是应该的。

5.3.2 资金时间价值的计算

1. 基本概念与代号

1)单利与复利

计算利息有两种方法:①按照利息不再投资增值的假设计算称为单利;②按照利息进入再投资,回流到项目中的假设计算称为复利。单利只对本金计息;复利根据本金和前期利息之和计算利息,不仅要计算本金的利息,还要计算利息的利息,即俗称的"利滚利"。

设本金为 P,年利率为 i,贷款期限为 t,终值为 F,利息为 I,期数或年数为 n,则

单利计算期末本利和为

$$F = P(1 + i \times t) \tag{5-27}$$

复利计算期末本利和为

$$F = P(1 + i)^t \tag{5-28}$$

根据投资决策分析的性质,投资项目评估中应使用复利来计算资金的时间价值。

【例 5-5】 某人将 1 000 元存入银行,银行存款年利率为 10%。

① 按单利计息,计算 5 年后的本利和;

② 按复利计息,计算 5 年后的到期利息。

解:①按单利计息,则

$$利息 = 1\,000 \times 10\% \times 5 = 500(元)$$

$$本利和 = 1\,000 + 500 = 1\,500(元)$$

② 按复利计息，第一年利息：
$$I_1 = 1\,000 \times 10\% = 100(元)$$
第二年利息：
$$I_2 = (1\,000 + 100) \times 10\% = 110(元)$$
第三年利息：
$$I_3 = (1\,000 + 100 + 110) \times 10\% = 121(元)$$
第四年利息：
$$I_4 = (1\,000 + 100 + 110 + 121) \times 10\% = 133.1(元)$$
第五年利息：
$$I_5 = (1\,000 + 100 + 110 + 121 + 133.1) \times 10\% = 146.4(元)$$
到期利息：
$$I = 100 + 110 + 121 + 133.1 + 146.4 \approx 611(元)$$

从例 5-5 可以看出，若按单利计息，各计息期的本金和利息都是相同的；复利计算的利息比单利计息要多。

2) 名义利率与实际利率

以 1 年为计息基础，按照每一计息周期的利率乘以每年的计息期数，就是名义利率，它是按单利的方法计算的。例如，存款的月利率是 0.66%，1 年有 12 个月，则名义利率为 7.92%，即 6.6‰×12=7.92%。

实际利率是按照复利方法计算的年利率。例如，存款的月利率为 0.66%，1 年有 12 个月，则年实际利率为 $(1+0.66\%)^{12}-1=8.21\%$，可见实际利率比名义利率要高。在项目评估中应该使用实际利率。

实际利率与名义利率按照下面的公式计算：

$$\mathrm{ER} = \left(1 + \frac{\mathrm{NR}}{n}\right)^n - 1 \tag{5-29}$$

式中：ER——实际利率；
　　　NR——名义利率；
　　　n——每年的计息周期。

在式(5-29)中，若 $n=1$，则相当于每年计息一次，这时名义利率与实际利率相等；当 $n>1$ 时，ER>NR。

2. 资金时间价值的计算公式

1) 终值的计算

终值即到期值或本利和，是指一定期间后本金与利息的和。按计算方式不同，分为单利终值和复利终值。

单利/复利终值是指按单利/复利计息的一定时期的本利和，即现在投入一笔资金，按照一定的利率计算，到计算期末的本利和。复利终值的计算公式如下：

$$F = P(1+i)^t \tag{5-30}$$

式中：F——复利值(或终值)，即在计算期末资金的本利和；
　　　P——本金(或现值)，即在计算期初资金的价值；
　　　i——利率；

t——计算期数。

$(1+i)^t$ 也被称为终值系数,或复利系数,记作 $(F/P, i, t)$。它表示 1 元本金按照一定的利率计算到期末的本利和,在实际计算中可以直接用现值乘以终值系数来得到复利值。

【例 5-6】 现在将 10 万元投资于一个年利率为 12% 的基金,并且把利息与本金都留在基金中,那么 10 年后,账户中共有多少钱?

解: $P=10$(万元),$i=12\%$,$t=10$,根据复利终值计算公式:

$$F = P(F/P, i, t) = 10 \times (1+12\%)^{10} = 10 \times 3.1058 = 31.058(万元)$$

比较单利终值和复利终值计算,见表 5-7。

表 5-7 单利终值和复利终值的计算

	单 利 终 值	复 利 终 值
第一年年末	$F=P+P\times i=P(1+i)$	$F=P(1+i)$
第二年年末	$F=P+P\times 2i=P(1+2i)$	$F=P(1+i)(1+i)=P(1+i)^2$
……	……	……
第 n 年年末	$F=P+P\times ni=P(1+ni)$	$F=P(1+i)(1+i)\cdots(1+i)=P(1+i)^n$

2) 现值的计算

现值是指一定期间后,一定量的资金(终值)在现在的价值,即未来的一笔资金按一定的利率计算,折合到现在的价位。按计算方式不同,现值分为单利现值和复利现值。

假定存款人想在将来得到一笔钱(终值),按一定的利率,现在一次应存入多少钱?现值的计算公式与复利终值计算公式正好相反。按单利计算,公式如下:

$$P = F/(1+ni) \qquad (5-31)$$

若按复利计算,则公式为

$$\frac{P}{F} = \frac{1}{(1+i)^t} \qquad (5-32)$$

式中的 $\dfrac{1}{(1+i)^t}$ 为现值系数,表示为 $(P/F, i, t)$。现值系数也可以由现值系数表直接查出,直接用于现值计算。

【例 5-7】 如果要在 5 年后使账户中积累 10 万元,年利率为 12%。根据复利计息,那么现在需要存入多少钱?

解: 此例中,$F=10$(万元),$i=12\%$,$t=5$,查出现值系数为 5.674。根据现值计算公式,可得

$$P = F(P/F, i, t)$$
$$= 10 \times 0.5674$$
$$= 5.674(万元)$$

3) 年金终值的计算

年金,代号为 A,指在一定时期内每隔相同时期收入或支出一定金额的款项。年金的特点是一定时期内,每隔一段时间就发生一次收款或付款业务。每期的金额可以相等(等额年金),也可以不等(不等额年金)。如果没有特别说明,一般采用的年金指的是等额年金。

在现实经济生活中，分期等额形成或发生的各种偿债基金、折旧费、养老金、保险金、租金、等额分期收付款、零存整取、整存零取、债券利息、优先股股息，以及等额收回的投资额等，多属于年金的范畴。

年金按收付的时间不同具体划分为普通年金、预付年金、递延年金和永续年金 4 种。凡收入或支出发生在每期期末的年金均为普通年金；凡收入或支出发生在每期期初的年金均为预付年金；凡收入或支出发生在第一期以后某一时间的年金均为递延年金；凡无限期收入或支出的年金为永续年金。本书以普通年金为例，介绍年金终值和年金现值的计算。

年金终值是指在一段时期内每隔相等的时间投入的等额款项，并按照一定的利率计算到期末的本利和。

假设每年投入资金 A 元，年利率为 i，试计算在 t 年内共积累的资金，即 t 年年金的终值。推导公式如下。

第 1 年投资 A 元到第 t 年的终值为
$$A(1+i)^{t-1}$$
第 2 年投资 A 元到第 t 年的终值为
$$A(1+i)^{t-2}$$
第 3 年投资 A 元到第 t 年的终值为
$$A(1+i)^{t-3}$$
第 t 年投资 A 元到第 t 年的终值为
$$A$$
所以，年等额序列年金的终值为
$$F = A(1+i)^{t-1} + A(1+i)^{t-2} + A(1+i)^{t-3} + \cdots + A \tag{5-33}$$
式(5-33)两端同时乘以 $(1+i)$，再减去式(5-33)，得到
$$F(1+i) - F = A[(1+i)^t - 1]$$
$$F = A \times \frac{(1+i)^t - 1}{i} \tag{5-34}$$

式中的 $\frac{(1+i)^t - 1}{i}$ 被称为年金终值系数或年金复利系数，可以表示为 $(F/A, i, t)$，可从年金终值系数表中查出。

【例 5-8】 设某企业于每年年底在银行存款 1 元，连续存 4 年，按年利率 i 计息，则第 4 年末该项年金的终值如图 5.2 所示。

0	1	2	3	4
	1	$(1+i)$	$(1+i)^2$	$(1+i)^3$
		1	$(1+i)$	$(1+i)^2$
			1	$(1+i)^1$
				1

图 5.2　年金终值计算模式

终值计算如下：
$$(F/A, 4, i) = 1 + (1+i) + (1+i)^2 + (1+i)^3 \tag{5-35}$$

将式(5-35)两边均乘以$(1+i)$，得

$$(F/A, 4, i) \cdot (1+i) = (1+i) + (1+i)^2 + (1+i)^3 + (1+i)^4 \quad (5-36)$$

式(5-36)减去式(5-35)，得

$$(F/A, 4, i) \times (1+i) - (F/A, 4, i) = (1+i)^4 - 1$$

$$(F/A, 4, i) \times (1+i-1) = (1+i)^4 - 1$$

$$(F/A, 4, i) = \frac{(1+i)^4 - 1}{i} \quad (5-37)$$

【例 5-9】 如果某人在将来的 15 年中每年 7 月 1 日存入银行 2 000 元，年利率为 12%。若按复利计算，那么在第 15 年的 7 月 1 日能够取出多少钱？

解： 本题中 $A=2\,000$，$t=15$，$i=12\%$，利用公式(5-34)或者直接使用年金终值公式都会得到相同的结果：

$$F = A(F/A, i, t)$$
$$= 2\,000 \times 37.280$$
$$= 74\,560(元)$$

4) 年金现值的计算

年金现值是指在一段时期内每隔相等的时间投入的款项，并按照一定的利率，折合到现在的价值。

考虑如果已知当年的利率为 i，计划 t 年内每年收回 A 元，那么现在应该投资多少？即已知 i、t 和 A，求 P。

年金现值的计算公式为

$$P = A \times \frac{(1+i)^t - 1}{i(1+i)^t} \quad (5-38)$$

式中 $\frac{(1+i)^t - 1}{i(1+i)^t}$ 是年金现值系数，记作$(P/A, i, t)$。

【例 5-10】 设某一项目投产以后，计划在 8 年内每年收回 800 万元，利率为 12%，问现在需投资多少？

解： 查表得

$$(P/A, 12\%, 8) = 4.968$$

因此，现在需投资

$$P = A(P/A, i, t) = 3\,974.4(万元)$$

5) 偿债基金的计算

偿债基金是为了应付若干年后所需要的一笔资金，在一段时期内，按照一定的利率计算，每期应该提取的等额款项。即为了在 t 年内积累资金 F 元，年利率为 i，计算每年投入多少资金。偿债基金是年金复利值的倒数，其计算公式可由年金复利值公式推出：

$$A = F \times \frac{i}{(1+i)^t - 1} \quad (5-39)$$

式中的 $\frac{i}{(1+i)^t - 1}$ 是偿债基金系数，记为$(A/P, i, t)$。

【例 5-11】 如果要在 8 年后得到包括利息在内的 15 亿元，年利率为 12%，问每年应投入的资金是多少？

解：查偿债基金系数表得到

$$(A/F, 12\%, 8) = 0.08130$$

所以，

$$A = F(A/F, 12\%, 8) = 15 \times 0.08130 = 1.2195 (亿元)$$

6）资金回收值的计算

资金回收值是为了回收现在投入的一笔资金，按照一定的利率计算，在一段时期内每隔相等的时间应该提取的等额款项。

资金回收值计算的要求：若投资 P 元，年利率为 i，要在 t 年内全部收回，那么每年应该收回多少？相当于在已知 P、i 及 t 时，求 A。

资金回收值系数是年金现值系数的倒数，资金回收值的计算公式为

$$A = P \times \frac{i(1+i)^t}{(1+i)^t - 1} \tag{5-40}$$

式中 $\frac{i(1+i)^t}{(1+i)^t - 1}$ 被称为资本回收系数，记作 $(A/P, i, t)$。

【例 5-12】 投资项目的总投资额为 50 万元，计划在 6 年内用企业的利润等额收回，企业的投资利润率预测为 15%，那么企业每年的利润应该为多少？

解：查表得到

$$(A/P, 15\%, 6) = 0.26424$$

因此每年的利润为

$$A = P(A/P, 15\%, 6) = 50 \times 0.26424 = 13.212 (万元)$$

3. 各资金时间价值计算公式之间的关系

上述 6 个基本复利计算公式实际上是在已知利率 i 和年限 t 的条件下，根据现值、终值、等值年金中的一个求另外一个的值。各个系数的关系总结见表 5-8。

表 5-8 各系数关系

系 数	已 知	所 求	表示方法
复利系数	现值	终值	$(F/P, i, t)$
现值系数	终值	现值	$(P/F, i, t)$
年金终值系数	年金	终值	$(F/A, i, t)$
偿债基金系数	终值	年金	$(A/F, i, t)$
年金现值系数	年金	现值	$(P/A, i, t)$
资金回收值系数	现值	年金	$(A/P, i, t)$

5.4 建设项目财务评估的案例

5.4.1 静态盈利能力案例

某一烧碱项目建设期为 3 年，第一年投入 1 000 万元，全部是自有资金；第二年投入

800万元,全部是自有资金;第三年投入1 000万元,全部是银行贷款。建设投资贷款利率为10%,该项目可使用20年,从生产期第三年开始,达到设计能力的100%。正常年份生产某产品10 000吨,总成本费用为1 500万元,销售税金为产品销售收入的10%,产品销售价格为2 500元/吨,并且当年生产当年销售,没有库存。流动资金为500万元,由银行贷款解决。问:该项目的静态盈利指标是多少?

解:
总投资＝建设投资总额＋建设期利息＋流动资金
$$=1\,000+800+1\,000\times(1+10\%)+500$$
$$=3\,400(万元)$$

正常年份利润＝年产品销售收入－年总成本费用－年销售税金
$$=2\,500-1\,500-2\,500\times10\%$$
$$=750(万元)$$

正常年份的利税＝年产品销售收入－年总成本费用
$$=2\,500-1\,500$$
$$=1\,000(万元)$$

根据以上数据,可以计算静态盈利能力指标:

投资利润率＝正常年份利润总额/总投资额×100%
$$=750/3\,400\times100\%$$
$$=22.06\%$$

投资利税率＝正常年份利税总额/总投资×100%
$$=1\,000/3\,400\times100\%$$
$$=29.41\%$$

资本金利润率＝正常年份利润总额/资本金总额×100%
$$=750/1\,800\times100\%$$
$$=41.67\%$$

静态财务效益指标在项目评估中的作用主要体现在:这些效益指标一般要高于或等于同行业的平均效益指标,从而才有利于做出选择该项目的决策。烧碱项目的基准投资利润率为15%,基准投资利税率为23%,因此从该烧碱项目的静态投资盈利能力指标看,该项目在财务上是可行的。

5.4.2 动态盈利能力案例

(1)某项目的建设期为2年,建设第一年投资1 400万元,第二年投资2 100万元,流动资金投资额为1 000万元,项目第三年年初开始投产,并达到80%的生产能力,销售收入为8 000万元。第四年起达到100%的生产能力,销售收入为10 000万元,销售税金共计为销售收入的9%。生产正常年份的所得税第三年为200万元,从第四年起每年为300万元。第三年的经营成本为5 000万元,从第四年起为7 000万元。该项目可使用17年,17年后有固定资产净残值500万元。项目的基准收益率为12%。

问:项目全部投资的财务净现值和财务净现值率各为多少?

解: 根据题意得到全部投资税前现金流量表见表5-9。

表 5-9 投资税前现金流量表   单位：万元

序号	项目	1	2	3	4～16	17
1	现金流入					
1.1	销售收入			8 000	10 000	10 000
1.2	回收固定资产余值					500
1.3	回收流动资金					1 000
2	现金流出					
2.1	建设投资	1 400	2 100			
2.2	流动资金			1 000		
2.3	经营成本			5 000	7 000	7 000
2.4	销售税金			720	900	900
2.5	所得税			200	300	300
3	净现金流量	−1 400	−2 100	1 080	1 800	3 300

$$\begin{aligned}
\text{FNPV} &= 1\,080(P/F,12\%,3) + 1\,800 \times [(P/A,12\%,16) \\
&\quad - (P/A,12\%,3)] + 3\,300 \times (P/F,12\%,17) - 1\,400 \\
&\quad \times (P/F,12\%,1) - 2\,100 \times (P/F,12\%,2) \\
&= 1\,080 \times 0.712 + 1\,800 \times (6.974 - 2.402) + 3\,300 \times 0.146 \\
&\quad - 1\,400 \times 0.893 - 2\,100 \times 0.797 \\
&= 6\,556.46 (\text{万元})
\end{aligned}$$

因为 FNPV>0，所以项目可行。

$$\begin{aligned}
I_P &= 1\,400 \times (P/F,12\%,1) + 2\,100(P/F,12\%,2) \\
&\quad + 1\,000 \times (P/F,12\%,2) - 1\,500 \times (P/F,12\%,17) \\
&= 1\,400 \times 0.893 + 2\,100 \times 0.797 + 1\,000 \times 0.712 - 1\,500 \times 0.146 \\
&= 1\,250.2 + 1\,673.7 + 712 - 219 \\
&= 3\,416.9 (\text{万元})
\end{aligned}$$

所以项目的财务净现值率为

$$\begin{aligned}
\text{FNPVR} &= \frac{\text{FNPV}}{I_P} \times 100\% \\
&= \frac{6\,556.46}{3\,416.9} \times 100\% \\
&= 19.19\%
\end{aligned}$$

根据财务净现值率判断，项目也是可行的。财务净现值与财务净现值率两个指标的结论是一致的。

（2）某公司以 62 万元购置了一台计算设备，估计设备的经济寿命为 5 年，残值为 0，第一年净收益为 10.7 万元，以后 4 年每年的收益为 21.4 万元。

问：购买该设备的内部收益率是多少？

解：该项目的现金流量表见表 5-10。

表 5-10 现金流量表　　　　　　　　　　　　　　单位：万元

年份 项目	1	2	3	4	5
现金流入	10.7	21.4	21.4	21.4	21.4
现金流出	62				
净现金流量	−51.3	21.5	21.4	21.4	21.4

使用试差法，先选择较大的折现率。首先用 20% 的折现率试算得到

$$NPV_1 = 21.4 \times [(P/A, 20\%, 5) - (P/F, 20\%, 1)] - 51.3 \\ \times (P/F, 20\%, 1) \\ = 21.4 \times (2.991 - 0.833) - 51.3 \times 0.833 \\ = 3.45$$

因为 $NPV_1 > 0$，应该选择一个更高的折现率来试算，试取 25%：

$$NPV_2 = 21.4 \times [(P/A, 25\%, 5) - (P/F, 25\%, 1)] - 51.3 \\ \times (P/F, 25\%, 1) \\ = 21.4 \times (2.689 - 0.800) - 51.3 \times 0.800 \\ = 40.42 - 41.04 \\ = -0.62$$

因为 $NPV_2 < 0$，已经符合条件。

代入插值法公式，有

$$IRR = 20\% + \frac{25\% - 20\%}{|3.55| + |-0.62|} \times 3.45 = 24.24\%$$

故项目的内部收益率近似为 24.24%。

5.4.3　项目清偿能力案例

（1）某项目的建设期为两年，第一年投资 210 万元，第二年投资 160 万，第三年开始生产，当年的生产负荷为 2/3，从第四年开始满负荷生产。正常生产年份的销售收入为 360 万元，经营成本与销售税金之和为 240 万元。第八年项目结束，有 40 万元的残值收入。不考虑所得税，求项目的投资回收期。

解：根据题意得到项目全部投资简化的现金流量表，见表 5-11。

表 5-11 项目投资净现金流量表　　　　　　　　　　　单位：万元

年份 项目	1	2	3	4	5	6	7	8
现金流入			240	360	360	360	360	400
现金流出	210	160	160	240	240	240	240	240
净现金流量	−210	−160	80	120	120	120	120	160
累计净现金流量	−210	−370	−290	−170	−50	70	190	350

从建设期开始的项目投资回收期为

$$投资回收期 = 6 - 1 + 50/120$$
$$= 5.42(年)$$

静态投资回收期是国际上广泛使用的计价指标,已经有了几十年的历史,它的主要优点是能反映项目本身的资金回收能力,且容易理解,计算简单,形象直观,对于技本上更新迅速的项目进行风险分析时特别有效。它的主要缺点是没有考虑资金的时间价值,而且更重要的是,它过分强调资金的迅速回收,不考虑资金回收以后项目的盈利情况,没有评价项目在整个计算期内的效益。

我国还处于发展中国家的经济起飞阶段,资金短缺是我国资金供求的常态。因此我国历来对这个指标比较重视。在项目比选中,两个项目的财务净现值相同时,就要考察各自的投资回收期,选择投资回收期较短、资金回流快的项目投资,以加速社会资金的流转,提高社会资金的使用效率。

(2) 仍然使用上述计算静态投资回收期时的例子。在现金流量表的基础上加上折现系数,得到净现金流量现值,其计算结果见表5-12(折现率取12%)。

表5-12 项目投资净现金流量现值表 单位:万元

年份 项目	1	2	3	4	5	6	7	8
现金流入			240	360	360	360	360	400
现金流出	210	160	160	240	240	240	240	240
净现金流量	−210	−160	80	120	120	120	120	160
折现系数	0.8929	0.7972	0.7118	0.6355	0.5674	0.5066	0.4523	0.4039
净现金流量现值	−187.500	−127.551	56.942	76.262	68.091	60.796	54.282	64.621
累计净现金流量现值	−187.500	−315.051	−258.109	−181.847	−113.756	−52.960	1.322	65.943

项目动态全部投资回收期 = 7 − 1 + 52.960/54.282 = 6.98(年)

与静态投资回收期相比,动态投资回收期考虑了现金收支的时间因素,能够反映资金的时间价值,因而能够比静态投资回收期更科学地反映资金的回收情况;但是动态投资回收期的计算比较麻烦,而且在折现率比较小时,与静态投资回收期相差并不大。

5.4.4 借款偿还期案例

设某项目建设期末借款本息和为600万元,与借款银行确定的还款期限是6年,利率为12%,分别按照等本偿还法与等额偿还法计算每年应该偿还的金额与各年的本金和利息。

解:按照等本偿还法的公式,每年偿还本金相同,等于100(600/6)万元,当年应付利息要根据年初本金余额来计算。即第一年应付息为72(600×0.12)万元,以此类推,每年偿还金额与偿还本金、利息见表5-13。

表 5-13　等本偿还法每年的本金与利息　　　　　　　　　　　　单位：万元

年　份	年初本息和	本年还本	本年付息	本年偿还金额	年末余额
1	600	100	72	172	500
2	500	100	60	160	400
3	400	100	48	148	300
4	300	100	36	136	200
5	200	100	24	124	100
6	100	100	12	112	0

等额偿还方式下，本年偿还金额为

$600 \times (A/P, 12\%, 6) = 600 \times 0.243\,226 = 145.94$（万元）

当年应付利息根据年初本息和计算，在偿还总金额中扣除利息部分，就是当年偿还的本金额，计算得到的各年应偿还本金与利息及每年余额见表 5-14。

表 5-14　等额偿还法每年的本金与利息　　　　　　　　　　　　单位：万元

年　份	年初本息和	本年还本	本年付息	本年偿还金额	年末余额
1	600.00	72.94	72.00	145.94	526.06
2	526.06	82.91	63.13	145.94	443.26
3	443.26	92.74	53.19	145.94	350.51
4	350.51	103.87	42.6	145.94	246.64
5	246.64	116.34	29.60	145.94	130.30
6	130.30	130.30	15.64	145.94	0.00

5.4.5　项目运营期内资金流动性分析案例

某一建设项目建设期与运营期开始几年的资产负债表见 5-15，该项目各年相应的财务比率如图 5.3（计算过程略）。

表 5-15 表明了该项目一般的财务状况：运行期最初的几年流动性不足，而后情况逐步得到改善。例子中的项目资产负债率始终符合要求，但是在开始生产的头两年，流动比率与速动比率都没有达到一般的要求，在接下来的几年才分别超过了 2 与 1。3 个指标的变化图揭示了各自在整个项目计算期内的发展趋势。

表 5-15　项目资产负债表　　　　　　　　　　　　单位：万元

序号	项目	建设期		经营期		
		0	1	2	3	4
1	资产	3 500	3 700	5 080	5 690	6 280
1.1	流动资产	0	0	550	1 630	2 690
1.1.1	银行存款			50	50	50
1.1.2	应收账款			100	460	460

续表

序号	项目	建设期		经营期		
		0	1	2	3	4
1.1.3	存货			400	580	580
1.1.4	累计盈余资金	0	0	0	540	1 600
1.2	在建工程	3 500	3 700			
1.3	固定资产净值			3 330	2 960	2 590
1.4	无形及递延资产净值		1 200	1 100	1 000	
2	负债	2 500	2 500	2 870	2 570	2 170
2.1	流动负债	0	0	870	970	970
2.1.1	应付账款			400	450	450
2.1.2	短期借款			470	520	520
2.2	建设投资借款	2 500	2 500	2 000	1 600	1 200
3	所有者权益	1 000	1 200	2 210	3 120	4 110
3.1	资本金	1 000	1 200	1 300	1 300	1 300
3.2	累计盈余公积金			440	730	1 220
3.3	累计未分配利润			470	1 090	1 590
	负债与所有者权益合计	3 500	3 700	5 080	5 690	6 280
	资产负债率	71.43%	67.57%	56.50%	45.17%	34.55%
	流动比率			63.22%	168.04%	277.32%
	速动比率			17.24%	108.25%	217.53%

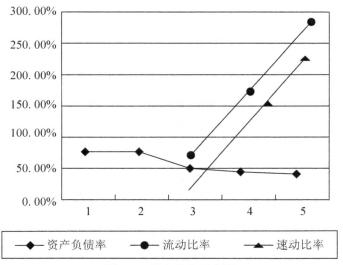

图 5.3 财务比率示意图

值得注意的是，3个财务指标的良性变化是由于在资产负债表中的资产一方存在"累计盈余资金"一项，该项作为流动资产存在，在运营期内迅速累积，很快就占到了流动资产的相当比例，是改善3项财务指标的主要原因。

资产负债表中的"累积盈余资金"是逐年累计的在项目运营过程中的盈余资金。盈余资金指的是项目所有的资金来源与资金运用之差，来源包括利润、折旧、摊销、长期借款、流动资金借款、自有资金以及固定资产余值和流动资金回收。资金运用指的是建设投资、流动资金投资、所得税、应付利润以及借款本金偿还（利息偿还已经在计算利润时从总成本费用中计入了）。资金来源与运用的差就是项目各年的盈余资金，从而累计盈余资金作为一项流动资产进入了资产负债表。

本 章 小 结

通过本章学习，可以了解到建设项目财务评估的相关内容，有助于熟悉建设项目财务评估的流程和注意事项。本章对财务评估的指标和方法进行了较为深入的剖析，掌握财务评估的指标和方法能够对在项目的实际操作过程中，进行更好的判断和选择，以便使项目能兼顾到各方的利益，朝着有利于国家和社会的方向发展。

习 题

1. 思考题

(1) 简述财务效益评估的基本目标和原则。

(2) 简述财务效益评估指标主要涉及哪两个部分。两者的区别是什么？

(3) 资金时间价值的含义是什么？

(4) 简述内部收益率的经济含义。

2. 练习题

(1) 某企业向银行借款10万元，借款利率为10%。若借款时间为5年，5年后该企业该还银行多少钱？分别按照单利和复利计算。

(2) 仍然使用第1题的资料。现在银行希望在10年后获得259.37万元的资金，那么现在应该要往外发放多少贷款？

(3) 某人每年存入银行30 000元，存5年准备买房用，存款年利率为3%。

问：① 5年后此人能从银行取出多少钱？

② 若他打算在5年后从银行取出159 274元的资金。那现在此人每年应存入银行多少钱？

(4) 某人为小孩读书准备一笔资金，打算让小孩在今后的4年中，每月可以从银行取出600元作为生活费。现在银行存款月利率为0.3%，那么此人现在应存入银行多少钱？

(假设生活费提取从资金存入1月后开始)

(5) 某企业现在购买一台机器,价值20万元,希望在今后5年内等额回收全部投资。若资金的折现率为3%,试求该企业每年回收的投资额。

(6) 某工程项目期初投资1 000万元,两年建成投产。投产后每年的净收益为140万元。该项目的静态投资回收期是多少?

(7) 某项目的寿命期为4年,其现金流量见表5-16。试计算该项目的内部收益率。

表5-16　某项目　现金流量表　　　　　　　　　单位:元

年　份	0	1	2	3	4
现金流量	-1 000	400	370	240	220

第6章 建设项目经济费用效益分析

教学目标

主要讲述建设项目经济费用效益分析的基本理论和方法。通过本章学习,应达到以下目标:

(1) 了解经济费用效益分析的必要性;
(2) 掌握经济费用效益分析的方法;
(3) 熟悉经济费用效益分析与财务分析的关系、经济费用效益分析的程序;
(4) 理解社会折现率、影子工资、影子汇率等经济分析参数;
(5) 理解费用与效益的鉴别与度量及转移支付;
(6) 熟悉外贸货物、非外贸货物及特殊投入物影子价格的计算;
(7) 掌握经济费用效益分析报表的编制及经济费用效益分析指标。

学习要点

知识要点	能力要求	相关知识
项目经济费用效益分析概述	(1) 理解经济费用效益分析的含义 (2) 熟悉经济费用效益分析和财务分析的关系 (3) 熟悉经济费用效益分析的步骤	(1) 建设项目经济费用效益分析的含义及必要性 (2) 经济费用效益分析与财务分析的关系 (3) 经济费用效益分析的步骤
经济评价参数	理解社会折现率及影子汇率	(1) 社会折现率 (2) 影子汇率

续表

知识要点	能力要求	相关知识
费用和效益的识别	（1）了解费用和效益识别、计算的原则 （2）掌握费用和效益的含义 （3）理解间接费用和间接效益 （4）理解转移支付的内涵	（1）费用和效益的概念 （2）间接费用和间接效益 （3）费用和效益识别的原则 （4）费用和效益计算的原则 （5）转移支付
影子价格及其调整计算	（1）了解影子价格及货物的划分 （2）理解外贸货物、非外贸货物及特殊投入物的影子价格的计算 （3）了解其他投入物的影子价格	（1）影子价格 （2）货物的划分 （3）外贸货物的影子价格 （4）非外贸货物的影子价格 （5）特殊投入物的影子价格 （6）其他投入物的影子价格
经济费用效益分析报表	理解经济费用效益分析基本报表及辅助报表的编制	（1）经济费用效益分析基本报表 （2）经济费用效益分析辅助报表
经济费用效益分析指标	掌握经济净现值、经济内部收益率和经济效益费用的含义、计算及判别标准	（1）经济净现值（ENPV） （2）经济内部收益率（EIRR） （3）经济效益费用比（R_{BC}）

基本概念

经济费用效益分析；费用和效益；外部效果；影子价格；转移支付；经济内部收益率；经济净现值；经济效益费用比。

引例

水电大省四川小水电站调查

四川省地处长江上游，金沙江、雅砻江、大渡河等多条大江大河横贯境内，水电蕴藏量达1.4亿千瓦，是我国水利资源最为丰富的省份。对四川的很多地方来说，这些水电资源也是当地一笔亟待开发的宝贵财富。可是，最近，四川省有关部门在对该省水电资源进行调查的时候发现，一些地方在没有立项、没有设计、没有管理、没有验收的情况下，就盲目开工兴建了一批小水电站，不仅破坏了河流的生态环境，还给一些河流的汛期行洪带来了安全隐患。目前，四川省已经开始对这些四无小水电站进行全面整治，《经济半小时》记者前往四川进行了调查。

记者从雅安驱车6个多小时来到了位于石棉县的小水河，小水河是大渡河上的一条支流，全长34千米。在这里记者看到，在小水河两岸，从上游至下游，水电站一座接着一座，整个小水河流域，已经布满了大大小小的水电站，在这里放眼望去，竟能看到3个水电站紧紧相连。而远处的这个水电站为了取水发电，已经将上百米的管道架设到小水河上方的山坡上，从它的支流上将水引入水电站。记者在这里发现，全长34千米的小水河已建成的和正在施工的水电站竟达17个，也就是说在小水河上平均每2千米就有一个水电

站。石棉县副县长石松告诉记者,仅石棉县目前在建和已建的水电站就达200座。水电投资占石棉县整个固定资产投资的90%,增长了68%。

据四川省有关管理部门介绍,像小水河这样的小型水电站,在四川许多地方较为普遍,一些小水电站在建设中既无立项和设计,又无管理和验收手续,属四无电站,根据四川省水利电力厅有关部门统计,截至2003年7月20日,共查出"四无"水电站128座。其中无立项63座,无可研或无初步设计批文的102座,无建设期管理的14座。这些"四无"水电站曾经使一些地方的水电站建设和电站的内部施工管理上处于一种无序的状态。"四无"水电站除了对水电站本身影响很大以外,还牵涉公共环境和社会安全。

四川省水电局将陆续拆除不合格的水电站。为什么这些建起来的水电站还面临着可能被拆掉的命运?"四无"水电站的危害究竟有多大呢?

现在的整治工作涉及了从设计到施工、到生态环境保护等方方面面的内容,非常复杂。而在这些工作里面,实际操作难度最大的恐怕就是施工中的管理问题了。因为这些小水电站全都分布在大大小小的山沟里,山高路远,给管理工作带来了很大难度。电站施工中的管理问题是这次整治中最为突出的一个问题,如弃渣堵塞河道等问题,影响了河道的安全性,影响了过流断面的建筑,现在采取了拆除的办法。

在整治过程中,遇到的另一个问题是建设与环境保护的问题,而这是一个十分困难的问题。记者在青衣江一条叫做西河的支流上看到,在这里,西河的水缓缓流过田野,山上树木郁郁葱葱,一条瀑布从山间飞流直下,成了这里一道亮丽的风景。而就在这条瀑布的下面,记者却又发现了一个水电站正在开工修建,为了方便施工,已经将河道用沙石填平了一半,另一半则架起了便桥,因为修路筑桥,这里的山体遭到开挖,并被裸露在外。

四川省地方水电局在调查中还发现,一些小电站施工不规范,开挖山体的时候,还发生过堵塞河道、毁坏道路的情况。像峨边县的玉林电站,就因为修建过程中随意开山放炮,结果落下的山石震裂了山边的桥梁,导致当地交通中断了十多天。而违规施工在环境上付出的代价,更让环境专家们感到痛心。

因为缺少水源的涵养和电站施工的影响,小水河周围的环境已经显得格外脆弱,在调查中记者发现,整个小水河流域已经普遍出现了山体滑坡、泥石流等现象。曾经主持过长江三峡工程对生态与环境影响课题研究的陈国阶研究员告诉记者,由于现在进行大量的水电站建设,建水电站就要有水电站的工地,要开挖,这里面会引起山体的滑坡,引起泥石流,引起地质的不稳定,所以会给环境带来一系列的严重后果。

四川方面重拳出击整治小水电站。有专家指出,发展小水电站,还要考虑将来在整个电网规划中小电站与大电厂的利益关系,还要考虑地方利益与国家利益的关系,也要考虑经济发展与生态环境保护的协调统一。只有从长远的角度和国家整体规划的角度出发发展水电站,才能更好地发展电力市场。以后在一些山区经济的规划中,除了开发水电,发展生态旅游和生态农业也不失为一个好办法。

类似地,还有许多项目,或者对整个社会有重大的影响作用,或者存在巨大的外部性,它们都需要从宏观的角度来考察评估,而这种宏观角度的考察就是本章将要介绍的项目经济费用效益分析。

6.1 建设项目经济费用效益分析概述

6.1.1 建设项目经济费用效益分析的含义及必要性

1. 经济费用效益分析含义

经济费用效益分析是按照资源合理配置的原则，分析项目投资的经济效率和对社会福利所做出的贡献，评价项目的经济合理性。建设项目的经济评价应当包括企业的财务分析和经济费用效益分析两部分。项目的财务分析在第 5 章已经讨论过了。它是从企业的角度出发，以企业作为评价范围来考察和研究一个项目建成后给企业所创造经济效益的大小，并据此决定拟建项目的取舍。因为评价的范围很窄，故称之为微观经济评价。

建设项目的经济费用效益分析是从国家和社会的角度出发，以国家作为评价范围来考察和研究一个项目建成后给国民经济所做出的贡献大小，并据此来决定拟建项目的取舍。故称其为国民经济评价或宏观经济评价。

一般对于现行财务价格不能真实反映项目产出的经济价值，财务成本不能包含项目对资源的全部消耗，财务效益不能包含项目产出的全部经济效果的项目，需要进行经济费用效益分析。下列类型项目应进行经济费用效益分析。

(1)具有自然垄断性质的项目，如电力、电信、交通运输等行业的项目。这些项目存在着规模效益递增的产业特性，且一般不会按照帕累托最优规则运作，从而导致市场资源配置失灵。

(2)具有公共产品性质的项目。即项目提供的产品或服务在同一时间内可以被共同消费，具有"消费的非排他性"和"消费的非竞争性"的特征。由于市场价格机制只有通过将那些不愿意付费的消费者排除在该物品的消费之外才能得以有效运作，因此市场机制对公共产品项目的资源配置失灵。

(3)具有显著外部效果的项目。外部效果是指一个个体或厂商的行为对另一个个体或厂商产生了影响，而该影响的行为主体又没有负相应的责任或没有获得应有报酬的现象。产生外部效果的行为主体由于不受预算约束，因此常常不考虑外部效果、结果和承受者的损益情况。这样，这类行为主体在其行为过程中常常会低效率甚至无效率地使用资源，造成消费者剩余与生产者剩余的损失及市场失灵。

(4)对于涉及国家控制的战略性资源开发及国家经济安全的项目。这些项目往往具有公共性、外部效果等综合特征，不能完全依靠市场配置资源。

(5)受过度行政干预的项目，如国家及地方政府参与投资的项目，及国家给予补贴或减免税收的项目，政府对经济活动的干预如果干扰了正常的经济活动效率，也是导致市场失灵的重要因素。

2. 经济费用效益分析的必要性

(1)经济费用效益分析是项目评价方法体系的重要组成部分，市场分析、技术方案分析、财务分析，环境影响分析、组织机构分析和社会评价都不能代替经济费用效益分析的功能和作用。由于市场本身和政府不恰当的干预导致的市场资源配置失灵，市场价格难以反映项目的真实经济价值，财务价格的"扭曲"和"失真"，不能真实反映项目产出的全部经济价值；财务费用不能包含对资源的全部消耗，因此客观上需要通过经济费用效益分析来反映项目的真实经济价值，判断投资的经济合理性。

（2）经济费用效益分析是市场经济体制下，政府对公共项目进行分析评价的重要方法，是市场经济国家政府部门干预投资活动的重要手段。

（3）在新的投资体制下，国家对项目的审批和核准重点放在项目的外部效果和公共性方面。经济费用效益分析强调从资源配置经济效益的角度分析项目的外部效果，能够判断建设项目的经济合理性，是政府审批或核准项目的重要依据。

经济费用效益分析是全面协调可持续发展的要求，有助于全面、客观地反映项目的经济效果。

6.1.2　经济费用效益分析与财务分析的关系

建设项目的经济分析分为财务分析和经济费用效益分析两部分，两者从不同的角度对项目进行分析，同时又存在紧密的联系。

1. 经济费用效益分析与财务分析的共同点

（1）两者都是经济效果评价，都使用基本的经济评价理论和方法，都要寻求以最小的投入获得最大的产出，都要考虑资金的时间价值，采用内部收益率、净现值等经济盈利性指标进行经济效果分析。

（2）两者评价都要在可行性研究内容的基础上进行。

2. 经济费用效益分析与财务分析的区别

1）评价的角度不同

财务分析是从项目财务的角度出发，通过测算项目带来的现金流等变化来分析、评估该项目，因此仅从投资者、债权人的经济利益出发来确定项目是否可行；而经济费用效益分析是从国民经济的整体利益出发，分析项目对整个国民经济乃至整个社会产生的效益，考察的因素更加全面，是从项目对社会整体的效益来判断项目的可行性。

2）经济目标不同

财务分析是为了考察项目的微观经济效益，主要为投资者服务；而经济费用效益分析则从全社会福利和国家的角度出发，考察项目的经济合理性和宏观可行性。

3）费用与效益的含义和范围不同

财务分析是根据项目直接发生的财务收支，计算项目的费用和效益；经济费用效益分析是根据项目所消耗和增加社会资源来考察项目的费用和效益。财务分析只考察直接费用和直接效益，经济费用效益分析除考察直接费用和直接效益外，还要考察项目所引起的间接费用和间接效益，因此，如补贴、税金（部分）和国内借款利息，在财务分析中是作为收支来考虑的，而在经济费用效益分析中是作为转移支付剔除的。

4)计算的价值尺度和参数不同

财务分析采用国内现行价格,将各部门、各行业的基准收益率或是综合平均利率加风险系数作为折现率,不同的项目有不同的折现率,使用官方汇率;经济费用效益分析为反映资源的稀缺性和有效使用,追求国民经济结构的合理化,纳入国内、国际市场价格体系,反映市场供求关系的价格(影子价格),采用全国统一的社会折现率,并使用影子汇率。

综上所述,如果仅仅依据财务分析的结论来确定投资项目的经济合理性,则可能将财务效果不大好而对整个社会极为有利的项目否决;或者使财务分析效果好但不利于社会资源合理配置的项目被准予建设,无疑均将给国家和社会带来无法弥补的损失。

6.1.3 经济费用效益分析的步骤

一般而言,经济费用效益分析分两种情况:一是在财务分析的基础上进行;二是直接进行经济费用效益分析。下面分别介绍主要的步骤。

1. 在财务分析的基础上进行经济费用效益分析的步骤

1)费用和效益范围的调整

(1) 剔除已计入财务效益和费用中的转移支付,如税金、补贴、国内借款利息等。

(2) 识别项目的外部效益和外部费用,对能定量的应进行定量计算;不能定量的,应进行定性描述。

2)效益和费用数值的调整

(1) 建设投资的调整。对建设投资的调整应剔除引进设备、材料中属于国民经济内部转移支付的关税和增值税,并用影子汇率、影子运费和贸易费用对进口设备、原材料价值进行调整;对于国内设备则采用影子价格、影子运费和贸易费用进行调整。

根据建筑工程消耗的人工、材料、机械、电力等,用影子工资、货物和电力的影子价格调整建筑费用,或通过建筑工程影子价格换算系数直接调整建筑费用。

若安装工程中的材料费占很大比重,或有进口安装材料,也应按材料的影子价格调整安装费用。土地费用也按土地的影子价格进行调整。

(2) 流动资金的调整。调整由于流动资金估算基础的变动引起的流动资金占用量的变动。

(3) 经营费用的调整。用影子价格调整各项经营费用,对主要原材料、燃料及动力费用用影子价格进行调整;对劳动工资及福利费,用影子工资进行调整。

(4) 销售收入的调整。用影子价格调整计算项目产出物的销售收入。

(5) 调整外汇价值。国民经济评价各项销售收入和费用支出中的外汇部分,应用影子汇率进行调整,计算外汇价值;从国外引入的资金和向国外支付的投资收益、贷款利息,也应用影子汇率进行调整。

3)编制表格与计算指标

编制项目投资经济效益费用流量表,并据此计算经济内部收益率和经济净现值指标。

2. 直接进行经济费用效益分析的步骤

(1)识别和计算项目的内部效益。对能为国民经济提供产出物的项目,首先应根据产出物的性质确定是否属于外贸货物，再根据定价原则确定产出物的影子价格。按照项目的产出物种类、数量及其逐年的增减情况和产出物的影子价格计算项目的内部效益。对能为国民经济提供服务的项目，应根据提供服务的数量和用户的受益计算项目的内部效益。

（2）用货物的影子价格、土地的影子费用、影子工资、影子汇率、社会折现率等参数直接进行项目的投资估算。

（3）流动资金估算。

（4）根据生产经营的实物消耗，用货物的影子价格、影子工资、影子汇率等参数计算经营费用。

（5）识别和计算项目的外部效益和外部费用。能定量的应进行定量计算，难定量的，应进行定性描述。

（6）编制有关报表，并计算相应的评价指标。

6.2 经济评价参数

6.2.1 社会折现率

1. 社会折现率的含义、作用

经济费用效益分析方法，主要采用动态计算方法，计算经济净现值或经济内部收益率指标。在计算项目的经济净现值指标时，需要使用一个事先确定的折现率；在使用经济内部收益率指标时，需要与一个事先确定的基准收益率进行对比，以判定项目的经济效益是否达到了标准。常常将经济净现值计算中的折现率和经济内部收益率判据的基准收益率统一起来，规定为社会折现率。

社会折现率具有双重职能。一是作为项目费用效益的不同时间价值之间的折现率，社会折现率反映了对于社会费用效益价值的时间偏好，也就是代表人们对于现在社会价值与未来价值之间的权衡或估计；二是作为项目经济效益要求的最低经济收益率，社会折现率代表着社会投资所要求的最低收益率水平、最低收益率，理论上认为应当由社会投资的机会成本决定，即由社会投资的边际收益率决定。

社会折现率作为基准收益率，社会折现率的取值高低直接影响项目经济可行性的判断结果。社会折现率如果取值过低，将会使得一些经济效益不好的项目投资得以通过，经济评价不能起到应有的作用；取值提高，会使一部分本来可以通过评价的项目因达不到判别标准而被舍弃，从而间接起到调控投资规模的作用。

在项目的选优和方案比选中，社会折现率的取值高低会影响比选的结果。较高的取值，将会使远期收益在折算为现值时发生较高的折减，因此有利于社会效益产生在近期，但在远期有较高的社会成本的方案和项目入选，而社会效益主要产生在远期的项目被淘汰。这可能会导致对评价结果的误导。例如，对生态环境造成破坏的项目，高折现率将未来环境污染的成本负担折减计算。

在实践中,国家根据宏观调控意图和现实经济状况,制定发布统一的社会折现率,以利于统一评价标准,避免参数选择的随意性。

2. 社会折现率的测定原则

目前公布的社会折现率取值,是以资金的社会机会成本与费用效益的时间偏好率二者为基础进行测算的结果。

在项目评价中,社会折现率既代表了资金的机会成本,也是不同年份之间费用效益的折算率。理论上,如果社会资源供求在最优状态平衡,资金的机会成本应当等于不同年份之间的折算率。但在现实经济中,社会投资资金总是表现出一定的短缺,资金的机会成本总是高于不同年份之间的费用效益折算率。同时,由于投资风险的存在,资本投资所要求的收益率总是要高于不同年份折算率。因此,按照资金机会成本原则确定的社会折现率总是高于按照费用效益的时间偏好率原则确定的数值。

3. 社会折现率的确定

目前社会折现率的确定主要有两种基本思路:一种是基于资金的社会机会成本的方法;另一种是基于社会时间偏好率的方法。

根据一些经济学者的研究,社会时间偏好率可以分解为两部分:纯时间偏好率以及随边际收入递增引起的未来价值贬值。纯时间偏好率估计约为1%~2%。我国人均GDP的增长率,长期按7%~8%计,伴随边际收入递增,未来价值的贬值系数估计为0.5,则随着边际收入递增未来价值的贬值估计为3.5%~4%。两项合计,社会时间偏好率估计为4.5%~6%。

根据一些数量经济学者的研究,采用生产函数方程,依据我国经济发展统计数据,预测我国未来20年以内的社会资本收益率为9%~11%。

考虑到时间偏好与社会资本收益率之间的折中,《建设项目经济评价方法与参数》(第三版)推荐的社会折现率为8%。

对于不同类型的具体项目,应当视项目性质采取不同的社会折现率。例如,对于交通运输项目的社会折现率要比水利工程项目高。对于一些特殊的项目,主要是水利工程、环境改良工程、某些稀缺资源的开发利用项目,采取较低的社会折现率,可能会有利于项目的优选和方案优化。

对于永久性工程或者收益期超长的项目,不如水利设施等大型基础设施和具有长远环境保护效应的工程项目,宜采用低于8%的社会折现率。对于超长期项目,社会折现率可用按时间分段递减的取值方法。

6.2.2 影子汇率

影子汇率是指能正确反映国家外汇经济价值的汇率。建设项目经济费用效益评价中,项目的进口投入物和出口产出物,应采用影子汇率换算系数调整计算进出口外汇收支的价值。

影子汇率可通过影子汇率换算系数得出。影子汇率换算系数指影子汇率与外汇牌价之间的比值。影子汇率应按下式计算:

$$影子汇率 = 外汇牌价 \times 影子汇率换算系数 \quad (6-1)$$

根据我国外汇收支、外汇供求、进出口结构、进出口关税、进出口增值税及出口退税补贴等情况，影子汇率换算系数为1.08。

1. 影子汇率及其测定原则和方法

影子汇率即单位外汇的影子价格，它等于外汇的社会边际成本或边际贡献，是国家每增加或减少一单位的外汇收入所需要付出或节约的社会成本。世界上对影子汇率的研究比较多，目前存在着多种测定方法。

1）以影子汇率基本概念为基础的测算方法

在现有的外汇收支状况下，国家在现有水平上增加一个单位的外汇收入，可以一部分用于增加进口，另一部分用于减少出口。一般认为，在实际上，这一单位外汇中有多少用于进口或出口，取决于国家外贸的进出口弹性。用于增加进口，可增加国内消费或投资，获得社会经济效益；用于减少出口，可减少国内生产出口产品的资源消耗费用。一个单位外汇的社会经济价值，取决于用于增加进口而获得的经济效益，以及减少出口获得的社会资源消耗费用节省这两部分之和。前者的社会经济效益应当以使用者的支付意愿定价；后者资源费用的节省由这些社会资源的社会经济价值决定，应当也决定于这些资源的社会使用者的支付意愿。基于这种理论，影子汇率的计算可以采用下面的公式：

$$\mathrm{SER} = \sum_{i=1}^{n} f_i \times \frac{\mathrm{PD}_i}{\mathrm{PC}_i} + \sum_{i=1}^{m} x_i \times \frac{\mathrm{PD}_i}{\mathrm{PF}_i} \qquad (6-2)$$

式中：SER——影子汇率；

f_i——边际上增加单位外汇时将用于进口i货物的那部分外汇；

x_i——边际上增加单位外汇时将导致减少出口i货物的那部分外汇；

PD_i——i货物的国内市场价格（人民币计价）；

PC_i——i货物的进口到岸价格（人民币计价）；

PF_i——i货物的出口离岸价格（人民币计价）；

f_i与x_i代表边际上单位外汇使用与各种进出口货物的分配权重，其总和为1。

2）以均衡汇率理论为基础的测定方法

如果外汇的边际成本等于边际贡献，那么国家的外汇收支应当处于可以由市场主动平衡的状态，即外汇收支处于均衡状态，这种可以使外汇收支平衡的汇率称为均衡汇率。影子汇率的一种理论上的确定方法是以均衡汇率为基础的。由于国家的外汇收支并没有处于市场主动平衡的状态，国家外汇牌价相对于影子汇率存在着差异，该差异一方面来自外汇牌价对均衡汇率的扭曲，一方面来自进出口关税带来的扭曲。采用均衡汇率理论测定影子汇率的方法可以用下面的公式表示，但还需要通过一定的模型估算。

$$\mathrm{SER} = W_s \times \mathrm{BER} \times (1+T_0) + W_d \times \mathrm{BER} \times (1+T_i) \qquad (6-3)$$

$$W_s + W_d = 1$$

$$W_s (外汇需求权重) = \frac{-U_i \times (Q_i/Q_0)}{U_0 - [U_i \times (Q_i/Q_0)]}$$

$$W_d (外汇需求权重) = \frac{U_0}{U_0 - [U_i \times (Q_i/Q_0)]}$$

式中：SER——影子汇率；

BER——均衡汇率；

T_0——出口补贴率；

T_i——进口税率；
U_i——进口价格弹性；
U_0——出口价格弹性；
Q_i——进口总额；
Q_0——出口总额。

3）测定影子汇率的多种实用简化方法

（1）采用进出口平均关税确定影子汇率。

（2）采用进出口贸易逆差确定影子汇率。

（3）以出口换汇成本确定影子汇率。

（4）黑市汇率通常也可以给出影子汇率的一定取值参考。

2. 影子汇率换算系数

影子汇率换算系数是影子汇率与国家外汇牌价的比值，可以直观地反映外汇影子价格与官方汇率的溢价比例，反映国家外汇牌价对于外汇经济价值的低估比率。

影子汇率换算系数在项目经济费用效益评价中用于计算外汇影子价格，直接或间接地影响项目的进出口货物价值。影子汇率与影子汇率换算系数的关系如下：

$$影子汇率＝国家外汇牌价×影子汇率换算系数 \quad (6-4)$$

作为项目经济费用效益评价的重要参数，影子汇率换算系数如果取值较高，反映外汇的影子价格较高，使主要产出物是外贸货物的项目收入的外汇社会价值较高；而对于投入物中有较多进口货物的项目，投入外汇的社会成本较高。故影子汇率换算系数的取值对于项目产出物或投入物进出口的决策有着重要的影响。

在《建设项目经济评价方法与参数》（第二版）中影子汇率换算系数取值为 1.08。实际使用的很多情况下，进口货物的影子价格计算值会低于财务价格，主要因为财务价格中含有进口关税和增值税，而影子价格中不再单独计算进口关税和增值税，仅以影子汇率乘以进口货物的到岸价加上国内贸易费和运输费。在《建设项目经济评价方法与参数》（第三版）对影子汇率的专项研究中，对我国近年的历史均衡汇率和进出口关税和补贴导致贸易扭曲对影子汇率造成的影响进行了定量分析，提出我国 1994—2001 年影子汇率换算系数平均值约为 1.04。

如果再考虑到进口增值税税率一般为 17%，出口产品通常免征增值税，再考虑非贸易外汇收支不征收增值税，非贸易外汇收支占我国外汇收支一定比例，最终影子汇率换算系数取值为 1.08。理论上，鉴于影子汇率背后决定因素的不断变化，考虑到均衡汇率每年的升值趋势，影子汇率换算系数每年应当下调。

6.3 经济费用效益分析中费用和效益的识别

6.3.1 费用和效益的概念

在财务分析中，费用和效益都是相对的，而经济费用效益分析中的费用和效益的范围要宽得多。经济费用效益分析是把国民经济作为一个整体来考察项目给其带来的效益和使其付出的代价。所以，在经济费用效益分析中，费用和效益的识别应当着眼于项目投入和产出所带来社会资源的增减。

经济费用效益分析中的费用是指因项目建设而使国民经济付出的代价。费用包括直接（内部）费用和间接（外部）费用。直接（内部）费用是指用影子价格计算的项目投入物的价值。间接（外部）费用是指社会为项目付出了代价，而项目自身并不需要支付的那部分费用。

经济费用效益分析中的效益是指项目增加社会资源的产出。项目产出了新产品，就意味着增加了最终产品即社会资源，这是对全社会的贡献。效益包括直接（内部）效益和间接（外部）效益。直接（内部）效益是指项目为社会提供的产品或服务用影子价格计算的价值。间接（外部）效益是指项目为社会做出了贡献，而项目本身并未得益的那部分效益。

6.3.2　直接费用和直接效益

项目的直接费用是由项目使用投入物所形成，并在项目范围内计算的费用。表现为其他部门为本项目提供投入物，需要扩大生产规模所耗用的资源费用；减少对其他项目或者最终消费投入物的供应而放弃的效益；增加进口或者减少出口从而耗用或者减少的外汇等。当项目投入物来自国内供应量的增加，即增加国内生产来满足拟建项目的需求，其费用就是增加国内生产所消耗的资源的价值。若国内总供应量不变，则分为3种情况：

（1）项目投入物来自国外，其费用就是所花费的外汇。

（2）项目投入物本来可以出口，但为满足项目需求，减少了出口量，其费用就是减少的外汇收入。

（3）项目投入物本来用于其他项目，但改用于拟建项目，将减少对其他项目的供应，因此而减少的效益则为其费用。

项目的直接效益是由项目产出物直接生成，并在项目范围内计算的经济效益。表现为增加项目产出物或者服务的数量以满足国内需求的效益；替代效益较低的相同或类似企业的产出物或者服务，使被替代企业减产（停产）从而减少国家有用资源耗费或者损失的效益；增加出口或者减少进口从而增加或者节支的外汇等。如果项目产出物用以增加国内市场的供应量，其效益就是所满足的国内需求。若国内供应量不变，也分为3种情况：

（1）项目产出物增加了出口量，其效益为所获得的外汇。

（2）项目产出物减少了进口量，其效益为所节约的外汇。

（3）项目产出物顶替了原有项目的生产，其效益为原有项目减产或停产向社会释放出来的资源，其价值也就等于这些资源的支付意愿。

6.3.3　间接（外部）费用和间接（外部）效益

项目的间接费用和间接效益主要反映在项目的外部性上，项目本身反映不出来，而是反映在国民经济的其他部门。

间接费用是指社会为项目付出了代价，项目自身并不需要支付的那部分费用。例如，城市中高架桥的建设对高架桥周边居民的噪声污染，工业项目的"三废"对空气或水的污染等，尽管这些都不需要项目自身为此付出代价，但项目以外的主体却受到了损失，因此从社会总体来看是为项目付出了代价。

间接效益是指项目为社会做出了贡献，而项目本身并未得益的那部分效益。例如，水电工程的建设，除了发电为项目带来直接效益外，还可以为当地农田灌溉、防洪、旅游等带来间接的效益。

项目的间接费用和间接效益可以是有形的，也可以是无形的。有的容易计量，有的难以计量。在进行经济费用效益分析时，首先应设法识别它们，能量化的就进行定量的分析，如难以量化，就要进行定性的分析。

在国民经济费用效益分析中，既要考虑外部效果，又要防止外部效果扩大化。

6.3.4 转移支付

转移支付是指在国民经济内部各部门发生的，没有造成国内资源的真正增加或耗费的支付行为。即项目的某些财务收益和支出，从国民经济角度看，并没有造成资源的实际增加或者减少，而是国民经济内部的"转移支付"，不计作项目的国民经济效益与费用。包括直接与项目有关而支付的国内各种税金、国内借款利息、职工工资等。在经济费用效益评估中，对上述转移支付应予以剔除。

1. 税金

税金是政府规定的，由企业向国家缴纳的支出，是调节分配的一种手段。包括营业税金及附加、增值税、所得税、关税等。从国民经济角度看，税收实际上并未花费国家任何资源，它只是企业和税收部门之间的一项资金转移。

2. 补贴

补贴是指政府为鼓励或扶持项目的建设，给予一定的价格补贴。补贴虽然增加了拟建项目的财务收益，但从社会资源变动的角度看，补贴既未增加社会资源，也未减少社会资源，是货币在政府和项目之间的转移，所以，国家提供的各种形式的补贴都不能视为国民经济分析中的费用和收益。

3. 利息

利息是项目支付的国内借款利息，是国民经济内部企业与银行之间的资金转移，并不涉及社会资源的增减变化，也是转移支付，应剔除。国外借款的利息由国内向国外转移，应列为费用。

4. 土地费用

土地费用是为项目建设征用土地（主要是可耕地或已开垦土地）而支付的费用，是由项目转移给地方、集体或个人的一种支付行为，故在国民经济效益评价时不列为费用（作为转移支付）。应列为费用的是被占用土地的机会成本和使国家新增的资源消耗（如拆迁费用等）。

在进行经济费用效益评价时，应认真地复核是否已从项目效益和费用中剔除了这些转移支付及以影子费用（价格）形式作为项目费用的计算是否正确。

如果以项目的财务评价为基础进行国民经济评价时，应从财务效益与费用中剔除在国民经济评价中计做转移支付的部分。

6.3.5 费用和效益的识别原则

1. 增量分析的原则

项目经济费用效益分析应在增量效益和增量费用的基础上进行识别和计算，沉没成本和已实现的效益不应考虑。即按照"有无对比"增量分析的原则，将项目实施效果与无项目进行对比分析，作为计算机会成本或增量效益的依据。

2. 考虑关联效果的原则

关联效果是指由于项目的建设和运行，对项目外的成员及群体等可能产生的其他关联效应。

3. 以本国居民作为分析对象的原则

对于跨越国界、对本国之外的其他社会成员产生影响的项目，应重点分析对本国公民新增的效益和费用。项目对本国以外的社会群体产生的效果，应进行单独分析。

4. 剔除转移支付的原则

转移支付代表购买力的转移行为，接受转移支付的一方所获得的效益与付出方所产生的费用是相等的，转移支付只是一种所有权的转移，行为本身并没有导致新增资源的产生。所以在进行经济分析时，一般将转移支付如税赋、补贴、借款和利息等剔除，不予以考虑。

6.3.6 费用和效益的计算原则

1. 支付意愿的原则

项目产出物的正面效果的计算，应遵循支付意愿（WTP）原则，用于分析社会成员为项目所产出的效益愿意支付的价值。

2. 受偿意愿的原则

项目产出物的负面效果的计算，应遵循接受补偿意愿（WTA）原则，用于分析社会成员为接受这种不利影响所得到的补偿的价值。

3. 机会成本的原则

项目投入的经济费用的计算应遵循机会成本的原则，用于分析项目所占有的所有资源的机会成本。机会成本应按资源的其他最有效利用所产生的效益进行计算。

4. 实际价值计算原则

项目经济费用效益分析应对所有费用和效益采用反映资源真实价值的实际价格进行计算，不考虑通货膨胀的影响，但应考虑相对价格的变动。

6.4 影子价格及其调整计算

6.4.1 货物的划分

在确定项目的投入物和产出物的影子价格时,一般把项目的投入物和产出物划分为外贸货物、非外贸货物和特殊投入物3种类型。

1. 外贸货物

外贸货物是指其生产、使用将直接或间接影响国家进出口水平的货物。产出物中包括直接出口、间接出口(替代其他企业的产品使其增加出口)或替代进口。投入物中包括直接进口、间接进口(占用其他企业的投入物使其增加进口)或占用原可用于出口的国内产品(减少出口)。

2. 非外贸货物

非外贸货物是指其生产或使用将不影响国家进出口水平的货物。除基础设施产品和服务外,还包括受运输、贸易政策等条件限制不能进行外贸的货物。

3. 特殊投入物

特殊投入物是指项目在建设、生产运营中使用的劳动力、土地和自然资源等。

6.4.2 影子价格

1. 机会成本

机会成本是经济学中的一个重要概念,任何资源都是有限的,一旦资源用于该项目,就失去了用于其他用途获得效益的机会,这种投入到某项目上的资源使国民经济所付出的代价就是放弃其他使用机会所获得的最好的边际效益。这种被迫放弃的收益,就是该项目使用这种资源的机会成本。

2. 影子价格的概念

影子价格,又称"最优价格"、"效率价格"、"计算价格"、"隐含价格"。它是反映整个社会资源供给与配置状况的价格。严格地讲,影子价格是指在其他资源投入不变的情况下,一种资源投入每增加一单位所带来的追加效益。在实际生活中,通常把那些人为确定的,比实际价格更为精确地反映整个社会资源供给和配置状况的价格,统称为影子价格。

经济费用效益分析中投入物或产出物使用的计算价格称为"影子价格"。影子价格应是能够真实反映项目投入物和产出物真实经济价值的计算价格。影子价格是经济费用效益分析中的一个重要参数,影子价格的测算在建设项目的经济费用效益分析中占有重要地位。经济费用效益分析是通过对项目的费用和效益的分析来评价项目对社会的贡献,而合理确定和应用影子价格是保证项目费用和效益衡量的真实性的重要前提。影子价格可以有利于资源的最优配置,从而使经济高速、快速和可持续地协调发展。一般来说,发展中国家的价格体系往往存在着扭曲现象,价格既不反映价值,也不反映供求状况,造成这种状况的原因主要是产业结构不合理、通货膨胀、地方保护主义等。我国也有类似的情况,因此,仅依靠现有的价格体系不可能正确衡量项目的费用和效益,而必须正确测算和应用影子价格。考虑到我国仍然是发展中国家,整个经济体系还没有完成工业化过程,国际市场和国内市场的完全融合仍然需要一定时间等具体情况,将投入物和产出物区分为外贸货物和非外贸货物,并采用不同的思路确定其影子价格。

6.4.3 外贸货物的影子价格

外贸货物的影子价格的计算,其投入物或产出物应以口岸价格为基础,乘以影子汇率加上或者减去国内运杂费和贸易费用,能够反映其国际竞争力。计算公式为

出口产出的影子价格(出厂价)＝离岸价格(FOB)×影子汇率－出口费用 　　(6-5)

进口投入的影子价格＝到岸价格(CIF)×影子汇率＋进口费用 　　(6-6)

式中:离岸价格(FOB)——出口货物运抵我国出口口岸交货的价格;

到岸价格(CIF)——进口货物运抵我国进口口岸交货的价格,包括货物进口的货价、运抵我国之前所发生的境外的运费和保险费;

进口或出口费用——货物进出口环节在国内所发生的所有相关费用,包括运输、储运、装卸、运输保险等各种费用支出及物流环节的各种损失、损耗等。

如果外贸货物以财务成本或价格为基础调整计算,应注意以下两点:

(1)如果不存在关税、增值税、消费税、补贴等转移支付因素,则项目的投入物或产出物价格直接采用口岸价格进行调整计算。

(2)如果在货物的进出口环节存在转移支付因素,应区分不同情况处理。

6.4.4 非外贸货物的影子价格

非外贸货物影子价格,是以市场价格加上或者减去国内运杂费作为影子价格。一般来说,投入物影子价格对应于到厂价,产出物影子价格对应于出厂价。具体分为以下几种情况。

(1)如果项目处于竞争性市场环境中,市场价格能够反映支付意愿或机会成本,可直接采用市场价格作为计算项目产出物或投入物的影子价格的依据。

投入物影子价格(到厂价)＝市场价格＋国内运杂费 　　(6-7)

产出物影子价格(出厂价)＝市场价格－国内运杂费 　　(6-8)

(2)如果项目的投入或产出的规模很大,项目的实施足以影响其投入物或产出物的市场价格,导致"有项目"和"无项目"两种情况下市场价格不一致,那么在项目评价中,货物的影子价格取二者的平均值。

(3)投入物与产出物的影子价格中流转税(如消费税、增值税、营业税等)按下列原则处理。

① 对于产出物,增加供给满足国内市场供应的,影子价格按支付意愿确定,含流转税;顶替原有市场供应的,影子价格按机会成本确定,不含流转税。

② 对于投入物,用新增供应来满足项目的,影子价格按机会成本确定,不含流转税;挤占原有用户需求来满足项目的,影子价格按支付意愿确定,含流转税。

③ 在不能判别产出或投入是增加供给还是挤占(替代)原有供给的情况下,可简化处理为产出的影子价格一般包含实际缴纳流转税,投入的影子价格一般不含实际缴纳流转税。

6.4.5 特殊投入物的影子价格

1. 人力资源的影子价格——影子工资

项目占用的人力资源,是项目实施所付出的代价,即影子工资。影子工资反映国民经济为项目使用劳动力所付出的真实代价,由劳动力机会成本和劳动力转移而引起的新增资源耗费两部分构成。如果财务工资与人力资源的影子价格之间存在差异,应对财务工资进行调整计算,以反映其真实经济价值。计算公式为

$$人力资源投入的影子价格(影子工资)＝劳动力机会成本＋新增资源消耗 \qquad (6-9)$$

劳动力机会成本是指劳动力如果不就业于拟建项目而从事于其他生产经营活动所创造的最大效益。它与劳动力的技术熟练程度和供求状况(过剩与稀缺)有关。技术越熟练,稀缺程度越高,其机会成本越高,反之越低。根据项目所在地的人力资源市场及劳动力就业状况,按下列原则分析确定。

(1) 过去受雇于别处,由于本项目的实施而转移过来的人员,其影子工资应是其放弃的就业机会的工资(含工资性福利)及支付的税金之和。

(2) 对于自愿失业人员,影子工资应等于本项目为使用其劳动所支付的税后净工资额,以反映边际工人投入到劳动力市场所必须支付的金额。

(3) 非自愿失业劳动力的影子工资应反映他们为了工作而放弃意愿接受的最低工资金额,其数值应低于本项目为使用其劳动所支付的税后净工资,并高于支付的最低生活保障收入。当缺少信息时,可以按非自愿失业人员所能接受的最低生活保障收入和税后净工资的平均值近似计算。

新增资源消耗指劳动力在本项目新就业或由其他就业岗位转移来本项目而发生的社会资源消耗,这些资源的消耗并没有提高劳动力的生活水平。在分析中应根据劳动力就业的转移成本测算。

另外,影子工资可通过影子工资换算系数得到。影子工资换算系数指影子工资与项目财务分析中的劳动力工资之间的比值,影子工资可按下式计算:

$$影子工资＝财务工资×影子工资换算系数 \qquad (6-10)$$

影子工资的确定,应符合下列规定:

(1) 影子工资应根据项目所在地劳动力就业状况、劳动力就业或转移成本测定。

(2) 技术劳动力的工资报酬一般可由市场供求决定,即影子工资一般可以用财务实际支付工资计算。

(3) 对于非技术劳动力，根据我国非技术劳动力就业状况，其影子工资换算系数一般取为 0.25～0.8；具体可根据当地的非技术劳动力供求状况确定，非技术劳动力较为富余的地区可取较低值，不太富余的地区可取较高值，中间状况可取 0.5。

2. 土地的影子价格

土地的影子价格是指建设项目使用土地资源而使社会付出的代价。土地是有限的、重要的经济资源。项目占用的土地无论是否支付费用，均应根据土地用途的机会成本原则或消费者支付意愿的原则计算其影子价格。

(1) 生产性用地的影子价格。生产性用地主要是指农业、林业、牧业、渔业及其他生产性用地，按照这些生产用地未来可以提供的产出物的效益及因改变土地用途而发生的新增资源消耗进行计算。即

$$土地影子价格 = 土地机会成本 + 新增资源消耗 \qquad (6-11)$$

式中：土地机会成本应按照社会对这些生产用地未来可以提供的消费产品的支付意愿价格进行分析计算，一般按照项目占用土地在"无项目"情况下"最佳替代用途"的生产性产出的净效益现值进行计算。

新增资源消耗应按照在"有项目"情况下土地的征用，造成原有地上附属物或财产的损失，以及其他资源消耗来计算。在实践中，土地平整等开发成本通常计入工程建设费用中，在土地影子价格中不再重复计算。

(2) 非生产性用地的影子价格。非生产性用地指住宅、休闲用地等。应按照支付意愿的原则，根据市场交易价格测算其影子价格。

(3) 在经济费用效益分析中，应根据项目计算期内未来土地用途的可能变化，合理预测项目占用土地的影子价格。

① 通过政府公开招标取得的土地使用权，以及通过市场交易取得的已出让国有土地使用权，应按市场交易价格计算其影子价格。

② 未通过正常市场交易取得的土地使用权，应分析价格优惠或扭曲情况，参照当地正常情况下的市场交易价格，调整或类比计算其影子价格。

③ 当难以用市场交易价格类比方法确定土地影子价格时，可采用收益现值法或以开发投资应得收益加土地开发成本确定。

④ 由于土地开发规划许可的取得，会对土地市场价格产生影响，土地价值的估算应反映实际的或潜在的规划批准情况，应分析规划得到批准的可能性及其对地价的影响。如果土地用途受到限制，其影子价格就会被压低。应分析这些限制被解除的可能性，以及解除限制对土地价值的影响。

⑤ 项目征用农村用地。应按土地征用费调整计算其影子价格。其中耕地补偿费及青苗补偿费应视为土地机会成本，地上建筑物补偿费及安置补偿费应视为新增资源消耗。这些费用如果与农民进行了充分协商并获得认可，可直接按财务成本计算其影子价格；若存在征地费优惠，或在征地中没有进行充分协商，导致补偿和安置补助费低于市场定价，应按当地正常征地补偿标准调整计算土地的影子价格。

⑥ 在征地过程中收取的征地管理费、耕地占用税、耕地开垦费、土地管理费、土地开发费等各种税费，应视为转移支付，不列入土地经济费用的计算。

(4) 土地机会成本的计算。根据项目所在地区的技术、环境、政策、适宜性等多方面的约束条件，选择项目所在地区可行用途中年净收益最大的用途，作为利用土地的机会成本，它既可以用最佳用途的年净收益来表示，也可以用最佳用途年净收益的现值总额来表示。其计算公式为

$$OC = NB_0 \sum_{i=1}^{n} \left(\frac{1+g}{1+i_s}\right)^t \quad (6-12)$$

式中：OC——土地的机会成本；

NB_0——基年土地的"最好可行替代用途"的单位面积年净收益；

n——项目占用土地年限；

t——年序数；

g——土地"最好可行替代用途"的年平均净效益增长率；

i_s——社会折现率。

需要指出的是，土地最好的可替代用途净效率应根据项目占用土地的种类决定，还要分析项目计算期内技术、环境、政策、适应性等多方面的约束条件，选择该土地的 2 到 3 种可行替代用途进行比较，以其中净效益最大者作为"最好的可替代用途"的净效益估算。

【例 6-1】 某工业项目建设期为 3 年，生产期为 17 年，占用水稻耕地 1 500 亩，占用前 4 年平均每亩产量 0.8 吨，每吨收购价 1 000 元，出口离岸价预计每吨为 180 美元。从建设期开始，水稻的年产量以 4% 的速度递减，社会折现率取 8%，影子汇率取 6.5 元/美元，贸易费用按 6%，水稻调价后的生产成本按收购价格的 40% 计算。运输距离为 500 公里，运输费的影子价格为 0.04 元/吨·公里。

解：每吨稻谷按口岸价计算的影子价格为

$$180 \times 6.5 = 1\,170 (元)$$

减去口费用：

$$500 \times 0.04 + (1\,170 - 500 \times 0.04) \times 0.06 = 20 + 69 = 89(元)$$

则水稻的产地影子价格为

$$1\,170 - 20 - 69 = 1\,081(元)$$

每吨水稻的生产成本按收购价格的 40% 计算为

$$1\,000 \times 40\% = 400(元)$$

该土地生产每吨水稻的净收益为

$$1081 - 400 = 681(元)$$

20 年内每亩土地的净效益现值为

$$P = 681 \times 0.8 \times \sum_{t=1}^{20} \left(\frac{1+4\%}{1+8\%}\right)^t = 681 \times 0.8 \times 13.31 = 7\,251.3(元)$$

项目占用的 1 500 亩土地 20 年内的净效益现值为

$$P = 7\,251.3 \times 1\,500 = 1\,087.7(万元)$$

亦可计算净效益现值的年等值为：

$$A = 1\,087.7 \times (A/P, 8\%, 20) = 1\,087.7 \times 0.101\,9 = 110.84(万元)$$

3. 自然资源的影子价格

自然资源是指自然形成的，在一定的经济和技术条件下可以被开发利用以提高人民生活福利水平和生存能力，并同时具有某种"稀缺性"的实务性资源的总称，包括土地资源、森林资源、矿产资源和水资源等。项目经济费用效益分析将自然资源分为资源资产和非资产性自然资源，在影子价格的计算中只考虑资源资产。

资源资产是指产权已界定，或者随着项目的实施可以界定，所有者能够有效控制并能够在目前或可预见的未来产生预期经济效益的自然资源。资源资产属于经济资产范畴，包括土地资产、森林资产、矿产资产、水资产等。经济费用效益分析中，项目的建设和运营需要投入的自然资源，可以用项目投入物的替代方案的成本、对这些资源资产用于其他用途的机会成本等进行分析测算。

6.4.6 其他投入物的影子价格

如果项目的产出效果表现为对人力资本、生命延续或疾病预防等方面的影响，如教育项目、卫生项目、环境改善工程或交通运输项目等，应根据项目的具体情况，测算人力资本增值的价值、可能减少死亡的价值，以及对健康影响的价值，并将量化结果纳入项目经济费用效益分析的框架之中。如果货币量化缺乏可靠依据，应采用非货币的方法进行量化。

（1）对于项目的实施能够引起人力资本增值的效果，如教育项目引起的人才培养和素质提高，在劳动力市场发育成熟的情况下，其价值应根据"有项目"和"无项目"两种情况下的税前工资率的差别进行估算。

（2）对于项目的效果表现为增加或减少死亡的价值，应尽可能地分析由于死亡风险的增加或减少的价值，根据社会成员为避免死亡而愿意支付的价格进行计算。在缺少估算人们对生命的支付意愿的资料时，可通过人力资本法，通过分析人员死亡所带来的社会创造收入的减少来评价死亡引起的损失，以测算生命的价值，或者通过分析不同工种的工种差别来测算人们对生命价值的支付意愿。

（3）对于项目的效果表现为对人们健康的影响时，一般应通过分析疾病发病率与项目影响之间的关系，测算发病率的变化所导致的收入损失，看病、住院、医药等医疗成本及其他各种相关支出的变化，并综合考虑人们对避免疾病而获得健康生活所愿意付出的代价，测算其经济价值。

6.5 经济费用效益分析指标

6.5.1 经济净现值

经济净现值（ENPV）是项目按照社会折现率将计算期内各年的经济净效益流量折现到建设期初的现值之和，是经济费用效益分析的主要评价指标。计算公式为

$$\text{ENPV} = \sum_{t=1}^{n}(B-C)_t(1+i_s)^{-t} \qquad (6-13)$$

式中：ENPV——经济净现值；
B——效益流量；
C——费用流量；
$(B-C)_t$——第 t 年的净效益流量；
i_s——社会折现率。

在经济费用效益分析中，如果经济净现值等于或大于 0，表明项目可以达到符合社会折现率的效率水平，认为该项目从经济资源配置的角度可以被接受。

6.5.2 经济内部收益率

经济内部收益率（EIRR）是项目在计算期内经济净效益流量的现值累计等于 0 时的折现率，是经济费用效益分析的辅助评价指标。计算公式为

$$\sum_{t=1}^{n}(B-C)_t(1+\text{EIRR})^{-t} = 0 \qquad (6-14)$$

式中：EIRR——经济内部收益率；
B——效益流量；
C——费用流量；
$(B-C)_t$——第 t 年的净效益流量；
n——计算期。

如果经济内部收益率等于或者大于社会折现率，表明项目资源配置的经济效率达到了可以被接受的水平。

6.5.3 经济效益费用比

经济效益费用比（R_{BC}）指项目在计算期内效益流量的现值与费用流量的现值之比，是经济费用效益分析的辅助评价指标。应按下式计算：

$$R_{BC} = \frac{\sum_{t=1}^{n}B_t(1+i_s)^{-t}}{\sum_{t=1}^{n}C_t(1+i_s)^{-t}} \qquad (6-15)$$

式中：R_{BC}——效益费用比；
B_t——第 t 期的经济效益；
C_t——第 t 期的费用效益。

如果经济效益费用比大于 1，表明项目资源配置的经济效率达到了可以被接受的水平。

【例 6-2】 某集团公司为开展业务，计划采购一批运输车辆，现有两种方案可供选择。

第一种方案是采购 10 辆进口车辆，每辆车辆的离岸价格是 3 万美元，海上运费和运

输保险费为1 500美元/辆,银行财务费率为5‰,外贸手续费率为1.5%,进口关税税率为22%,增值税的税率为17%,美元的银行牌价为每美元折合8.3元人民币,车辆的国内运杂费为6 000元/辆。假定其他税费暂不考虑。第二种方案是采购14辆国产车辆才能达到同等效果,价格为20万元/辆,需要交纳购置税等费用2万元/辆。

每车的车辆操作人员的平均工资为30 000元/年,设备的使用寿命均为8年,8年内进口车辆和国产车辆均可行驶80万千米,8年后车辆报废,没有残值。

在运营期间,每辆进口车的燃油成本、日常维护成本和大修成本合计为0.7元/千米,每辆国产车的燃油成本、日常维护成本和大修成本合计为0.6元/千米。

上述财务数据中,除人工费、外汇汇率外,不存在价格扭曲现象,进口车辆的劳动力影子价格转换系数按1.2计算,国产车辆按1.0计算,影子汇率转换系数为1.08,社会折现率为10%。$(A/P,10\%,8)=0.187\,44$

(1) 估算单台进口车辆的购置费。

(2) 从国民经济的角度,计算每千米综合经济成本。

(3) 对上述两种方案进行比选,推荐一个方案,并说明理由。(注:计算结果四舍五入保留两位小数。)

解:(1) 估算单台进口车辆购置费。

进口车辆货价$=30\,000\times 8.3=249\,000$(元)

海运费及运输保险费$=1\,500\times 8.3=12\,450$(元)

进口关税$=(249\,000+12\,450)\times 22\%=57\,519$(元)

增值税$=(249\,000+12\,450+57\,519)\times 17\%=54\,224.73$(元)

银行财务费$=249\,000\times 0.5\%=1\,245$(元)

外贸手续费$=(249\,000+12\,450)\times 1.5\%=3\,921.75$(元)

进口车辆购置费$=249\,000+12\,450+57\,519+54\,224.73+1\,245+3\,921.75+6\,000=384\,360.48$(元)

(2) 国民经济评价。

① 已知每台车辆的燃油成本、日常维护成本和大修成本合计为0.7元/千米,不用调整,关税和增值税为转移支付不必考虑。

进口车辆购置费用现值$=(30\,000+1\,500)\times 1.08\times 8.3+1\,245+3\,921.75+6\,000=293\,532.75$(元)

每千米分摊车辆的购置成本$=293\,532.75\times(A/P,10\%,8)\div 100\,000=0.55$(元)

进口车辆:

每台车辆每千米的人工费$=30\,000\times 1.2\div 100\,000=0.36$(元)

因此3项合计每辆车每千米的经济成本为1.61元。

② 已知每台车辆的燃油成本、日常维护成本和大修成本合计为0.6元/千米,购置税为转移支付不必考虑。

每千米分摊车辆的购置成本$=200\,000\times(A/P,10\%,8)\div 100\,000=0.37$(元)

国产车辆:

每台车辆每千米的人工费＝30 000÷100 000＝0.30(元)

因此3项合计每辆车每千米的经济成本为1.27元。

（3）10台进口车辆每千米的经济成本共计为16.10元；14台国产车辆每千米的经济成本共计17.78元。

结论：因为10辆进口车每千米经济成本小于14辆国产车的经济成本，故方案一优于方案二，应该购置进口车。

6.6 经济费用效益分析报表

国民经济效益费用流量表一般有两种，一是项目国民经济效益费用流量表，二是国内投资国民经济效益费用流量表。

国民经济效益费用流量表一般在财务评价基础上进行调整编制，有些项目也可以直接编制。

6.6.1 经济费用效益分析基本报表

在经济费用效益分析中需要编制项目投资经济费用效益流量表，见表6—1，主要用于计算经济净现值和经济内部收益率等评价指标。

表6-1 项目投资经济费用效益流量表　　　　　　　单位：万元

序号	项目	合计	计算期					
			1	2	3	4	…	n
1	效益流量B							
1.1	项目直接效益							
1.2	资产余值回收							
1.3	项目间接效益							
2	费用流量C							
2.1	建设投资							
2.2	维持运营投资							
2.3	流动资金							
2.4	经营费用							
2.5	项目间接费用							
3	净效益流量(B－C)							
计算指标： 经济内部收益率(%) 经济净现值($i_s=$%)								

6.6.2 经济费用效益分析辅助报表

在项目经济费用效益分析中，一般要对投资、营业收入、经营费用进行调整，计算经济换汇成本或经济节汇成本，并编制经济费用效益分析投资费用估算调整表、经济费用效益分析经营费用估算调整表、项目直接效益估算调整表、项目间接费用估算表和项目间接效益估算表等5个辅助报表。

1. 经济费用效益分析投资费用估算调整表

编制经济费用效益分析投资调整表(见表6-2)，主要为了调整投资(包括建设投资和流动资金)中价格不合理的部分，以确定经济费用效益分析中的投资额。本表是用于财务分析中投资各项金额的比较调整投资的，列出财务分析中投资各项的金额，再列出经济费用效益分析中调整以后的投资各项的金额，比照经济费用效益分析与财务分析中的投资各项金额的增减情况。一般，建设投资项目中包括建筑工程、设备购置费、安装工程费和其他费用等要进行调整，流动资金项目中按流动资金构成或经营成本来进行调整。

表6-2 经济费用效益分析投资费用估算调整表　　　　　　单位：万元

序号	项目	财务分析			经济费用效益分析			经济费用效益分析比财务分析增减(±)
		外汇	人民币	合计	外汇	人民币	合计	
1	建设投资							
1.1	建设工程费							
1.2	设备购置费							
1.3	安装工程费							
1.4	其他费用							
1.4.1	其中：土地费用							
1.4.2	专利及专有技术费							
1.5	基本预备费							
1.6	涨价预备费							
1.7	建设期利息							
2	流动资金							
	合计(1+2)							

注：若投资费用是通过直接估算得到的，本表应略去财务分析的相关栏目。

2. 经济费用效益分析经营费用估算调整表

编制经济费用效益分析经营费用估算调整表(见表6-3)，主要是调整费用中占较大比重的投入物的价格，以便合理确定经济费用效益分析中的内部费用。

表6-3　经济费用效益分析经营费用估算调整表　　　　　　单位：万元

序号	项目	单位	投入量	财务分析		经济费用效益分析	
				单价(元)	成本	单价(元)	费用
1	外购原材料						
1.1	原材料A						
1.2	原材料B						
1.3	原材料C						
1.4	……						
2	外购燃料和动力						
2.1	煤						
2.2	水						
2.3	电						
2.4	重油						
2.5	……						
3	工资及福利费						
4	修理费						
5	其他费用						
	合计						

注：若经营费用是通过直接估算得到的，本表应略去财务分析的相关栏目。

3．项目直接效益估算调整表

根据项目规定的生产规模(产量)采用影子价格计算产品的销售收入。产成品的影子价格确定，应根据项目产品的货物类型，按规定的不同定价原则进行测算；产品品种较多时，可用影子价格重新计算销售收入，列入项目直接效益估算调整表，见表6-4。

表6-4　项目直接效益估算调整表　　　　　　单位：万元

产出物名称		投产第一期负荷(%)				投产第二期负荷(%)				……	正常生产年份(%)			
		A产品	B产品	…	小计	A产品	B产品	…	小计		A产品	B产品	…	小计
年产出量	计算单位													
	国内													
	国际													
	合计													
财务分析	国内市场 单价(元)													
	国内市场 现金收入													
	国际市场 单价(美元)													
	国际市场 现金收入													

续表

产出物名称			投产第一期负荷(%)				投产第二期负荷(%)				…	正常生产年份(%)			
			A产品	B产品	…	小计	A产品	B产品	…	小计		A产品	B产品	…	小计
经济费用效益分析	国内市场	单价(元)													
		直接效益													
	国际市场	单价(美元)													
		直接效益													
	合计(万元)														

注：若直接效益是通过直接估算得到的，本表应略去财务分析的相关栏目。

4. 项目间接费用估算表

项目间接费用估算表(见表6-5)主要为了分析和计算项目外部的费用。

表6-5 项目间接费用估算表 单位：万元

序号	项目	合计	计算期					
			1	2	3	4	…	n

5. 项目间接效益估算表

项目间接效益估算表(见表6-6)主要为了分析和计算项目外部的效益。

表6-6 项目间接效益估算表 单位：万元

序号	项目	合计	计算期					
			1	2	3	4	…	n

本 章 小 结

通过本章学习,可以加深对经济费用效益分析的理解,以及对进行经济费用效益分析的必要性的认识。经济费用效益分析可以在财务分析的基础上进行经济费用效益分析,也可以直接进行经济费用效益分析。

经济分析参数是指在项目经济分析中为计算费用和效益,分析技术经济指标而使用的一些参数。从社会观点看,经济分析参数应反映最佳的资源分配、国家的价值判断、国家目标和国家政策。经济分析参数主要包括社会折现率、影子价格、影子汇率、影子工资和土地的影子价格等。

经济费用效益分析从国民经济的角度,来考察项目费用和效益,因此其费用和效益的范围要比财务分析中成本和效益要宽泛的多。

对项目来说,费用是指因建设项目而使国民经济付出的代价,包括项目本身和国民经济其他部门所付出的代价。费用包括直接费用和间接费用。直接费用是指用影子价格计算的项目投入物的经济价值。间接费用是指社会为项目付出的代价,项目自身并不需要承担这部分费用。

项目的效益是指项目对国民经济所做的贡献,包括直接效益和间接效益。直接效益是指项目产出物用影子价格计算的经济价值。间接效益是指项目为社会所做出的贡献,而项目本身并未获得的那部分效益。

转移支付是指那些既没有消耗国民经济资源,又不增加国民经济收入,只是一种国民经济内部之间的转移,包括税金、补贴和国内借款的利息等。

外贸货物是指生产、使用将直接或间接影响国家进出口水平的货物。外贸货物的影子价格以口岸价格为基础进行计算。非外贸货物是指其生产或使用对国家进出口没有影响的货物。

在经济费用效益分析中需要编制的基本报表是国民经济效益费用流量表,并且为了调整投资、营业收入、经营费用,在经济费用效益分析中需要编制5个辅助报表。经济费用效益分析以经济内部收益率、经济净现值和效益费用比为主要的分析评价指标。

习 题

1. 思考题
(1) 经济费用效益分析有什么意义?
(2) 经济费用效益分析与财务分析的联系与区别分别是什么?
(3) 经济费用效益分析中为什么用机会成本来计算费用?
(4) 经济分析参数有哪些因素?

(5) 简述进度计划与资源需要量计划的联系。

(6) 为什么以口岸价格为基础确定货物的影子价格？

(7) 项目的间接效益包括哪些方面？怎样鉴别与度量？

(8) 项目的间接费用有哪些？怎样鉴别与度量？

(9) 劳动力的影子价格怎样确定？

(10) 土地的影子价格如何确定？

2. 练习题

政府拟在某贫困农村新建一家农产品加工企业，以发展当地经济，改善当地农民的生活状况。方案甲为柑橘加工厂，方案乙为豆油炼制厂，因资金有限，只能二选一。两个方案以下情况相同：建设期1年，生产期4年，从生产期第一年即可满负荷生产，期末可回收流动资金，固定资产余值为零；占用稻田200亩，为政府划拨，实际征地费用10万元。项目开工当年水稻单位面积经济净效益为600元，5年内稻田的年净效益增长率为$g=2\%$，新增资源消耗是土地机会成本的3/4。

方案甲生产的柑橘罐头外销，离岸价格为500美元/吨，这里只考虑国内运费为30元/吨，其他费用忽略不计，年产量8 000吨；其他副产品年销售收入经测算为1 500万元；建设投资合计2 500万元，生产期第一年一次性投入流动资金20万元，其年经营费用经测算为4 600万元。方案乙生产的产品年销售收入为5 000万元；建设投资合计为6 500万元，生产期第一年一次性投入流动资金32万元，其年经营费用经测算为2 500万元。由于方案甲收购当地农民自产柑橘，每年可为当地农民增收1 000万元。而方案乙所用主要原材料大豆，主要来源于外地，为当地农民增收忽略不计。

以上数据，除了土地费用和柑橘罐头的价格，其余在经济费用效益分析中均不作调整。

相关参数：影子汇率换算系数为1.08，官方外汇牌价为1美元＝8元人民币，社会折现率为8%。

当地支付委托咨询工程师小赵对两个方案进行经济效益分析，并选择最优方案。

问题：

(1) 经济效益分析中，土地费用应如何调整？

(2) 请计算方案甲和乙的经济净现值，判断方案是否可行，并进行比选（假定第一年投资在年末发生）。

(3) 什么情况下可采用效果费用分析法？

第 7 章
建设项目环境影响评价

教学目标

主要讲述建设项目环境影响评价的基本概念和评价方法。通过本章学习，应达到以下目标：
(1) 了解社会经济环境影响评价的基本概念和理论；
(2) 熟悉建设项目环境影响评价的基本功能和分类管理；
(3) 熟悉建设项目环境影响评价基本程序和各阶段的内容；
(4) 理解环境影响评价的各个阶段的评价方法；
(5) 掌握地理信息系统在环境影响评价方法中的应用。

学习要点

知识要点	能力要求	相关知识
环境影响评价概述	(1) 了解建设项目环境影响概念、原则及意义 (2) 掌握环境影响评价程序遵守的原则	(1) 环境影响评价的概念 (2) 国内外环境影响评价的发展概况
建设项目环境影响评价主要内容	(1) 熟悉建设项目环境影响评价的主要功能 (2) 熟悉建设项目环境影响评价的分类管理 (3) 掌握建设项目环境影响评价的基本程序	(1) 基本功能 (2) 评价主体和法律依据 (3) 各阶段的不同工作内容
建设项目环境影响评价的主要内容	(1) 掌握评价体系的内容 (2) 理解各阶段的评价方法	(1) 评价体系的内容 (2) 环境影响的识别方法 (3) 环境影响预测的方法 (4) 环境影响综合评价的方法
地理信息系统的应用	了解地理信息系统在环境影响评价中的作用	(1) 地理信息系统的益处 (2) 地理信息系统存在的问题

 **基本概念**

环境影响评价;建设项目环境影响评价;分类管理;基本程序;评价内容;评价方法;地理信息系统(GIS)。

 引例

广西麦岭(湘桂界)至贺州公路是《广西高速公路网规划(2006—2020)》中"四纵、六横、三支线"高速公路布局中的一条支线。拟建公路起点通过湖南省拟建的道贺高速湖南段在道县与厦门至成都国家高速公路相接,终点与汕头至昆明国家高速公路贺州至钟山段、包头至茂名国家高速公路平乐至钟山段相接,路段全长 84.919 千米。项目含一条 48.199 千米高速支线与一条 5.06 千米连接线。环评报告书于 2007 年通过了中华人民共和国交通部评审,2008 年通过中华人民共和国环境保护部审查。

该项目涉及自治区级自然保护区、贺州市饮用水源、孤峰独山、贺州钟山饮用农业用水区及 64 处居民点、4 个学校等多种、多个环境保护目标。该项目为何要进行环境影响评价?作为项目环评工作者,在撰写环评报告书时,应该侧重于哪些方面?

本章对建设项目环境影响评价进行了介绍。

7.1 环境影响评价概述

7.1.1 环境影响评价的概念

环境影响评价(Environmental Impact Assessment,EIA)简称环评。环境影响评价的概念最早是 1964 年在加拿大召开的一次国际环境质量评价学术会上提出的。如今,环境影响评价制度已经成为我国的一项基本环境保护法律制度。《中华人民共和国环境影响评价法》给出的建设项目环境影响评价的法律定义为:"对规划和建设项目实施后可能造成的环境影响进行分析、预测和评估,提出预防或者减轻不良环境影响的对策和措施,进行跟踪监测的方法与制度"。通俗地说,就是分析项目建成投产后可能对环境产生的影响,并提出污染防治对策和措施。

7.1.2 国内外环境影响评价的发展

1. 国外环境影响评价的发展

美国是世界上第一个将环境影响评价用法律固定下来并建立环境影响制度的国家。1969 年美国颁布《国家环境政策法(NEPA)》把环境影响评价作为联邦政府在环境管理中必须遵循的一项制度，至 20 世纪 70 年代末各州相继建立了各种形式的环境影响评价制度。

继美国之后，瑞典在《环境保护法》(1969 年)、澳大利亚在《联邦环境保护法》(1974 年)、法国在《自然保护法》(1976 年)、荷兰在《环境保护法》(1993 年)中相继确立了环境影响评价制度。另外，英国于 1988 年制定了《环境影响评价条例》，德国于 1990 年制定了《环境影响评价法》，加拿大议会于 1992 年批准了《加拿大环境评价法》，俄罗斯联邦环境与自然资源保护部于 1994 年公布了《环境影响评价条例》，日本国会于 1997 年通过了《环境影响评价法》。

2. 我国环境影响评价的发展

我国是最早实施建设项目环境影响评价制度的发展中国家之一，从 1973 年起进行环境影响评价的研究，并尝试开展环境质量评价的工作(以"北京西郊环境质量评价"协作组成立为标志)。由北京师范大学等单位进行的江西永平铜矿环境影响评价成为我国第一个建设项目的环境影响评价。至 1979 年 9 月，国家在《中华人民共和国环境保护法(试行)》中才将环境影响评价制度正式建立起来。

我国环境影响评价体系大体经历了以下 3 个发展阶段。

(1) 规范建设阶段(1979—1989 年)：主要是通过法律法规、行政规章逐步规范环境影响评价的内容、范围、程序，环境影响评价的技术方法也不断完善。

(2) 强化和完善阶段(1990—1998 年)：这期间主要是有针对性地开展了区域开发的环境影响评价以及环境影响后评估等工作。

(3) 提高阶段(1999 年至今)：这期间通过明确评价单位的资质规定、整顿评价队伍等行动提高了环境影响评价制度。

7.1.3 我国环境影响评价制度的主要内容

根据《规划环境影响评价条例》以及其他相关规章的规定，我国环境影响评价制度的主要内容包括以下几点。

(1) 环境影响评价的对象是建设项目。
(2) 对建设项目的环境影响评价实行分类管理。
(3) 建设项目环境影响报告书的内容。
(4) 环境影响评价报告书(表)或登记表由行业部门预审，环保部门审批。
(5) 对从事建设项目环境影响评价工作的单位实行资格审查制度。
(6) 征求公众意见。

虽然，近几年我国的环境影响评价制度取得了重大的进展，但仍然有待进一步的完善。采取了以下方面的措施：建立宏观重大决策环境影响评价制度；建立公众参与环境影响评价制度；制定环境影响评价法，提升立法层次。

7.1.4 环境影响评价程序遵循的原则

环境影响流程过于复杂，在实际评价过程中应该遵循一定的评价原则。主要有以下几个原则。

（1）目的性原则：任何形式的环境影响评价都必须有明确的目的性，并根据目的性确定环境影响评价的内容和任务。

（2）整体性原则：注意各种政策及项目建设对区域人类-生态系统的整体影响，分析综合效应。

（3）相关性原则：考虑人类-生态系统中各子系统之间的联系和关系，判别环境影响的传递性。

（4）主导性原则：抓住各种政策或项目建设可能引起的主要环境问题。

（5）等衡性原则：充分注意各子系统和要素之间的协调和均衡，特别关注某些具有"阈值效应"的要素。

（6）动态性原则：环境影响是一个不断变化的动态过程，环评中要研究其历史过程，研究环境影响特征，注意影响的叠加性和累积性特点。

（7）随机性原则：环境影响评价是一个涉及多因素、复杂多变的随机系统，环评中要根据具体情况，随时增加必要的研究内容，特别是环境风险评价。

（8）社会经济性原则：环评应从环境的系统性和整体性方面对环境的价值做出评价，并以社会、经济和环境可持续发展理论为基础对环境开发行为做出合理的判断。

（9）公众参与原则：环评过程要公开、透明，公众有权了解环评的相关信息。

7.2 建设项目环境影响评价概述

7.2.1 建设项目环境影响评价的概念

建设项目环境影响评价广义指对拟建项目可能造成的环境影响（包括环境污染和生态破坏，也包括对环境的有利影响）进行分析、论证的全过程，并在此基础上提出采取的防治措施和对策。狭义指对拟议中的建设项目在兴建前即可行性研究阶段，对其选址、设计、施工等过程，特别是运营和生产阶段可能带来的环境影响进行预测和分析，提出相应的防治措施，为项目选址、设计及建成投产后的环境管理提供科学依据。

从广义上说，建设项目环境评价是对拟建项目环境系统状况的价值评定、判断和提出对策。在国内，是对领域内建设项目的环境影响评价和环境质量评价的一种行政审批程序。实质上是对环境质量优与劣的评定过程，该过程包括环境评价因子的确定、环境监测、评价标准、评价方法、环境识别，因此环境质量评价的正确性体现在上述 5 个环节的科学性与客观性上。常用的方法有数理统计方法和环境指数方法两种。

7.2.2 建设项目环境影响评价的目的和基本功能

建设项目环境影响评价的根本目的是鼓励在项目规划和决策中考虑环境因素，最终达到更具环境相容性的人类活动。具体地说，是为了保障和促进国家可持续发展战略的实施，预防因建设项目实施对环境造成不良影响，促进经济、社会和环境的协调发展。

建设项目环境影响评价的基本功能主要包括以下几点。

(1) 判断功能：以人的需求为尺度，对已有的客体做出价值判断。通过这一判断，可以了解客体的当前状态，并揭示客体与主体之间的满足关系是否存在以及在多大程度上存在。

(2) 预测功能：以人的需求为尺度，对将形成的客体做出价值判断。即在思维中构建未来的客体，并对这一客体与人的需要的关系做出判断，从而预测未来客体的价值。人类通过这种预测确定自己的实践目标，确定哪些是应当争取的，哪些是应当避免的。

(3) 选择功能：将同样都具有价值的课题进行比较，从而确定其中哪一个是更具有价值，更值得争取的，这是对价值序列（价值程度）的判断。

(4) 导向功能：人类活动的理想是目的性与规律性的统一，其中目的的确立要以评价所判定的价值为基础和前提，而对价值的判断是通过对价值的认识、预测和选择这些评价形式才得以实现的。所以说人类活动的目的的确立应基于评价，只有通过评价，才能确立合理的合乎规律的目的，才能对实践活动进行导向和调控。

7.2.3　建设项目环境影响评价的主体和法律依据

1. 建设项目环境影响评价的主体

环境影响评价的主体依据各国环境影响评价制度而定。我国环境影响评价主体可以是学术研究机构、工程、规划和环境咨询机构等，但必须获得国家或地方环境保护行政机构认可的环境影响评价资格证书。或者说是只能持证上岗，分为甲级和乙级，分别有规定的工作范围和职责范围。

2. 建设项目环境影响评价的法律依据

我国环境影响评价的法律依据主要有以下几点。

(1) 宪法中的有关规定。宪法中的有关规定是确定环境影响评价制度的最根本的法律依据和基础。

(2) 环境基本法中规定。环境基本法中规定是各单项法和行政法规中关于环境影响评价制度的法律依据和基础。

(3) 单项法和条例中的规定。该规定适用于各具体领域。

(4) 环境影响评价的主要行政法规。行政法规是执行制度时的具体工作准则。

7.2.4　建设项目环境影响评价的重要性

建设项目环境影响评价是一项技术，是强化建设项目环境管理的有效手段，在确定项目经济发展方向和保护环境等一系列重大决策上都有重要作用。主要表现在以下几方面。

(1) 保证建设项目选址和布局的合理性。

(2) 指导环境保护措施的设计，强化环境管理。

(3) 为区域开发的社会经济发展提供导向。

(4) 促进相关环境科学技术的发展。

7.3 建设项目环境影响评价的分类及管理

7.3.1 建设项目环境影响评价的分类管理

1. 建设项目环境影响评价的分类

建设项目环境影响评价按要素不同分类也有所不同。按评价对象划分,可分为建设项目环境影响评价、规划环境影响评价、战略环境影响评价。按评价的环境要素划分,可分为大气环境影响评价、水环境影响评价、噪声环境影响评价、固体废物环境影响评价。按评价时间划分,可分为环境质量现状评价、环境影响预测评价、环境影响后评价。

2. 建设项目环境影响评价的分类管理

分类管理的核心是建设项目对环境影响的程度。根据《中华人民共和国环境影响评价法》第十六条规定,国家根据建设项目对环境的影响程度,对建设项目的环境影响评价实行分类管理。

建设单位应当按照下列规定组织编制环境影响报告书、环境影响报告表或者填报环境影响登记表(以下统称环境影响评价文件)。

(1)可能造成重大环境影响的,应当编制环境影响报告书,对产生的环境影响进行全面评价。

(2)可能造成轻度环境影响的,应当编制环境影响报告表,对产生的环境影响进行分析或者专项评价。

(3)对环境影响很小、不需要进行环境影响评价的,应当填报环境影响登记表。

建设项目的环境影响评价分类管理名录,由国务院环境保护行政主管部门编制并公布。

相应地,根据《建设项目环境保护管理条例》第七条规定,国家根据建设项目对环境的影响程度,按照下列规定对建设项目的环境保护实行分类管理。

(1)建设项目对环境可能造成重大影响的,应当编制环境影响报告书,对建设项目产生的污染和对环境的影响进行全面、详细的评价。

(2)建设项目对环境可能造成轻度影响的,应当编制环境影响报告表,对建设项目产生的污染和对环境的影响进行分析或者专项评价。

(3)建设项目对环境影响很小,不需要进行环境影响评价的,应当填报环境影响登记表。

建设项目环境保护分类管理名录,由国务院环境保护行政主管部门编制并公布。

7.3.2 建设项目环境影响评价分类管理中类别的确定

2008年8月15日,中华人民共和国环境保护部第2号令通过《建设项目环境影响评价分类管理名录》,并于2008年10月1日起实施,原《建设项目环境保护分类管理名录》废止。

建设项目所处环境的敏感性质和敏感程度，是确定建设项目环境影响评价分类的重要依据。建设单位应依据《建设项目环境影响评价分类管理名录》分别组织编制环境影响报告书、环境影响报告表或者填报环境影响登记表。

建设涉及环境敏感区的项目，应当严格按照《建设项目环境影响评价分类管理名录》确定的环境影响评价类别，不得擅自提高或者降低环境影响评价类别。

环境影响评价文件应当就该项目对环境敏感区的影响进行重点分析。跨行业、复合型项目，其环境影响评价类别按照其中单项等级最高的确定。

《建设项目环境影响评价分类管理名录》未规定的建设项目，其环境影响评价类别由省级环境保护部门根据建设项目的污染因子、生态影响因子特征及其所处环境的敏感性质和程度提出建议，报国务院环境保护主管部门认定。

7.3.3　建设项目环境影响评价分类管理中环境敏感区的规定

《建设项目环境分类管理名录》第 3 条规定如下。

本名录所称环境敏感区，是指依法设立的各级各类自然、文化保护地，以及对建设项目的某类污染因子或者生态影响因子特别敏感的区域，主要包括以下几部分。

（1）自然保护区、风景名胜区、世界文化和自然遗产地、饮用水水源保护区。

（2）基本农田保护区、基本草原、森林公园、地质公园、重要湿地、天然林、珍稀濒危野生动植物天然集中分布区、重要水生生物的自然产卵场及索饵场、越冬场和洄游通道、天然渔场、资源性缺水地区、水土流失重点防治区、沙化土地封禁保护区、封闭及半封闭海域、富营养化水域。

（3）以居住、医疗卫生、文化教育、科研、行政办公等为主要功能的区域，文物保护单位，具有特殊历史、文化、科学、民族意义的保护地。

7.4　建设项目环境影响评价的编制要求

7.4.1　建设项目环境影响评价的基本程序

建设项目环境影响评价的基本程序是指按一定的顺序或步骤指导完成建设项目环境影响评价工作的过程，又可分为管理程序和工作程序。

1. 建设项目环境影响评价的管理程序

管理程序用于建设项目环境影响评价的监督与管理，包括建设项目环境影响的分类筛选和评价项目的监督管理。

建设项目环境影响分类筛选是指对于新建或改扩建工程，根据中华人民共和国国家环境保护总局分布的分类管理名录，确定应编制环境影响报告书、环境影响报告表或填报环境影响登记表。

建设项目可能造成重大环境影响的,应当编制环境影响报告书,对产生的环境影响进行全面评价;建设项目可能造成轻度环境影响的,应当编制环境影响报告表,对产生的环境影响进行分析或者专项评价;对于环境影响很小、不需要进行环境影响评价的,应当填报环境影响登记表。

环境影响评价项目的监督管理,包括4个方面的内容:①评价单位资格考核与人员培训;②评价大纲的审查;③环境影响评价的质量管理;④环境影响评价报告书的审批。

环境影响报告书的审查以技术审查为基础,审查方式是专家评审会还是其他形式可由负责审批的环境保护行政主管部门根据具体情况而定。

2. 建设项目环境影响评价的工作程序

建设项目环境影响评价的工作程序用于指导环境影响评价的工作内容和进程,是环境影响评价的一个重要步骤。

从工作程序上,建设项目环境影响评价可分为3个阶段,即准备阶段、正式工作阶段、环境影响报告书编制阶段。这3个阶段按顺序进行。在实际工作中,环境影响评价的工作过程可以不同,建设项目各阶段环境影响评价的工作流程图如图7.1所示。

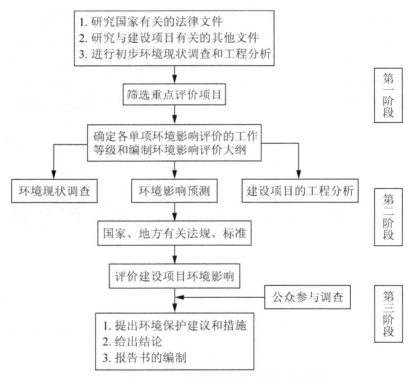

图7.1 建设项目环境影响评价工作程序流程图

(1)首先,准备阶段是指研究与建项目有关的文件和资料,进行初步的工程分析和环境现状调查,筛选重点评价项目,确定各单项环境影响评价的工作等级及范围,编制环境影响评价工作大纲。

① 研究与建设项目有关的文件。与建设项目有关的文件和资料包括国家和地方的法

律法规、发展规划和环境功能区划、技术导则和相关标准、建设项目依据、可行性研究资料及其他有关技术资料。

② 进行初步的工程分析和初步的环境现状调查。这一工作能明确建设项目的工程组成，根据工艺流程确定排污环节和主要的污染物，同时进行建设项目环境影响区的环境现状调查。

③ 识别建设项目的环境影响因素。筛选主要的环境影响因子，明确评价重点。

④ 确定各单项环境影响评价的范围和评价工作等级，编制评价大纲或工作方案。

（2）其次，进入正式工作阶段。这一阶段主要进行工程分析和环境现状调查，进行环境影响预测和评价环境影响，主要工作包括以下几方面。

① 进一步的工程分析；

② 进行充分的环境现状调查、监测，开展环境质量现状评价；

③ 根据污染源强和环境现状资料进行建设项目的环境影响预测；

④ 评价建设项目的环境影响；

⑥ 开展公众意见调查；

⑦ 根据建设项目的环境影响、法律法规和标准等的要求以及公众的意愿，提出减少环境污染和生态影响的环境管理措施和工程措施。

（3）最后，编制环境影响评价报告书。经过对前两个阶段所得到的各种资料和数据进行分析、汇总并得出结论，编制环境影响报告书。这一阶段的工作主要是从环境保护的角度确定项目建设的可行性，给出评价结论和提出进一步缓解环境影响的建议，并最终完成环境影响报告书或报告表的编制。

7.4.2 建设项目环境影响评价的内容

一种理想的环境影响评估过程，应该能够满足以下条件。

（1）基本上适应所有可能对环境造成显著影响的项目，并能够对所有可能的显著影响做出识别和评估。

（2）对各种替代方案(包括项目不建设或地区不开发的情况)、管理技术、减缓措施进行比较。

（3）生成清楚的环境影响报告书，以使专家和非专家都能了解可能影响的特征及其重要性。

（4）包括广泛的公众参与和严格的行政审查程序。

（5）及时、清晰的结论，以便为决策提供信息。

建设项目环境影响评价是项目评价体系的重要组成部分，主要分为3个方面，即建设项目环境影响识别评价、环境影响预测与评价及环境影响后评价。

1. 建设项目环境影响识别评价

建设项目环境影响识别是指通过系统地检查拟建项目的各项"活动"与各环境要素之间的关系，识别可能的环境影响，包括环境影响因子、影响对象（环境因子）、环境影响程度、环境影响的方式。

环境影响识别的任务和目的是减少环境影响预测的盲目性；增加环境影响分析的可靠性；使污染预防对策具有针对性；同时，区分、筛选出显著的、可能影响项目决策和管理的、需要进一步评价的主要环境影响(或问题)。

1) 环境影响因子识别步骤

首先，弄清楚该工程影响地区的自然环境和社会环境状况，确定影响评价的工作范围；其次，根据工程的组成、特性及其功能，结合工程影响地区的特点，从自然环境和社会环境两个方面，选择需要进行影响评价的环境因子。

自然环境影响是指包括对地形、地质、地貌、水文、气候、地表水质、空气质量、土壤、草原森林、陆生生物与水生生物等方面的影响；社会环境影响是指包括对城镇、耕地、房屋、交通、文物古迹、风景名胜、自然保护区、人群健康以及重要的军事、文化设施等方面的影响。

2) 环境影响因子识别的基本原则

建设项目的生命周期比较长，影响因素较为繁杂，因此，在筛选环境影响因子时也有相应的选取原则：第一，尽可能精练，尽可能反映评价对象的主要环境影响和充分表达环境质量状态，且便于监测和度量；第二，选出的因子应能组成群，并构成与环境总体结构相一致的层次，能够在各个层次上将环境影响全部识别出来；第三，建设项目的建设阶段、生产运行阶段和服务期满后对环境的影响内容是各不相同的，因此有不同的环境影响识别表。

3) 环境影响程度识别

工程建设项目对环境因子的影响程度可用等级划分来反映，按不利影响与有利影响两类分别划级。一方面，不利影响常用负号表示，按环境敏感度划分。可划分为极端不利、非常不利、中度不利、轻度不利、微弱不利等5个等级，见表7-1。另一方面，有利影响一般用正号表示，按对环境与生态产生的良性循环，提高的环境质量，产生的社会经济效益程度而定等级。也可分为5级，即微弱有利、轻度有利、中等有利、大有利、特有利。

表7-1 环境影响程度划分

级 别	判 断 标 准
极端不利	外界压力引起某个环境因子无法替代、恢复和重建的损失，这种损失是永久的，不可逆的
非常不利	外界压力引起某个环境因子严重而长期的损害或损失，其代替、恢复和重建非常困难和昂贵，并需很长的时间
中度不利	外界压力引起某个环境因子的损害和破坏，其替代或恢复是可能的，但相当困难且可能要付出较高的代价，并需比较长的时间
轻度不利	外界压力引起某个环境因子的轻微损失或暂时性破坏，其再生、恢复与重建可以实现，但需要一定的时间
微弱不利	外界压力引起某个环境因子的暂时性破坏或受干扰，环境的破坏或干扰能较快地自动恢复或再生，或者其替代与重建比较容易实现

环境影响识别应识别出可能导致的主要环境影响(影响对象)、主要环境影响因子(项目中造成主要环境影响者)，说明环境影响属性(性质)，判断影响程度、影响范围和可能

的时间跨度。初步识别的依据为《建设项目环境影响评价分类管理名录》，识别项目类型、规模、对环境敏感区的潜在影响，并将项目划分为3种：划入"重大影响"的项目、划入"轻度影响"的项目、划入"影响很小"的项目。其中，"重大影响"项目包括：

（1）原料、产品或生产过程中涉及的污染物种类多、数量大或毒性大，难以在环境中降解的建设项目。

（2）可能造成生态系统结构发生重大变化、重要生态功能改变或生物多样性明显减少的项目。

（3）可能对脆弱生态系统产生较大影响或可能引发和加剧自然灾害的建设项目。

（4）容易引起跨行政区环境影响纠纷的项目。

（5）所有流域开发、开发区建设、城市新区建设和旧区改建等区域性开发活动或建设项目。

"轻度影响"项目包括：

（1）污染因素单一，而且污染物种类少、产生量小或毒性较低的建设项目。

（2）对地形、地貌、水文、土壤、生物多样性等有一定影响，但不改变生态系统结构和功能的建设项目。

（3）基本不对环境敏感区造成影响的小型建设项目。

"影响很小"项目包括：

（1）基本不产生"三废"、噪声、振动、热污染、放射性、电磁波等不利环境影响的建设项目。

（2）基本不改变地形、地貌、水文、土壤、生物多样性等，不改变生态系统结构和功能的建设项目。

（3）不对环境敏感区造成影响的小型建设项目。

另外，需特别注意环境敏感区以及环境质量已经达不到规划功能要求的区域。

4）其他方面环境影响识别的内容

除了上面所述的识别内容，在实际识别过程中还有可能涉及建设项目对环境影响因子的长期或短期影响、直接或间接影响、可逆与不可逆影响等具体内容。

2. 建设项目环境影响预测与评价

建设项目环境影响预测与评价是指经过前期的环境影响识别确定主要环境影响因子后，采用某种方法预测开发活动对环境产生影响导致环境质量或环境价值的空间变化范围、时间变化阶段等内容的过程。

1）环境影响预测与评价的原则

建设项目环境影响预测与评价应该遵循一定的原则。首先，对于已确定的评价项目，都应分析、预测、评估建设项目对其产生的影响；其次，根据其评价工作等级、工程与环境的特性和当地的环境保护要求确定预测、评估的范围、时段、内容及方法；最后，应尽量考虑预测范围内，规划的建设项目可能产生的叠加影响。

2）预测时段的要求

建设项目的环境影响，按照此项目实施过程的不同阶段，可以划分为建设阶段的环境影响、生产运行阶段的环境影响和服务期满后的环境影响3种。生产运行阶段可分为运行

初期和运行中后期。所有建设项目均应预测在生产运行阶段正常排放和不正常排放的环境影响。对大型建设项目,当其建设阶段的环境影响程度较重,且影响时间较长时,应进行建设阶段的影响预测;矿山开发等建设项目应预测服务期满后的环境影响。

在进行环境影响预测时,应考虑环境对污染影响的承载能力。一般地,应该考虑两个时段:污染影响的承载能力最差的时段,对污染来说就是环境净化能力最低的时段;污染影响的承载能力一般的时段。如果评价时间较短,评价工作等级较低时,可只预测环境对影响承载能力最差的时段。

3)建设项目环境影响预测的范围

环境影响预测的范围取决于评价工作的等级、工程特点和环境特性以及敏感保护目标分布等情况。一般预测范围等于或略小于现状调查的范围;在预测范围内应布设适当的预测点(或断面),通过预测这些点(或断面)所受的环境影响,由点及面反映该范围所受的环境影响。

4)环境质量参数

环境质量参数包括两类:一类是常规参数,一类是特征参数。前者反映该评价项目的一般质量状况,后者反映该评价项目与建设项目有联系的环境质量状况。各评价项目应预测的环境质量参数的类别和数目,与评价工作等级、工程和环境的特性及当地的环保要求有关,可参见各单项影响评价的技术导则。

3. 环境影响后评价

环境影响后评估是指在开发建设活动实施后,对环境的实际影响程度进行系统调查和评估,检查对减少环境影响的落实程度和实施效果,验证环境影响评价结论的正确可靠性,判断提出的环保措施的有效性,对一些评价时尚未认识到的影响进行分析研究,以达到改进环境影响评价技术方法和管理水平的目的,并采取补救措施,消除不利影响。

7.4.3 建设项目环境影响报告书内容的有关法律规定

根据《中华人民共和国环境影响评价法》第十七条和《建设项目环境保护管理条例》第八条规定,建设项目的环境影响报告书应当包括下列必备内容。

(1)建设项目概况。
(2)建设项目周围环境现状。
(3)建设项目对环境可能造成影响的分析、预测和评估。
(4)建设项目环境保护措施及其技术、经济论证。
(5)建设项目对环境影响的经济损益分析。
(6)对建设项目实施环境监测的建议。
(7)环境影响评价的结论。

涉及水土保持的建设项目,还必须有经水行政主管部门审查同意的水土保持方案。

环境影响报告表和环境影响登记表的内容和格式,由国务院环境保护行政主管部门制定。

其他必备内容：第一，环境影响报告书中，还应附具公众参与的内容；第二，如果针对有风险事故的建设项目，如化工项目等，还应当在编制中增加环境风险评价的内容。

7.4.4 环境影响报告表和环境影响登记表的内容和填报要求

1999年8月原中华人民共和国国家环境保护总局（现中华人民共和国环境保护部）发布了"环发［1999］178号"文件规定了环评报告表和登记表的内容和格式。

建设项目环境影响报告表必须由具有环评资质的单位填写，附环境影响评价资质证书及评价人情况。主要内容包括以下几点。

(1) 建设项目基本情况。
(2) 建设项目所在地自然环境、社会环境简况及环境质量状况。
(3) 评价适用标准。
(4) 建设项目工程分析及项目主要污染物产生及预计排放情况。
(5) 环境影响分析。
(6) 建设项目的防治措施及预期治理效果。
(7) 结论与建议。

同时，报告表应附的附件包括立项批准文件及其他与环评有关的行政管理文件；附图包括项目地理位置图（应反映行政区划、水系、标明纳污口位置和地形地貌等）。

如果报告表不能说明项目产生的污染及对环境造成的影响，应进行专项评价。根据项目特点和环境特征，应选择1～2项进行专项评价。

按照环评导则的要求，专项评价包括：①大气环境影响专项评价；②水环境（包括地表水和地下水）影响专项评价；③生态环境影响专项评价；④声环境影响专项评价；⑤土壤影响专项评价；⑥固体废弃物影响专项评价。

值得注意的是，上述7项中与环评报告书相比，没有经济损益分析、实施环境监测的建议、环保措施的技术和经济论证等。

7.5 建设项目环境影响评价的方法

建设项目环境评价是建设项目评价体系的一个重要方面，一般分为建设项目环境识别评价、环境影响预测及环境影响后评价3个部分。同样，评价方法体系也包括环境影响的识别方法、环境影响的预测方法、环境影响的综合评价方法3个方面的内容。

7.5.1 环境影响的识别方法

对于工程建设项目环境影响评价，要快速识别其环境影响，以利于环境筛选和工程分析，加快评价进程，对环境因子可能受到的影响逐一分析，识别主要因子进行重点评价。环境影响识别的方法主要有核查表法（列表清单法）和矩阵法。

1. 核查表法

核查表法是指将可能受建设项目开发方案影响的环境因子和可能产生的影响性质，通过核查在一张表上一一列出的识别方法，故又称列表清单法，或一览表法。

核查表法虽是较早发展起来的方法，但现在还在普遍使用，并有多种形式：简单型核查表、描述型核查表、分级型核查表。而建设项目环境影响识别常用的是描述型核查表。

1）简单型核查表

简单型核查表只是一个可能受影响的环境因子表，不作其他说明，可进行定性的环境影响识别分析，但不能作为决策依据。一般工业建设项目的初步核查用表见表7-2。表7-3举例说明了单条内陆公路建设的环境影响的简单核查表。

表7-2　一般工业建设项目的初步核查用表

影　响　面	建　设　期			运　行　期		
	有害影响	无影响	有利影响	有害影响	无影响	有利影响
1. 土地改造和建设						
（1）压实和平整						
（2）侵蚀						
（3）地面植被被覆盖物						
……						
2. 水环境						
（1）水质						
……						

表7-3　单条内陆公路建设的环境影响的简单核查表

可能受影响的环境因子	可能产生影响的性质								
	不利影响					有利影响			
	短期	长期	可逆	不可逆	局部	大范围	短期	长期	显著	一般
水生生态系统		×		×	×					
森林		×		×	×					
渔业		×		×						
稀有及濒危物种		×		×		×				
陆地野生生物		×		×		×				
空气质量	×					×				
路上运输							×	×		
社会经济							×	×		
……										

注：表中符号×表示有影响

2）描述型核查表

描述型核查表除了列出环境因子外，还同时说明对每项因子影响的初步度量以及影响预测和评价的途径。在实际工作中，目前有两种类型的描述型核查表。

（1）环境资源分类核查表：即对受影响的环境因素（环境资源）先进行简单的划分，以突出有价值的环境因子。通过环境影响识别,将具有显著性影响的环境因子作为后续评价的主要内容。该类清单已按工业类、能源类、水利工程类、交通类等编制了主要环境影响识别表,在世界银行《环境评价资源手册》等文件中可以查到,供具体建设项目环境影响识别时参考。

(2)问卷核查表:在清单中仔细列出有关"项目—环境影响"要询问的问题。答案可以是"有"或"没有"。如回答有影响,则在表中的注解栏说明影响的程度、发生影响的条件以及环境影响的方式。

表7-4是改变土地利用方式对一些水文参数的影响。表7-5则为相应的描述性核查表。

表7-4 改变土地利用方式对一些水文参数的影响

		活 动				
		土地利用方式改变	建设施工	供 水	废物处置	河道改造
		筑梯田 开垦和耕作 土壤推机挖 沙砾开挖 土地被移除 植被清除	机仓或贮工厂 医院或宿舍 办公建筑 停车场 公共花园 建立交沟 独筑路边石 铺砌路道 铺砌施工 有基础路 无基础路	市政供水 外地引水 大水库 地贮水池 集水井	工业废水回用 处后废水河 下水道 化粪池 卫生填埋场	筑暴雨排河 垃圾填埋 防洪工程 河道取直 桥梁 河道路隧道 越河道路
水文参数	水量	沉积				
		截流				
		跌水				
		地表径流				
		渗入地下				
		贯流				
		水位线				
		洪水位高度				
		洪水持续时间				
		基本流量				
		蒸发				
		蒸腾				
	水质	沉淀物浓度				
		溶质浓度				
		有机物浓度				
		微量元素				
		溶解氧				
		地下水水质				
	河床地貌	河床稳定性				
		河岸侵蚀				
		河道延伸范围				
		沟槽侵蚀				
		河道淤积				
		淤泥沉积				

表 7-5 改变土地利用方式对一些水文参数的影响(描述性核查表示例)

影响类型				活动				
	正面或提高	负面或降低	土地利用方式改变	建设施工		供水	废物处置	河道改造
	重要 次要 ▼ * ▲	重要 次要 ▽ △	植被移动 土地用推土机清除 砂砾壤开挖 土开垦和梯田 开作	基础施工 无铺砌道路 有铺砌道路 铺路石沟 筑路边缘 独立建筑物 建公共花园 停车场 办公或贮筑 医院 仓筑厂 机场		集面水井 地型水贮库 大水井 外道引水 市政回水	卫生填埋场 化粪池 下水道 后业废水用 处工废水 工程直排	越河道梁 桥道隧 河道取直 防洪河 垃圾填河 暴雨排水 筑河

水文参数·耕地下游

水量	沉积		* * * *	▽ ▽ ▽ ▽ ▽ ▽				
	截流		* * * *					
	跌水		▼ ▼ ▼ ▼					
	地表径流		▼ ▼ × × ×	▼ ▼ ▽ ▽ ▼ ▼ ▼ ▼ ▼ ▼ ▼		* *		▼ ×
	渗入地下		* × × × ×	× × × ▽ × × × × × × ×		*	▽	
	贯流		▽ ▽ × × ×	× × ▽ ▽ × × × × × × ×		*	▽	
	水位线		▽ ▽ ▽ × ×	× ▼ × ▽ × ×		* ▼	▼ ▽	○ ○
	洪水位高度		▲ ▲ ○ ○ ○	▲ ▲ ▲ ▲ ▲ ▲ ▲ ▲ ▲ ▲ ▲		○ ●		△ △ ▲ ▲ ▲
	洪水持续时间		○ ○ ○ ○ ○	○ ○ ○ ● ● ● ● ● ● ● ●				△ ×
	基本流量		○ ○ △ △ △	○ ○ ○ ● ● ● ● ● ● ● ●		▲ ▲ ▲ ●	△ ▲	○ ● ○
	蒸发		▽ ▽ ▽ ▽ ▽	▽ ▽ ▽ ▽ ▼ ▽ ▽ ▽ ▽ ▽ ▽		▽		
	蒸腾		* * * * ▽	* * * * ▼ * * * * * *				
水质	沉淀物浓度		▼ ▼ ▼ ▼ ▼	▼ ▼ ▼ ▼ ▼ ▼ ▼ ▼ ▼ ▼ ▼		○ ●		▼ ▼
	溶质浓度		▽ ▽ ▽ ▽ ▽	▽ ▽ ▽ ▽ ▽ ▽ ▽ ▽ ▽ ▽ ▽			▽ ▽ ▽ ▽	▽ ▽
	有机物浓度		▽ ▽ ▽ ▽ ▽	▽ ▽ ▽ ▽ ▽ ▽ ▽ ▽ ▽ ▽ ▽			▼ ▼ ▼ ▼	▽
	微量元素		▽ ▽ ▽ ▽ ▽	▽ ▽ ▽ ▽ ▽ ▽ ▽ ▽ ▽ ▽ ▽			▼ ▼ ▼ ▼	▽
	溶解氧		× × × × ×	× × × × × × × × × × ×		*	▼	×
	地下水水质		× × × × ×	× × × × × × × × × × ×		*	▼	×
河床地缘	河床稳定性		● ● ● ○ ○ △	● ○ ○ ○ ○ ○ ○ ○ ○ ○ ●				● ● ▼ ○ ▼
	河岸侵蚀		▲ ▲ ▲ △ △ ○	▲ △ △		△ ▲		▲ ▲ * *
	河道延伸范围		▼ * × ×	▽ ▽				
	沟槽侵蚀		▲ * × ×	▽ ▽				
	河道淤积		▲ ▲ ▲ △	▲ △ △	△ △ △ △ △ △			▲ ▲ ▲ ▲
	淤泥沉积		▼ ▲ ▲ ▽ ▼	▲ △ △				▲ ▲ ▲

3) 分级型核查表

分级型核查表在描述型清单基础上又增加了对环境影响程度进行分级,是利用分级技术评价人类活动对环境的影响,附有对环境参数主观分级的判据。

例如,我国某一经济开发区环境影响评价中,由于开发区的建设中会出现大量工业且有较多数量的移民。开发项目对社会经济环境的影响见表 7-6。其中,"+"表示有利影响,"-"表示不利影响,"r"表示可逆影响,"s"表示不可逆影响,3、2、1、0 分别表示强、中、弱、无影响。

表 7-6 开发项目对社会经济环境的影响(分级型核查表示例)

活动影响因子		以建设为主阶段			以营运为主阶段		
		征地拆迁	开发建设	营运	征地拆迁	开发建设	营运
社会	人口迁移	−3s	−2s	0	−1s	0	0
	住房	−3s	−1s	+1r	−1s	0	+2r
	科研单位	−1r	−1r	+1r	−1r	0	+2r
	学校	−1r	−2r	+1r	−1r	−1r	+2r
	医院	−1r	−2r	+1r	−1r	−1r	+3r
	公共设施	−3r	−1r	+2r	−1r	0	+3r
	社会福利	−2r	−1r	+2r	−1r	+1r	+3r
经济	经济基础	−2r	−1r	+3r	−1r	0	+3r
	需求水平	−2r	+1r	+3r	−1r	+2r	+3r
	收入分配	−1r	+1r	+3r	−1r	+2r	+3r
	就业	−2r	+1r	+3r	−1r	−2r	+3r
美学	自然景观	−2r	−1s	0	−1s	0	0
	人工景观	−1r	0	+1r	0	+1r	+2r

2. 矩阵法

矩阵法是将规划或建设项目的目标、指标以及方案等(即拟议的规划或建设活动)与环境因素作为矩阵的行与列,并在相对应位置填写用以表示各项活动与环境因素之间的因果关系的符号、数字或文字,以识别环境影响的范围、性质、程度、时段及正负效应等的方法。

矩阵法有多种矩阵形式,如简单矩阵、定量的分级矩阵、Phillip−Defillipi 改进矩阵、Welch−Lewis 三维矩阵等。这些都可以直观地表示交叉或因果关系,但不能处理间接影响或时间特征明显的影响。

矩阵法由核查表法发展而来,不仅具有影响识别功能,还有影响综合分析评价功能。它将清单中所列内容,按其因果关系,系统加以排列。并把开发行为和受影响的环境要素组成一个矩阵,在开发行为和环境影响之间建立起直接的因果关系,以定量或半定量地说明拟建项目的环境影响。一般采用相关矩阵法和迭代矩阵法。

1) 相关矩阵法

相关矩阵法也叫简单相互作用矩阵法,在横轴上列出各项开发行为的清单,纵轴上列出受开发行为影响的各环境要素清单,从而把两种清单组成一个环境影响识别的矩阵。最常用的是列昂波特(L. B. Leopold)相互作用矩阵,即矩阵中的每个元素用斜线一隔为二,上半格表示影响的大小,下半格表示影响的重大性权值;有利影响的为"+",不利或负面影响为"−",取其代数和。列昂波特相互作用矩阵见表 7-7。

表 7-7 各开发行为对环境要素的影响

环境要素	居住区改变	水文排水改变	修路	噪声和震动	城市化	平整土地	侵蚀控制	园林化	汽车环行	总影响
地形	8(3)	-2(7)	3(3)	1(1)	9(3)	-8(7)	-3(7)	3(10)	1(3)	3
水循环使用	1(1)	1(3)	4(3)			5(3)	6(1)	1(10)		47
气候	1(1)				1(1)					2
洪水稳定性	-3(7)	-5(7)	4(3)			7(3)	8(1)	2(10)		5
地震	2(3)	-1(7)			1(1)	8(3)	2(1)			26
空旷地	8(10)		6(10)	2(3)	-10(7)			1(10)	1(3)	89
居住区	6(10)				9(10)					150
健康和安全	2(10)	1(3)	3(3)	1(3)		5(3)	2(1)		-1(7)	45
人口密度	1(3)			4(1)	5(3)					22
建筑	1(3)	1(3)	1(3)		3(3)	4(3)	1(1)		1(3)	34
交通	1(3)		-9(7)		7(3)				-10(7)	-109
总影响	180	-47	42	11	97	31	-2	70	-68	314

注：表中数字表示影响大小。1 表示没有影响；10 表示影响最大。负数表示坏影响；正数表示好影响。括号内数字表示权重，数值愈大权重愈大。

因为在一张清单上的一个项目可能与另一清单的各项条目都有系统的关系，可确定它们之间有无影响。因此，相关矩阵法有助于对环境影响的识别，并确定某种影响是否可能发生。当开发活动和环境因素之间的相互影响确定后，该矩阵就可以成为一种简单明了且十分有用的评价工具。

2）迭代矩阵法

迭代矩阵又称交叉影响矩阵，可以表达初级、次级、三级以及多级影响之间的关系。迭代就是把经过评价认为是不可忽略的全部一级影响，形式上当做"行为"处理，再同全部环境因素建立关联矩阵进行鉴定评价，得出全部二级影响，循此步骤继续进行迭代，直到鉴定出至少有一个影响是"不可忽略"、其他全部"可以忽略"为止。

迭代矩阵法的工作程序包括 4 步：第一步，将开发行为和环境分解，形成两份清单，即列出开发活动（或工程）的基本行为清单及基本环境因素清单。第二步，两份清单合并成一个关联矩阵。将基本行为和基本环境因素进行系统的对比，找出全部"直接影响"，即某开发行为对某环境因素造成的影响。第三步，进行"影响"评价。每个"影响"都给定一个权重 G，区分"有意义影响"和"可忽略影响"，以此反映影响的大小问题；即给定一个权重 G，并设临界权重 G_0。当 $G>G_0$ 时，影响不可忽略；当 $G<G_0$ 时，影响可以忽略。第四步，进行迭代。图 7.2 演示了迭代矩阵法形成关联矩阵的过程，图 7.3 则给出了迭代矩阵法的示意图。

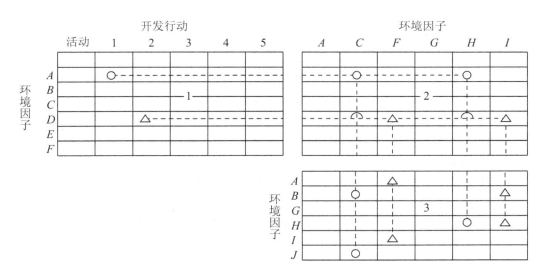

图 7.2 迭代矩阵法演示

活动	迭代步骤	环境因素	环境子因素	影响	政治	经济	文化	社会 美学	…	生物圈 草地群落	地表动物	土壤微生物	土壤动物	…	非生物圈 小气候	中气候	地表	土壤	水
压力钢管破裂	Ⅰ	美学	背景 ○	采光															
		森林	面积 ●	减少															
		小气候	霜冰频率 ○	可能增大						○	○	○					●	●	
			温度变化 ●	增大									○					●	
			湿度变化 ●	增大											●				
		自然土	稳定性 ●	更不稳定								○							○
			侵蚀量 ●	增多													●	●	
		流水	运输能力 ●	增大															
			危险性 ●	增大													●	●	
		空气	污染物	暂时增多 □			○				○								
			噪声强度 ●	暂时增多 □				○			○							●	
压力钢管破裂	Ⅱ	草地群落	面积	增大 □						○	○				○		●	●	
			品种变化	?															
		土壤动物		减少 ?															
		土壤微生物		减少 ?															
		地表	地貌景观	侵蚀沟槽 !															
		自然土	稳定性	开挖 !															
		土壤和山坡	补给	将减少														●	

图 7.3 迭代矩阵法示意

7.5.2 环境影响预测的方法

建设项目环境影响预测方法应尽量选用通用、成熟、简便并能满足准确度要求的方法。常用的预测方法分为 3 类，即以专家经验为主的主观预测方法、以数学模型为主的客观分析方法和实验手段为主的实验模拟方法。目前使用较多的预测方法有数学模型法、物理模型法、对比与类比法、专业判断法等。

1. 数学模型法

数学模型法按照对模型机理的了解，可分为黑箱、灰箱和白箱 3 类。

1）黑箱模型

黑箱模型是一种纯经验模型，依据系统的输入-输出数据或各种类型输出变量数据所提供的信息，建立各个变量之间的函数关系，而完全不追究系统内部状态变化的机理，如图 7.4 所示。黑箱模型用于环境预测时，只涉及开发活动的性质、强度与其环境后果之间的因果关系。

图 7.4　黑箱模型

2）灰箱模型

由于人们对客观事物的认识还不够充分，虽然从机理上知道各种因素之间存在一定的函数关系，但尚未掌握确切的定量关系，还要用一个或多个经验系数才能加以定量化，而这些经验系数的确定则要借助于以往的观测数据或试验结果，如图 7.5 所示。灰箱模型法用统计、归纳的方法在时间域上通过外推做出预测，因此也称为统计模式。

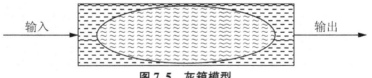

图 7.5　灰箱模型

3）白箱模型

白箱模型是用某领域内的系统理论进行逻辑推理，通过数学物理方程求解，得出其解析解或数值解，从而进行预测，如图 7.6 所示。可分为解析模式和数值模式两小类。

图 7.6　白箱模型

黑箱模型和灰箱模型均可用于统计分析，但黑箱模型应用很有限，灰箱模型应用较多。白箱模型一般仅用于理论分析，应用较少。

数学模型按反映的空间维数分为 3 类：

（1）一维模型。河床均匀、不十分宽和深的河道，或长度比宽度和深度大得多的河道，常用一维模型，这时只需模拟河流流向的参数变化。

（2）二维模型。例如，宽阔的河流在整个河道断面上污染物浓度分布不均匀。按照经验，河流、河口等水体污染物浓度沿铅直方向近似均匀而水平方向不均匀，可采用二维水质模型。

（3）三维模型。例如，大气烟羽、河流和湖泊等显示的是三维变化。

另外，按照时间性，数学模型还可分为动态（非稳态）和稳态两种类型。

上述数学模型法能给出定量的预测结果，但需一定的计算条件和输入必要的参数、数据。一般情况下，数学模型法比较简便，应首先考虑。选用数学模型时要注意模型的应用条件，若实际情况不能很好满足模型的应用条件而又拟采用时，要修正并验证模型。

2. 物理模型法

物理模型法是一种应用物理、化学、生物等方法直接模拟环境影响问题的方法。该方法定量化程度较高，再现性好，能反映比较复杂的环境特征，但需要有合适的试验条件和必要的基础数据，且制作复杂的环境模型需要较多的人力、物力和时间。在无法利用数学模型法预测而又要求预测结果定量精度较高时，应选用此方法。

物理模型法的最大特点是采用实物模型（非抽象模型）来进行预测。方法的关键在于原型与模型的相似。相似通常考虑几何相似、运动相似、热力相似、动力相似。

（1）几何相似：就是模型流场与原型流场中的地形地物（建筑物、烟囱）的几何形状、对应部分的夹角和相对位置要相同，尺寸要按相同比例缩小。几何相似是其他相似的前提条件。

（2）运动相似：就是模型流场与原型流场在各对应点上的速度方向相同，并且大小（包括平均风速与湍流强度）成常数比例。

（3）热力相似：就是模型流场的温度垂直分布要与原型流场的相似。

（4）动力相似：就是模型流场与原型流场在对应点上受到的力要求方向一致，并且大小成常数比例。

3. 对比与类比法

对比法是通过对工程兴建前后某些环境因子影响机制及变化过程进行对比分析的方法。对比法对该项目建成前后的比较和推演，是最简单的主观预测方法，即一个未来工程（或拟建工程）对环境的影响，可以通过一个已知的相似工程兴建前后对环境的影响修正得到。类比法特别适用于相似工程的分析，即一个未来工程（或拟建工程）对环境的影响，可以通过一个已知的相似工程兴建前后对环境的影响修正得到。

对比与类比法应用十分广泛。该方法的预测结果属于半定量性质。由于评价工作时间较短等原因，无法取得足够的参数、数据，不能采用数学模型法和物理模型法进行预测时，可选用此方法。

4. 专业判断法

专业判断法也叫专家咨询法。最简单的咨询法是召开专家会议，通过组织专家讨论，对一些疑难问题进行咨询，在此基础上做出预测。专家判断法定性地反映建设项目的环境影响，具有以下几个特点。

（1）最大特点在于可以考虑某些难以用数学模型定量化的因素。例如，社会政治因素可以考虑在内。

（2）在缺乏足够统计数据和原始资料的情况下，可以进行定量估计。

（3）某些因果关系太复杂，找不到适当的预测模型时，可以采用专家判断法。

（4）由于时间、经济等条件限制，不能应用客观的预测方法，只能采用主观预测方法。此时，专家判断法十分适用。

值得指出的是，现代的专家评估方法与古老的直观的评估法，不是简单的历史重复，而是有质的飞跃，它们之间有截然不同的特点，其中较突出的有以下几点

（1）已经形成一套如何组织专家、充分利用专家的创造性思维进行评价的理论和方法。

（2）不是依靠一个或少数专家，而是依靠专家集体（包括不同领域的专家），从而消除个别专家的局限性和片面性。根据数理统计中的大数定律可知，如果几个专家的评估值为独立分布的随机变量时，只要 n 足够大，其评估的算术平均值就可以逼近数学期望值。

（3）现代的专家判断法是在定性分析基础上，以打分方式做出定量评价。

上述几种方法的比较见表 7-8。

表 7-8　环境影响预测的几种方法比较

方　　法	特　　性	应 用 条 件
数学模型法	计算简便，结果定量。需要一定的计算条件，输入必要的参数和数据	模型应用条件不满足时，要进行模型修正和验证，应首先考虑此法
物理模拟法	定量化和再现性好，能反映复杂的环境特征	合适的实验条件和必要的基础数据。无法采用数学模型法而精度要求又高时，应选用此法
对比与类比法	半定量性质	时间限制短，无法取得参数、数据，不能采用上述两种方法时，可选用此法
专业判断法	定性反映环境影响	某些项目评价难以定量或不能采用上述方法时，可选用此法

7.5.3　环境影响的综合评价方法

环境影响综合评价是按照一定的评价目的把人类活动对环境的影响从总体上综合起来，对环境影响进行定性或定量的评定。评价各项活动对环境的综合影响十分复杂，目前还没有通用的方法。

就实际情况来说，主要有指数法、矩阵法、叠图法、网络法、动态系统模拟法等。矩阵法在前面已经介绍，不再赘述。

1. 指数法

环境现状评价中常采用能代表环境质量好坏的环境质量指数进行评价。具体有单因子

指数评价、多因子指数评价和环境质量综合指数评价等方法。其中单因子指数分析评价是基础。此类评价方法，也可应用于环境影响综合评价。

1）普通指数法

（1）单因子指数法：先引入环境质量标准，然后对评价对象进行处理，通常就以实测值（或预测值）C 与标准值 Cs 的比值作为其数值。公式如下：

$$P_i = C_i/C_{s_i} \text{（溶解氧和 pH 除外）} \tag{7-1}$$

式中：P_i ——第 i 种环境要素的环境因子指数；

C_i ——第 i 种环境要素（如污染物）的浓度预测值或实测值；

C_{s_i} ——第 i 种环境要素的评价标准值。

单因子指数法用于分析该环境因子的达标（$P_i<1$）或超标（$P_i>1$）及其程度。P_i 越小越好。$P_i<1$ 则环境因子达标，$P_i>1$ 则超标。

如果某一地区某一种环境因素的污染物是单一的或某一种污染物占明显优势时，单因子指数能大体上反映出环境质量的概况。

（2）综合指数法：若一个地区某一环境因素中有多种环境因子，甚至环境问题有多个环境因素且每个环境因素有多个环境因子，则要考虑指数的综合，如大气环境影响分指数、水体环境影响分指数、土壤环境影响分指数、总的环境影响综合指数等。包括简单叠加法、算术平均值法、加权平均值法、平方和的平方根法、均方根法和兼顾极值法。

简单叠加法将 n 种环境要素的环境因子简单叠加，公式为

$$PI = \sum_{i=1}^{n} P_i \tag{7-2}$$

算术平均值法的公式为

$$PI = \frac{1}{n}\sum_{i=1}^{n} P_i \tag{7-3}$$

加权平均值法需要计算权重，公式为

$$PI = \sum_{i=1}^{n} W_i P_i$$
$$0 \leqslant W_i < 1, \sum W_i = 1 \tag{7-4}$$

平方和的平方根法公式为

$$PI = \sqrt{\sum_{i=1}^{n}(P_i)^2} \tag{7-5}$$

均方根法的公式为

$$PI = \sqrt{\frac{1}{n}\sum_{i=1}^{n}(P_i)^2} \tag{7-6}$$

兼顾极值法的公式为

$$PI = \sqrt{\frac{1}{2}\left\{[\max P_i]^2 + \left(\frac{1}{n}\sum_{i=1}^{n} P_i\right)^2\right\}} \tag{7-7}$$

式中：PI——环境要素的环境因子综合指数；

P_i ——第 i 种环境要素的环境因子指数；

i——第 i 个环境要素；

n——环境要素总数。

指数评价方法具有以下作用：首先，根据影响因子与健康、生态影响之间的关系进行分级，转化为健康、生态影响的综合评价（如格林空气污染指数、橡树岭空气质量指数、英哈巴尔水质指数等）。其次，可以评价环境质量好坏与影响大小的相对程度。采用同一指数，还可以进行不同地区、不同方案间的相互比较。

2) 巴特尔（Battele）指数法

巴特尔指数法采用函数曲线作图的方法，把环境参数转换成某种指数或评价值来表示开发行为对环境的影响，并同时进行多方案的比较。

巴特尔指数不是引入环境质量标准，而是引入评价对象的变化范围，把评价对象的变化范围定为横坐标，把环境质量指数定为纵坐标，且把纵坐标标准化为 0~1，以"0"表示质量最差，"1"表示质量最好。每个评价因子，均有其质量指数函数图，如图 7.7 所示。各评价因子若已得出预测值，便可根据此图得出该因子的质量影响评价值。

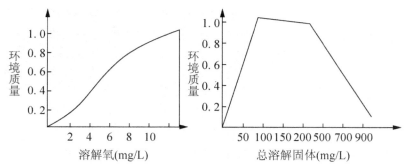

图 7.7 巴特尔指数函数图

采用巴特尔指数法的步骤如下。

（1）建立质量指数函数图。一个给定因素的估计值一般有一定的范围，把环境质量值与之相对应的范围转换成由好至差用 1~0 表示的质量等级指数（指标），以给定因素的变化范围为横坐标、环境质量指数为纵坐标作图而得到。

（2）计算无拟建行动时环境质量的综合评价指数值。将参数值转换为环境质量指数值，然后计算综合评价指数值。

（3）预测方案的环境因子参数变化值，转换成环境质量指数，计算综合评价值。

（4）进行方案比较，选出最佳方案，做出决策。

2. 叠图法

叠图方法是指将评价区域特征包括自然条件、社会背景、经济状况等的专题地图叠放在一起，形成一张能综合反映环境影响的空间特征的地图。

手工叠图的步骤为：①用一张透明纸，画上项目的位置、要考虑影响评价的区域和轮廓等作为基图；②绘出每个影响因子影响程度的透明图，影响程度用一种专门的色码的阴影的深浅来表示；③将影响因子图和基图重叠，不同地区的综合影响差别由阴影的相对深度来表示。

计算机制图的步骤包括①图件录入；②图件编辑和配准；③图件提取；④空间分析；⑤图件输出。

叠图法适用于评价区域现状的综合分析、环境影响识别（判别影响范围、性质和程度）以及累积影响评价。叠图法的优点有能够直观、形象、简明地表示各种单个影响和复合影响的空间分布；但其也有一定的缺点，如无法在地图上表达源与受体的因果关系，因而无法综合评定环境影响的强度或环境因子的重要性。

3. 网络法

网络法的原理是采用原因—结果的分析网络来阐明和推广矩阵法，其基本框架如图7.8所示。网络法可以鉴别累积影响和间接影响。网络法往往表示为树枝状，因此又称为关系树或影响树。利用影响树可以表示出一项社会活动的原发性影响和继发性影响。图7.9所示的影响树中，有两个基本的社会活动 A 和 B。活动 A 有两种原发影响，有 3 种第二层影响和第三层影响；活动 B 有两种原发性影响，有 4 种第二层影响和 4 种第三层影响。事件影响构成 10 个分支。

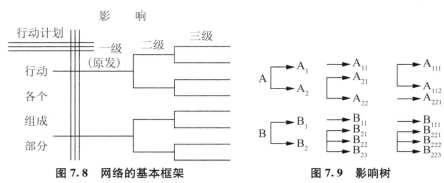

图7.8 网络的基本框架　　　　　图7.9 影响树

网络法的基本过程，首先，弄清建设项目的原生影响面。然后，说明在这些范围内的影响是什么，二级影响面是什么，二级影响面内有些什么影响，三级影响又是什么等。为了求得总的影响程度，需要估计影响事件分支中单个影响事件的发生概率与影响程度，求出各个影响分支上各影响事件的影响贡献总和，再求出总的影响程度（评分）。影响程度的计算过程如下。

(1) 分支(i)上事件链发生的概率 P_i 是分支上每级概率之积。以分支1为例，公式为

$$P_1 = P_A \times P_{A1} \times P_{A11} \times P_{A111} \tag{7-8}$$

(2) 分支(i)上的环境影响 I_1^0 是分支上环境影响程度 m 及其权值 W 之积的和。以分支1为例，公式为

$$I_1^0 = m_{A_1} \times W_{A_1} + m_{A_{11}} \times W_{A_{11}} + m_{A_{111}} \times W_{A_{111}} \tag{7-9}$$

(3) 分支(i)上的加权环境影响 I_i 是分支上环境影响 I_1^0 与概率概率 P_i 之积。以分支1为例，公式为

$$I_1 = P_1 \times I_1^0 \tag{7-10}$$

(4) 总环境影响为各分支影响之和，公式为

$$I = \sum_{i=1}^{n} I_i = \sum_{i=1}^{n} P_i I_i^0 \tag{7-11}$$

式中：n——影响分支的数目；
　　　I_i——第 i 个分支的影响值；
　　　P_i——第 i 个分支的发生概率。

图 7.10 给出了在商业区修建新高速公路的影响树示意图。可以看出，网络法用简要的形式给出由于某项活动直接产生和诱发影响的全貌，因此是有用的工具。但是，这种方法只是一种定性的概括，它只能给出总体的影响程度。

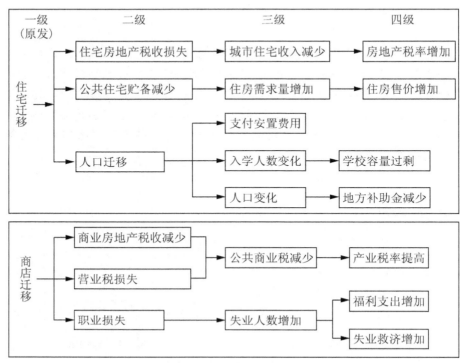

图 7.10　在商业区修建新高速公路的影响树

4. 动态系统模拟法

1972 年罗马俱乐部以动态的观点综合分析世界范围内的人口、工农业生产、资源和环境污染之间的复杂关系，并用数学模型表达出来，在计算机上进行数学模拟，模拟了 1900—2100 年的发展过程。研究表明，人口、工农业生产、资源和环境污染之间存在着复杂信息反馈和相互消长关系，并得到以下 3 个结论。

第一，地球环境容量是有限的，人口不能无限制地增长。

第二，人口必须从无限制地增长向平衡发展方向转变，平衡发展的方式、方法可以结合各自的社会目标选择确定。

第三，早日开始这种转变，成功的可能性大，所花代价低，反之则难以成功，代价高。

模式含人工决策控制系统，可运行各种比较方案。分析建设项目对环境的影响，就是要分析它会对区域环境这个动态、非平衡系统带来什么变化，可能使其平衡点偏移到什么程度，应该采取什么对策措施给予补偿，使其对当地生态平衡影响最小或最有利于建立环境质量优良的新的生态系统。故动态系统模拟法是很有发展前途的综合分析方法，但运行要求很高，需要对社会行为和技术发展做一系列的严格设定，往往需要花费相当大的人力、物力、财力。

7.6 地理信息系统技术在环境影响评价方法中的应用

7.6.1 地理信息系统的定义

地理信息系统(Geographic Information System,GIS)是计算机科学、地理学、测量学、地图学等多门学科综合的技术,要给出 GIS 的准确定义是困难的,因为 GIS 涉及的面太广,站在不同的角度,给出的定义就不同。通常可以从 4 种不同的途径来定义 GIS。

(1) 面向功能的定义:GIS 是采集、存储、检查、操作、分析和显示地理数据的系统。

(2) 面向应用的定义:这种方式根据 GIS 应用领域的不同,将 GIS 分为各类应用系统,如土地信息系统、城市信息系统、规划信息系统、空间决策支持系统等。

(3) 工具箱定义方式:GIS 是一组用来采集、存储、查询、变换和显示空间数据的工具的集合,这种定义强调 GIS 提供的用于处理地理数据的工具。

(4) 基于数据库的定义:GIS 是这样一类数据库系统,它的数据有空间次序,并且提供一个对数据进行操作的操作集合,用来回答对数据库中空间实体的查询。

GIS 的核心是计算机科学,基本技术是数据库、地图可视化及空间分析,其框架如图 7.11 所示;因此,还可以这样定义:GIS 是处理地理数据的输入、输出、管理、查询、分析和辅助决策的计算机系统。

图 7.11 GIS 框架图

7.6.2 地理信息系统应用于建设项目环境影响评价中的益处

GIS 在建设项目环境影响评价中的应用十分广泛,如建立环境标准和环境法规数据库、建立区域环境质量信息与污染源信息数据库、建立工程项目信息数据库、环境监测、环境质量现状与影响评价、环境风险评价、环境影响后评估。而其在评价体系中的益处有以下几点。

(1) 在环境评价中,GIS 特有的空间和属性数据的管理及空间分析的应用是其他任何软件所代替不了的。尤其近年来一些商业软件(如 ArcView)增添了许多扩充模块,可以实现功能更强的三维表现、空间分析和网络分析等功能,使得 GIS 在环境评价中的运用拓宽了深度和广度。

(2) 利用 GIS 建立的环境评价信息系统,可以形象、直观地表达环境质量和环境状况,可以选择各种评价方法进行单要素和区域综合评价,自动完成评价因子的分析、计算、评价和评价成果的输出,大大减少了手工工作量,加快了评价工作进程,尤其便于评价成果的动态管理、更新和应用,有一定的实用价值。

（3）GIS 把地理学发展中的现代理论、方法与计算机结合在一起，具有强大的空间和属性分析能力，是传统手段无法比拟的。在环境评价中，GIS 显示出定量、快速、易更新、动态、能进行模拟分析等特点，是常规评价方法难以达到的。

（4）提高工作效率。例如，利用专题地图功能，可以迅速地将环境统计报表数据显示在地图上。

（5）改善工作质量。利用 GIS，环境工作者可以有效地组织数据可视化。

（6）拓展工作范围。例如，对于有毒有害气体的环境影响分析，GIS 能提供路径分析，利用当地的人口、气象数据，建立起二维的污染物扩散模型，而以前只能基于一维风向模型。

（7）集成化解决问题。由于 GIS 数据参照同一空间坐标，使得不同领域可共享数据和结果，实现简单和高效。各部门可以集成支持整个项目的战略决策。

7.6.3 地理信息系统存在的问题

GIS 是一种全新的信息技术，其发展还需经历一定的阶段才能成为比较成熟的技术，从而得到广泛的应用。但就目前的 GIS 还存在一定的问题。

（1）资金方面。一套 GIS 系统的建立，所需投入的资金是十分巨大的，而在我国很难做到大量的连续的资金投入。对于这个矛盾，在 GIS 的推广应用过程中，可以根据资金、技术力量及系统目标的不同，分别建立工作站级、微机级和专题制图级的多级环境地理信息系统。各级之间既有独立性，又能相互联网构成一个整体。

（2）数据共享方面。数据格式统一等数据方面的问题常常令 GIS 开发人员困惑。GIS 具有对信息大量占有的特点，而鉴于我国的实际情况，政府各部门不易协调，对于数据的充分获取具有较大的难度。在 GIS 的初期建设应尽量缩小目标，减少系统建设的上级主管单位，以缩至一个有足够的信息供应的单位内为最佳。

（3）应用深度方面。目前的 GIS 从根本上只是对二维地理事物进行处理，要达到描述三维地理实体及四维动态地理实体，就必须在三维、四维地理模型及其计算机存贮结构上实现突破。同时，基于二维 GIS 的应用模型也要加强，以增加 GIS 的应用深度。GIS 必须在小型化、实用化以及网络技术上有所突破，同时在数据标准化上要共同努力以达到数据共享。

本 章 小 结

环境影响评价指对规划和建设项目实施后可能造成的环境影响进行分析、预测和评估，提出预防或者减轻不良环境影响的对策和措施，进行跟踪监测的方法与制度。建设项目环境影响评价是鼓励在项目规划和决策中考虑环境因素，最终达到更具环境相容性的人类活动。具体地说，是为了保障和促进国家可持续发展战略的实施，预防因建设项目实施对环境造成不良影响，促进经济、社会和环境的协调发展。

我国环境影响评价经历了3个发展阶段，主要内容包括6个方面。同时，进行环境影响评价要遵循一定的原则，即目的性原则、整体性原则、相关性原则、主导性原则、等衡性原则、动态性原则、随机性原则、社会经济性原则、公众参与原则。

建设项目环境影响评价的基本功能有4个方面，即判断功能、预测功能、选择功能、导向功能。当然，对建设项目进行环境影响评价具有一定的主体和法律依据，并具有相当的重要性。

按要素不同，建设项目的环境影响评价分为不同的环境影响评价。国家根据建设项目对环境的影响程度不同实行分类管理：①建设项目对环境可能造成重大影响的，应当编制环境影响报告书，对建设项目产生的污染和对环境的影响进行全面、详细的评价；②建设项目对环境可能造成轻度影响的，应当编制环境影响报告表，对建设项目产生的污染和对环境的影响进行分析或者专项评价；③建设项目对环境影响很小，不需要进行环境影响评价的，应当填报环境影响登记表。

建设项目环境影响评价是按照一定的程序进行的，有管理程序和工作程序。其实项目评价体系的重要组成部分，主要包括3个方面，即建设项目环境影响识别评价、环境影响预测与评价及环境影响后评价。而评价方法体系同样包括环境影响的识别方法、环境影响的预测方法、环境影响的综合评价方法3个方面的内容。

(GIS)是计算机科学、地理学、测量学、地图学等多门学科综合的技术，是指处理地理数据的输入、输出、管理、查询、分析和辅助决策的计算机系统。其在环境影响评价中应用十分广泛，在评价体系中有较大的益处，但仍然存在一定的缺陷。

习　　题

思考题
(1) 何谓环境影响评价、建设项目环境影响评价？
(2) 我国建设项目环境影响评价经历了哪几个发展阶段？
(3) 环境影响评价应遵循哪些原则？
(4) 建设项目环境影响评价具有哪些基本功能？
(5) 建设项目环境影响评价的重要性有哪些？
(6) 建设项目环境影响评价的基本程序分类、工作程序包括哪些？
(7) 环境影响评价体系包括哪几个方面？
(8) 何谓 GIS？
(9) GIS 在哪些方面存在缺陷？

第8章 建设项目社会评价

教学目标

主要讲述建设项目社会评价的基本理论和方法。通过本章学习,应达到以下目标:
(1) 理解建设项目社会评价的相关概念;
(2) 熟悉建设项目社会评价的内容;
(3) 掌握社会评价指标和方法;
(4) 掌握社会评价准则。

学习要点

知识要点	能力要求	相关知识
社会评价的基本概念	(1) 理解社会评价的目的 (2) 熟悉社会评价的任务 (3) 掌握社会评价的特点及作用	(1) 社会评价目的 (2) 社会评价任务 (3) 社会评价特点 (4) 社会评价作用
社会评价的内容	(1) 熟悉需要进行社会评价的项目范围 (2) 熟悉社会评价内容的主要方面 (3) 掌握不同阶段的社会评价内容	(1) 社会评价的项目范围和人群范围 (2) 社会评价内容的3个主要方面 (3) 建设项目不同阶段的社会评价内容
社会评价指标、方法及准则	(1) 掌握社会评价指标、准则 (2) 掌握社会评价方法的主要内容	(1) 社会评价的5个指标 (2) 社会评价的基本准则 (3) 有无对比分析法、定量与定性分析法、逻辑框架分析法、利益相关者分析法

基本概念

社会评价；评价指标体系；有无对比分析法；定性定量分析法；逻辑框架法。

引例

某铁路项目处于我国西部某省区的一个贫困、多山地区。项目包括修建和运营一条从 LP 至 GB 的长 128.5 千米的铁路。该条铁路将与该地区的现有铁路线相连接。项目地区已建成几个地方煤矿，并且煤炭资源丰富。该地区现有的煤炭和其他自然资源的开发一直受到运输基础设施不足的制约。建设该项目的目的，主要是将该地区的煤炭运输到周边省份能源短缺的地区，这样就能帮助相关产业发展，增加就业和收入，达到扶贫的目的。项目的主要目标是通过在项目地区提供交通基础设施来促进经济的发展，创造减少贫困的条件。扶贫被列为该项目的次要目标，要求该项目应为贫困人口带来新的工作机会，增加收入，并提供获得基础教育、医疗、通信、农业发展和信贷资源的机会。

由此，该项目将有利于提高当地的生活水平，使 92 000 多人或项目地区 40% 的居住人口脱贫。基于这种目标定位，项目方案规划设计人员对其长期和短期地方扶贫目标进行了周密的策划设计。

短期目标：在铁路建设期间和相关服务业发展当中，项目将为 5 500 个贫困户提供长期就业机会。预计项目会带来 3 600 个工作机会，并为非熟练工提供技术培训。

长期目标：为部分贫困人口提供长期的就业机会（包括铁路基础设施维护，通过煤炭开采为当地贫困户提供非农就业机会，为贫困户的外出就业创造便利的交通条件，改善交通条件并促进当地经济和社会发展等）。

上述引例中，铁路项目将扶贫作为次要目标，有利于项目与所在地区利益协调一致，促进社会稳定。通过学习本章，可以了解建设项目社会评价的步骤和方法。

8.1 建设项目社会评价概述

8.1.1 建设项目社会评价的含义

社会评价是识别、监测和评估建设项目的各种社会影响，促进利益相关者对项目的有效参与，优化项目建设实施方案，规避建设项目社会风险的重要工具和手段。社会评价是项目设计中用以分析社会问题和构建利益相关者参与框架的一种评价方法，它主要应用社会学、人类学的一些理论和方法，通过系统地调查、收集影响项目并同时受项目影响的各种社会因素和社会数据，分析项目实施过程中可能出现的各种社会问题，提出减少或避免项目负面社会影响的建议和措施，以保证项目顺利实施和项目目标的实现。

8.1.2 建设项目社会评价的目的和任务

1. 社会评价的目的

社会评价的主要目的是消除或者尽量减少因项目的实施所产生的社会负面影响，使项目的内容和设计符合项目所在地区的宏观发展目标、实际情况和目标人口的具体发展需要，为项目地区的人口提供更广阔的发展机遇，提高项目实施的效果，并使项目能为项目地区的区域社会发展目标，如减轻或者消除贫困、促进社会公平、维护社会稳定等做出贡献，促进经济与社会的协调发展。其核心目的就是要在项目建设活动中关注各种社会问题，在追求项目的财务效益、国民经济效益和环境效益的同时，关注各种社会发展目标的实现，减少项目投资可能引起的各种社会矛盾和风险，以利于促进社会稳定。

2. 社会评价的任务

建设项目社会评价需要考察、分析与项目的设计和实施方案有关的社会发展目标取向、潜在的社会负面影响和其他社会因素，如受益人的参与、贫困、社会性别平等、少数民族发展，以及征地拆迁的社会风险及弱势群体等。社会评价要求采用参与的方式，收集有关项目地区的社会经济数据、利益相关者的人口统计特征，以及在当地社会生活中对项目具有潜在影响的传统文化、风俗习惯、宗教信仰、社会组织等方面的信息，分析影响项目实施效果的社会因素，以及项目实施可能带来的社会风险和社会后果，并提出优化项目设计方案、减少或避免负面社会影响、降低社会风险、提高项目的实施效果的具体措施和建议。

建设项目社会评价的主要任务可以概括如下：

（1）识别关键利益相关者，包括项目影响群体和项目目标群体中的关键利益相关者，制定适当的框架机制，使他们能够有效地参与项目的方案选择、设计、实施、监测和评估等活动，尤其要为贫困和弱势群体的参与制定恰当的机制。

（2）确保目标受益人群能够理解并接受项目的目标及项目实施所带来的社会变化，使项目的内容和方案设计能够考虑到不同性别、不同民族及其他社会差异问题。

（3）评估建设项目的社会影响，并在确认有负面影响的情况下，提出减轻由项目活动产生的负面影响的行动方案，并使行动方案的实施措施和手段符合当地的社会习俗。

（4）加强目标群体在社区参与、冲突解决和服务提供等方面的能力。

8.1.3 建设项目社会评价的特点

作为项目评价方法体系的重要组成部分，社会评价与建设项目的财务分析、国民经济分析、环境影响分析等相比，存在较大差别。其主要特征有：

（1）目标的多元性。财务分析的目标是评价项目的盈利能力及债务清偿能力等，国民经济分析的目标是资源优化配置及社会成员福利最大化，评价目标均比较单一。而社会评价涉及社会生活各个领域的发展目标，必须分析多个目标，考虑多种社会效益与影响，如经济增长目标、公平分配目标、就业目标等，目标多元化，没有共同度量的标准。

（2）评价的长期性。社会评价贯穿于项目周期的各个环节和过程，不但要考察项目近期的社会效果，更要考虑项目对社会长期发展目标的影响。

（3）定量分析困难，一般以定性分析为主。大部分社会评价指标难以用经济货币指标来衡量，如项目对社区文化的影响、城市交通项目对增加人们闲暇时间的影响等都不好量化。

（4）间接效益与间接影响多。项目的社会效益与影响虽然有直接的(如节能效益，就业效益，对教育、文化生活的影响等)，但由于社会系统的复杂性及相互关联性，有关社会问题的波及效应比较明显。因此许多社会效益往往是间接效益或间接影响，如水利建设项目对地方供水，促进地方工农业发展的效益；新建公路减少相关公路拥挤，节约旅客时间的效益等都是项目的间接效益或间接影响。

8.1.4 建设项目社会评价的作用

（1）有利于国民经济发展目标与社会发展目标协调一致，在经济建设中合理利用与节约有限的自然资源，防止单纯追求项目的经济效益。

（2）有利于项目与所在地区利益协调一致，提高公众参与程度、充分考虑公民的真正要求，减少社会矛盾和纠纷，防止可能产生的不利的社会影响和后果，促进社会稳定。

（3）有利于避免或减少项目建设和运营的社会风险，避免决策失误所带来的重大损失，为建设项目多目标的实现创造条件。

8.2 建设项目社会评价的内容

8.2.1 建设项目社会评价的项目范围

1. 社会评价的项目范围

任何建设项目都与人和社会有着密切的联系，因而从理论上讲，建设项目的社会评价适合于各类建设项目的评价。然而，项目的社会评价难度大、要求高，并且需要一定的资金和时间投入，因此也不是任何项目都有必要进行社会评价。一般而言，主要是对当地居民受益较大的社会公益性项目、对人民生活影响较大的基础性项目、容易引起社会动荡的项目和国家、地区的大中型骨干项目和扶贫项目进行评价。

就社会评价的时间跨度而言，社会评价应贯穿于项目周期的全过程。在项目周期的不同阶段，社会评价的任务和内容也有所不同。在项目的建议书阶段应进行初步社会筛选；在项目可行性研究阶段应进行详细社会分析；在项目实施阶段应进行社会监测与评估。

就项目的范围而言，不一定对所有的项目都进行上述 3 个阶段的全部评价。对于那些社会因素复杂、社会影响久远(具有重大的负面社会影响或显著的社会效益)、社

会矛盾突出或社会风险较大的建设项目，应当进行全面的社会评价。这些项目一般包括

(1) 引发大规模移民征地的项目，如交通、供水、采矿和油田项目。

(2) 具有明确的社会发展目标的项目，即扶贫项目、区域性发展项目和社会服务项目（如教育、文化和公共卫生项目等）。

对于其他项目应当首先进行初步社会筛选，然后根据社会筛选的结果，决定是否需要进行详细的社会分析。需要进一步进行详细社会分析的项目一般具有以下特征：

(1) 项目地区的人口无法从以往的发展项目中受益或历来处于不利地位。

(2) 项目地区存在比较严重的社会、经济不平等现象。

(3) 项目地区面临大规模企业结构调整，可能引发大规模的失业人口。

(4) 可以预见到项目会产生重大的负面影响，如非自愿移民、文物古迹的严重破坏。

(5) 项目活动会改变当地人口的现行行为方式和价值观念。

(6) 社区参与对项目效果的可持续性和成功实施十分重要。

(7) 项目设计人员对项目影响群体和目标群体的需求及项目地区发展的制约因素缺乏足够的了解。

2. 社会评价重点关注的人群范围

社会评价的中心主题是以人为本。从以人为本的思想出发，要求在社会评价中将人的因素放在中心位置予以考虑。从建设项目与社会发展的相互关系来看人的因素，社会评价可以有不同的视角，如从贫困人口的视角、少数民族的视角（如果项目区域有少数民族）、社会性别的视角、非自愿移民的视角（如果项目涉及非自愿移民）等。

贫困人口因为贫困，所以其社会影响力明显较弱，如果不特别关注，他们的声音和权益很可能被忽视。消除贫困是社会发展的一个主要目标。任何建设项目，其最终目标都是为了实现社会的发展。从这一意义上来说，社会评价关注贫困人口是与项目目标相一致的。

少数民族因为在人数上不占优势，因此，他们对项目的设计和实施过程中的一些要求和建议有可能会被忽视，这就要求在社会评价中具有民族视角。应对少数民族历史与发展状况有比较详细的了解，在项目设计与实施过程中应充分考虑少数民族的特点与要求，项目应有助于少数民族人民与地区的发展。

社会性别指男性和女性在社会活动中的角色定位。通常男性和女性由于其在社会活动中扮演的角色不同，其在生活中所处地位、基本需求、对事物的认识和看法也会有所不同。一个建设项目往往对男性和女性会产生不同的影响。使项目的设计满足不同性别群体的需要，不仅有助于消除项目对不同性别群体的负面影响的差异，提高项目的实施效果，还能对促进社会性别平等这一长远的社会发展目标做出贡献。

对于涉及非自愿移民的项目来说，非自愿移民是项目重要的受影响群体。非自愿移民在没有成为移民之前，他们有可能也是发展的主流，并未被归入弱势群体或者贫困群体之列。但当他们成为非自愿移民后，将有可能面临丧失土地资源，劳动、生产和管理技能贬值，社会网络和社会资本发生较大改变等问题。一旦采取的补偿和恢复措施出现偏差，他们就可能成为新的脆弱群体。

8.2.2 建设项目社会评价的内容

由于不同的项目，其目标、内容和所在地区的社会经济环境不同、项目影响群体和目标群体不同、项目的社会影响和社会风险不同，社会评价的内容也有所差异。但总体上看，社会评价应该重点考虑以下方面。

（1）对与建设项目相关的利益相关者的评价。项目的社会评价，首先要检验项目方案是否考虑了社会文化及人口统计特征——项目地区的人口规模及社会结构，人口密度及社会分层模式（包括少数民族、部落和阶层的构成）。这对影响特定目标群体（如少数民族、迁移人口和妇女）的项目是非常重要的，有利于对项目效益的分配做出合理的安排。在评价中必须调查与项目存在利害关系的人们的意见，调查他们能否在项目的实施、维护、运营和监督过程中继续或扩大他们的参与活动，并制定帮助受益者实现项目功能的策略。

（2）对项目地区人口生产活动社会组织的评价。包括：①项目地区的居民模式和家庭体系特点、劳动力的可获得性和所有制的形式；②小型生产者是否能合理利用市场、能否获得地区经济的有关信息；③土地所有制度和使用权；④项目地区对可获得的自然资源和其他生产性资源的使用方式。要充分评估这些因素在项目实施后的变化，保证项目地区的社会组织能适应所引入的技术条件的变化。

（3）对项目的文化可接受性及其预期受益者需求的一致性的评价。投资项目必须考虑项目地区的价值观、风俗习惯、信仰和感知需要。项目必须是文化上可以接受的，必须被当地的社会活动者以及他们的机构和组织所理解，并能运行和维护。

具体来说，建设项目社会评价应从"以人为本"的原则出发，主要内容包括项目的社会影响分析、项目与所在地区的互适性分析和社会风险分析，如图8.1所示。

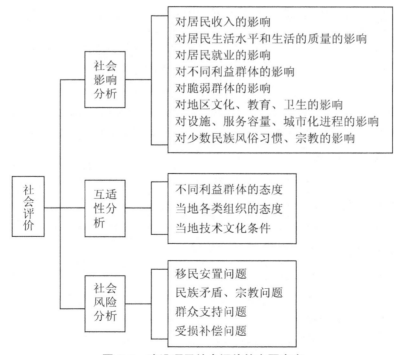

图8.1 建设项目社会评价的主要内容

1) 社会影响分析

建设项目的社会影响分析主要包括以下8个方面。

(1) 项目对所在地区居民收入的影响。主要分析预测由于建设项目实施可能造成当地居民收入增加或者减少的范围、程度及其原因；收入分配是否公平，是否扩大贫富收入差距，并提出促进公平分配的措施建议。对扶贫项目，应着重分析项目实施后，能在多大程度上减轻当地居民的贫困和帮助多少贫困人口脱贫。

(2) 建设项目对所在地区居民生活水平和生活质量的影响。分析预测建设项目实施后居民居住水平、消费水平、消费结构、人均寿命的变化及其原因。

(3) 建设项目对所在地区居民就业的影响。分析预测项目的建设、运营对当地居民就业结构和就业机会的正面影响与负面影响。其中正面影响是指可能增加就业机会和就业人数，负面影响是指可能减少就业机会和就业人数，以及由此引发的社会矛盾。

(4) 建设项目对所在地区不同利益群体的影响。分析预测项目的建设和运营使哪些人受益或受损，以及对受损群体的补偿措施和途径。注意对非自愿移民的分析。

(5) 建设项目对所在地区弱势群体利益的影响。分析预测项目的建设和运营对当地妇女、儿童、残疾人员利益的正面影响和负面影响。

(6) 建设项目对所在地区文化、教育、卫生的影响。分析预测项目建设和运营期间是否可能引起当地文化教育水平、卫生健康程度的变化以及当地人文环境的影响，提出减小不利影响的措施建议。公益性项目要特别加强这项内容的分析。

(7) 建设项目对当地基础设施、社会服务容量和城市化进程等的影响。分析预测项目建设和运营期间，是否可能增加或者占用当地的基础设施，包括道路、桥梁、供电、给排水、供气、服务网点，以及产生的影响。

(8) 建设项目对所在地区少数民族风俗习惯和宗教的影响。分析预测项目建设和运营是否符合国家的民族和宗教政策，是否充分考虑了当地民族的风俗习惯、生活方式或者当地居民的宗教信仰，是否会引发民族矛盾、宗教纠纷，影响当地社会安定。

通过以上分析，对项目的社会影响做出评价，编制项目社会影响分析表，见表8-1。

表8-1 项目社会影响分析表

序 号	社 会 因 素	影响的范围、程度	可能出现的结果	措 施 建 议
1	对居民收入的影响			
2	对居民生活水平和生活质量的影响			
3	对居民就业的影响			
4	对不同利益群体的影响			
5	对脆弱群体的影响			
6	对地区文化、教育、卫生的影响			
7	对地区基础设施、社会服务容量和城市化进程的影响			
8	对少数民族风俗习惯和宗教的影响			

2) 互适性分析

互适性分析主要是分析预测建设项目能否为当地的社会环境、人文条件所接纳，以及当地政府、居民支持建设项目存在与发展程度，考察建设项目与当地社会环境的互适性关系。

(1) 分析预测与建设项目直接相关的不同利益群体对项目建设和运营的态度及参与程度，选择可以促使项目成功的各利益群体的参与方式，对可能阻碍项目存在与发展的因素提出防范措施。

(2) 分析预测建设项目所在地区的各类组织对项目建设和运营的态度，可能在哪些方面、在多大程度上对项目予以支持和配合。对需要由当地提供交通、电力、通信、供水等基础设施条件，粮食、蔬菜、肉类等生活供应条件，医疗、教育等社会福利条件的，当地是否能够提供保障。国家重大建设项目要特别注重对这方面内容的分析。

(3) 分析预测建设项目所在地区现有技术、文化状况能否适应项目建设和发展。主要为发展地方经济、改善当地居民生产生活条件兴建水利项目、公路交通项目、扶贫项目，应分析当地居民的教育水平能否适应项目要求的技术条件，能否保证实现项目既定目标。

通过项目与所在地的互适性分析，就当地社会对项目适应性和可接受程序做出评价。编制社会对项目的适应性和可接受程度分析表，见表 8-2。

表 8-2 社会对项目的适应性和可接受程度分析表

序 号	社 会 因 素	适 应 程 度	可能出现的问题	措 施 建 设
1	不同利益群体			
2	当地组织机构			
3	当地技术文化条件			

3) 社会风险分析

项目的社会风险分析是对可能影响项目的各种社会因素进行识别和排序，选择影响面大、持续时间长，并容易导致较大矛盾的社会因素进行预测，分析可能出现这种风险的社会环境和条件。那些可能诱发民族矛盾、宗教矛盾的项目要注重这方面的分析，并提出防范措施。编制项目社会风险分析表，见表 8-3。

表 8-3 社会风险分析表

序 号	风 险 因 素	持 续 时 间	可能导致的后果	措 施 建 议
1	移民安置问题			
2	民族矛盾、宗教问题			
3	弱势群体支持问题			
4	受损补偿问题			
5	…			

8.2.3 项目建设不同阶段的社会评价

就项目周期全部过程而言，在项目周期不同阶段的社会评价侧重点也明显不同。一般情况下，在项目建议书阶段，应进行初步社会筛选，在项目可行性研究阶段应进行详细社会评价与分析，在项目的实施阶段应进行社会监测与评估。

1. 项目建议书阶段的初步社会筛选

初步社会筛选的目的是识别对项目设计或实施具有重要影响的社会因素，并确定是否需要在项目准备阶段进行详细社会分析。初步社会筛选要通过实地考察来进行，要考察拟建项目所涵盖的样本社区。在实地考察中，社会评价人员要实地考察社区情况并访问目标受益人群、受影响群体以及能够掌握相关信息的关键人物。

初步社会筛选一般包括以下活动。

(1) 识别关键的利益相关者。关键利益相关者是指在项目的设计、决策及实施中具有重要影响的项目利益相关者，包括与项目有关的各种社会群体、公共和私有部门的正式和非正式机构，以及各类非政府组织。识别关键利益相关者可以从研究现有的项目资料入手，在审阅二手资料时，可以发现与项目活动关系最大的团体和机构，然而要确认哪些机构与项目息息相关，必须与决策者、中央和地方政府代表、经验丰富的国内外社会学家以及当地非政府组织进行磋商。此外，还要充分了解项目地区广泛的社会发展问题和项目的内容和可能包括的技术方案。

(2) 识别与项目密切相关的社会因素和社会风险。在对项目所在地区的社会发展问题进行总体判断并确定关键利益相关者之后，社会评价人员应当分析项目实施对不同的利益相关者可能产生的社会影响（包括正面影响和负面影响），项目实施可能遇到的社会风险，关键利益相关者、贫困和弱势群体的参与能力，以及他们的参与对项目目标的实现和项目效果可持续性产生的影响。同时，初步社会筛选还要考虑更广义的一些社会因素，如社会凝聚力、社会资本、社会组织等对项目设计与实施的影响和作用。

(3) 判断进行详细社会分析的必要性和内容。在对现有资料进行研究分析和对项目地区进行初步调查了解之后，应根据初步社会分析的结果，确定是否有必要进行进一步的详细社会分析，如有必要应确定详细社会分析的具体内容。

2. 项目准备阶段的详细社会评价与分析

详细社会评价的主要目的是为项目设计和实施提供有关社会组织和文化习俗方面的信息，为消除和减缓负面社会影响的行动方案提供详尽的社会经济数据，以确保项目准备的质量和实施的成功。在建设项目的社会评价中，收集和分析与社会发展相关的信息是一个相互作用和参与的过程。项目地区人口的社会文化和人口统计特征、他们的生产活动和社会组织状况，以及项目内容与他们的需求兼容的程度等，是影响项目能否成功的至关重要的因素。详细社会分析的内容应基于初步社会筛选的结论和建议，但通常情况下，应主要侧重于以下几个方面。

(1) 进行利益相关者分析。详细社会评价与分析应当对在初步社会筛选中识别出的项目利益相关者进行更为详细的分析,主要分析各个利益相关者受项目影响的程度以及他们对项目的影响力。

(2) 评价机制和社会组织问题。项目活动的预期受益人群,如贫困与弱势群体(妇女、青少年、老年人等),可能会在利用项目资源时遇到困难。造成这种困难的因素很多,包括当地风俗习惯、社会组织形式、以及信息和通信系统。社会评价应该确定是否存在体制性和机构性障碍;如果存在,则应提出克服这些障碍的建议。

社会评价中的机构分析是对项目技术、经济和财务评估的补充。它侧重于考察所建议的措施的可行性和所建议的参与机制的可持续性。同样重要的是,社会评价人员在进行机构分析时,还应分析研究社会资本、社会网络等因素对项目设计和实施的影响与作用,并列出能够帮助动员利益相关者实现发展目标的现有当地机构。一些非正式的地方规则,如那些影响社会群体的行为和态度的道德规范、价值观念和信仰体系,可能会影响项目的实施安排。因此,社会评价中的制度分析不仅要识别是否存在机构障碍,还要提出克服现有机构障碍的建议,包括现有机构安排的改进或新制度的建立。

(3) 制定参与框架。社会评价要注重不同群体的参与。首先是贫困和弱势群体的参与,这是社会评价必须坚持的基本原则;其次是更广泛的利益相关者(政府和非政府组织、资金提供者和其他伙伴)在项目准备、设计和实施过程中的参与。

参与机制的方案设计是社会评价的重要工作内容之一。完整意义上的参与框架机制一般分为3个层次,即信息分享机制、协商机制、参与机制。详细社会分析应在基于对项目的基本内容,项目利益相关者的社会经济特征、传统文化、风俗习惯等详细分析的基础上,提出项目应当采用的参与机制与参与框架。

(4) 制订详细的负面影响减缓计划。对于那些无法量化或确定的负面或间接影响,社会评价要切实找出减缓负面社会效果的措施,对弱势群体的负面影响尤应重视。例如,大型土木工程中的短期流动劳动力可能带来负面的和间接的影响,项目设计者应该考虑到这种外来劳动力的流入给东道主社区带来的影响。在已经识别了具体社会群体所受负面影响的情况下,必须确定减轻影响的措施方案,并确保有相应的机构设置来负责实施这些方案。

(5) 确定评价指标并完成基线调查。要衡量一个项目的社会影响,必须要有一定的指标。在详细社会分析阶段要根据项目的具体目标、项目地区的社会发展目标和项目目标群体和影响群体的社会经济条件等因素确定评价的指标。

同时,为了衡量项目的实施效果,在项目实施之前或开始实施之际就应当对项目地区进行基线调查,以确定"无项目"状态下可能发生的情况。此类基线调查可以得出衡量项目影响的基准点。这种调查应尽可能地得出量化数据指标,以便通过"有无对比"分析,判断项目的实施可能带来的变化程度。

3. 项目实施阶段的社会监测和评估

为了衡量项目的实施成功与否,评价项目设计方案能否满足项目目标群体的需求,需要充分、及时地获得有关项目实施各个方面的信息。这就要求在项目的实施阶段做好社会监测和评估工作。为了保证评价方法的严密性，社会监测评估应对"无项目情况"做出估计，也就是说，如果没有该项目会怎么样，或者会出现什么情况。为了确认无项目情况，需要关注来自其他因素的影响，这是一项复杂的工作。通过利用比较群体或控制群体，即将不参与项目、不从中受益的群体与那些目标受益人群进行一系列对比分析就能掌握这方面的信息。

通过项目实施过程中的社会监测与评估，有助于及时发现项目实施过程中存在的一些问题。当这些问题有碍于项目目标的实现时，应当提出调整方案。

项目周期各阶段社会评价的主要内容见表 8-4。

表 8-4 项目周期各阶段社会评价的主要内容

项 目 周 期	关键的社会评价活动
一、项目鉴别阶段： 初步社会筛选	识别有战略性参与意义的关键利益相关者； 识别对项目方案制定和实施有重要意义的社会因素； 按项目内容归纳关键社会问题； 根据项目地区的发展优先次序及社会发展目标，从社会评价的角度论证项目建设的必要性； 识别项目可能引发的负面社会影响； 判断是否需要进一步进行详细的社会分析评价
二、项目准备阶段： 详细社会评价	提供当地社会组织(如生产和服务组织)和文化习俗等方面的信息； 评价项目活动与当地需求(包括性别需求)之间的兼容程度； 评价机构和组织方面的问题，确认有助于利益相关者参与项目的社会资源状况； 制定参与框架，使男性和女性、穷人和弱势群体及更广泛意义上的利益相关者能够参与项目的有关过程； 作为参与框架的一部分，设计参与机制框架(即信息共享、协商和具体参与的机制)； 确定每个利益相关者的具体责任和可供监测的项目活动； 制订实施方案，包括机构调整、能力建设、目标定位、职能排序、激励机制； 评价社会收益和社会风险(包括潜在冲突和成本)； 提出减缓项目负面影响应采取的措施
三、项目实施阶段： 社会监测与评价	制定公开的可核查的监测与评价程序(包括参与方式)； 制定监测与评价指标(如投入指标、过程指标、产出指标)，以衡量项目实际产生的社会影响； 评估项目满足目标群体需求的程度； 确保在各类负面影响减缓方案中建立监测与评价程序； 及时提出消除妨碍项目社会目标实现的调整方案

8.3 建设项目社会评价的原则和评价指标

8.3.1 建设项目社会评价的原则

面对纷繁复杂的社会现象和问题，往往不可避免地需要一个较为庞大的、面面俱到的评价变量和指标体系。但评价工作的最终任务是明确提出主要的潜在影响和修正意见，因而，对于那些通常缺乏统一量化标准的社会影响变量，需要确定一个简单适用而又能实现综合统一的评价准则。对于建设项目的社会评价中缺乏统一量化标准的社会影响变量，参考世界银行提出的评价标准，可以缩减为几个简洁的核心问题，如项目是否公正、是否可持续、与地方的互适性如何。

1. 社会公正原则

（1）公正原则：确保项目实施不会加剧地区或群体间的不平等现象，尤其关注儿童、失业群体等弱势群体。

（2）成本负担：社会成本应被视为项目成本的一部分。

（3）效益获取：确保项目收益确实为目标受益人获取。

（4）补偿原则：探讨各种可行的规划方案，尽可能避免或减少群体利益受损；如果影响不可避免，则尽可能使受损群体能分享项目效益；应全面考虑缓解影响的各种可能措施，即使受影响群体赞成规划行动，或被视为受益者。

2. 社会可持续原则

（1）多样性原则：充分认识和尽可能保护地方社会、经济和文化等特征的多样性。

（2）预防原则：尽可能通过修正规划方案避免影响的产生，如果影响不可避免，应探讨可持续的缓解措施。

（3）优化原则：社会评价应不仅限于在经济效益和社会成本之间的仲裁手段，还应有助于决策最优的发展方案。

（4）协作原则：强调多部门间的协商与合作。

3. 互适性原则

（1）社会学习：在规划方案制定和社会评价中，都需要充分考虑并尊重地方性知识、经历和文化价值观。

（2）民主原则：应充分考虑社会群体对项目的意愿和接受程度，任何侵犯社会群体人权的手段和过程都不可接受。

（3）公众参与原则：规划行动的决策应尽可能接近各类利益相关群体。

8.3.2 建设项目社会评价的指标

评价指标体系指能够全面描述和反映被评价对象各方面本质特征的若干指标组成的体

系。社会评价指标根据项目建设过程中涉及的许多社会因素以及对社会产生的影响，把社会评价指标体系分为5个方面，即人口和迁移、劳动与就业、生活设施与社会服务、文化遗产、居民心理和社会适应，见表8-5。

表8-5 社会评价的基本框架和指标

基本类别	社会目标	评价指标
人口和迁移	◆保证非自愿移民的正常生活水平 ◆保护迁入地区的自然和社会环境	◆项目影响的人群 ◆人口迁移规模（人数、迁移距离等） ◆人口居住密度 ◆移民土地安置 ◆移民补偿标准、补偿兑现情况 ◆移民生计变化情况
劳动与就业	◆保护项目利益相关者的权益 ◆促进项目所在地区的社会发展 ◆保护当地生态环境，避免群众破坏自然环境以索取资源	◆产业结构变化 ◆耕地面积、质量 ◆森林面积变化 ◆劳动力构成 ◆就业率 ◆收入水平 ◆主要经济来源 ◆贫困人口比率 ◆项目提供的就业机会
生活设施与社会服务	◆保证项目影响区域内群众的基本生活条件 ◆确保当地经济发展的基础条件 ◆确保适度的环境承载力 ◆提供健康文明的生活环境	◆自来水普及率 ◆人均住房面积 ◆道路质量与等级 ◆与集镇的距离 ◆教育设施和教师学生比 ◆医疗设施和千人拥有医生数 ◆社会保障水平和覆盖率 ◆商业设施情况 ◆健身、娱乐设施 ◆生活垃圾处理设施
文化遗产	◆保护不可再生的文化遗产资源 ◆保护社会人文环境	◆自然遗迹 ◆人文景观 ◆特有的歌舞、宗教和民间礼仪等
居民心理与社会适应性	◆关注受项目影响的各个群体	◆信息公开度 ◆项目建设过程中的心理状态 ◆项目的公众参与率 ◆社会关系网络的变化 ◆对项目社会发展对策的满意度 ◆项目导致的纠纷及其解决情况

1) 人口和迁移

人口和迁移是许多大型建设项目所要面对的首要问题,当它达到一定规模时就要作为一项单独的项目来计划和实施。移民是一项复杂的社会工程,迁移后的移民社区需要进行全面恢复和重建。按照世界银行非自愿移民的标准,移民社区的恢复和重建要实现的最低目标是恢复到以前的生活水平并有所提高;在移民过程中同时要考虑移民能够在社会和经济方面与迁入地融为一体,并保护迁入地的自然和社会环境。

实现非自愿移民的社会目标,需要面对指标体系中所设立的基本内容,即迁移人口的规模和性质、迁移的距离和方式,以及如何恢复和补偿等,在这个过程中要考虑公众参与。

2) 劳动与就业

相同的项目在不同的地区会带来不同的影响,这就要具体分析项目本身如何执行,分析项目区原有的社会经济状况以及如何对项目所带来的改变做出应对。

建设项目在带来一定的就业机会和现金流的同时,更为重要的是改变了当地的产业结构,为当地的经济社会发展提供了一个机遇。例如,开发旅游项目,会占用大量的农用土地,从而改变了项目区基本资源——土地的分配和使用现状,进而改变了当地的劳动和就业。农用土地的减少改变了农业的比重,而旅游业的发展也带动了其他产业的发展。同时,项目所带来的现金流及交通状况的改善,为人们建立更为广泛的对外经济和社会交流提供了机会。

3) 生活设施与社会服务

生活设施和社会服务水平决定了人们基本的生活条件,也是项目区发展的基础条件。建设项目应该保证项目影响区域内群众的基本生活条件,对影响区域内群众的居住条件、基础设施(水、电、气)、交通状况、医疗条件、娱乐设施、地方环境、社会保障、邻里关系等都要加以评价。

4) 文化遗产

一系列重大建设项目的实施,不仅增加了国家的实力,也给人民生活带来了极大便利。但是,有的建设项目会损害历史文化遗产,对有着悠久历史的自然景观、自然遗迹、人文景观、历史文化环境等带来负面影响。建设项目要对项目影响区域内的物质文化遗产深入调研,确认其历史价值并确认维护、改造、更新这些物质文化遗产的具体规定和手段,在具体指标的设计上要认真对待。

5) 居民心理与社会适应性

在每个项目实施的过程中都不同程度地会遇到居民心理与社会适应的问题,这会直接影响人们对项目的态度和行为——支持还是反对项目,最终会对项目的实施产生重要影响。在项目建设过程中要加入公共参与或其他形式的沟通,使居民获得真实的信息,同时居民的利益能得到项目管理方的尊重,那么,就可以尽量避免社会矛盾和社会冲突的出现。

这个框架确定的5个方面基本上概括了建设项目实施过程中所面对的主要社会方面。但是,由于社会现实本身的复杂性和多样性,即使相同性质的项目在不同的地区也要制定不同的评价指标,以适应不同的社会现实环境的需要。一个项目可能需要对全部5个方面进行分析和评价,或只需要分析其中一个或几个,这取决于具体的项目和项目执行的环境。

8.4 建设项目社会评价的步骤和方法

8.4.1 建设项目社会评价的步骤

社会评价一般分为调查社会资料、识别社会因素、论证比选方案3个步骤。

1) 调查社会资料

调查了解项目所在地区的社会环境等方面的资料。调查的内容包括项目所在地区的人口统计资料，基础设施与服务设施状况；当地的风俗习惯、人际关系；各利益群体对项目的反应、要求与接受程度；各利益群体参与项目活动的可能性，如项目所在地区干部、群众对参与项目活动的态度和积极性，可能参与的形式、时间，妇女在参与项目活动方面有无特殊情况等。社会调查可采用多种调查方法，如查阅历史文献、统计资料，问卷调查，现场访问、观察，开座谈会等。

2) 识别社会因素

分析社会调查获得的资料，对项目涉及的各种社会因素进行分类。一般可分成3类：影响人类生活和行为的因素、影响社会环境变迁的因素、影响社会稳定与发展的因素。从中识别与选择影响项目实施和项目成功的主要社会因素，作为社会评价的重点和论证比选方案的内容之一。

3) 论证比选方案

对项目可行性研究拟订的建设地点、技术方案和工程方案中涉及的主要社会因素进行定性、定量分析，比选推荐社会正面影响大、社会负面影响小的方案。

项目涉及的社会因素、社会影响和社会风险不可能用统一的指标、量纲和判据进行评价，因此社会评价应根据项目的具体情况采用灵活的评价方法。

8.4.2 建设项目社会评价的方法

建设项目社会评价的方法主要有：有无对比分析法、定量与定性分析法、逻辑框架分析法、利益相关者分析法。

1) 有无对比分析法

有无对比分析法是将项目实施后实际发生的情况与假定没有外在项目影响下可能发生的情况进行对比，以确定项目的真实效益、影响和作用。进行对比的目的主要是为了区分项目自身作用与项目以外的作用，更重要的是预测在有项目、无项目的情况下，社会现实究竟如何。无项目并不是无发展，而是按照原有的路径发展，外在项目的进入则会对原有的发展路径产生影响，进而产生相应的社会结果。进行有无对比分析需要对项目区的社会基本发展状况进行预测，然后依据项目的特征对社会现实的改变进行预测，最后进行对比。

2) 定量与定性分析法

建设项目的社会效益与影响内容广泛，有些可以借助一定的数学公式进行定量计算，另外尚有大量的、复杂的社会因素难以进行定量计算，只能进行定性分析。因此，在建设项目社会评价中，宜采用定量分析与定性分析相结合、指标参数与经验判断相结合的方法。定量分析一般要有统一的量纲，一定的计算公式与判别标准，并通过数量演算反映评价结果。但是对于建设项目的社会评价而言，如果对纷繁复杂的社会因素都要进行计算，难度很大，而且需要引进某些假设、权重以及参数来达到量化和计算的目的。总之，如果要定量计算所有的社会因素，不仅计算繁琐、工作量大，而且很难判断其结果的准确程度。定性分析是借助文字描述来说明事物的性质。在需要与可能的情况下，应尽可能地利用各种数据，以期更准确地说明社会影响的性质和程度。在进行定性分析之前，要编写定性分析的评价提纲，提纲一般采取提问的形式，针对每种需要定性分析的社会效益和影响，全面提出问题，并深入进行分析比较。例如，分析项目对社会安定、稳定的影响，就可以编写这样的分析提纲：

（1）项目所在地区有无乡规民约、风俗习惯限制和影响项目的实施？项目对当地民族团结有何影响？是否执行了民族政策，尊重了当地各民族的风俗习惯、宗教信仰等？这方面是否存在社会风险？

（2）项目的建设与运行将增加当地的固定人口与流动人口，是否会增加犯罪率，进而影响当地的社会秩序、安全、稳定？有何预防措施？

（3）项目对当地交通有无影响？是否会增加交通事故，影响人身安全？

（4）项目的受损者是否得到合理补偿？他们是否满意？因被征地而外迁的受损者是否得到妥善安置？有无返迁、上访、上告的可能，从而构成不安定因素？有何预防措施？

（5）当地政府对项目的态度如何？如何争取他们对项目决策、设计与实施的参与？

（6）当地群众对项目的态度如何？如何取得他们的充分理解、参与和支持？

3) 逻辑框架分析法

逻辑框架法的模式是一个 4×4 的矩阵，由垂直逻辑和水平逻辑组成。垂直逻辑代表项目目标的层次，主要说明项目在不同层次上的目标、各层之间的因果关系。水平逻辑代表如何验证这些目标是否达到，水平逻辑主要衡量项目的资源和结果，确定客观的验证指标和指标的验证方法及重要的假定条件。指标是度量项目执行情况的标准，包括产出的数量、质量。验证的方法主要考虑如何对选用的指标进行评价以及由谁来评价，评价每个指标需要收集的信息以及所需信息的来源。重要假定条件是指达到项目的指标必须具备的重要假定条件，这些条件是项目各层次的目标实现的基础和依据。

逻辑框架法将在第 11 章中重点介绍。

4) 利益相关者分析法

利益相关者是指与项目有利害关系的人、群体或机构，包括与项目有直接利益关系者，项目产出直接或间接、正面或负面影响的利益关系者，对项目有正面或负面影响的利益关系者，如图 8.2 所示。利益相关者分析在社会评价中用于辨认项目利益相关群体，并分析他们对项目的实施及实现目标的影响。在社会评价过程中，利益相关者主要参与到评价的活动中，并将他们的知识、对项目的态度和意见等进行调查分析，将分析结果作为社会评价结论的重要组成部分，并最终为项目的投资决策提供依据。

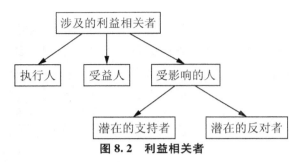

图 8.2 利益相关者

利益相关者分析一般按照以下 4 个步骤进行。

(1) 界定主要利益相关者。利益相关者可能会对项目产生重大的影响，或者对项目能否达到预定目标起着十分重要的作用，这些人群主要包括政府、实施机构、目标人群、其他个人或者诸如社区组织、当地政府等相关群体，其中主要利益相关者是指那些直接受到项目的积极（受益者）或者消极（如非自愿的搬迁移民）影响的人、群体或者机构等。

(2) 分析利益相关者的利益所在以及项目对他们的利益所产生的影响。此步骤需要对每个群体提出下列 5 个主要问题：①利益相关者对项目有什么期望？②项目将为他们带来什么样的益处？③项目是否会对他们产生不利影响？④利益相关者拥有什么资源以及他们是否愿意和能够动员这些资源来支持项目的建设？⑤利益相关者有没有与项目预期目标相冲突的任何利害关系？

(3) 对每一个利益相关者的重要性和影响力进行分析。应从以下方面对利益相关者的影响力及其重要程度进行评估：①权力和地位的拥有程度；②组织机构的级别；③对战略资源的控制力；④其他非正式的影响力；⑤与其他利益相关者的权利关系；⑥对项目取得成功的重要程度。

(4) 为重要的利益相关者制定出相应的参与方案。

本 章 小 结

通过本章的学习，可以对哪些建设项目需要做社会评价，社会评价主要评价什么内容，以及社会评价有哪些方法这三大方面的问题有个更深层次的理解，有助于在建设项目的实际操作过程中更好地把握项目目标的实现，同时可以预防和消除因项目的实施所造成的社会负面影响，使项目的建设符合社会发展的整体利益。

习 题

思考题

(1) 简述建设项目社会评价的含义。

(2) 社会评价有哪些主要目的？

（3）建设项目社会评价有哪些特点、内容？
（4）简述项目建设不同阶段的社会评价。
（5）社会评价有哪些社会评价指标？
（6）建设项目社会评价的方法主要有哪些？
（7）社会评价的基本评价准则有哪些？

第9章 建设项目风险和不确定性评估

> **教学目标**

主要讲述建设项目风险和不确定性评估的基本理论和方法。通过本章学习，应达到以下目标：

(1) 了解建设项目风险及不确定性产生的原因；
(2) 熟悉建设项目风险评估的依据与内容；
(3) 熟悉建设项目风险及不确定性评估的指标和准则；
(4) 理解建设项目风险评估的含义、主体与对象；
(5) 掌握建设项目风险和不确定性评估的基本方法。

> **学习要点**

知识要点	能力要求	相关知识
建设项目风险和不确定性评估的含义、指标与准则	(1) 理解建设项目风险评估的含义 (2) 理解不确定性分析的含义 (3) 熟悉建设项目风险评估的指标与准则	(1) 建设项目风险与建设项目风险评估 (2) 不确定性及不确定性分析 (3) 标准差、变异系数和净现值小于零的概率
建设项目风险评估的内容和作用	(1) 熟悉建设项目风险评估的主要内容 (2) 理解建设项目风险评估的重要作用	(1) 建设项目风险识别 (2) 建设项目风险度量 (3) 建设项目风险评估的目的及意义

续表

知识要点	能力要求	相关知识
建设项目不确定性分析方法	(1) 掌握盈亏平衡分析法 (2) 掌握敏感性分析的方法 (3) 掌握概率分析的方法	(1) 盈亏平衡点的各种表示方法 (2) 敏感性分析（相对值法）的主要计算步骤及其局限性 (3) 期望值、标准差及偏差系数的计算
建设项目风险评估的方法	(1) 了解建设项目风险评估的各种方法 (2) 理解外推法及其应用 (3) 掌握层次分析法及其应用	(1) 外推法的分类及其适用条件 (2) 层次分析法处理问题的基本步骤

基本概念

风险；建设项目风险评估；盈亏平衡分析；盈亏平衡点；敏感性分析；敏感因素；偏差系数；层次分析法。

京沪高铁暗藏风险

京沪高速铁路于 2008 年 4 月 18 日开工，从北京南站出发终止于上海虹桥站，总长度 1 318 千米，总投资约 2 209 亿元。它的建成使北京和上海之间的往来时间缩短到 5 小时以内。京沪高铁全线纵贯北京、天津、上海三大直辖市和河北、山东、安徽、江苏 4 省，是新中国成立以来建设里程最长、投资最大、标准最高的高速铁路。2010 年 11 月 15 日铺轨完成，2011 年 5 月 11 日，京沪高铁开始进入运行试验阶段，9～19 日京沪高铁全线试运行，2011 年 6 月 30 日正式开通运营。开通后，运营 4 天，发生 3 起事故，引起广泛热议。2011 年 8 月 1 日，铁道部称京沪高铁平均上座率为 107%。

其实，在京沪高铁开通运营之际，原国务院安全生产委员会办公室副主任、国家安全生产监督管理总局副局长王德学就指出，高铁因其技术新、速度高、难度大，使管理任务加重，带来的风险也大，一旦发生事故，后果不堪设想。王德学警告，高铁的迅猛发展带来了新的安全风险：

一是技术风险，包括路基沉降、轨道平整性、机车制动性能、信号控制与通信系统稳定性、可靠性等都需要一段时间的实践、检验和完善。

二是管理风险，有关法律法规、标准规范、管理制度、人员素质等还需一个逐步完善提高的过程。

三是沿线环境风险，高铁除自身的安全风险外，还涉及车站、气象地质灾害、沿线治安和铁路公路互跨等一系列风险。

四是社会风险。王德学称，一列运行的高铁相当于一架在铁轨上奔驰的巨型民航客机，有可能成为各种极端分子破坏的对象。

五是高铁沿线的安全监控水平还有待提升，居民对高铁安全的认识水平也有待提高。

综上所述，我们可以看出京沪高铁也是一个存在着较高风险的建设项目，那么这些风险是如何被评估的呢？其评估的理论与方法又有哪些呢？学习完本章，相信对该问题会有较清楚的认识。

9.1 建设项目风险和不确定性评估概述

9.1.1 建设项目风险和不确定性评估的概念

1. 风险

国内外对于风险的定义莫衷一是,美国风险分析协会成立之初所做的第一件事即专门成立一个委员会对"风险"这个术语加以定义,该委员会工作了 4 年最后决定放弃对风险加以定义的努力,可见其定义之难。很多学者试图用简明扼要的语言对风险的含义做出描述,例如,美国学者 A. H. 威雷特认为"风险是关于不愿发生的事件发生的不确定性之客观体现",F. H. 奈特认为"风险是可测定的不确定性",F. G. 格雷恩将风险定义为"未来损失的不确定",黄华明则认为"风险是在特定的客观情况下,在特定的期间内,某种损失发生的可能性"。

笔者认为,风险指的是可能的损失或者不确定的损失。风险可能发生,也可能不发生。风险事件发生后可能给当事人造成损失,也可能带来预想不到的收益。必须强调的是风险与危险有所不同,危险指的是意外事件一旦发生则必然会给当事人带来损失,但风险则只是一种可能的损失,有些当事人甚至可以利用风险事件来获取某种正当收益,被保险人从保险公司获取保险赔偿、承建商从工期索赔及经济索赔中获得补偿就是很好的例证。

2. 建设项目风险

建设项目风险,是指为实现建设项目目标的活动或事件的不确定性和可能发生的损失与收益。

3. 建设项目风险评估

建设项目风险评估是对建设项目风险进行综合分析,并依据风险对项目目标的影响程度进行项目风险分级排序的过程。它是在项目风险规划、识别和估计的基础上,通过建立项目风险的系统评价模型,对项目风险因素影响进行综合分析,并估算出各风险发生的概率及其可能导致的损失大小,从而找到该项目的关键风险,确定项目的整体风险水平,为如何处置这些风险提供科学依据,以保障项目的顺利进行。

4. 不确定性

所谓不确定性,是指人们事先只知道所采取行动的所有可能结果,而不知道他们出现的可能性,或者两者都不知道。

5. 建设项目不确定性分析

建设项目不确定性分析是指在建设项目财务评价和国民经济评价的基础上,以研究各种不确定因素变化及其对项目经济效益影响程度为目的的分析方法。

9.1.2 建设项目风险和不确定性产生的原因

由于建设项目评估是建立在评估人员对未来事件的预测、估算和判断的基础上的，所以就会使得投资及建设方案的经济效益评价产生不确定性和风险，即实际情况可能偏离预期目标，从而产生误差。因此，建设项目的不确定性可能出于项目内部，也可能出于它的外部，存在于建设项目的构成和对它的评估之中。

1. 建设项目风险和不确定性产生的主观原因

1) 信息的不完全性与不充分性

分析者掌握的信息是有限的，在质和量两个方面不能完全或充分地满足预测未来的需要，因此，要在此基础上进行推断、预测并得出结论，就不得不做大量假设。此外，为获取完全或充分的信息，就需要耗费大量的金钱和时间，这些情况都会影响评估人员及时做出决策，从而增加了建设项目评估中的风险与不确定性。

2) 人的有限理性

人的有限理性决定了人不可能准确无误地预测未来的一切。由于人的能力等主观因素的限制，再加上预测工具以及工作条件的限制，决定了预测结果与实际情况不可避免地存在着或大或小的偏差，即具有不确定性。

2. 建设项目风险和不确定性产生的客观原因

1) 市场供求变化的影响

建设项目的建设期一般都比较长，投产后的经济寿命也较长。在市场经济条件下，商品供求关系主要靠价值规律调节，人们的需求结构、需求数量、产品供给结构和供给数量变化频繁，难以预测，尽管可以通过分析目前的投入及投入结构来预测未来市场的供给，但要真正做到这点是很困难的。因此，由市场供求引起的项目投入与产出价格的变化，将成为影响项目经济分析结论的最重要因素。

2) 技术变化的影响

当今人们处于知识经济的时代，现代科学技术日新月异，新材料、新技术、新工艺不断涌现，尽管投资者在投资时所采用的技术工艺是最先进的，但可能很快就有更新的技术和工艺来替代它，每一种新技术都会给某些行业带来新的市场机会，同时也会给另一些行业造成生存威胁。因此，在建设项目评估时，预测技术发展变化的趋势，是一种降低投资风险的手段，但不可能对新技术的出现及其影响做出准确的预测，这就造成了项目的不确定性。

3) 经济环境变化的影响

在市场经济条件下，国家的宏观经济调控政策、各种改革措施以及社会经济发展本身对建设项目都有着重要影响，都会影响建设项目的效益，使建设项目具有不确定性。

4) 社会、政治、法律、文化等方面的影响

社会、政治、法律、文化等因素构成建设项目的一般环境，尤其是政治因素对项目的影响很大。政治比较稳定的时期，实现项目预期效益的可能性就大；反之，就会影响项目预期效益的实现。我国正处于市场经济制度不断完善的时期，大量新的经济法规公布实

施,旧的法规或是重新修订,或是淘汰,这些法规的变化都是影响项目效益的主要因素。因此,在建设项目评价时,应尽可能考虑这些因素的影响。

5) 自然与资源条件的影响

投资项目的建设,必然需要一定的自然条件和资源供给,因此,建设项目评估必须对项目建设所在地的自然条件以及项目所需资源的供给条件进行认真的分析研究,必须注意分析自然和资源条件的变化对建设项目所产生的影响。

9.1.3 建设项目风险和不确定性评估的目的、意义和作用

1. 建设项目风险和不确定性评估的意义

中国兵器工业规划研究院的侯正礼教授指出,在对一个工程项目进行可行性评估时,所采用的数据为预测或估算得到的数据,这些数据在一定程度上存在着不确定性因素,也就是说在应用这些数据进行评估时,需要承担一定的风险。例如,投资超支、工期拖长、生产能力达不到设计要求、原材料价格上涨、产品售价波动、市场需求变化等都可能使项目达不到预期的经济效果。为了确定各种因素变化对项目经济效益的影响程度,需要进行风险性分析。下面对建设项目投资风险进行系统的分析(以 BOT 项目为例)。

1) 项目前期运作风险

建设项目的融资、勘探设计、咨询、供货、施工、运营及还本付息均由私营项目公司实行全过程负责,也就是说项目公司必须自费做投资机会研究、可行性研究或初步设计,以供政府部门决策参考。这笔前期费用往往很大。例如,澳大利亚悉尼海底隧道工程的发起公司花了将近 2200 万澳大利亚元。如果政府不批准该项目上马或事后政府不予核销,则项目公司将承担上述前期费用风险。

2) 项目建设期风险

项目建设期风险主要包括建设工期风险和建设成本风险。项目建设工期的提前或延误对项目的经济效益会产生巨大的影响。以香港东区海底隧道为例,该工程开工之前港府严格规定海底隧道必须在 42 个月之内竣工,而这 42 个月还包括预留的 4 个月机动时间,实际有效工期只有 38 个月。项目公司若不能如期按规定的时间竣工,则将失掉特许经营权(franchise period)。另外,项目建设成本的风险也是很突出的问题。BOT 项目所在国政府对项目竣工时间、税收、项目收费标准、项目特许权经营年限均有十分明确、严格的规定,项目公司必须承担项目建设成本超支的风险。若建设成本超支,则必须影响项目投资回收或贷款偿还。

3) 项目运营期风险

$$A = \int_0^T P(t) \cdot Q(t) \mathrm{d}t \tag{9-1}$$

项目运营收入:

式中:$P(t)$——BOT 项目的收费标准:对路桥项目,$P(t)$ 为通行费标准;对电力项目,$P(t)$ 为电力销售单价(元/千瓦时);

$Q(t)$——市场销售量:对路桥项目,$Q(t)$ 为车流量;对电力项目,$Q(t)$ 为售电量;在项目开工前,$Q(t)$ 为预测值。

由于政府对收费标准规定得很死，一般不允许提高标准，而 $Q(t)$ 为预测值，$Q(t)$ 的实际值（如车流量）可能会大大低于预测值，这一风险均由项目公司承担。以英、法海底隧道为例，英、法两国政府坚持使用私有资金，政府不投资，并要求10年内完成，银行希望尽早收回贷款，施工公司希望得到工程的大部分股份，隧道的所有者需要有利可图。1985年5月英、法两国政府向有关单位招标，同年10月投标书提交政府，1986年1～6月仅半年时间，获政府特许，海底隧道条约缔约，联合法案生成，Eurotunnel公司（欧洲隧道公司，为业主单位）成立，并与TML（由英、法10家公司组成的英、法海底隧道工程建设公司，为施工总承包商）签订工程总承包合同，并于同年开工，于1990年底打通第一条隧道，1991年6月隧道掘进完工，进入全面安装阶段，1994年5月，工程竣工并投入有限的商业运行。自1994年5月投入有限的商业运行以来，属于试运行阶段，整个系统目前不仅没有盈利，而且预计在今后的几年间还需要继续投入部分工程费用和增加融资成本（合计约122亿法郎），当时预计到2003年旅客运量可达到2 300万人次/年，货物运输达到2 500万吨/年。为此经过谈判，政府与欧洲隧道公司达成新协议，隧道承租期到2050年权限延长10年。在与政府签订协议前，欧洲隧道公司与英、法两国铁运公司（国营）签订使用协议，50%的火车应通过隧道运输，占隧道运输能力的1/3，如火车运量低于某个百分数，必须按该百分数交费，在该百分数到50%之间按实际量交费，运价是规定的，但太低，目前欧洲隧道公司以工程成本增加和铁运公司有政府行为等理由在打官司，要求提价，隧道的另外2/3运输能力由隧道公司按市场价格运送梭车（运载汽车），其价格约低于轮渡的10%。

再以中、英两国之间合资建设的热电厂项目为例。湖北宜化集团与英国电力公司签订的原合同中规定，中方应对公司生产的电实行统购包销，价格也比现在高得多，所以高回报率中方承受得起。现在，中国国内电力市场供过于求，合资公司生产的电，当地政府已不再全部购买，另外固定回报担保的条款也不符合国家的规定了，所以要进行修改。

从上述两个实例中可以得出结论，市场经济就是风险经济，国际工程承包更是严格地按照市场经济体制和国际惯例运作的，因此国际工程经营是一项风险事业。国际政治的风云变幻、国际经济的发展变化、国际金融市场的动荡、国际工程基建规模的扩张与收缩都会直接或间接地对参与国际工程的各方（如项目业主、承包商、给项目提供融资的各金融机构、设备材料的供应商等）的经济利益造成损失，因此无论是业主、承包商还是国际金融机构都要对项目进行风险分析与评估。由此可见，对建设项目进行风险评估不仅非常必要，而且也是很重要的。

2. 建设项目不确定性评估的目的和作用

建设项目不确定性评估的根本目的是为了分析和确定项目发展变化的可能性，从而提高项目决策的可靠性和科学性。建设项目不确定性评估的具体作用有如下3个方面。

1) 确定不确定性因素对建设项目投资和效益的影响方向

建设项目的不确定性因素多种多样，它们对项目投资和效益的影响方向也不一样。通过建设项目不确定性分析与评估，人们可以确定各种不确定性因素对项目投资和效益影响的方向,从而了解项目不确定性因素对于项目投资和效益是具有正向(有利)还是反向(不利)的影响。

2) 提高建设项目各种分析与评估结论的可靠性和有效性

建设项目不确定性评估分析从各种可能性中去深入分析项目的各种发展变化的情况,从而人们就能够依据项目的不确定性和变动的可能性进一步地分析与评估项目。这可以修正人们按确定性分析给出的项目评估结论,从而大大提高项目分析与评估结论的可靠性和有效性。

3) 分析和确定建设项目投资及效益发展变化的可能性

由于建设项目不确定性因素的影响会导致项目投资与收益指标的变动,而当项目投资和效益指标的变动超过一定限度时建设项目的不确定性因素的影响就不可行了。建设项目的不确定性分析与评估能够给出项目发展变化的各种可能情况及其可能性的大小,从而有利于在项目实施和经营中减少损失。

3. 建设项目风险评估的目的和作用

建设项目风险评估的作用主要表现在:

(1) 通过风险评估,确定风险大小的先后次序。对建设项目中各类风险进行评估,根据它们对项目目标的影响程度,包括风险出现的概率和后果,确定它们的排序,为确定风险控制先后和制定风险控制措施提供依据。

(2) 通过风险评估,确定各风险事件间的内在联系。建设项目中各种各样的风险事件,乍看是互不相干的,但当进行详细分析后,便会发现某一些风险事件的风险源是相同的或有着密切的关联。例如,某工程由于使用了不合格的材料,承重结构强度远达不到规定值,引发了不可预见的重大质量事故,造成了工期拖延、费用失控,以及工程技术性能或质量达不到设计要求等多种后果。对这种情况,从表面上看,工程进度、费用和质量均出现了风险,但其根源只有一个,即材料质量控制不严格,在以后的管理中只要注重材料质量控制,就可消除此类风险。

(3) 通过风险评估,把握风险之间的相互关系,将风险转化为机会。例如,承包商对建设项目施工总承包,和分项施工承包相比,存在较多的不确定性,即具有较大的风险性,但如果承包商把握机会,将部分不熟悉的施工子项目分包给某一个有经验的专业施工队伍,对总承包而言,这可能会挣得更多的利润。

(4) 通过风险评估,可进一步量化已识别风险的发生概率和后果,减少风险发生概率和后果估计中的不确定性,为风险应对和监控提供依据和管理策略。

9.1.4 建设项目风险和不确定性评估的依据

建设项目风险和不确定性评估的主要依据如下。

(1) 建设项目风险管理计划。

(2) 建设项目风险识别的成果。对已识别的项目风险及风险对项目的潜在影响需进行评估。

(3) 建设项目进展状况。风险的不确定性常常与项目所处的生命周期阶段有关,在建设项目初期,风险症状往往表现得不明显,随着项目的实施,项目风险及发现风险的可能性会增加。

(4) 建设项目类型。一般来说,建造工艺简单,没有采用新技术的建设项目风险程度较低;建造工艺复杂,采用新技术的建设项目风险程度较高。

(5) 数据的准确性和可靠性。对用于风险识别的数据或信息的准确性和可靠性应进行评估。

(6) 概率大小及影响程度。这是用于评估建设项目风险的两个关键方面。

9.1.5 建设项目风险和不确定性评估的主体与对象

1. 建设项目风险和不确定性评估的主体

1) 建设项目风险的承担主体

一般来讲,建设项目风险的承担主体主要有以下几方:建设项目承包方、材料设备及燃料供应方、设计方、监理方、业主、政府部门(公益性项目)和金融机构等。

2) 建设项目风险的评估主体

建设项目风险的评估主体主要是咨询机构的评估专家,这些专家受以上各承担主体的委托而开展对建设项目隐藏风险的评估工作。

2. 建设项目风险和不确定性评估的对象

1) 政治风险

政治风险是外汇风险的一种形式,属于非汇率风险。它是指由于东道国或投资所在国国内政治环境或东道国与其他国家之间政治关系发生改变而给外国企业或投资者带来经济损失的可能性。包括项目所在国政局不稳或政权更替频繁、国际关系紧张、权力部门腐败及法制不健全等。

2) 经济风险

经济风险是指因经济前景的不确定性,各经济实体在从事正常的经济活动时,蒙受经济损失的可能性,它是市场经济发展过程中的必然现象。

3) 社会风险

社会风险是一种导致社会冲突,危及社会稳定和社会秩序的可能性。更直接地说,社会风险意味着爆发社会危机的可能性。一旦这种可能性变成了现实性,社会风险就转变成了社会危机,对社会稳定和社会秩序都会造成灾难性的影响。社会风险包括内乱与骚乱、文化宗教冲突和民族主义势力抬头等。

4) 技术风险

技术风险是指由于技术上的不足或缺陷以及技术分析和决策失误等原因,给投资经营带来损失的可能性。技术风险包括工程设计文件、工程施工方案、工程物资及工程机械等的风险。

5) 自然风险

自然风险指由于自然因素,如洪灾、火灾和地震等引起的风险。

建设项目评估

9.2 建设项目风险和不确定性评估的内容

9.2.1 建设项目风险评估的内容

建设项目风险评估的主要内容有如下两个方面。

(1) 建设项目风险的识别

这是指识别和确定建设项目究竟存在哪些风险以及这些风险影响项目的程度和可能带来的后果这样一系列项目风险管理工作。建设项目风险识别的主要任务是找出项目风险、识别引起项目风险的主要因素,并对项目风险后果进行初步的定性估计。建设项目风险识别中最重要的原则是,通过因素分解把比较复杂的事物分解为一系列要素,并找出这些要素对于项目的影响及其风险大小。在识别项目风险的影响因素时,也需要使用演绎和推理的方法对项目风险后果给出必要的推断和识别。建设项目风险识别工作在很大程度上取决于人们掌握项目信息的多少以及项目决策者和项目风险评估者的知识、经验与性格。

2) 建设项目风险的度量

建设项目风险的度量是指对项目风险及其后果所进行的评估和定量分析这样一项项目风险评估工作。项目风险度量的任务是对项目风险发生的可能性大小和项目风险后果的严重程度等做出定量的估计和做出项目风险统计分析的描述。建设项目风险是一种不确定的损失,其公式如下:

$$R = F(P, L/O) = (P \times L/O) \tag{9-2}$$

式中:R——建设项目风险;

P——建设项目风险发生概率;

L——建设项目风险损失的大小;

O——建设项目风险机遇的大小。

多数情况下,建设项目风险度量的这两个参数是一种乘积的关系,因此在项目风险度量中经常会使用统计分析和损失与机遇估计期望值的方法,有时也会使用一些概率分析与估计的方法,而且有许多建设项目风险的数据要依靠主观估计给出。

9.2.2 建设项目不确定性评估的内容

建设项目的不确定性是指被评估项目的预测效果与将来实施后的实际效果的差异。不确定性的直接后果是使项目经济效果的实际值与评估值相偏离,导致按照评估值做出的经济决策带有风险。为了分析不确定因素对经济评价指标的影响,应根据拟建项目的具体情况,分析各种外部条件发生变化或看测算数据误差对方案经济效果的影响程度,以估计项目可能承担不确定性的风险及承受能力,确定项目在经济上的可靠性。

建设项目不确定性评估的内容包括盈亏平衡分析、敏感性分析和概率分析。在具体应用时,需要综合考虑项目的类型、特点、决策者的要求,相应的人力物力财力及项目对国民经济的影响程度等因素。一般来说，盈亏平衡分析适用于项目的财务评价，敏感性分析和概率分析则可以同时应用于财务评价和国民经济评价。

9.3 建设项目风险和不确定性评估的指标

大体说来，建设项目风险和不确定性评估的指标有以下3个。

1) 标准差 σ_k

$$\sigma_k = \sqrt{\sum_{j=1}^{N_k}(X_{jk}-E_k(x))^2 \times P_{jk}} \qquad (9-3)$$

$$E_k(x) = \sum_{j=1}^{N_k} x_{jk} \cdot P_{jk} \qquad (9-4)$$

式中：k——第 k 个工程项目，$k=1,2,\cdots,M$；

x_{jk}——第 k 个工程项目在项目分析计算期 N_k 年内年净现值；

P_{jk}——第 k 个工程项目在计算分析期 N_k 年之中第 j 年其净现值 $NPV=x_{jk}$ 的概率，$j=1,2,\cdots,k$。

σ_k 反映了项目净现金流 x_{jk} 的概率分布的集中程度，σ_k 越小，则概率分布越密集，相应的风险也就越小。应该指出的是，用 σ_k 刻化单个工程项目收益的风险是合适的，但不同项目之间做风险分析比较时，计算分析期 N_k 不同、期望收益 $E_k(x)$ 不同，即使标准差 σ_k 相同或相近，所以仅仅用标准差 σ_k 来衡量风险就不是很合理，而用变异系数 v_k 就比较科学合理。

2) 变异系数 v_k（统计风险度）

$$v_k = \frac{\sigma_k}{E_k(x)} \qquad (9-5)$$

v_k 反映的是单位期望收益的变化量，用该指标可以比较不同项目的风险大小。v_k 越小，则风险也越小。

但是，用 v_k 来衡量项目风险也有很大的局限性：

(1) 用项目效益的标准差 σ 与期望收益值之比来衡量项目风险度虽然理论上是可行的，但从标准差 σ 的计算式中可以看出，只要 x_i 偏离 $E_k(x)$，不论是大于还是小于 $E_k(x)$ 均计入 σ 中，而实际上只有当 $x_i<E(x)$ 时才是真正意义上的风险，因此用下半方差 σ_1 来代替 σ 计算变异系数理论上更科学。

$$\sigma_1^2 = \int_{-\infty}^{E(x)} \xi^2 f(\xi) d\xi \qquad (9-6)$$

$$v_k = \frac{\sigma_1}{E_k(x)} \qquad (9-7)$$

式中：$f(\xi)$——年净现金收入的概率密度函数。

(2) 用 v_k 可以实实在在地刻画某个工程项目内在的风险，但并不能反映该项目风险本身对风险承受主体影响的严重程度，而且项目决策者着重考虑的不仅仅是项目收益偏离于其预期值，而更关心项目实施可能给公司带来的亏损额度及其对本公司生存和发展所造成的冲击，采用生存风险度 S_d 来反映应更为合适。

(3) $E(x)$的计算不科学；$E(x)$应该由最低期望收益，也就是按MARR将投资折算成年资本回收量。

(4) 必须事先假定概率分布。

有鉴于传统统计方法的严重缺陷，本书作者提出了以下有实际应用价值的风险计量方法。这种新方法继承了经典的统计风险分析方法的框架，但指标v_k的物理意义已有很大的不同，却更能切合实际，主要改进体现在分别用下半方差σ_1和最低收益年金代替原来的σ_k、$E_k(x)$计算变异系数v_k，计算步骤如下。

第一步：根据风险校正系数β值计算最低期望收益率(minimum acceptable rate of return，MARR)：

$$\text{MARR} = 无风险投资收益率 + 风险收益率 + 预期通胀率$$
$$= R_f + \beta_k \times (R_m - R_f) + R_e \tag{9-8}$$

式中：R_f——无风险投资收益率，一般按国债利率计算；

β_k——项目k的风险校正系数，不同的行业β_k是不同的；

R_m——资本市场的平均投资收益率；

R_e——预期通货膨胀率。

第二步：根据MARR计算最低收益年金E_k。

令$i_0 = \text{MARR}$，则最低收益年金：

$$E_k = \frac{C_k i_0 (1+i_0)^{N_k}}{(1+i_o)^{N_k} - 1} \tag{9-9}$$

式中：C_k——第k个项目的总投资额。

第三步：根据E_k计算下半方差σ_1：

$$\sigma_1 = \sqrt{\int_{-\infty}^{E_k} \xi^2 f(\xi) d\xi} \tag{9-10}$$

第四步：根据σ_1计算变异系数v_k：

$$v_k = \frac{\sigma_1}{E_k} \tag{9-11}$$

式中：v_k所反映的物理意义是每一个单位期望收益年金所承担的风险大小。

3) 净现值$\text{NPV}_k \leq 0$的概率

$$\text{NPV}_k = \sum_{j=1}^{N_k} (1+i_0)^{-j} \cdot x_{jk} \tag{9-12}$$

若净现值NPV_k服从正态分布，则可计算

$$P_k(\text{NPV}_k \leq 0) = P_k\left(\xi \leq \frac{0 - E_k(x)}{\sigma_k}\right)$$
$$= P_k\left(\xi \leq -\frac{E_k(x)}{\sigma_k}\right) \tag{9-13}$$

以商业银行为主体的项目融资风险测评指标与方法为例，其理论基础主要是工程经济学中的现金流分析方法和获得诺贝尔经济奖的几位学者的现代投资经济理论，如J. Tobin(1981)、F. Modigliani(1985)、M. H. Miller、W. F. Sharpe 和 H. M. Markowitz(1990)等人的经济理论。下面对商业银行进行项目融资风险评价常用指标、方法和模型进行评述。

1) 风险补偿系数(风险校正系数)

应当指出,不同的主体对项目收益率和风险率的权衡是不一样的,所采用的风险评价指标也不一样。从债权人的角度看(如商业银行),其风险测评指标主要是信用 5C 和 3 率,其中信用 5C 指的是商业银行在提供贷款之前要从借款人的品格(character)、能力(capacity)、资本(capital)、担保(collateral)和环境条件(condition)等 5 个方面进行评估。3 率则指的是,债务覆盖率、项目债务承受比率和风险校正系数;而项目股东所关心的则是另外 3 率(投资回收率、股本回报率、税后净现值)。对于项目融资中常使用的 4 个风险估测指标和风险评价指标,即风险校正系数、债务覆盖率、项目债务承受比率、资源收益覆盖率,其中因水电站发电用水无需付费,对资源收益覆盖率不作介绍。

应当指出的是,不同行业其风险补偿要求不一样;因资产负债率不一样,对同一行业的不同企业的风险补偿系数也不一样。负债越高,要求的风险补偿系数也就越高。从罗伯特·哈默德(Robert Hamada)公式中可以明显地看出这一点:

$$\beta_e = \beta_a [1 + \frac{D}{E}(1-\tau)] \tag{9-14}$$

式中:β_e——股本金 β 值,它反映的是单个企业投资某一行业的风险校正系数,实质上也是一种变异系数 υ;

β_a——资产 β 值,反映了项目对资本市场系统风险变化的敏感程度;

D——项目债务的市场价值;

E——项目股本金的市场价值;

τ——公式所得税。

2) 债务覆盖率

计算公式为

$$DCR_t = \frac{NC_t + RP_t + IE_t + LE_t}{RP_t + IE_t + LE_t}$$

$$= \frac{\text{第 } t \text{ 年净现金流} + \text{第 } t \text{ 年到期总债务}}{\text{第 } t \text{ 年到期总债务}} \tag{9-15}$$

式中:NC_t——项目第 t 年扣除一切项目支出后的净现金流量;

RP_t——第 t 年到期债务本金;

IE_t——第 t 年应付利息;

LE_t——第 t 年应付的项目租赁费用(若有的);

DCR_t——一般应在[1.0,1.5]间取值。

3) 项目债务承受比率

计算分式为

$$CR = \frac{PV}{D} \tag{9-16}$$

式中:PV——项目在融资期间的现金流量现值;

D——拟贷款的余额;

CR——一般要求在[1.2,1.5]间取值。

4) 贷款风险度

中国建设银行提出了贷款风险度的概念及相应的计算方法:

贷款风险度＝贷款对象风险权×贷款方式风险权数
×贷款期限风险权数×贷款形态风险权数

贷款风险度是衡量贷款风险大小的尺度，其数值越大，风险越高；最低为0，最高为1，大于1时以1计。单笔贷款风险度超过0.7的为高风险贷款，综合贷款风险度超过0.7的区域为高风险投放区(包括企业、行业和地区)。中国建设银行提出的贷款风险度实际上是指风险率，它综合考虑了贷款对象信用不同、贷款方式不同、贷款期限长短不同、贷款形态不同对贷款安全性的影响。其优点是它提出了一种衡量贷款风险大小的统一尺度，但是很多情况下人们更为关心的不是风险率，而是风险损失的大小和风险损失实际发生后对发放贷款的商业银行的冲击大小及风险损失的可控性和弥补损失、减小损失的办法和措施。

徐世忠教授在《中国人民建设银行贷款风险管理》一文中介绍了识别贷款风险的4要素：

① 贷款对象风险权数，简称对象权数，按企业信用等级和项目风险等级来认定；
② 贷款方式风险权数，简称方式权数；
③ 贷款期限风险权数，简称期限权数；
④ 贷款形态风险权数，简称形态权数。

以上4个要素对贷款安全的影响程度称为风险权数。

(1) 当贷款对象风险权数的确定≤100％，风险数计算如下。

企业信用等级或项目风险等级	对象权数(％)
AAA级	30
AA级	50
A级	70
BBB级	90
BBB级以下及未评级企业或项目	100

改扩建、技改项目风险权数＝(企业信用等级权数×企业资产总额＋新项目风险等级权数×新项目总投资额)/(企业资产总额＋新项目总投资额)

综上知信用等级越高，风险权数越小。

(2) 当贷款方式风险权数≤100％，风险权数计算如下。

具体数值规定	方式权数(％)
信用贷款为	100
抵押贷款	
居住楼抵押	50
其他抵押	
城区地带土地使用权	50
非城市地带土地使用权	70
交通运输工具抵押	70
机械设备抵押	80
质押贷款	
第三方保证贷款	
票据贴现	

从上述贷款方式风险权数表中可以看出，信用贷款的风险权数最大，而其风险也最大，有抵押、质押的贷款相对而言风险权数也小一些。

(3) 当贷款期限风险权数≥100%，风险权数计算如下。

贷款期限	期限权数(%)
$t \leqslant 3$ 个月	100
3 个月$\leqslant t \leqslant 6$ 个月	105
6 个月$\leqslant t \leqslant 1$ 年	110
1 年$\leqslant t \leqslant 3$ 年	130
3 年$\leqslant t \leqslant 5$ 年	135
$t \geqslant 5$ 年	140

由此看出贷款期限风险权数的含义是贷款期限越长，回收贷款本息的风险也就越大。

(4) 贷款形态风险权数的具体计算如下。

贷款形态	形态权数(%)
正常贷款	100
不良贷款	
一般逾期贷款	150
呆滞贷款(催收贷款)	200

根据中国人民银行的新规定，贷款形态的分类已采国际通行的贷款分类方法，即正常、次级、可疑、关注、损失，因此上述贷款形态也应采用新的分类方法，但风险权数仍可采用上述相应数值。

9.4 建设项目风险和不确定性评估的准则

建设项目风险评估是评估风险存在的影响、意义以及为项目决策和风险监控提供依据。为了解决好这些问题，风险评估应遵循一些基本的准则。

1. 风险回避准则

风险回避是最基本的风险评价准则。根据该准则，项目管理人员应采取措施有效控制或完全回避项目中的各类风险，特别是对项目整体目标有重要影响的那些风险因素。

2. 风险权衡准则

风险权衡的前提是项目中存在着一些可接受的、不可避免的风险，但需注意的是风险权衡原则需要确定可接受风险的程度。

3. 风险处理成本最小准则

风险权衡准则的前提是假设项目中存在一些可接受的风险。这里有两种含义：其一是小概率或小损失风险，其二是付出较小的代价即可避免风险。对于第二类当然希望风险处理成本越小越好，并且希望找到风险处理的最小值。由于风险处理的最小成本是理想状态，同时也是难于计算的，故人们定性地归纳为若此风险的处理成本足够小，人们是可以接受的。

4. 风险成本/效益比准则

开展项目风险管理的基本动力是以最经济的资源消耗来高效地保障项目预定目标的达成。项目管理人员只有在收益大于支出的条件下，才愿意进行风险处置。在实际的项目活动中，项目风险水平一般与风险收益成正比，只有风险处理成本与风险收益相匹配，项目风险管理活动才是有效的。生活中有大量风险投资活动成功后获得过高回报的例子。

5. 社会费用最小准则

在进行风险评估时还应遵循社会费用最小准则。这一指标体现了一个组织对社会应负的道义责任。当一个组织实施某种项目活动(如企业的经营活动)时，组织本身将承担一定的风险，并要为此付出一定的代价，同时企业也能从中获得风险经营回报。同样社会在承担风险的同时也将获得回报。因此在考虑风险的社会费用时，也应一同考虑风险带来的社会效益。

国际工程项目风险一般可分为 3 类：致命的风险、严重的风险和一般的风险。应当指出的是这种分类只是一种定性分析。例如根据生存风险度 S_d 将国际工程项目风险等级进行如下划分：$S_d \geqslant 30\%$，致命风险；$S_d \leqslant 15\%$，严重风险；$S_d \leqslant 5\%$，一般风险。

中国建设银行的项目风险等级同企业信用等级相类似，分为 AAA、AA、A、BBB 4 个等级，AAA 风险最低，BBB 风险最高。

目前设置的评定项目风险等级所涉及的指标分五大类，其重要性不同按照权重来分配总分 100 分：项目的财务效益类，41 分；项目的市场前景类，21 分；项目的基本情况类，17 分；项目的建设条件类、规模及技术水平类，10 分；项目给银行带来的效益类，11 分。总分与项目风险等级的关系 90～100 分 AAA；80～89 分 AA；70～79 分 A；60～69 分 BBB。

9.5 建设项目风险和不确定性评估的方法

9.5.1 建设项目的不确定性分析方法

1. 盈亏平衡分析法

1) 盈亏平衡分析的概念

盈亏平衡分析是从经营保本的角度来预测投资项目风险性的一种方法。通过确定项目的产量盈亏平衡点，分析预测产品的产量(或生产能力利用率)对项目盈亏的影响。任何项目都存在盈亏平衡点，在这一点上，销售收入等于总成本，项目刚好保本。盈亏平衡分析的目的就是找出这种临界值，判断投资项目对不确定因素变化的承受能力，为决策提供依据。盈亏平衡点越低，项目盈利的可能性就越大，亏损的可能性就越小。

2) 盈亏平衡分析的假定条件

盈亏平衡分析要满足以下几个假定条件：

(1) 产量等于销售量，且固定成本不变；

(2) 产量变化，单位可变成本不变，从而总成本费用是产量的线性函数；

(3) 产量变化,销售单价不变,从而销售收入是销售量的线性函数;
(4) 项目有多种产品时,产品结构稳定,可以换算为单一产品计算。

3) 盈亏平衡点的各种表示方法

(1) 以产量表示的盈亏平衡点。通过分析产品产量、产品价格、单位可变成本、固定成本等方面的变化对盈利与亏损的影响,计算盈亏平衡时的产量,分析项目的风险情况。

在满足上述假定条件的情况下,产品价格不随该项目的销售量变化而变化,则销售收入与销售量可用下式表示:

$$I = P \times Q \tag{9-17}$$

式中:I——销售收入;
P——单位产品价格(含销售税金及附加);
Q——产品产量。

生产总成本 C 由固定成本 C_f 与可变成本 VC 两部分构成,表示为

$$C = C_f + \text{VC} = C_f + C_v Q \tag{9-18}$$

式中:C_f——固定成本;
C_v——单位可变成本。

图 9.1 中,纵轴表示销售收入与产品成本,横轴表示产品销售量即产量。销售收入线与总成本线的交点为平衡点(BEP),也就是项目盈利与亏损的临界点。

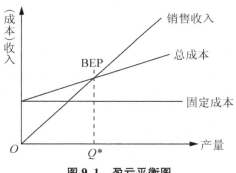

图 9.1 盈亏平衡图

联立式(9-17)、式(9-18),求得交点纵坐标为

$$Q^* = \frac{C_f}{P - C_v} \tag{9-19}$$

式中:Q^*——为盈亏平衡时的产量。

固定成本与产量的变化无关。可变成本的特点是当产品产量变化时,可变成本与产品产量的变化成正比例关系,可变成本随产品产量的增加而增加。即

$$\text{VC} = C_v Q \tag{9-20}$$

式中:VC——总可变成本。

在 BEP 的左边,总成本大于总收入,项目亏损;在 BEP 的右边,总收入大于总成本,项目盈利;在 BEP 这一点,项目不亏不盈。

评估时需注意,还有一部分可变成本的变化与产品产量不成正比例关系,如与批量生产有关的某些消耗性材料费用、工具和夹具、模具、量具费、运输费用及财务费用等,这

部分成本变化随产量变动规律一般是呈梯形曲线，人们通常称其为部分变动成本或半可变成本。由于半可变成本通常在总成本中所占的比重不大，一般归入可变成本。

式(9-19)中，若扣除销售税金及附加(T_x)，则有：

$$Q^* = \frac{C_f}{P - C_v - T_x} \tag{9-21}$$

式(9-21)中的分母被称为单位边际利润，用 L_f 表示，有：

$$L_f = P - C_v - T_x \tag{9-22}$$

达到目标利润的产量为

$$Q_R = \frac{C_f + L_m}{P - C_v - T_x} \tag{9-23}$$

式中：Q_R——达到目标利润时的产量；

L_m——需要实现的目标利润。

【例9-1】 某项目设计能力为年产10 000吨产品，销售价格为每吨450元（含税），销售税金及附加占售价的10%，固定成本为100万元，单位可变成本为每吨155元，试求盈亏平衡产量、单位边际利润、达产时利润总额及目标利润为100万元时的产量。

解： 根据式(9-21)，盈亏平衡时的产量为

$$Q^* = \frac{1\,000\,000}{450 \times (1 - 0.1) - 155} = 4\,000(吨)$$

单位边际利润为

$$L_f = 450 - 155 - 450 \times 0.1 = 250(元/吨)$$

达产时利润总额等于从 Q^* 到设计能力时的产量乘单位边际利润，即

$$L = (10\,000 - 4\,000) \times 250 = 150(万元)$$

目标利润为100万元时的年产量为

$$Q_R = \frac{1\,000\,000 + 1\,000\,000}{450 - 155 - 45} = 8\,000(吨)$$

(2) 以销售收入表示的盈亏平衡点。该点的含义为项目保本时的最低销售收入，用 I^* 表示：

$$I^* = Q^* \times P \text{ 或}$$

$$I^* = Q^* \times \frac{C_f \times P}{P - C_v - T_x} \tag{9-24}$$

根据例9-1，以销售收入表示的盈亏平衡点为

$$I^* = 4\,000 \times 450 = 1\,800\,000(元)$$

(3) 以生产能力利用率表示的盈亏平衡点。该点表示当项目设计能力为 Q_d 时，在某一开工率时所达到的保本点，用 F^* 表示为

$$F^* = \frac{Q^*}{Q_d} \times 100\% \tag{9-25}$$

根据例9-1，以生产能力利用率表示的盈亏平衡点为

$$F^* = \frac{4\,000}{10\,000} \times 100\% = 40\%$$

(4) 以固定成本表示的盈亏平衡点。如果其他不确定因素保持不变，固定成本越高，盈亏平衡产量就越大，项目承担风险就越大；反之，项目承担的风险就小。

在设计的生产能力下，达到盈亏平衡的固定成本为项目可以接受的最高固定成本，销售税金及附加税费比率不变，视为必要的固定支出，其公式为

$$C_f^* = (P - C_v - T_x)Q_d \quad (9-26)$$

按例 9-1 的条件有

$$C_f^* = (450 - 155 - 45) \times 10\,000 = 2\,500\,000（元）$$

只要固定成本不超过 250 万元，项目就可以盈利。

(5) 以产品价格表示的盈亏平衡点。若按设计能力进行产品生产和销售，所允许的最低保本销售价格即盈亏平衡时的销售价格。表达式为

$$P^* = \frac{I}{Q_d} = \frac{C_v \times Q + C_f}{Q_d} = C_v + \frac{C_f}{Q_d} \quad (9-27)$$

单位产品销售价格是影响项目盈亏的重要因素。如果其他不确定因素保持不变，提高产品价格，在图 9.2 中，收入曲线（$I = P \times Q$）就越陡，与成本曲线（$C = C_f + C_v \times Q$）的交点（BEP）就离原点越近，提高价格使盈亏平衡产量减少；反之，降低产品价格，收入曲线就越缓，与成本曲线的交点就离原点越远，使盈亏平衡产量增高。

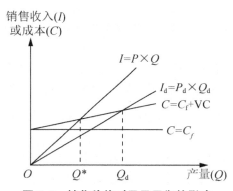

图 9.2 销售价格对盈亏平衡的影响

根据例 9-1 有

$$P^* = 155 + \frac{1\,000\,000}{10\,000} = 255（元/吨）$$

若考虑税金，则应加上 T_x。本例中 $P^* = 300$(元/吨)。

(6) 以单位产品可变成本表示的盈亏平衡点。可变成本越高，成本曲线越陡，与收入曲线的交点越高，盈亏平衡的产量就越大；反之，曲线越缓，与收入曲线的交点越低，盈亏平衡的产量就越小，如图 9.3 所示。若按设计能力进行产品生产和销售，并且销售价格固定，则有

$$(P - T_x) \times Q = C_v \times Q + C_f$$

则盈亏平衡时的单位产品可变成本为

$$C_v^* = P - T_x - \frac{C_f}{Q_d} \quad (9-28)$$

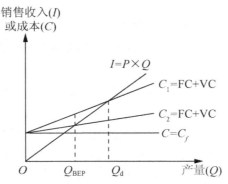

图 9.3　可变成本对盈亏平衡的影响

根据例 9-1 有

$$C_v^* = 450 - 45 - \frac{1\,000\,000}{10\,000} = 305\ (元/吨)$$

因此,产品的单位可变成本在不高于 305(元/吨)的情况下,项目可以盈利。

4) 盈亏平衡分析的优缺点

(1) 盈亏平衡分析的优点有:① 盈亏平衡分析简单、明了。通过对项目的产量、销售价格和成本等因素分析,可以了解项目可能承担风险的程度。② 盈亏平衡分析有助于确定项目的合理生产规模。③ 通过对项目各种盈亏平衡点的分析,可以为项目决策提供有用的信息。

(2) 盈亏平衡分析的缺点有:① 它是一种静态分析,没有考虑资金的时间价值因素。② 它建立在一些理想的基本假设条件下,用盈亏平衡分析法难以得出一个全面的结论。

2. 敏感性分析

1) 敏感性分析的概念

所谓敏感性分析是分析建设项目主要因素发生变化时项目经济效益发生的相应变化,以判断这些因素对项目经济目标的影响程度。这些可能发生变化的因素称为不确定性因素。敏感性分析的目的就是要找出项目的敏感因素,并确定其敏感程度,以预测项目承担的风险,考察项目承受风险的能力。

在项目计算期内可能发生变化的因素,有产品产量(生产负荷)、产品价格、主要原材料或动力价格、可变成本、固定资产投资、建设工期及外汇汇率等。通常是分析这些因素单独变化或多因素同时变化对内部收益率的影响,必要时也可以分析对静态投资回收期的影响和借款偿还期的影响。

在进行敏感性分析时,项目经济参数(因素)的变动可以用敏感度系数 S_{AF} 表示(又称相对值法),也可以用临界点表示(又称绝对值法)。

相对值法的关键是计算敏感度系数 S_{AF},敏感度系数是指项目评价指标变化率与不确定性因素变化率之比。不确定因素从其原始值变动一定的幅度(如 ±10%、±20%…),然后计算每次变动引起效益评价指标,如内部收益率、净现值等的变动幅度的相对变化率,再计算 S_{AF}。根据 S_{AF} 的绝对值大小排序,S_{AF} 的绝对值大,则项目评价指标对该不确定因素的敏感程度高,反之敏感程度低。

敏感度系数 S_{AF} 按照下式计算：

$$S_{AF} = \frac{\frac{\Delta A}{A}}{\frac{\Delta F}{F}} \qquad (9-29)$$

式中：$\frac{\Delta F}{F}$——不确定因素 F 的变化率；

$\frac{\Delta A}{A}$——不确定因素 F 发生 ΔF 变化时，评价指标 A 的相对变化率。

相对值法一般采用列表表示。

绝对值法是通过计算因素变化使项目经济效益指标由可行变为不可行的临界点的因素值，从而得到因素的最大允许变动幅度。允许变动幅度小，则项目对该因素的敏感程度高，反之敏感程度低。也可以把这个幅度与估计可能发生的幅度相比，如果所得的值小于或等于 1，则表示项目风险不大，项目经济效益指标对该因素的变动不敏感。采用这种方法一般应绘出敏感性分析图。

项目对某因素敏感程度高，则该因素为项目的风险因素。项目的风险因素越多，项目对风险因素的敏感程度越高，则项目的风险程度越大。必要时，需对若干最敏感的因素重新预测和估算，进行项目投资风险估计。

根据项目国民经济评价指标，如经济净现值或经济内部收益率等进行的敏感性分析称经济敏感性分析。而根据项目财务评价指标进行的敏感性分析称财务敏感性分析。

进行敏感性分析，可以一次只变动一个因素，使其他因素保持不变来研究项目经济效益指标的变化，这时称为单因素的敏感性分析。也可以一次同时变动几个因素，而使其余因素保持不变来研究项目经济效益指标的变化，这时称为多因素的敏感性分析。

2）敏感性分析（相对值法）的主要步骤

敏感性分析的计算过程比较复杂，一般应遵循以下步骤进行。

（1）选择具体的经济评价指标（A）为敏感性分析对象。用来衡量建设项目经济效果的指标较多，而且不同特点的项目反映经济效益的指标也不完全相同，如果要进行全部分析则敏感性分析的工作量太大，因此在进行敏感性分析时，并不要求对所有的经济评价指标都进行分析，而是只选择最能反映项目经济效益的指标作为分析对象。通常是将内部收益率作为分析对象，必要时也可以分析净现值、静态投资回收期和借款偿还期等。

（2）选择不确定因素（F）作为敏感性分析变量。项目的不确定因素一般有产品产量、产品价格、主要原材料价格、动力价格、可变成本、固定资产投资、建设工期及外汇汇率等。其中的产量、价格、成本、投资等因素是最常被选择的变量。

（3）估计不确定因素（F）的变化范围。不确定因素的变化范围一般是根据历史的统计资料和对市场的调查预测进行估计，估计值可能比历史统计资料和预测值略偏大。例如，假定某产品的销售价格在过去几年的波动幅度为 $\pm 15\%$，则可以把该产品售价的变化范围定为 $\pm 20\%$。

（4）计算由于各不确定因素的变化，引起敏感性分析的分析对象的变动幅度。一般就各选定的不确定因素，设若干级变动幅度（通常用变化率 $\frac{\Delta F}{F}$ 表示）。然后计算每级 $\frac{\Delta F}{F}$ 变动时相应的经济效果评价指标的变化率 $\frac{\Delta A}{A}$ 值，建立一一对应的数量关系，并用图或表的形式表示。

(5) 计算敏感度系数 S_{AF}，按照各不确定因素的敏感度系数的绝对值从大到小排序，判定敏感因素。所谓敏感因素是指该不确定因素的数值有很小的变动就能使项目经济效果评价指标出现较显著改变的因素。

3) 单因素敏感性分析

单因素敏感性分析既要用相对值法求出每个因素都变动对经济效益指标（如内部收益率或静态投资回收期、借款偿还期等）的影响程度，确定其敏感程度，还应求出导致项目由可行变为不可行的不确定因素变化的临界值。

单因素敏感性分析的具体做法是将不确定因素变化率作为横坐标，以某个经济效益指标，如内部收益率为纵坐标作图，由每种不确定因素的变化可以得到内部收益率随之变化的曲线。每条曲线与基准收益率线的交点称为该不确定因素变化的临界点，该点对应的横坐标即为不确定因素变化的临界值。

【例 9-2】 设某项目基本方案的初期投资 $P_0=1\,500$ 万元，销售收入 $S=650$ 万元，经营成本 $C=280$ 万元，项目服务期为 8 年，估计预测误差不超过 $\pm 10\%$，基准收益率 $i_c=12\%$。试进行敏感性分析。

解： (1) 以销售收入、经营成本和投资拟作为不确定因素。

(2) 选择项目的内部收益率为敏感性分析对象。

(3) 本例的内部收益率 IRR 由下式确定：

$$\text{NPV}=P_0+(S-C)\times\frac{(1+\text{IRR})^n-1}{\text{IRR}(1+\text{IRR})^n}=-1\,500+(650-280)\times\frac{(1+\text{IRR})^8-1}{\text{IRR}(1+\text{IRR})^8}=0$$

采用试算内插法可以求得

$$i_{n-1}=18\%,\text{NPV}_{i_{n-1}}=8.70>0$$
$$i_{n+1}=19\%,\text{NPV}_{i_{n+1}}=-36.88<0$$

故

$$i_n=18\%+\frac{8.7}{8.7-(-36.88)}\times(19\%-18\%)=18.19\%$$

即

$$\text{IRR}=18.19\%$$

同理，计算销售收入、经营成本和投资变化时相应内部收益率的变化值，结果见表 9-1。

表 9-1 不确定因素变化时内部收益率（IRR）的变化 单位：%

不确定因素 A \ 变化率 ($\Delta F/F$)	-10%	-5%	基本方案	+5%	+10%
销售收入 S	12.29	15.30	18.19	20.99	23.72
经营成本 C	20.61	19.42	18.19	16.95	15.71
投资 P_0	21.73	19.88	18.19	16.64	15.19

(4) 计算销售收入、经营成本和投资变化率 $\Delta F/F$ 变化时，内部收益率指标的变化率 $\Delta A/A$，计算结果见表9-2。

表9-2 内部收益率(IRR)对销售收入、经营成本和投资的敏感性分析   单位:%

不确定因素 A \ 变化率 $\Delta F/F$	-10%	-5%	基本方案	$+5\%$	$+10\%$
销售收入 S	-32.44	-15.89	0	15.39	30.40
经营成本 C	13.30	6.76	0	-6.82	-13.63
投资 P_0	19.46	9.29	0	-8.52	-16.49

销售内部收益率对收入、经营成本和投资变化的敏感性曲线如图9.4所示。

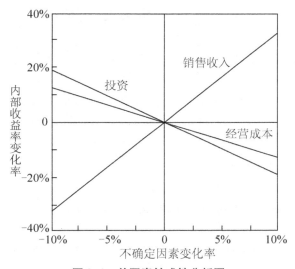

图9.4 单因素敏感性分析图

(5) 计算敏感系数 S_{AF}。销售收入从-10%变化至$+10\%$，变化率为0.2，内部收益率从12.29%变化到23.72%，相应变化率为0.628。则敏感度系数 S_{AF} 为

$$S_{AF}(S) = (\Delta A/A)/(\Delta F/F) = \frac{0.628}{0.2} = 3.14$$

同理，可以计算得出内部收益率对经营成本和投资的敏感系数分别为：

$$S_{AF}(C) = (\Delta A/A)/(\Delta F/F) = -0.269/0.2 = -1.35$$
$$S_{AF}(P_0) = (\Delta A/A)/(\Delta F/F) = -0.360/0.2 = -1.80$$

按照敏感系数 $S_{AF}(S)$、$S_{AF}(C)$ 和 $S_{AF}(P_0)$ 的绝对值从大到小排序，可以得出各因素的敏感程度依次为销售收入→投资→经营成本。

4) 双因素敏感性分析

单因素敏感性分析的方法简单，但其不足之处在于忽略了因素之间的相关性。实际上，一个因素的变动往往也伴随着其他因素的变动，多因素敏感性分析考虑了这种相关性，因而能反映几个因素同时变动对项目产生的综合影响，弥补了单因素分析的局限性，更全面地揭示了事物的本质。因此，在对一些有特殊要求的项目进行敏感性分析时，除进行单因素敏感性分析外，还应进行多因素敏感性分析。

假设方案的其他因素不变,每次仅考虑两个因素同时变化对经济效益指标的影响,则称为双因素敏感性分析。双因素敏感性分析是在单因素敏感性分析的基础上进行的,即先通过单因素敏感性分析确定两个敏感性较大的因素,然后通过双因素敏感性分析来考查这两个因素同时变化时对项目经济效益的影响。单因素敏感性分析可以得到一条敏感曲线,当分析两个因素同时变化的敏感性时,则可以得到一个敏感曲面。

双因素敏感性分析的做法是首先建立直角坐标系(xoy),横轴与纵轴表示两个因素的变化率;然后建立项目经济效益指标(如 NPV、NAV 或 IRR)与两个变化因素 x、y 之间的函数关系,令该指标值为临界值(即 NPV=0、NAV=0 或 IRR=0),则可以得到一个关于 x、y 的临界方程,该方程确定了一条临界线;临界线把 xoy 平面分成两个部分,一部分为可行区域,另一部分为不可行区域,据此对具体情况进行分析。

【例 9-3】 在例 9-2 中选择净现值作为敏感性分析的经济效益指标,试进行关于初期投资额和销售收入的双因素敏感性分析。

解:设 x 表示初期投资额的变化率,y 表示年销售收入的变化率,若折现率为 i_c,则净现值 NPV 为

$$NPV = P_0(1+x) + [S(1+y) - C] \times \frac{(1+IRR)^n - 1}{IRR(1+IRR)^n}$$

$$= -1\,500(1+x) + [650(1+y) - 280] \times \frac{(1+0.12)^8 - 1}{0.12(1+0.12)^8}$$

将上式简化后可得临界平面

$$NPV = 338 - 1\,500x + 3\,229y$$

令 NPV=0,可得临界平面与 xoy 平面相交的临界线:

$y = 0.465x - 0.105$

如图 9.5 所示,临界线将 xoy 平面分为两个区域,xoy 平面上任意一点 (x, y) 代表初期投资和销售收入的一种变化组合。临界线左上方的所有变化组合点都能满足 NPV>0,即 IRR>i_c,该区域为可行区域;该线右下方所有变化组合点的 NPV<0,即 IRR<i_c,因此该区域为不可行区域。由此可见,投资方案的初期投资和销售收入变化组合点在交线上方,方案是可行的,但变化组合点越接近交线,其风险也越大。

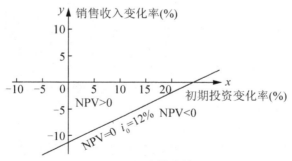

图 9.5 双因素敏感性分析

5) 敏感性分析的局限性

敏感性分析是一种重要的风险和不确定性评估方法,但其也存在一些局限性,主要有下面几点。

(1) 敏感性分析只能对项目风险进行定性评价，而不能对风险大小进行定量化。

(2) 仅在进行多方案比选时，敏感性分析的结果才可以成为项目取舍的依据。在单一方案情况下，敏感性分析的结果只是用于对项目实施的风险进行评价，一般情况下不能作为项目取舍的依据。

(3) 变化方向和变化范围是人为假定的，没有结合诸因素发生的概率，影响评估结论的准确性。在运用敏感性分析对项目进行风险分析时，各不确定因素的变化方向和变化范围被认为是确定的，而实际上其变化方向与范围是不确定的，敏感性分析不能给出诸因素发生的概率，因此有关项目风险的评估结论会出现误差。

(4) 考虑因素多，计算量大，给分析带来一定的困难。一个项目的不确定因素往往有多个，对每个不确定因素都要取几个变化值来分别计算其引起的内部收益率、净现值、贷款偿还期等指标的变化幅度。另外，在计算和分析时，往往要综合考虑几个方案或几个项目，这样就会涉及很多数据，计算工作量十分大。因此，在挑选敏感性分析因素时要仔细选择，事先要把发生变化的概率较小的因素事件的组合排除掉，且尽可能进行合并。

3. 概率分析法

不确定因素是建设项目风险的主要源头，其变动情况对项目经济效益影响具有或然性。概率分析是根据不确定性因素在一定范围内的随机变动，分析并确定这种变动的概率分布，从而计算出其期望值及标准偏差，为项目的风险决策提供依据的一种分析方法。概率分析能弥补敏感性分析的不足，能描述项目同时在多种不确定性因素影响下的经济效益评价值，并通过连续概率分布情况，判断项目可能发生的损益或风险，从而在项目评估时尽可能做出科学、可靠的决策并拿出应对措施。

概率分析方法有多种，较常用的有期望值法和模拟法两种。本章主要介绍期望值法。

期望值法的基本原理是假设各参数是服从某种概率分布的相互独立的随机变量，根据经验对各参数进行主观概率估计，以此为基础计算项目的经济效益，通过对经济效益期望值、累计概率、标准差及偏差系数的计算分析，定量地反映项目风险和不确定性程度。

所谓主观概率，它是以人为预测和估计为基础的概率，是根据经验设定在有限的各种情况下发生的概率。所以确定主观概率时要结合专家的经验慎重考虑，否则分析结果将发生偏差。

1) 概率分析的步骤

(1) 列出各种要考虑的不确定因素，并设定各不确定因素可能发生变化的几种情况。

(2) 分别确定每种情况出现的概率，确定概率值时应结合专家的经验。

(3) 分别求出各种情况下的净现值，并计算出加权净现值，求代数和，得出净现值的期望值。

(4) 求出净现值大于或等于零的累计概率，并绘制累计概率分析图。如果风险较大，需进一步计算标准偏差。

2) 经济效益期望值的计算

期望值是指在大量随机事件中，随机变量各种可能取值的平均值，也是最大可能值。

在建设项目评估中，期望值是指在参数值不确定的情况下，项目经济效益可能达到的平均水平。其一般计算公式为

$$E(X) = \sum_{i=1}^{n} X_i P_i = X_1 P_1 + X_2 P_2 + \cdots + X_n P_n \qquad (9-30)$$

式中：$E(X)$——随机变量 X 的期望值；

X_i——随机变量 X 的各种可能取值；

P_i——随机变量 X_i 的概率值。

建设项目评估中通常将净现值作为随机变量，用 $E(NPV)$ 表示净现值期望值。

3) 经济效益累计概率的计算

在不确定性分析中，当净现值期望值相对较低时，要进一步了解项目经济效益发生在某一区间的可能性有多大，则应计算这个区间内所有可能取值的概率之和，即累计概率，用 $P(NPV \geqslant m)$ 表示。具体计算步骤如下所述。

（1）计算项目在不同情况下的净现值，并将计算的净现值由小到大排序，注明各种情况发生的概率。

（2）计算项目净现值累计概率，列于表中。

（3）按数据表中的数据绘制净现值累计概率图。

（4）根据净现值累计概率图，对项目进行风险性及不确定性分析。

4) 经济效益标准差的计算

标准差是表示随机变量实际发生值对其期望值离散程度的一个重要指标。在项目经济效益分析中，标准差说明经济效益实际发生值对其期望值的偏离程度。这种偏离程度也可作为度量项目风险与不确定性的一种尺度。一般来讲，概率分布越窄，实际值越接近于期望值，风险越小。反之，概率分布越宽，实际值偏离期望值的可能性就越大，风险也越大。在两个经济效益期望值相同的项目中，标准差大意味着经济效益存在较大的风险。

标准差的计算公式如下：

$$\sigma(X) = \sqrt{D(X)} = \sqrt{\sum_{j=1}^{n} P_j (X_j - E)^2} \qquad (9-31)$$

式中：$\sigma(X)$——变量 X 的标准差；

$D(X)$——变量 X 的方差；

X_j——变量 X 的第 j 个值；

P_j——X_j 的概率；

E——变量 X 的期望值。

【例 9-4】 已知某项目年初投资 140 万元，1 年建成，经营期 9 年，基准折现率 10%。预测项目投产后年收入 80 万元的概率为 0.5，而收入增加和减少 20% 的概率分别为 0.3 与 0.2；年经营成本为 50 万元的概率为 0.5，而成本增加和减少 20% 的概率也为 0.3 与 0.2。忽略其他影响因素，试计算该项目净现值期望值、净现值大于或等于零的累计概率及标准差。

解：（1）计算净现值的期望值。先计算正常情况下项目的净现值 NPV_5：

$$NPV_5 = -140 + (80-50)(P/A, 10\%, 9)(P/F, 10\%, 1)$$
$$= -140 + 30 \times 5.759 \times 0.9091 = 17.08 (万元)$$

加权净现值为
$$Q_5 = \text{NPV}_5 \times P_5 = 17.08 \times 0.25 = 4.27 \text{（万元）}$$
同理，可求得其他状态下净现值及加权净现值，如图9.6所示。

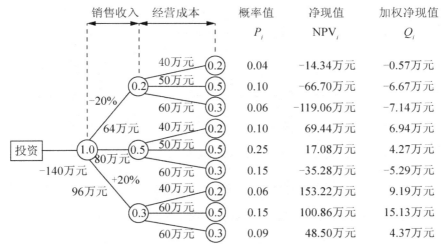

图 9.6 净现值期望值计算示意

然后，根据式(9-14)求得净现值期望值 $E(\text{NPV}) = 20.22$ 万元。

(2) 计算净现值大于或等于零的累计概率。将例9-4计算的净现值由小到大排序，注明相应的概率，计算得到累计概率(表9-3)，并根据表中数据绘制净现值累计概率图，如图9.7所示。结合图标可以看出项目净现值小于零的累计概率为0.42，则有
$$P(\text{NPV} \geq 0) = 1 - P(\text{NPV} < 0) = 1 - 0.42 = 0.58$$
表示项目可行的概率为58%。

表 9-3 净现值及组合概率

净现值/万元	组合概率	累计概率
−119.06	0.06	0.06
−66.70	0.10	0.16
−35.28	0.15	0.31
−14.34	0.04	0.35
17.08	0.25	0.60
48.50	0.09	0.69
69.44	0.10	0.79
100.86	0.15	0.94
153.22	0.06	1.00

从图9.7还可知：项目净现值为0~70万元的概率约30%；超过100万元的可能性不到6%。这些数字反映了项目有一定的风险和不确定程度，应计算项目经济效益标准差。

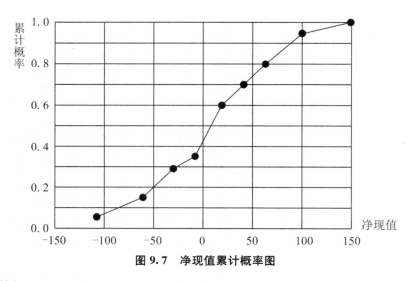

图 9.7　净现值累计概率图

（3）计算标准差。根据式（9-31），计算标准差：

$$\sigma(\mathrm{NPV}) = \sqrt{D(\mathrm{NPV})}$$
$$= [(-119.06-20.22)^2 \times 0.06 + (-66.70-20.22)^2$$
$$\times 0.10 + \cdots + (153.22-20.22)^2 \times 0.06]^{\frac{1}{2}}$$
$$= \sqrt{4781.99}$$
$$= 69.15(万元)$$

5）偏差系数

由标准差计算公式可知，标准差与变量及期望值的大小有关。对建设项目进行比较时，若某一项目的期望值及标准差均比其他项目大，则不能简单地认为标准差大的项目风险就一定大，还应进一步用两者的相对指标进行分析和比较。此相对指标称为偏差系数，它是标准差与期望值之比，用它来反映项目经济效益的风险和不确定性比标准差更好。其计算公式为

$$\lambda = \frac{\sigma(X)}{E(X)} \tag{9-32}$$

显然，标准差越小，期望值越大，偏差系数λ就越小，项目风险也越低，应优先考虑。

【例 9-5】　方案 A、B、C 净现值的可能取值及其概率见表 9-4，计算方案的经济效益期望值及标准差，进行方案风险和不确定性比较，并选择方案。

表 9-4　净现值及其概率

方案 A		方案 B		方案 C	
净现值/万元	概　率	净现值/万元	概　率	净现值/万元	概　率
3 000	0.10	2 000	0.10	2 000	0.12
3 500	0.20	3 000	0.25	3 000	0.20
4 000	0.40	4 000	0.30	4 500	0.36
4 500	0.20	5 000	0.25	6 000	0.20
5 000	0.10	6 000	0.10	7 000	0.12

解：方案 A、B、C 的净现值期望值分别为

$E_A(NPV) = 3\,000 \times 0.1 + 3\,500 \times 0.2 + 4\,000 \times 0.4 + 4\,500 \times 0.2 + 5\,000 \times 0.1 = 4\,000(万元)$

$E_B(NPV) = 2\,000 \times 0.1 + 3\,000 \times 0.25 + 4\,000 \times 0.3 + 5\,000 \times 0.25 + 6\,000 \times 0.1 = 4\,000(万元)$

$E_C(NPV) = 2\,000 \times 0.12 + 3\,000 \times 0.2 + 4\,500 \times 0.36 + 6\,000 \times 0.2 + 7\,000 \times 0.12 = 4\,500(万元)$

因各方案净现值期望值相等或相差不大，需计算方案净现值的标准差。

$$\sigma_A(NPV) = [(3\,000 - 4\,000)^2 \times 0.1 + (3\,500 - 4\,000)^2 \times 0.2 +$$
$$(4\,000 - 4\,000)^2 \times 0.4 + (4\,500 - 4\,000)^2 \times 0.2 +$$
$$(5\,000 - 4\,000)^2 \times 0.1]^{\frac{1}{2}}$$
$$= 547.72(万元)$$

同理，$\sigma_B(NPV) = 1\,140.18(万元)$

由于方案 A、B 净现值的期望值相等，应结合 $\sigma(NPV)$ 比较，方案 A 的标准差远小于方案 B，故方案 A 风险小，舍去方案 B。

至于方案 C，尽管 $E_C(NPV) > E_A(NPV)$，但是并不明显，需进一步计算方案 C 的标准差，结合偏差系数来比较：

$$\sigma_C(NPV) = [(2\,000 - 4\,500)^2 \times 0.12 + (3\,000 - 4\,500)^2 \times 0.2 +$$
$$(4\,500 - 4\,500)^2 \times 0.36 + (6\,000 - 4\,500)^2 \times 0.2 +$$
$$(7\,000 - 4\,500)^2 \times 0.12]^{\frac{1}{2}}$$
$$= 1\,549.2(万元)$$

$$\lambda_A = \frac{\sigma_A(NPV)}{E_A(NPV)} = \frac{547.72}{4\,000} = 0.167$$

$$\lambda_C = \frac{\sigma_C(NPV)}{E_C(NPV)} = \frac{1\,549.2}{4\,500} = 0.344$$

因 $\lambda_A < \lambda_C$，方案 A 的风险远小于方案 C 的风险，故选取方案 A。

9.5.2 建设项目的风险评估方法

建设项目风险评估的方法一般可分为定性、定量、定性与定量相结合 3 类，有效的项目风险评估方法一般采用定性与定量相结合的系统方法。对建设项目进行风险评估的方法很多，常用的有主观评分法、决策树法、层次分析法（AHP）、模糊风险综合评价、故障树分析法（FTA）、外推法和蒙托卡罗模拟法。根据本科生的实际情况，本章主要介绍外推法和层次分析法，其他方法可参考相关专著。

1. 外推法

外推法是进行建设项目风险评估的一种十分有效的方法，可分为前推、后推和旁推 3 种类型。

前推就是根据历史的经验和数据推断出未来事件发生的概率及其后果。如果历史数据具有明显的周期性，就可据此直接对风险进行周期性的评估，如果从历史记录中看不出明显的周期性，就可用曲线或分布函数来拟合这些数据再进行外推，此外还要注意历史数据的不完整性和主观性。

后推是在手头没有历史数据可供使用时所采用的一种方法,由于建设项目的一次性和不可重复性,故在对项目进行风险评估时常用后推法。后推是把未知的、想象的事件及后果与某一已知事件及其后果联系起来,把未来风险事件归结到有数据可查的、造成这一风险事件的初始事件上,从而对建设项目风险做出评估。

旁推就是利用类似项目的数据进行外推,用某一项目的历史记录对新的类似项目可能遇到的风险进行评估,当然这还要充分考虑新环境的各种变化,以使建设项目的风险评估结果尽可能准确。

2. 层次分析法

层次分析法,又称AHP法,是20世纪70年代美国学者T. L. Saaty提出的,是一种在经济学及管理学中广泛应用的方法。层次分析法可以将无法量化的风险按照大小排出顺序,从而把它们彼此区别开来。层次分析法处理问题的基本步骤如下

(1) 确定评估目标,明确方案评估的准则,根据评估目标和评估准则构造递阶层次结构模型。

① 递阶层次结构类型。AHP法所建立的层次结构一般有3种类型:完全相关结构,即上一层次的每一要素与下一层次的所有要素完全相关;完全独立结构,即上一层次的要素都各自独立,都有各不相干的下层要素;混合结构,即上述两种结构的混合,是一种既非完全相关又非完全独立的结构。

② 递阶层次结构模型的构造。递阶层次结构模型一般分为3层:目标层——最高层次,或称理想结果层次。是指决策问题所追求的总目标。准则层——评估准则或衡量准则。是指评判方案优劣的准则,也称因素层或约束层。方案层。也称对策层。指的是决策问题的可行方案。

各层间诸要素的联系用弧线表示,同层次要素之间无连线,因为它们相互独立,上层要素对下层要素具有支配(包含)的作用,或下层对上层有贡献作用,即下层对上层无支配作用,或上层对下层无贡献作用,这样的层次结构称为递阶层次结构。

(2) 应用两两比较法构造所有的判断矩阵。

① 判断尺度。判断尺度表示要素 A_i 对要素 A_j 的相对重要性的数量尺度,见表9-5。

表9-5 两两比较法的标度

定义(a_{ij})	标　度
i 因素比 j 因素绝对重要	9
i 因素比 j 因素重要得多	7
i 因素比 j 因素重要	5
i 因素比 j 因素稍微重要	3
i 因素与 j 因素一样重要	1
i 与 j 两因素重要性介于上述两个相邻判断尺度中间	2,4,6,8

② 判断矩阵。判断矩阵是以上层的某一要素 H_S 作为判断标准,对下一层要素进行两两比较确定的元素值。例如,在 H_S 准则下有 n 阶的判断矩阵 $A(a_{ij})_{n \times n}$,其形式见表9-6。

表 9-6　n 阶判断矩阵 A 示意

H_S	A_1	A_2	...	A_j	...	A_n
A_1	a_{11}	a_{21}	...	a_{1j}	...	a_{1n}
A_2	a_{21}	a_{22}	...	a_{2j}	...	a_{2n}
...	...	...	...	...	...	...
A_i	a_{i1}	a_{i2}	...	a_{ij}	...	a_{in}
...	...	...	...	...	...	...
A_n	a_{n1}	a_{n2}	...	a_{nj}	...	a_{nn}

判断矩阵中的元素 a_{ij} 表示从判断准则 H_S 的角度考虑要素 A_i 对要素 A_j 的相对重要性，即

$$a_{ij} = \frac{W_i}{W_j} \tag{9-33}$$

由表 9-6 可知，判断矩阵 A 有：

$$a_{ij} > 0$$
$$a_{ij} = 1/a_{ji}$$
$$a_{ii} = 1$$

（3）确定项目风险要素的相对重要度。在应用 AHP 法进行评估和决策时，需要知道 A_i 关于 H_S 的相对重要度，即 A_i 关于 H_S 的权重。计算分析程序如下。

① 计算判断矩阵 A 的特征向量 W。首先确定判断矩阵的特征向量 W，然后经过归一化处理即得到相对重要度：

$$W_i = \left(\prod_{j=1}^{n} a_{ij}\right)^{\frac{1}{n}}, i = 1, 2, \cdots, n$$
$$W = \sum_{i=1}^{n} W_i \tag{9-34}$$

② 一致性判断。在对系统要素进行相对重要性判断时，由于运用的主要是专家的隐性知识，因而不可能完全精密地判断出 W_i/W_j 的比值，而只能对其进行估计，因此必须进行相容性和误差分析。估计误差必然会导致判断矩阵特征值的偏差，据此定义相容性指标。

若矩阵 A 完全相容时，应有 $\lambda_{\max} = n$，若不相容时，则 $\lambda_{\max} > n$，因此可以应用 $\lambda_{\max}$ 与 n 的关系来界定偏离相容性的程度。设相容性指标为 $C.I.$，则有

$$C.I. = \frac{\lambda_{\max} - n}{n - 1} \tag{9-35}$$

式中：$\lambda_{\max}$——判断矩阵 A 的最大特征根。其算法如下：

$$\lambda_{\max} = \sum_{i=1}^{n} \frac{[AW]_i}{nW_i} \tag{9-36}$$

式中：$[AW]_i$——矩阵 $[AW]$ 的第 i 个分量。

定义一致性指标 CR 为

$$CR = \frac{C.I.}{C.R.} \tag{9-37}$$

式中：$C.R.$——随机性指标。

当一致时，$C.I.=0$；不一致时，一般有 $\lambda_{\max}>n$，因此 $C.I.>0$。故一般可根据 $C.I.<0.1$ 来判断。对于如何衡量 $C.I.$ 可否被接受，Saaty 构造了最不一致的情况，就是对不同 n 的比较矩阵中的元素，采取了 $1/9,1/7,\cdots,1,\cdots,7,9$ 随机取数的方式赋值，并且对不同 n 用了 100～500 个子样，计算其一致性指标，再求得其平均值，记为 $C.R.$，结果见表 9-7。

表 9-7　随机性指标 $C.R.$ 数值

n	1	2	3	4	5	6	7	8	9	10	11
$C.R.$	0	0	0.58	0.9	1.12	1.24	1.32	1.41	1.45	1.49	1.51

若一致性指标 CR<0.10，则认为判断矩阵的一致性可以接受，权重向量 W 可以接受。

（4）计算综合重要度。在计算各层次要素对上一级 H_S 的相对重要度以后，即可从最上层开始，自上而下地求出各层要素关于系统总体的综合重要度，对所有项目风险因素（或备选方案）进行优先排序。其分析计算过程如下。

设第二层为 A 层，有 m 个要素 $A_1,A_2,\cdots,A_m$，它们关于系统总体的重要度分别为 $a_1,a_2,\cdots,a_m$。第三层为 B 层，有 n 个要素 $B_1,B_2,\cdots,B_n$，它们关于 a_i 的相对重要度分别为 $b_1^i,b_2^i,\cdots,b_n^i$，则第 B 层的要素 B_j 的综合重要度为

$$b_j=\sum_{i=1}^m a_i b_j^i, j=1,2,\cdots,n \tag{9-38}$$

即下层 j 要素的综合重要度是以上层要素的综合重要度为权重的相对重要度的加权和。

B 层的全部要素的综合重要度见表 9-8。

表 9-8　综合重要度计算表

| A_i \\ B_j | A_1 | A_2 | ... | A_m | b_{wj} |
	a_1	a_2	...	a_m	
B_1	b_1^1	b_1^2	...	b_1^m	$b_{w1}=\sum_{i=1}^m a_i b_1^i$
B_2	b_2^1	b_2^2	...	b_2^m	$b_{w2}=\sum_{i=1}^m a_i b_2^i$
...	...	...			
B_n	b_n^1	b_n^2	...	b_n^m	$b_{wn}=\sum_{i=1}^m a_i b_n^i$

下面举例说明层次分析法的具体计算分析过程及其应用。

【例 9-6】　现有一小型国有企业重组项目，有两个重组方案：中外合资和改成股份制。该项目已识别出 3 种风险：经济风险、技术风险和社会风险。经济风险主要指国有资产流失，技术风险指企业重组后生产新产品技术上的把握性；社会风险指原来的在职和退休职工的安排问题等。哪一种重组方案的风险较大？

解：本例中的 3 种风险不易量化，此外，要确定两个方案的风险优先排序，不能只考虑一种风险，3 种都要考虑。对于这类问题，可采用层次分析法。

（1）构建递阶层次结构模型。根据已知信息和决策目标、评估准则，构建该项目的递阶层次结构模型，如图 9.8 所示。

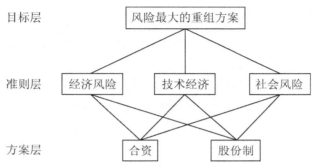

图 9.8 企业重组方案风险评估

（2）构造判断矩阵 A。根据两两比较标度，确定各层次不同因素的重要性权数。对于评估准则层，该层有经济风险、技术风险和社会风险 3 种因素，评估人员根据评估目标"风险最大的重组方案"，将这 3 个因素的重要性两两相比，得到判断矩阵 A。

$$A = \begin{bmatrix} 1 & 5 & 1/2 \\ 1/5 & 1 & 1/8 \\ 2 & 8 & 1 \end{bmatrix}$$

再分析方案层。该层有两个方案：合资和股份制。对"经济风险"、"技术风险"和"社会风险"进行两两比较，得到判断矩阵 A_1、A_2 和 A_3。

$$A_1 = \begin{bmatrix} 1 & 4 \\ 1/4 & 1 \end{bmatrix}, \quad A_2 = \begin{bmatrix} 1 & 1/5 \\ 5 & 1 \end{bmatrix}, \quad A_3 = \begin{bmatrix} 1 & 5 \\ 1/5 & 1 \end{bmatrix}$$

（3）判断矩阵特征向量的计算。按照式(9-34)，分别计算矩阵 A，A_1，A_2，A_3 的特征向量，分别用 W，W_1，W_2，W_3 表示。下面以特征向量 W 为例介绍其计算方法。

① 计算 A 的各行之和，即

$$\begin{bmatrix} 1+5+1/2 = 13/2 \\ 1/5+1+1/8 = 53/40 \\ 2+8+1 = 11 \end{bmatrix} = \begin{bmatrix} 6.5 \\ 1.325 \\ 11 \end{bmatrix}$$

② 计算各行的平均值，因为 A 有 3 列，所以求平均值时除以 3，即

$$\begin{bmatrix} 6.5/3 \\ 1.325/3 \\ 11/3 \end{bmatrix} = \begin{bmatrix} 2.166\ 7 \\ 0.441\ 7 \\ 3.666\ 7 \end{bmatrix}$$

③ 归一化处理，即将各行除以 3 行之和 $(2.166\ 7 + 0.441\ 7 + 3.666\ 7 = 6.275\ 1)$，于是得到矩阵 A 的特征向量

$$W = \begin{bmatrix} 0.345\ 3 \\ 0.070\ 4 \\ 0.584\ 3 \end{bmatrix}$$

根据计算结果,在该项目方案中,社会风险最重要(0.584 3),经济风险次之(0.345 3),技术风险最小(0.070 4)。

至于 A_1,A_2 和 A_3 的特征向量 W_1,W_2,W_3,按照上面的步骤,计算结果如下:

$$W_1 = \begin{bmatrix} 0.8 \\ 0.2 \end{bmatrix}, W_2 = \begin{bmatrix} 0.166\ 7 \\ 0.833\ 3 \end{bmatrix}, W_3 = \begin{bmatrix} 0.833\ 3 \\ 0.166\ 7 \end{bmatrix}$$

W_1 表明,从"经济风险"的角度,"合资"方案比"股份制"风险大;W_2 表明,从"技术风险"的角度,"合资"方案比"股份制"风险小;W_3 表明,从"社会风险"的角度,"合资"方案比"股份制"风险大。

(4)一致性检验。在建立判断矩阵过程中,由于涉及人的主观判断,因而会出现判断不一致的情况。为保证评估的有效性,必须进行一致性检验。

根据式(9-35)、(9-36)及(9-37),有

$$AW = \begin{bmatrix} 0.989\ 45 \\ 0.212\ 50 \\ 1.838\ 10 \end{bmatrix}$$

$$\lambda_{max} = \frac{1}{3}\left(\frac{0.989\ 45}{0.345\ 3} + \frac{0.212\ 5}{0.070\ 4} + \frac{1.838\ 1}{0.584\ 3}\right) = 3.01$$

由此得到 $C.I. = 0.005$,查表 9-7 得 $C.R. = 0.58$,则:

$$CR = 0.005/0.58 = 0.01 < 0.1$$

故判断矩阵 A 的一致性符合要求,可以接受。

(5)计算综合重要度。特征向量 W_1,W_2,W_3 分别从"经济风险"、"技术风险"和"社会风险"的角度比较了合资和股份制两种方案,但只是给出了其相对重要度,而并没有回答两个方案的整体风险水平和系统总体重要性。要回答这个问题,必须进行综合重要度的分析计算。

在计算递阶层次结构各层次要素对上一级要素的相对重要度之后,即可从最上层开始,自上而下地求出各层要素关于系统总体的综合重要度:

$$B = (W_1, W_2, W_3) = \begin{bmatrix} 0.8 & 0.166\ 7 & 0.833\ 3 \\ 0.2 & 0.833\ 3 & 0.166\ 7 \end{bmatrix}$$

然后,用矩阵 B 乘以特征向量 W,得到矩阵 W_f,即:

$$W_f = BW = \begin{bmatrix} 0.8 & 0.166\ 7 & 0.833\ 3 \\ 0.2 & 0.833\ 3 & 0.167\ 7 \end{bmatrix} \begin{bmatrix} 0.345\ 3 \\ 0.070\ 4 \\ 0.584\ 3 \end{bmatrix} = \begin{bmatrix} 0.774\ 9 \\ 0.225\ 1 \end{bmatrix}$$

矩阵 W_f 表明,从评估目标"风险最大的重组方案"的整体角度,即综合了"经济风险"、"技术风险"和"社会风险"3 个方面之后,"合资"方案比"股份制"的风险大。

9.6 建设项目风险和不确定性评估的案例

武汉市某大酒店建设项目位于武汉市和平大道以北,项目总净用地面积 12 436.3 平方米(约 18.65 亩),总建筑面积为 62 343.95 平方米(不含地下室),地下室建筑面积

10 346.58平方米。该项目总投资为10 097.51万元(其中酒店单体建筑投资约为6 000万元)。项目总投资构成：土地费用1 177万元人民币，前期工程费用362.99万元人民币，基础设施建设费用380.30万元人民币，建筑安装工程费7 416.29万元人民币，预备费466.83万元人民币，管理费用294.10万元人民币。

1. 项目盈亏平衡分析

本项目经营期内年平均数据：固定成本917.96万元、营业收入4 282.03万元、相关税金及变动成本244.1万元。

按以上数据计算，本项目正常生产时期以生产能力利用率表示的盈亏平衡点为28.62%，盈亏平衡图如图9.9所示。

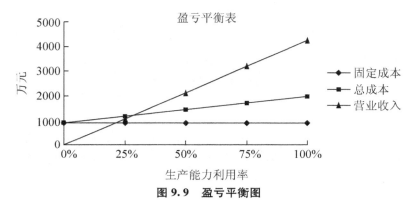

图9.9 盈亏平衡图

以上分析表明，当项目正常运营时期的生产能力利用率达28.62%时，可不亏不盈，该项目的抗风险能力较强。

2. 敏感性分析

本项目面临风险因素主要有土地费用、建造成本、租金价格、开发周期、工程质量、政府政策等，而该项目的土地费用、开发周期、工程质量、政策等风险不大。另外，国家住房政策在短期内也不会发生很大变化，所以政策风险也不大。

所以对建设投资和营业收入这两个对项目影响较大的风险因素进行定量分析，运用动态方法来分析其主要经济评价指标的变动情况，如图9.10和表9-9所示。

表9-9 敏感性分析表

变化因素	变化率	20%	10%	5%	−5%	−10%	−20%
IRR				14.70%			
NPV				2 093.62			
营业收入	内部收益率	17.00%	16.00%	15.00%	14.00%	13.00%	12.00%
	净现值/万元	4 027.22	3 060.42	11.02	1 610.22	1 126.82	160.02
建设投资	内部收益率	12.49%	13.53%	14.09%	15.35%	16.05%	17.64%
	净现值/万元	441.01	1 273.17	1 684.85	2 499.48	2 902.43	3 699.66

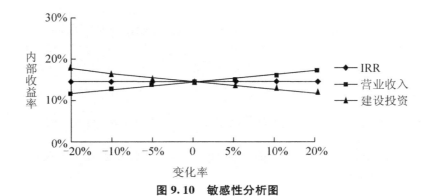

图 9.10 敏感性分析图

本 章 小 结

通过本章学习，可以加深对建设项目风险和不确定性评估的基本理论的理解，有助于运用各种方法对工程实践中所遇到的具体项目进行风险评估，以便做出正确的决策，以及为风险管理提供准确的依据。

本章的重点与难点在于对风险和不确定性评估方法的掌握，只有合理地运用各种评估方法，才能对建设项目的风险进行准确评估，并及时防范，提出对策。

不确定性分析的方法有盈亏平衡分析、敏感性分析和概率分析，其中盈亏平衡分析只用于财务评价，是一种静态分析；敏感性分析和概率分析可同时用于财务评价和国民经济评价，一般为动态分析。风险评估的方法很多，本章主要介绍了外推法和层次分析法，要注意各种方法的合理使用，尽量做到风险评估的准确性。

习 题

1. 思考题

(1) 何谓风险？何谓建设项目风险评估？

(2) 建设项目风险和不确定性产生的原因有哪些？

(3) 建设项目风险和不确定性评估的依据是什么？

(4) 建设项目风险评估的准则有哪些？

(5) 建设项目不确定性分析的方法主要有哪几种？并论述各自特点。

2. 练习题

(1) 一套石油深加工的装置，其设计能力为 3.5 万吨/年，产品单价为 3 500 元，税费占 10%，年生产成本为 8 500 万元，其中固定成本为 3 200 万元，可变成本与产量成正比例关系。求以产量、生产能力利用率、销售价格、单位产品可变成本表示的盈亏平衡点，并分析经营安全状况。

（2）某新型建筑材料生产投资项目，其投资额、年销售收入、年经营成本等数据见表 9-10 所示。由于影响未来经济效益的某些因素存在不确定性，投资额、经营成本和产品价格均有可能在±20%的范围内变化。设基准折现率为 10%，试分别就上述 3 种不确定因素对净现值的影响进行敏感性分析。

表 9-10　建筑材料现金流量　　　　　　　　　　单位：万元

年　份	0	1~10	11
投资	15 000	—	—
流动资金	3 000	—	—
销售收入	—	22 000	22 000
经营成本	—	15 000	15 000
销售税金	—	2 200	2 200
期末资产残值	—	—	2 000
期末流动资金	—	—	3 000
净现金流量	−18 000	4 800	9 800

（3）对某建设项目进行投资，需 20 万元，实施期为 1 年。根据市场调查预测，项目投产后净现金流量为 5 万元、10 万元、12.5 万元的概率分别为 0.3、0.5 和 0.2。在各种市场变化情况下，生产期为 2 年、3 年、4 年、5 年的概率分别为 0.2、0.2、0.5、0.1。若折现率为 10%，求该项目净现值期望值、净现值大于或等于零的累计概率。

第 10 章 建设项目综合评估

教学目标

主要讲述了建设项目综合评估的基本理论和方法。通过本章的学习,应达到以下目标:
(1) 理解建设项目综合评估的含义及其必要性;
(2) 熟悉建设项目综合评估的内容;
(3) 掌握建设项目综合评估的方法;
(4) 掌握建设项目综合评估报告的编制。

学习要点

知识要点	能力要求	相关知识
项目综合评估的基本理论	(1) 理解建设项目综合评估的概念 (2) 理解建设项目综合评估的必要性 (3) 熟悉建设项目综合评估的内容	(1) 项目综合评估的概念与必要性 (2) 各单项评估结论的审查与小结
项目综合评估的基本方法	(1) 熟悉建设项目综合评估的指标 (2) 熟悉建设项目综合评估的步骤 (3) 掌握建设项目综合评估的方法与准则	(1) 财务、国民经济及环境等各单项评估指标 (2) 项目综合评估的具体步骤 (3) 专家意见法、优序法与专家评分法
项目综合评估报告的编制	(1) 理解项目综合评估报告的编制要求 (2) 掌握项目综合评估报告的编制内容	(1) 综合评估报告的编制要求 (2) 项目综合评估报告的提要、正文、附表、附件等相关内容

基本概念

建设项目综合评估；优序法；专家意见法；专家评分法。

引例

目标项目的选择

某房地产开发公司根据业务发展的需要，计划在中西部地区投资建设项目，目前有10个项目可供选择，由于资金有限，只能从这10个项目中选择一个，项目的选择需要考查建设的必要性、技术方案、环境和社会影响、投资估算与筹资方案、财务效益与国民经济效益以及风险与不确定性分析9个方面。经过考查发现，这10个建设项目在不同的方面各有优势，此时应当如何选择目标项目？本章所要解决的问题就是如何对建设项目进行综合评估，以及当遇到多方案选择时，应如何科学合理地进行决策。

10.1 建设项目综合评估概述

10.1.1 建设项目综合评估的概念

建设项目综合评估，就是对各单项评估的结论进行综合分析和审查，并在此基础上就该项目建设的必要性、可行性及各建设方案的相对优越性给出一个总的结论和建议，以此确保项目决策的准确性和可靠性。建设项目综合评估的核心是要解决好"2W1H"的问题，即建设项目综合评估的必要性(why)、内容(what)和方法(how)。由于在可行性研究阶段，相关单位已经对建设项目进行了分析、研究和论证，而各专项评估又是对可行性研究的再分析、再研究和再论证，故建设项目综合评估是在此二者基础上，对各单项评估进行进一步的分析与审查，并且对项目所提出的若干不同方案(一般为3个)，在单项评估完成后，综合各方面进行分析研究，以此选出最优方案。建设项目综合评估的最终目的是为了确保项目评估的准确性与可靠性，从而给决策者提供一个结论性的意见和建议，如此项目该不该建，能不能建，早建还是缓建等。

10.1.2 建设项目综合评估的必要性

前面各章已经分别论述了建设项目各个单项评估的基本内容、基本方法和指标体系等，实践证明，仅有单项评估是不够的，还必须在此基础上进行综合评估。建设项目综合评估的必要性主要表现在3个方面。

1. 项目决策的科学性要求必须进行综合评估

建设项目评估是为进行项目决策提供支持的，人们要做出科学的项目决策就必须在项目单项评估的基础上进一步开展项目的综合评估。因为项目的单项评估都是针对项目的某一侧面所进行的评估，这种评估的可行性结论只是项目某个方面可行的结论，决策层是不能采用这种片面的评估结论去做项目决策的，因为那样会出现以偏概全，或者一叶障目的情况。一般来讲，建设项目单项评估的结论会出现两种情况：第一种是各单项评估的结论是统一的，即项目单项评估的结论都认为项目是可行的或不可行的，在这种情况下项目的评估结论比较容易得出；第二种是项目各单项评估的结论不具有统一性，甚至有些单项评估的结论是矛盾的，即有的项目单项评估结论认为项目是可行的，而有的单项评估结论则认为是不可行的，此时如果没有项目综合评估就很难得出正确的项目评估结论了。另外，在项目单项评估中每个单项评估的权重又有所不同，即使项目的多个单项评估结论是项目可行，而某个单项评估的结论是不可行，那么整个项目的综合评估结果也有可能是不可行的。在现实的建设项目评估中有不少项目属于这种情况，如在很多情况下项目的环境影响评估结果具有一定的"一票否决权"，此时，建设项目综合评估的结论将更多地取决于项目的环境影响评估的结果。

2. 项目评估的系统性要求必须进行综合评估

建设项目评估工作是一项内容繁多且结构复杂、涉及面广和因素众多的系统工程。从项目评估的内容看，其涉及项目的必要性评估、运行环境评估、技术评估、财务评估、国民经济评估、环境影响评估、社会影响评估和项目的不确定性与风险评估等一系列的单项评估。从项目评估指标看，既有静态评估指标，也有动态评估指标，还有不确定性和风险评估指标。从评估方法看，既有定量的项目评估方法，也有定性的项目评估方法，以及各种定性和定量相结合的评估方法。这些众多的项目单项评估从不同侧面分析和评价了项目的必要性和可行性，但项目单项评估各自具有一定的独立性和专项性，它们不能给出完整和全面的项目评估结论性意见。因此人们需要在各个项目单项评估的基础上进一步开展项目的综合评估，这种项目综合评估对于项目单项评估进行全面的综合与集成并给出结论性的项目评估意见或建议，从而给项目决策者提供一个准确可靠的决策依据。

3. 项目方案的多样性要求必须进行综合评估

对建设项目进行综合评估还有一个很重要的理由，就是通过项目的综合评估找出项目各单项之间不相匹配或协调的地方，从而提出相应的项目或其备选方案的改进意见与建议。建设项目综合评估人员可以根据项目的各单项评估结果以及它们之间的匹配和协调问题，从项目总体目标出发去综合分析研究一个项目，并根据这种评估的结果提出一些改进的意见和建议。例如，国外某些商业银行在他们开展的项目综合评估中就有"重新组合"的概念和做法，他们对项目的某些不匹配的单项内容加以修改，然后重新组合项目的各个方面而使项目更加完善。某投资项目除财务评估外，其他各单项评估的结论都认为项目是可行的，通过综合评估人们就可以深入分析并发现该项目财务效益差的原因是项目生产规模过小，没有达到规模经济效益。针对这一问题，项目综合评估人员就可以提出"重新组合"的建议，扩大该项目的生产规模，从而使其财务效益得以提高，最终使得该项目的综合评估能够可行。另外，在扩大该项目的生产规模时还要相应地提出市场开发、技术进步等方面的配套解决措施。

10.1.3　建设项目综合评估的内容

建设项目综合评估的内容是由项目的特性和综合评估的要求决定的。不同的项目，技术特征不一，规模不等，建设时间不同，综合评估的具体内容也不一样。然而，所有的项目综合评估都是要对项目拟建内容与其技术、经济条件以及投资的效益进行全面评价，综合反映分项评估成果，并直接为项目决策提供依据。因此，建设项目综合评估的主要内容包括以下几个方面。

1. 项目建设必要性评估结论的审查与小结

通过对项目建设的必要性评估，我们已经得出了该项目是否有必要建设的结论，项目综合评估就是要重新对此结论进行审查，以论证其是否科学可靠。

项目建设必要性评估主要是从宏观和微观两个角度考查项目规划和投资决策是否满足以下条件：项目建设符合国民经济发展与社会发展长远规划的需要；项目建设符合国家的产业政策；项目建设符合区域经济发展的需要；项目建设有利于满足社会需求；项目建设有利于企业新产品和新技术的开发；项目建设有利于企业竞争能力和盈利能力的提高；项目建设能够达到经济效益、社会效益和环境效益的统一等。

2. 建设项目技术评估的结论审查与小结

建设项目技术评估是对建设项目所采用技术的先进性、适用性、经济性和可靠性进行分析，从而对项目的技术工艺方案、产品方案、设备选型方案、工程设计方案和实施计划等做出定性结论并提出建议。此外，还应对项目的建设规模、建设条件和生产条件的结论进行审查。其中，项目建设规模评估是在项目产品市场评估的基础上，结合项目所处行业和企业自身的技术经济特点，进行多方案的技术经济论证，从中选择各方面条件较好，又能获得最好经济效果的最佳经济规模方案。而项目建设条件和生产条件评估主要是对拟建项目的人力、物力和财力等资源，相关协作配套项目及环境保护工作等方面进行审查分析，在此基础上对厂址选择、物料供应方案、总体方案、项目工程进度安排的合理性、项目的组织管理和人力资源的合理性以及项目是否符合国家及有关部门的规定和要求等做出定性结论和提出建议。

3. 建设项目环境和社会影响评估的结论审查与小结

建设项目环境影响评估结论的审查内容主要包括以下几个方面：建设项目对环境可能造成影响的分析和评估，建设项目环境保护措施及其技术、经济论证，建设项目对环境影响的经济损益分析，以及对建设项目实施环境监测的建议。

建设项目社会评估需要考查分析与项目的设计和实施方案有关的社会发展目标的取向、潜在的社会负面影响和其他社会因素，其要求采用参与的方式，收集有关项目地区的社会经济数据、利益相关者的人口统计特征，以及在当地社会生活中对项目具有潜在影响的传统文化、风俗习惯、宗教信仰、社会组织等方面的信息，分析影响项目实施效果的社会因素，以及项目实施可能带来的社会风险和社会后果，并提出优化项目设计方案、减少或避免负面社会影响、降低社会风险、提高项目的实施效果的具体措施和建议。

4. 建设项目投资估算与筹资方案评估的结论审查与小结

建设项目投资估算与筹资方案评估的结论审查主要包括以下内容：建设项目总投资的估算是否准确全面以及资金筹措方案是否科学可行，资金来源有无保证，贷款有无偿还能力等，并给出相应的审查意见与建议。

5. 建设项目财务评估与国民经济评估的结论审查与小结

建设项目的财务和国民经济评估是对项目在企业财务和国民经济方面的可行性进行考查，以确定项目是否具有较好的财务效益和国民经济效益，主要包括以下内容：衡量项目获利能力、偿还能力和外汇平衡能力的各项技术经济指标是否达到标准，以及从国家整体角度考查项目的费用和效益是否具有宏观上的经济合理性。

6. 建设项目风险和不确定性评估的结论审查与小结

运用盈亏平衡分析、敏感性分析和概率分析对建设项目的不确定性进行分析评价，并通过外推法和层次分析法分析拟建项目的风险程度，判断其投资风险是否在可接受范围内，提出降低项目风险和不确定性的措施。

7. 建设项目是否可行及方案是否优化的综合性意见

如果在建设项目评估中涉及各种方案的比选，那么就要总结出选择方案的结果。有时在项目可行性研究报告中往往提出若干个不同的方案，各个方案的投资额、资金筹措条件、建设条件和生产条件、技术水平、生产规模、收入、总成本费用以及产品质量均可能有所不同，进而导致财务效益、国民经济效益出现差异。在项目综合评估中，应对可行性研究中提出的各个方案或评估时拟订的若干个有价值的方案进行比较，并从中遴选出最优方案。经过综合分析判断，提出项目是否值得建设，或选择最优方案的结论性意见，并就影响项目可行性的关键性问题提出切实可行的建议。

值得注意的是，建设项目综合评估虽然涵盖了各分项评估的内容，但它绝不是对各分项评估结论的简单罗列，更不是对可行性研究内容的简单重复，而是要以可行性研究和各分项评估为基础，结合拟建项目的具体情况，提出项目综合评估的结论和建议。

10.2 建设项目综合评估的理论方法

10.2.1 建设项目综合评估的步骤

项目评估工作是多层次、全方位的技术经济论证过程，涉及众多的学科，需要各方面的专家通力合作才能完成。进行项目综合评估一般应遵循如下步骤。

（1）整理有关资料。在进行项目综合评估之前，项目评估小组的有关人员已经分别对各单项的内容进行了评估。在综合评估阶段，应对各单项评估结论进行审核论证，在此基础上初步整理出书面材料，并由评估小组集体讨论，从而为编写建设项目评估报告提供基础资料。

（2）确定单项内容。项目评估单项内容的确定是一项十分重要的工作，既要注意其规范性，也要注意项目自身的特点，并将两者有机地结合起来，亦即确定项目的单项内容时，要根据国家有关部门制定的评估办法中规定的标准来分类，同时又不能简单机械行事，应充分考虑项目的具体情况。对于大型或特大型建设项目，可额外增加一些单项内容，对于小型项目，则可以将有关单项内容加以合并，亦可取消一些单项内容。

（3）进行分析论证。在上述两项工作的基础上，项目评估人员进行综合分析论证，以此判断项目的必要性与可行性。在这一阶段，要做好分析对比和归纳总结两项工作。可行性研究是项目评估的主要依据，建设项目评估主要是对可行性研究的审查和再论证。两者在确定单项评估内容、选用分析方法以及结论与建议等方面往往存在一定的差异。在这一阶段，应将二者进行对比分析，如发现错误，应予以纠正。在对比分析的基础上，应进行归纳判断，亦即将各单项评估的结论分别归为几大类，以利于判断项目建设的必要性、技术的先进性、财务、经济等方面的可行性，以及环境的可承受性等，同时也有利于方案的比较选择。

（4）提出结论与建议。提出结论与建议是项目综合评估最为重要的环节。评估人员根据各单项评估的结论，得出总体结论。当各单项评估的结论相一致时，则各单项评估的结论即综合评估的结论；当各单项评估的结论不一致时，则应进行综合分析，抓住主要方面，提出结论性意见。如有些项目从国民经济的角度来看是必要的，市场前景也比较乐观，但原材料和能源供应有困难，或项目所采用的技术比较落后，因此在未找出解决问题的办法之前，该项目应予以否决。项目评估人员还应当根据项目存在的问题，提出建设性的建议，以供投资者和有关部门参考。

（5）编写评估报告。编写评估报告是项目综合评估的最后一项工作，也是其最终的成果。

10.2.2 建设项目综合评估的指标

建设项目综合评估的核心问题是综合项目各个专项评估的结果，而这种综合是通过对项目专项评估指标的综合来实现的。所以项目综合评估的首要任务是确定综合评估的指标、指标体系以及综合评估指标体系的结构。项目综合评估指标体系及其结构是项目综合评估系统性以及项目综合评估质量和水平的集中表现，它在很大程度上决定了项目综合评估的总体效果。

项目评估指标是对于项目的质量和数量的测度，项目评估指标的名称和指标值是项目质和量的描述。设立项目评估指标的基本目的就是要把一个复杂的项目转变成为可以量度、计算、比较、评估的数据。

项目综合评估指标体系是项目总评估指标系统的结构框架，是综合反映投资项目状态和发展趋势的一组具有内在联系的指标，是从投资项目总的或一系列目标出发，逐级发展子目标，最终确定各专项指标。

项目综合评估指标体系具有其自身特点，其中最重要的特点就是它的系统性和层次性。系统性是指项目综合评估的各项指标之间必须具有有机的联系，层次性是指项目综合评估指标是自上向下分层设置的。由于这两大特性的存在，人们在确定项目综合评估指标的时候就需注意：每一项项目评估的具体指标都要与项目综合评估的总目标或上一级目标保持一致性和系统关联性；各级项目评估指标的数目不宜过多，以便能够形成紧凑而易于评估的指标体系；同一层次上的项目评估指标的作用和权重应有所不同；项目评估的具体指标应该是项目综合评估整个指标体系中最下一层的指标，它们是描述和度量项目的实际指标。

建设项目综合评估的指标根据建设项目是纯公益性项目、准公益性项目还是经营性项目，其评价指标是不一样的。因此，项目综合评估的目标是项目综合评估指标体系建设的基础，人们首先需要根据项目综合评估的目标确定项目综合评估所包括的内容，然后根据项目综合评估的目标和内容确定项目综合评估的指标和指标体系。

一般而言，项目综合评估指标体系所包括的主要指标及其系统性和层次性结构如图 10.1 所示。由图中可以看出该项目综合评估指标体系包括了 4 个层次，共 3 级指标，它们分别给出了项目综合评估的总目标、分目标、评估指标和评估具体指标的 4 层递阶结构。其中，项目综合评估的总目标是给出项目的客观而真实的综合评价，项目综合评估的分目标是分别评估项目的运行可行性、技术经济效益和社会与环境适应性，而项目综合评估的指标是 $X_1 \sim X_7$ 所构成的一个指标体系，最下层则是 $X_{11} \sim X_{73}$ 所构成的具体指标体系。这一图示很好地说明了项目综合评估指标体系的构成和结构框架，人们可以根据这一图例和自己的项目综合评估目标确定自己项目的综合评估指标体系。

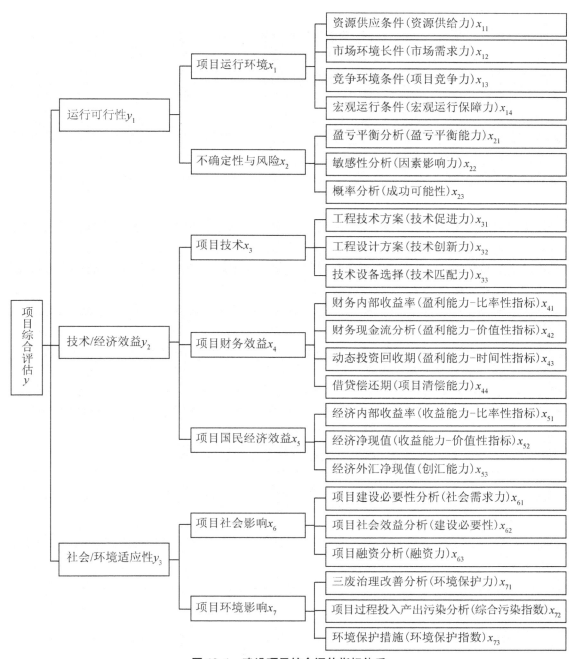

图 10.1 建设项目综合评估指标体系

10.2.3 建设项目综合评估的方法与准则

建设项目综合评估强调的是从整体角度，全面、综合地论证项目的必要性、可行性及合理性，其所用的方法较多，通常采用的有以下几种。

1. 专家意见法

征求专家对建设方案综合评估的意见一般有两种方法：一种是请专家开会讨论，在各专家充分发表意见的基础上，逐渐达到对建设方案综合评估的共同认识，最后形成结论性的意见。另一种是德尔菲法，这种方法是先向有关专家提供各方案的单项评估结论及其必要的背景材料，请专家分别写出方案比较和综合评估的书面意见；然后把这批专家的意见集中整理后（不署名），再另请第二批专家加以评论，并分别写出各自的书面意见，把这些评论和意见整理后（也不署名），反馈给第一批专家，请他们再次发表意见。经过如此几番反馈，往往能使预测比较深入、准确。这种方法有利于避免专家间不必要的相互影响和迷信权威的不足。

2. 优序法

按照一定的排序方法将建设项目评估对象的每一项综合评估指标由专家给出评分，然后计算得出其优序数，进一步计算每个项目评估对象所获的优序数（将同一项目评估对象得到的优序数加总），由此而得到项目评估对象的优序数总和，最后看哪个项目综合评估对象的优序数大即选择哪个项目备选方案的专家综合评估方法被称为优序法。表10-1给出一个扩大再生产项目的10个备选方案，综合评估各个备选方案的3个具体评估指标的示例，各个项目备选方案及其相应的评估指标得分值均见表10-1。由表10-1中的项目综合评估结果可知，项目备选方案A1在评估指标B1方面与其他项目备选方案相比的优序数为6（优序数计算的基本原则是项目备选方案两两相比，相对优胜者得1分，相对劣者得0分，相同者各得0.5分），在指标B2方面它的优序数为3，而在指标B3方面它的优序数为2。故A1项目备选方案的优序数为6+3+2=11，同理可以算出其他备选方案的优序数，详见表10-1，显然A2方案为选定方案。

表 10-1 项目备选方案与相应评估指标值

指标 方案	投资回收率 $B1$(%)	销量增长率 $B2$(%)	贷款额 $B3$(万元)	优 序 数
A1	11.5	2	5	11
A2	11	3	2	21
A3	12	2	3	15.5
A4	10	2.5	2.5	16
A5	13	1	8	11
A6	12.5	0.5	9	8
A7	10	4	4	15.5
A8	9	2.2	4.6	8.5
A9	9	2	1	12.5
A10	10.5	2.5	3	16

此方法的评估准则为：优序数最大的方案为最优方案。

3. 专家评分法

这种方法是借用专家的经验和判断，通过专家打分给出项目综合评估的结果。具体做法：设有 M 个建设项目综合评估对象(项目或项目备选方案)，以及有 N 个评估指标构成了项目的综合评估指标体系，其中的每个评估指标的规定指标值可以用数字(百分制或五分制)、序数(如第一、第二、第三等)或评语(如优秀、良好、中等、及格、不及格)，甚至可以使用重要度排序的方法(如极其重要、很重要、重要、一般、不重要)进行表述。

这种方法的具体表述为：假如第 i 个建设项目的综合评估对象(项目或项目备选方案)在第 j 个指标得到的评估指标值(即具体的得分、序数或评语)为 S_{ij}，则项目综合评估的结果为

$$S_i = \sum_{j=1}^{n} S_{ij} \qquad (10-1)$$

或

$$S_i = \sqrt[n]{S_{i1} \times S_{i2} \times \cdots \times S_{in}} \qquad (10-2)$$

式中：$i = 1, 2, \cdots, m$，表示建设项目综合评估对象的个数；

$j = 1, 2, \cdots, n$，表示项目综合评估中具体评估指标的个数。

其中，式(10-1)给出的是一种"连加式"的项目综合评估结果计算方法，这种方法一般用在没有"一票否决权"的项目综合评估的情况；而式(10-2)给出的是一种"几何平均"的项目综合评估结果计算方法，这种方法一般用在具有"一票否决权"性的项目评估指标而开展项目综合评估的情况。

用专家评分法进行建设项目综合评估时，其评估准则为 S_i 大的项目或项目备选方案最优。

此外，建设项目综合评估的方法还有经验分析法、分等加权法、综合评分法、多目标决策法、层次分析法以及模糊综合评判法等，在这里就不做详细介绍了，有兴趣的同学可参考相关著作进行深入学习。

10.3 建设项目综合评估报告的编制

10.3.1 建设项目综合评估报告的编制要求

建设项目综合评估报告的编制要求一般有以下几点。

(1) 语言应简明扼要。综合评估具有总结的性质，语言要求精练简洁，避免使用晦涩难懂及模棱两可的词语，以方便决策层准确决策。为了使结论趋于客观科学，尽量使用定量与定性相结合，以定量为主的方法加以分析论证。

(2) 内容应主次分明。在建设项目综合评估中，有些单项评估的结论对于项目的实施与否起着关键性的作用，对于这些内容，项目评估者应在综合评估的过程中予以高度重视，并对其进行重点分析，以便引起决策人员的注意。

(3) 建议应切实可行。在项目综合评估中，评估人员所提出的意见或建议应具有可行性及可操作性，以真正实现项目进行综合评估的目的和意义。

(4) 结论应科学可靠。这是项目综合评估报告编制的最基本，也是最核心的要求，因为建设项目评估本身就是一项十分严谨的工作，一个项目的建设与否，不仅关系到投资者

的切身利益，而且也会影响到地区或国家的发展。因此，项目评估人员应始终坚持做到实事求是、科学公正地开展项目评估工作，并在此基础上得出科学可靠的结论。

10.3.2 建设项目综合评估报告的内容

建设项目综合评估报告是项目综合评估结果的书面文件，也是项目投资决策的重要信息依据。建设项目综合评估报告的内容视项目的规模及其复杂程度等而有所不同，但通常应包括以下几个方面。

1. 建设项目综合评估报告的提要

这一部分包括对建设项目的总体描述，使项目决策者或报告的使用者能够了解整个项目的总体情况，同时要清楚地描绘出项目的目标以及项目的必要性和可行性等综合评估的结论。对于大型项目或过于复杂的项目，评估人员可以将相关的项目描述和解释部分列为项目综合评估报告的附件。

2. 建设项目综合评估报告的正文

建设项目综合评估报告的正文一般应包括以下部分。

(1) 项目投资者的概况：主要描述投资者的企业法人资格、注册资本、信誉、资产负债情况和近几年的经营业绩等，考查投资者是否有实施同类项目的经验，以判断投资者是否具备实施拟建项目的能力。

(2) 项目的基本情况：这主要是描述项目的提出、项目的背景和依据以及项目的投资和效益概况等，这些也可以使用某个综合表格的方式列出，尤其是像项目的主要技术经济、社会、环境指标等。

(3) 项目单项评估的内容与结论：这包括项目必要性评估、项目技术评估、项目环境影响评估、项目投资估算与筹资方案评估、项目财务和国民经济效益评估、项目社会影响评估以及项目不确定性与风险评估等各专项评估的指标和结论。

(4) 项目综合评估的内容与结论：这包括对项目是否可行及必要的结论、多个项目备选方案中选择最优方案的结论性意见，以及就影响项目可行的关键性问题所提出的切实可行的建议等。

3. 项目综合评估报告的附表

项目综合评估报告中需要使用附表的形式给出项目评估结论的论据，其中主要的附表包括投资估算表、项目财务经济效益分析表和国民经济效益分析表等各种基本和辅助表格。

4. 项目综合评估报告的附件

建设项目综合评估报告除以上内容外，还应该有一些必要的附件，其中主要的附件包括以下几方面。

(1) 有关项目资源、市场、工程技术等方面的图表、协议及合同等。

(2) 各种批复文件，如项目建议书及可行性研究报告批复文件、项目规划批复文件（如选址意见书）等。

（3）证明投资者经济技术和管理水平等方面的文件，包括投资者的营业执照、近几年的主要财务报表以及企业的资信证明材料等。

 案例分析

杭甬客运专线综合评估案例

杭甬客运专线设计速度为 350 千米/时，营运速度为 300 千米/时；线路起于杭州东站，终于宁波站。该客运专线途径绍兴"两湖"与柯北新城的核心区块，其站场的设置方式将对区域内的详细控制性规划、土地性质、交通组织等带来重大影响。因此，车站的布设方案需综合考虑绍兴的现状与发展规划、"两湖"区域的控制性详细规划、柯北新城控制性详细规划、沪杭甬客运专线站场的工程设计方案等因素。该项目提出了落地方案与高架方案两种车站布设方式进行分析比较。本案例着重分析车站布设方案的综合费用比较，涉及车站的土建费用、地方桥梁的改建费用以及不同车站铺设方式下的项目区块的土地价值综合估价等。

方案比较及综合评价如下。

1）车站土建工程造价分析

工程涉及的范围以车站落地段作为项目的比较基础。比较项目主要涉及征地面积、路基工程、桥梁工程、轨道工程、站房建筑、站房设备、临时工程和配合辅助工程费等方面。由于机电系统变化不大，故未予计入。费用的比选以征地费用及主要土建工程量变化为基础进行分析比较。表 10-2 为不同车站布设方案工程造价估算表。从表 10-2 中可知，落地方案在征地、路基工程、站场设备等方面较高架桥方案费用要高，而桥涵工程、站房建设以及临时工程、配合辅助工程费等方面较高架桥费用要低，轨道工程等方面两方案的费用相差不大。总体上就工程建设费用而言，高架站方案将比落地站方案增加造价约 1.13 亿元。

表 10-2 不同车站布设方案工程造价估算比较　　　　　　　　　　单位：万元

项　　目	地面方案	高架方案
征地	187.4	111.7
路基	547.4	—
桥涵	654.5	13 717.6
轨道	2 365.1	2 365.1
站房	428.8	959.3
站场设备	4 637.1	405.8
临时工程	—	2 400.0
配合辅助	—	130.7
合计	8 819.9	20 090.2

2) 项目相关的改拆建造价分析

项目区块内柯华大桥横跨杭甬大运河，属新建运河桥，为连接华舍镇与柯桥主城区的主要通道。由于该桥的存在影响到了车站的布设方案，因此必须考虑车站方案实施对这些设施带来改、拆建的成本支出。车站采用落地方案，受柯华线跨越杭甬大运河（Ⅳ级航道，净空要求 45m×5.0m）、柯袍线（净空要求 5.0m）、杭甬客运专线（净空要求 6.55m）限制，要求柯华大桥上跨杭甬客运专线设计标高不小于 17.55m。在不拆除柯华线钢管混凝土拱桥主桥的情况下，此处的纵断面需设置两个变坡点，坡长分别约为 93m 和 150m。此坡长不能满足《城市道路设计规范》所规定的 60km/h 设计速度最短坡长 170m 要求，也不能满足中华人民共和国交通运输部公路路线设计规范最小坡长 150m 要求。钢管混凝土拱桥若采用顶升施工以保留原主桥，则由于主桥自身存在的半径约为 1 800m 的圆曲线，势必影响作为城市主干道柯华线的行车安全。为此，若车站采用落地方案而柯华线上跨客运专线，则柯华大桥钢管拱肋拱桥主结构将要拆除重建，老桥原有的桩基础保持，桥面空心板可以拆除后重新利用，主桥上部结构（钢管拱、立柱、盖梁、桥面铺装及护栏等）构件只能拆除废弃。据表 10-3 知，柯华线桥梁改造工程建筑安装费为 4 401 万元。按建筑安装费占工程总估算 70% 计，则柯华大桥改建工程的总估算价为 6 287 万元。

表 10-3　柯华大桥改造工程建筑安装费用估算

项　　目	工　程　量	造价/万元
主桥上部	2 700m²	918.0
护栏	610m²	30.5
桥面铺装	10 060m²	40.2
立柱、盖梁	2 278m²	330.3
桥梁拆除	5 360m²	187.6
新增引桥	10 720m²	2 894.4
合计		4 401.0

3) 项目区块的土地价值分析

客运专线车站处便利快速的交通，将给该区域带来大量的人流、物流和商机，土地的商业用途将明显增加。针对当前绍兴的土地市场以及客运专线车站物业形态的特殊性，采用市场分析法对该区块土地进行价值分析。选择适当的比较对象是市场估价法的必要条件。该项目收集了绍兴城区土地拍卖的总块数达到 51 宗之多，见表 10-4。其中商业用地 27 宗，商业（4S店、展览场地、仓储等）8 宗，商住 16 宗，工业 1 宗。样本数量充足，且选用的比较对象均为在近期成交的、基本特征与使用功能类似本项目的房地产，从而为土地价值评估的客观性和正确性提供翔实的基础数据。

表 10-4　度城区土地拍卖分类统计分析

编　号	块　数	用地性质	面积/hm²	成交总价/万元	单价/(万元/hm²)
1	27	商业	35.16	217 459	6 183.0
2	8	仓储等	21.27	29 205	1 372.5
3	16	商住	62.11	296 174	4 768.5
4	1	工业	1.05	626	594.0

选定同类型、同用途、物理特征接近、地段位置相似、环境类似、交易情况正常的近期成交实例作为比较对象，对处于同一规划区块内的两湖、柯北新城北部的车站区块具有可比性。车站采用落地方案，将使得车站两侧的区块处于分割状态，车站北侧与运河、柯袍线之间的狭长地带商业开发价值不大，故规划用地性质除必要的绿化、防护、市政设施、道路等用地外，其余用地性质规划为工业用地。根据规划确定的车站与杭甬大运河、柯袍线之间的商业用地为 2.88 hm²。按工业用地价格 587.4 万元/hm² 计算，落地方案利用市场法计算该地块总价为 1 692 万元。车站采用高架桥方案，将使得车站两侧的连通便捷，并带给该区域大量的人流、物流和商机。在车站两侧除必要的绿化、防护、市政设施、道路等用地外，其余用地规划为商业用地。根据规划确定的商业用地为 2.88 hm²。按柯桥区域商业用地 2007 年成交均价 6 184.2 万元/hm² 以及车站区域的地域位置调整因素 0.55、商业环境因素 1.05 计，在市场法中该地块的地价为 3 571.35 万元/hm²。由此得出该地块总价为 10 285 万元。

4）方案比选结论

从表 10-5 分析可知：通过对工业用地和商业用地性质的对比，在新柯桥站北侧与杭甬大运河南侧地带，高架桥方案规划商业用地的土地价值评估为 10 285 万元，落地方案用地的土地价值评估为 1 692 万元（前者比后者高出 8 593 万元）；从工程建设、工程造价估算、地方道路桥梁的改建评估等方面可知，在新柯桥站区段，高架桥方案工程总投资估算较落地方案工程总投资估算高出 11 270 万元；从地方道路桥梁的改建评估等方面可知，若采用新柯桥站落地方案，柯华大桥改建需投资 6 287 万元，而高架方案则无需变动柯华大桥。

表 10-5 不同车站布设方案综合比较

项 目	高架方案	落地方案
征地面积/hm²	1.88	2.86
工程费用/万元	20 090	8 820
用地范围/hm²	2.88（商业）	2.88（工业）
评估地价/万元	10 285	1 692
桥梁改建费/万元	—	6 287
综合费用比较	对项目进行近期分析，综合用地价值、铁路客运专线及站点的造价、柯华大桥拆除及改建费用，高架方案比落地方案节省约 3 610 万元	

综合土地价值、客运专线本身建设和柯华大桥改、拆建 3 块费用可知，采用高架方案将比采用落地方案节省经费 3 610 万元。此外，落地方案存在诸多不利因素，如对运河、大小坂湖景区、柯北新区存在分割效应，将对城市景观房产、商业文化、休闲游憩功能结合水体布置带来不便；对杭甬运河规划的南北两大市场区的建设与提升带来困难；对"两湖"以及柯北新城的"形成宜人舒适、多样化的现代水乡景观空间和滨水复合功能带"的开发发展策略的实现带来不利影响。为此，建议车站的布设方式采用高架方案。同时，对高架方案应加强高架桥的景观设计，对车站站台、车站匝道进行人性化的设计，以减少由于高架桥对城市景观以及车站运营带来的不利影响。

本 章 小 结

　　本章全面讨论了建设项目综合评估的基本概念、必要性、内容、指标以及方法与准则，通过本章的学习应该系统掌握开展项目综合评估所遵循的步骤及各种方法，并学会编制建设项目综合评估报告。

　　在学习本章内容时，不仅应该注重从整体的角度去理解和掌握建设项目综合评估的理论方法体系，而且还应该从长远和客观的角度对各单项评估的结论进行重新审查和论证，从而为决策者提出科学可靠的、总结性的意见或建议。

　　值得注意的是，建设项目综合评估的结果是对于项目的一种整体性评价结论，因此它不仅包括在项目综合评估中得出的结论，而且也包括在项目各单项评估中所得出的结论。

习　　题

思考题

(1) 什么是建设项目综合评估？什么是优序法？

(2) 建设项目综合评估的必要性有哪些？

(3) 进行建设项目综合评估的程序是什么？

(4) 编制建设项目综合评估报告应遵循哪些要求？

(5) 建设项目综合评估报告一般包括哪些内容？

第11章 建设项目后评估

教学目标

主要讲述建设项目后评估的基本理论和方法。通过本章学习,应达到以下目标:
(1) 掌握建设项目后评估的概念、内容、程序和方法;
(2) 熟悉我国建设项目后评估的分类;
(3) 理解建设项目后评估的特点。

学习要点

知识要点	能力要求	相关知识
后评估概念	(1) 掌握后评估的概念 (2) 熟悉后评估的分类 (3) 理解后评估的特点	(1) 我国后评估发展的历史 (2) 后评估的意义
后评估的内容	掌握后评估的内容	(1) 建设项目的技术、财务和国民经济影响 (2) 建设项目的社会影响 (3) 建设项目的可持续性
后评估的程序和方法	(1) 掌握后评估的程序 (2) 掌握后评估方法的应用	(1) 后评估程序的实施步骤 (2) 后评估方法的适用条件

基本概念

后评估；逻辑框架法；对比法；层次分析法；因果分析法；综合评价法；项目成功度评价；社会调查法；预测法。

引例

在建设项目建成投产并稳定运营 2~3 年后，对项目的实施过程、经济效益、社会经济环境影响、持续性等方面进行全过程全方位的评价，是对项目前评估进行的再分析评价，是项目决策管理的反馈环节。建设项目后评估的内容和方法是本章的要点。

例如，某水利枢纽工程是某流域规划中的第一期工程，工程任务是以防洪为主，结合发电，兼顾灌溉、航运、供水、旅游等，是以防洪为主的综合利用工程。水库正常蓄水位 236.00m，总库容 17.41 亿 m^3，兴利库容 11.65 亿 m^3，防洪库容 7.40 亿 m^3 该水库独立运行，可将该地区防洪标准从现在的 4~7 年一遇提高至 17~20 年一遇；电站装机 3×100MW，保证出力 38.8MW，设计年平均发电量 7.56 亿 kW·h，对缓解该地区电网电力电量供需矛盾，提高供电保证率等发挥重要功能；通过一条直径 1.10m 的灌溉引水管可自流灌溉 8 万多亩农田，使之旱涝保收，稳产高产；改善航运条件，促进水运事业的发展；可为下游一镇两乡 5 万多人提供优质的生活用水，改善人民生存条件；可开展旅游业，为人们提供观光休闲场所，同时可增强地方经济实力。

待到两座后期水库建成后，3 座水库联合运行调度可使下游防洪标准提高至 50 年一遇洪水，能使整个流域防洪标准达到中华人民共和国国家《防洪标准》(GB 50201—1994)的规定。如需对该项目进行后评估，试讨论该如何开展该项目的后评估工作。

11.1 建设项目后评估概述

11.1.1 建设项目后评估概念

广义的项目后评估是指对当前正在实施的或已经实施完成的项目活动的目的、执行过程、效益、作用和影响所进行的系统的、客观的分析；通过项目活动实践的检查总结，确定项目预期的目标是否达到，项目或规划是否合理有效，项目的主要效益指标是否实现；通过分析评价找出成败的原因，总结经验教训；并通过及时有效的信息反馈，为未来新项目的决策和提高完善投资决策管理水平提出建议，同时也为后评价项目实施运营中出现的问题提出改进建议，从而达到提高投资效益的目的。就建设项目后评估而言，是指根据国家及其有关部门确定的基本建设项目的政策、法规以及该建设项目的实施过程，按照后评估相应的目的、程序及方法，经过系统的综合分析，对该项目的商业性（或社会性）、技术性、经济性做出客观的审核与判断，预测项目未来的发展前景，提出改进措施,并总结经验与教训,并向有关部门反馈,用以改善该项目的管理,指导未来建设项目决策的活动。

项目后评估最早于20世纪30年代产生于美国,作为一种科学的方法和制度,已为不少国家和国际机构所采纳。目前已经形成比较完善的项目后评估制度的国家和国际机构有印度、菲律宾、韩国、巴基斯坦、坦桑尼亚、南斯拉夫、墨西哥、哥伦比亚、泰国、美国、苏联、世界银行、联合国教科文组织、联合国儿童基金会、联合国人口活动基金、亚洲开发银行等。我国的项目后评估工作主要是从建设项目后评估开始逐渐发展起来的。

我国在20世纪80年代初开始进行的固定资产投资管理体制改革过程中,吸收了一些发达国家和其他相关机构,主要是世界银行贷款(或援助)项目管理和监控的经验,由国家计委(现国家发改委)率先提出进行工程建设项目后评估的要求并组织实施,使这项工作逐步地开展起来。由国家所组织的项目后评估开始于1988年,当年下达了9个国外贷款项目后评估工作的通知。在1990年1月24日又下达了第一个国家建设项目后评估计划文件(计建设〔1990〕54号《关于开展一九九零年国家重点建设评价工作的通知》),至1992年国家计委下达了3批共计33个项目的后评估工作计划。1994年又下达了第四批共计6个项目的后评估工作计划和一个部门的专项研究。国家计委的投资项目后评估工作,由重点建设司管理,后评估工作的组织、实施、理论及方法研究与人员培训,一般均委托其他单位执行。2005年5月25日国务院国有资产监督管理委员会发布国资发规划〔2005〕92号《中央企业固定资产投资项目后评价工作指南》,要求中央企业全面开展固定资产投资项目的后评估工作。

11.1.2 我国建设项目后评估分类

就建设项目投资渠道和管理体制而言,我国建设项目后评估可分为以下几种。

(1) 国家重点建设项目。这类项目由国家发展与改革委员会制定评估规定,编制评估计划,委托独立的咨询机构来完成。国家重点建设项目后评估有很多种类型,包括项目后评估、项目效益调查、项目跟踪评价、行业专题研究等。

(2) 国际金融组织贷款项目。这类项目主要是指世界银行和亚洲开发银行在华的贷款项目。国际金融组织贷款项目按其规定开展项目后评估。多数国际金融组织的贷款项目也是中国国家的重点建设项目,其中部分项目国家发展与改革委员会也要安排进行国内的后评估。

(3) 国家银行贷款项目。过去国家建设项目的投资执行机构是中国建设银行,该行从1987年起就开展了国家投资大、中型项目的效益调查和评价工作。目前中国建设银行已形成了自己的评价体系。1994年国家开发银行成立,开始对国家政策性投资实行统一管理。国家开发银行担负起对国家政策性投资业务的后评估工作,多年来在后评估机构建设、人员配备和业务开发方面取得了重大的进展。

(4) 国家审计项目。20世纪80年代末中华人民共和国审计署(以下简称审计署)建立,开始了对国家投资和大、中型项目利用外资的正规审计工作。对这些主要项目的审计由审

计署自己来完成，主要进行项目开工、实施和竣工的财务方面的审计。目前审计署正在积极开拓绩效审计等与项目后评估相关的业务。

（5）行业部门和地方项目。由行业部门和地方政府安排投资的建设项目一般由部门和地方安排后评估。部门和地方项目管理机构还参与了在本地区或本部门的国家一级和世界银行、亚洲开发银行项目的后评估工作。

11.1.3 建设项目后评估的特点

建设项目后评估应具有如下特点。

1. 公正性和独立性

公正性标志着后评估及评估者的信誉，避免在发现问题、分析原因和做结论时避重就轻，做出不客观的评价。独立性标志着后评估的合法性，后评估应从项目投资者和受援者或项目业主以外的第三者的角度出发，独立地进行，特别要避免项目决策者和管理者自己评价自己的情况发生。公正性和独立性应贯穿后评估的全过程，即从后评估项目的选定、计划的编制、任务的委托、评价者的组成，到评价过程和报告。

2. 可信性

后评估的可信性取决于评价者的独立性和经验，取决于资料信息的可靠性和评价方法的适用性。可信性的一个重要标志是应同时反映出建设项目的成功经验和失败教训，这就要求评价者具有广泛的阅历和丰富的经验。同时，后评估也提出了"参与"的原则，要求项目建设者、管理者及其他干系人应参与后评估，以利于收集资料和查明情况。为增强评价者的责任感和可信度，评价报告要注明评价者的名称或姓名，要说明所用资料的来源或出处，报告的分析和结论应有充分可靠的依据。评价报告还应说明评价所采用的方法。

3. 实用性

为了能使后评估成果对决策产生作用，后评估报告必须具有可操作性，即实用性强。因此，后评估报告应针对性强，文字简练明确，避免引用过多的专业术语。报告应能满足多方面的要求。实用性的另一项要求是报告的时间性，报告不应面面俱到，应突出重点。报告所提的建议应与报告其他内容分开表述，建议应能提出具体的措施和要求。

4. 透明性

从可信度看，要求后评估的透明度越高越好，因为后评估往往需要引起公众的关注，对国家预算内资金和公众储蓄资金的投资决策活动及其效益和效果实施更有效的社会监督。从后评估成果的扩散和反馈的效果看，成果及其扩散的透明度也是越高越好，使更多的人借鉴过去的经验教训。

5. 反馈特性

建设项目后评估的结果需要反馈到决策部门，作为新项目的立项和评估的基础，以及调整投资规划和政策的依据，这是后评估的最终目标。因此，后评估结论的扩散和反馈机制、手段和方法成为后评估成败的关键环节之一。国外一些国家建立了"项目管理信息系统",通过项目周期各个阶段的信息交流和反馈,系统地为后评估提供资料和向决策机构提供后评估的反馈信息。

首先,建设项目的后评估是一个学习过程,对于完善已建项目、改进在建项目和指导待建项目有重要的意义。后评估是在建设项目投资完成以后,通过对项目目的、执行过程、效益、作用和影响所进行的全面系统的分析,总结正反两方面的经验教训,使项目的决策者、管理者和建设者学习到更加科学合理的方法和策略,提高决策、管理和建设水平。其次,后评估又是增强投资活动工作者责任心的重要手段。由于后评估的透明性和公开性特点,通过对投资活动成绩和失误的主客观原因分析,可以比较公正客观地确定投资决策者、管理者和建设者工作中实际存在的问题,从而进一步提高他们的责任心和工作水平。第三,后评估主要是为投资决策服务的。即通过后评估建议的反馈、完善和调整相关方针、政策和管理程序,提高决策者的能力和水平,进而达到提高和改善投资效益的目的。因此对建设项目实行项目后评估,有利于总结项目管理的经验教训,分析存在的问题和提出改善项目管理的建议,从而提高现时项目的动态管理水平。对银行而言,可改善信贷的管理措施和健全相应的工作责任制,提高项目决策和银行贷款决策的科学水平,并对未来项目的决策产生借鉴指导作用。同时,为国家经济政策和银行贷款政策的制定与调整提供参考依据,为修订、完善全国(或地区)投资状况的经济指标体系提供信息资料,为项目的运营当好参谋,以提高企业的经营效益,同时也将促进银行资金的良性循环。总之,建设项目后评估是基本建设程序的最后一个循环,是固定资产投资管理的一项重要内容,其目的是总结经验,吸取教训,以提高项目的决策水平和投资效益。

11.2 建设项目后评估的内容

建设项目后评估的内容主要包括对建设项目的目标、过程、技术经济、环境影响、社会影响、可持续性等方面进行后评估。

(1) 建设项目的目标后评估主要是对照项目立项时拟定的近期和远期开发目标,将项目目标的实际实现情况与项目可行性研究和评估中制定的项目目标进行对照,讨论项目目标的确定正确与否,找出变化、差距并分析目标偏离的主要原因,判断项目目标是否符合项目进一步发展的要求。其中项目目标主要包括对国民经济或地方经济发展的推动作用、对国家或地方产业结构的改善作用、对促进就业或增加居民收入的积极作用、对原材料或能源消耗的降低及产品财务或经济效益的调高作用等。

(2) 建设项目的过程后评估是指依据国家现行的有关法律、制度和规定,在项目投入运营后,对项目的投资前期—建设时期—生产运营时期全过程的实际结果与决策阶段的预期目标进行全面的对比分析和评估,找出偏差并分析原因,总结经验教训,过程后评估有利于查明项目成功或失败的原因。

项目的投资前期评估主要对项目的筹备工作、项目的决策、选址、征地拆迁、勘察设计、承发包、资金筹措等内容进行评估。

项目的建设实施评估主要对项目的开工、施工组织与管理、合同管理、成本控制与管理、质量控制与管理、安全管理、竣工验收等内容进行评估。

项目的运营评估主要是对项目的运营管理、生产技术经济指标、企业利润等方面进行评估。

（3）建设项目的技术经济后评估包括对项目的技术、财务和国民经济影响3方面进行评估。

项目的技术后评估主要对项目在建设过程中出现的观念上、技术上、管理上的创新进行评估，并分析和总结经验教训，为今后类似项目的建设提供借鉴。

项目的财务后评估是从项目或企业角度出发，根据后评估时点以前项目运营的实际财务数据，如生产成本、产品价格、销售收入、销售利润等，计算项目投产后实际的财务费用和财务效益，并与前评估中预测的盈利能力、清偿能力等财务效益指标进行对比，分析两者偏离的原因，并依据国家现行财税制度和价格体系，预测整个项目生命周期内将要发生的财务效益和费用，作为判断项目财务效益成败的依据，吸取其经验教训，以提高今后项目财务预测水平和项目决策科学化水平。财务后评估的方法和指标主要基于财务前评估时采用的方法和指标，两者的区别主要是后评估时使用后评估时点以前的实际数据进行评价，而前评估主要以项目前期基础数据和同类项目数据作为评价依据。

建设项目国民经济后评估是指从整个国民经济或者全社会角度出发，在财务评估的基础上根据项目的实际数据和国家颁布的影子价格及有关参数，通过编制全投资和国内投资经济效益和费用流量表等计算出项目实际的国民经济成本与盈利指标，分析项目前评估和项目决策质量以及项目实际的国民经济成本效益情况，比较和分析国民经济实际指标与前评估时国民经济预测指标的偏离程度及原因，分析和评价项目实际上对当地经济发展、相关行业和社会发展的影响，考查投资行为的国民经济可行性，为提高今后的宏观项目决策科学化水平提供依据。

（4）建设项目的环境影响后评估是指对照项目前评估时批准的《环境影响报告书》，重新审查项目对环境产生的实际影响，评价项目环境管理的决策、规范、规定和参数的可靠性和合理性，项目环境影响后评估主要从项目建设的污染控制、对区域环境质量的影响、自然资源的利用和保护、区域生态平衡、水土保持、环境监测管理、"三同时"及其他环保法令、条例、制度、规定的贯彻执行等方面进行评估。

（5）建设项目的社会影响后评估主要评估项目对社会发展目标的贡献和影响，社会发展目标一般根据国家的宏观经济与社会发展需要制定，包括经济增长目标、公平分配目标、社会安定与稳定目标、就业目标、人口控制目标等。建设项目的社会影响评估是对项目在经济、社会和环境方面所产生的有形和无形的效益和结果所进行的一种分析，主要包括社会影响、经济影响、与当地社会的相互适应性、社会风险分析等。

社会经济影响后评估内容包括分析项目对人口数量、质量、增长率、男女比例、文化结构、职业结构、种族和民族组成的影响，计算有关指标，并与前评估相比较；分析项目对社区和机构内的各种关系的影响，计算项目对就业机会、就业结构、就业人数、类型及其季节性的影响，如项目对就业机会和就业结构有负面影响，还需调查和分析由此引发的社会矛盾，提出对策；计算项目对所在地居民收入增加或减少的程度，研究其原因，评价项目对收入公平分配、缩小贫富差距、扶贫、脱贫、社会福利的影响，并计算相关指标；计算项目对社区公共服务条件变化（如学校、文体、保健、保安设施等）的影响，项目对社区及地方基础设施、社会服务容量和城市化进程的影响,并分析原因及带来的影响;分析项目对妇女地位、少数民族习惯和观念以及宗教活动的影响,是否会引发民族矛盾、宗教纠纷,并影响社会安定;评价项目对个人和家庭层次上的影响,如对社区人口卫生习惯、寿命、道德品质、思想文化素质、精神面貌、地方病防治、对家庭是否和睦、生产生活水平、住房条件和服务设施、家庭结构、居家生活理念、营养和体育活动、文化活动、娱乐活动、邻里活动关系等的影响;分析项目对影响区人民的社会联系网络的影响;评价对不同利益相关群体(受益群体及数量、受损群体及数量、对项目有决定性影响的群体、对弱势群体)的影响;分析和计算项目对当地主要社会经济指标的变化、工农业产值的增减情况、运行收入对地方财政收入和税收的影响等。主要评价指标包括因项目而增加的人均国内生产总值、耕地种植比、森林覆盖率、工农业总产值、人均工农业产值,对工农业产业结构变化的影响,对种植业、林业、牧业、渔业、食品工业、纺织工业、粮食加工业等不同行业的贡献和影响。

项目与当地社会的相互适应性后评估主要分析项目能否为当地的社会环境和人文条件所接纳,考查当地人口和社会对项目的存在与发展的支持程度,以及项目与当地社会环境的相互适应关系,与前评估预测的结果进行对比,对可能出现的问题提出措施和建议。

社会风险分析后评估需要对影响项目的各种社会因素进行识别和排序,选择影响面大、持续时间长,并容易导致较大矛盾的社会因素,如移民安置和受损补偿问题、民族矛盾、宗教问题、弱势群体支持问题、产生新的相对贫困阶层和隐性失业等进行分析评估,对可能出现问题提出措施和建议。这类分析一般需编制社会风险分析表。

(6)建设项目的可持续性后评估。建设项目的可持续性后评估主要关注项目自身目标和效果的可持续性,保证项目产品和服务功能的稳定性和可持续性。建设项目可持续性的研究范围主要包括:①建设项目自身的可持续性;②建设项目与所在地区经济、社会、环境之间的协调性;③建设项目与建设区域内其他相关项目之间的协调性。

在可持续性后评估中,通常采用的方法如下。

(1)找出影响建设项目可持续性的内部因素和外部因素,并对这些因素进行定性分析。

(2)对建设项目可持续性进行度量,对可持续能力进行定量分析和计算。

(3)找出影响建设项目可持续性的风险因子,并提出相应的对策建议。

11.3 建设项目后评估的程序和方法

建设项目后评估的程序一般包括接受后评估任务、确定后评估范围、成立后评估小组、执行后评估过程、编写后评估报告及反馈后评估结果等。

常见的建设项目后评估方法主要包括逻辑框架法、对比法、层次分析法、因果分析法、综合评价法、项目成功度评价、社会调查法、预测法等方法。

11.3.1 逻辑框架法

逻辑框架法（Logical Framework Approach，LFA）是美国国际开发署（USAID）在20世纪70年代开发并使用的一种设计、计划和评估的工具，是一种概念化论述项目的方法，该方法用一张框图分析一个项目的内涵和关系。逻辑框架法为项目的计划者和评价者提供了一种综合和系统地研究和分析问题的框架，用以确定工作的范围和任务，并对项目目标和达到目标所需要的手段进行逻辑关系分析，即项目"如果"提供了某种条件，"那么"就会产生某种结果。这些项目条件包括项目的内在因素和项目所需要的外部条件。

逻辑框架法的模式是一个4×4的矩阵，由垂直逻辑和水平逻辑组成。垂直逻辑层次代表项目目标的层次，水平逻辑层次代表如何验证这些目标是否达到，逻辑框架法的基本模式见表11-1。

表11-1 逻辑框架法的基本模式

项目层次	验证指标	验证方法	重要外部条件
目标	目标指标	监测与监督方法	实现目标的主要条件
目的	目的指标	监测与监督方法	实现目的的主要条件
产出	产出定量指标	监测与监督方法	实现产出的主要条件
投入	投入定量指标	监测与监督方法	实现投入的主要条件

逻辑框架法的垂直逻辑用于分析项目计划做什么，弄清项目手段与结果之间的关系，确定项目本身和项目所在地的社会、物质、政治环境中的不确定性因素。逻辑框架法通过垂直逻辑关系清楚地表达"投入"、"产出"、"目的"、"目标"之间的因果关系，直观地描述项目消耗及其实现的微观和宏观目标。

（1）"目标"通常是指高层次的目标，即宏观计划、规划、政策和方针等。宏观目标一般超越了项目的范畴，是指国家、地区、部门或投资组织的整体目标。这个层次目标的确定和指标的选择一般由国家或行业部门负责。

（2）"目的"是指"为什么"要实施这个项目，即项目直接的效果和作用。一般应考虑项目为受益目标群带来什么，主要指社会和经济方面的成果和作用。这个层次的目标由项目和独立的评价机构确定，指标由项目确定。

（3）"产出"是指项目"干了些什么"，即项目的建设内容或投入的产出物。一般要提供项目可计量的直接结果。

（4）"投入"是指项目投入的资源和时间，"投入"是实现"产出"的前提，"产出"是"投入"的结果，而实际的"产出"是实现项目"目的"和"目标"的先决条件。

以上4个层次由下而上形成了3个逻辑关系。第一级是如果保证一定的资源投入，并加以很好的管理，则预计有怎样的产出；第二级是项目的产出与社会或经济的变化之间的关系；第三级是项目的目的对整个地区甚至整个国家更高层次目标的贡献关联性。

水平逻辑的目的是要衡量项目的资源和结果，确立客观的验证指标及其指标的验证方法来进行分析，水平逻辑要求对垂直逻辑4个层次上的结果做出详细的说明。水平逻辑关系由"验证指标"、"验证方法"和"重要外部条件"构成。

(1)"验证指标"采用客观、准确、公正的量化指标,必须抓住主要矛盾,突出重点指标,并与垂直逻辑关系的各层次一一对应,对于一些项目中难以直接量化的指标,可采用能够说明问题的间接量化指标。在后评估时一般每项指标应具有 3 个数据:原来预测值、实际完成值、预测和实际间的变化和差距值。

(2)"验证方法"是指主要资料来源和验证所采取的方法,主要资料通常是来源于项目计划、记录、报告、官方文件、统计资料以及项目受益者的反应,验证采取的方法为调查研究、资料分析等。

(3)"重要外部条件"是指达到项目的指标必须具备的重要外部条件,这些条件是项目各层次的目标实现的基础和依据,可能对项目的进展或成果产生影响,而项目管理者又无法控制。这种失控的发生有多方面原因,首先是项目所在地的特定自然环境及其变化,如地震、干旱、洪水、台风、病虫害等。其次,政府在政策、计划、发展战略等方面的失误或变化。第三个不确定因素是管理部门体制所造成的问题,使项目的投入产出与其目的、目标分离。

项目的外部条件很多,一般应选定其中几个最主要的因素作为重要的外部条件。通常项目的原始背景和投入/产出层次的重要外部条件较少;而产出/目的层次间所提出的不确定因素往往会对目的/目标层次产生重要影响;由于宏观目标的成败取决于一个或多个项目的成败,因此最高层次的外部条件是十分重要的。

建设项目后评估的主要任务之一是分析评价建设项目目标的实现程度,以确定项目的成败。建设项目后评估通过应用 LFA 来分析项目原定的预期目标、各种目标的层次、目标实现的程度和变化原因,用以评价项目的效果、作用和影响。

建设项目后评估 LFA 的客观验证指标一般应反映出建设项目实际完成情况及其与原预测指标的变化或差别。因此,在编制建设项目后评估的 LFA 之前应设立一张指标对比表,以求找出在 LFA 中应填写的主要内容。对比表见表 11-2。

表 11-2 项目后评估逻辑框架法指标对比示意

目 标 层 次	原预测指标	实际实现指标	变化和差距
宏观目标和影响			
效果和作用			
产出			
投入			

采用逻辑框架法进行建设项目后评估,有助于找出建设项目的关键因素和问题,从而确定建设项目后评估的重点评价内容、后评估的特点和项目特征,并在格式和内容上进行一些调整,以适应不同评价的要求。LFA 一般可用来分析项目的效率、效果、影响和持续性,进行目标评价、项目成败的原因分析、项目可持续性评价等。以下为应用 LFA 进行建设项目后评估的一个案例。

某水电站位于某流域的主要支流之一的上游,该地区是长江水系中洪涝灾害最为严重的河流和地区之一,工程以防洪为主,结合发电,兼顾灌溉、航运、供水、旅游等,是一个综合利用工程,该水电工程项目后评估的逻辑框架见表 11-3。

表 11-3 水电工程项目后评估的逻辑框架

项目目标	考核指标	检验方法	项目达到目标的条件
宏观目标： 流域防洪规划 水资源开发利用 改善农业生产条件 发展地方经济	下游防洪标准提高到17~20年一遇 流域防洪标准的提高 影响区国民经济及社会发展指标	项目前后情况对比 统计指标 实地调查	水库运行状况良好 与流域其他两座水库联合调度 工程防洪控制功能正常发挥 地区电网有足够的电力需求
项目目标： 防洪库容达到7.4亿立方米，为下游一镇两乡提供优质用水，自流灌溉下游农田，改善航运条件，进行发电，开展旅游	水库防洪调节水量 灌溉受益面积以及引水量，自流灌溉达8万多亩 河道航道和营运效应改变指标 水电站发电量，年均发电7.56亿千瓦时	项目初步设计报告 公司实测资料和记录 流域规划报告	水电工程建设如期完成，具备投入运行条件 建成后灌溉配套工程及时完成 流域上游来水及流域水库联合运行调度正常 公司组织管理及生产秩序正常 流域生态环境保护良好
项目产出： 水库工程 水电站及输变电工程 其他工程	完成的工程项目及工程量 工程年度进度指标和投资指标	工程竣工报告 工程验收资料	施工准备充分，如期开工 资金供应有保障 工程进度控制达到原定目标
项目投入： 资金投入 库区淹没损失 人员投入 项目组织管理机构	工程竣工决算投资额 水库淹没实物指标 参加设计、施工、监理等各方人员数量 项目组织管理有关机构	项目规划设计报告 项目开工报告 财务决算报告 统计资料 审计文件 政府及有关部门文件	项目得到批准 资金筹措计划得到批准并落实 建立完善、高效的项目组织管理机构 人员来源确定并能够发挥作用 征地和移民安置工作积极稳妥

11.3.2 对比法

对比分析的原则是在同度量基础之上的对比分析，目的在于找出建设项目实施中的变化和差距，从而分析出项目的成败及其原因，并提出改进的方法。通常有"前后对比"(before and after comparison)和"有无对比"(with and without comparison)两种。

"前后对比"是指将建设项目实施之前与建设项目完成之后的情况加以对比，以确定建设项目的作用与效益的一种对比方法。在建设项目后评估中，将建设项目可行性研究预测的建设成果、规划目标和投入、产出、效益和影响，与项目建成投产后的实际情况进行比较，从中找出存在的差别和原因。这种对比主要用于单项评价。

"有无对比"是将项目实际发生的情况与若无项目时可能发生的情况进行对比，以度量项目的真实效益、影响和作用。在应用"有无对比"方法对项目进行后评估时，关键在于分清楚建设项目作用的影响与建设项目以外作用的影响，剔除非项目的因素，对归因于项目的效果加以正确的定义和度量。这种对比用于建设项目的效益评价和影响评价，评价是通过对比实施项目所付出的资源代价与项目实施后产生的效果得出项目的好坏，是建设项目后评估的一个重要方法论原则。方法论的关键是要求投入的代价与产出的效果口径一致。也就是说，所度量的效果要真正归因于项目。由于无项目时可能发生的情况往往无法确定地描述，建设项目后评估中只能用一些方法去近似地度量项目的作用。理想的做法是在该受益范围之外找一个类似的"对照区"，进行比较和评价。

对比法需要收集和分析的数据和资料包括项目建设前的情况、项目建设前预测的效果、建设项目实际实现的效果、无项目时可能实现的效果、无项目的实际效果等。"有无对比"需要大量可靠的数据，最好有系统的项目监测资料，也可引用当地有效的统计资料。在进行对比时，先要确定评价内容和主要指标，选择可比的对象，建立比较指标的对比表，用科学的方法收集资料。以下为应用对比法进行建设项目后评估的一个案例。

某河流域生态系统恶化，于2001年8月开始实施治理工程建设，在上游地区实施水源涵养林建设保护和草地综合治理，保护源头流域生态环境。上游3年治理有效地改善了生态环境，减少了水土流失，防止了土地沙化和过牧，不仅保护了源头水源的涵养能力，同时治理还对社会和经济带来一定的影响。应用有无对比法对该工程项目的社会经济影响进行后评估。

(1) 采用人均GDP作为经济影响评价指标，预测和实际人均GDP见表11-4。

表11-4　某县预测和实际人均GDP数据

年　份	预测人均GDP/万元	实际人均GDP/万元	实际人均GDP增长率
1999	0.629 789	0.572 082	
2000	0.684 242	0.625 331	9.307 94%
2001	0.738 658	0.711 350	13.755 84%
2002	0.793 047	0.795 927	11.889 59%
2003	0.847 409	0.903 299	13.490 18%

(2) 对某县未建设该工程时期1990—2000年的人均GDP进行曲线拟合，分析出该地区人均GDP增长的曲线为

$$y = 108.86\ln(x) - 826.75 \tag{11-1}$$

式中　y——人均GDP(万元)；

　　　x——年份(从1999年开始预测)。

该县1999—2003年人均GDP对比曲线如图11.1所示。

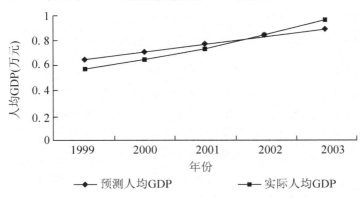

图11.1　某县1999—2003年人均GDP对比曲线

(3) 由图 11.1 看出，在 2001 年之前实际人均 GDP 比预测的要小，2002 年实际人均 GDP 比预测高了 0.36 个百分点，2003 年实际比预测的要高 6.6 百分点，相对于 1999 年增长了 57.4 个百分点，根据曲线趋势 2002 年之后实际人均 GDP 与预测的差值逐渐呈现增大趋势。由表 11-4 可知，1999—2003 年人均 GDP 的增长率都是正值，2000—2001 年的增长率比前一年增加了 4.4 个百分点，之后的几年增长率都在 10% 以上，平均为 13%。

(4) 分析结论：2001—2003 年生态工程实施以来，取得了比较好的经济效果，但由于时间较短，效果不是太显著。因为气候环境因素，植物生长速度都比较慢，需要经过几年的慢慢恢复，如调研时所见，经过 3 年的围栏封育草地比 1 年的草地不管从覆盖度、产草量还是种类都增加很多。从另一方面来说，由于退耕还林还草的项目实施，农民减少了经济收入。因此，近 3 年经济取得的效果是比较成功的，而且趋势比较乐观。

11.3.3　层次分析法

层次分析法（Analytical Hierarchy Process，AHP），是美国匹兹堡大学教授 A. L. Saaty 于 20 世纪 70 年代提出的一种系统分析方法，它综合了定性与定量分析，模拟人的决策思维过程，将主观判断系统化、数量化、模型化，具有思路清晰、方法简便、适用面广、系统性强等特点，是分析多目标、多因素、多准则的复杂大系统的有力工具。

应用层次分析法解决问题的思路是：首先，把要解决的问题分出系列层次，即根据问题的性质和目标将问题分解为不同的组成因素，按照各个因素之间的相互影响以及隶属关系自上而下、由高到低排列成若干层次结构，形成一个递阶的有序的层次结构模型。其次，对模型中每一层次每一因素的相对重要性，依据人们对客观现实的判断给予定量表示（也可以先进行定性判断，再予赋值量化），利用数学方法确定每一层次各项因素相对重要性次序的权值。最后，通过综合计算各层因素相对重要性的权值，得到最低层（方案层）相对于较高层（分目标或准则层）和最高层（总目标）的相对重要性次序的组合权值，以此进行方案排序，作为评价和选择方案的依据。

应用层次分析法进行建设项目后评估的基本步骤如下。

1. 根据建设项目后评估的指标体系建立层次结构模型

通过对问题的分析，建立一个有效合理的递阶层次结构，如图 11.2 所示。该层次结构一般包括目标层、目的层（或子目标层）和指标层。目标层是按照项目实施所要实现的总体目标进行排列，目的层是按照项目实施所要达到的具体目的进行排列，指标层是按照项目评价所涉及的各主要技术、经济等指标进行排列，指标层要素的选择一般遵循如下原则：①在系统中所起的作用较大；②具有典型的代表性；③易于观测、度量或感知；④各影响因素间相互独立，无显著相关关系。

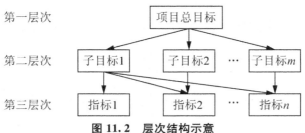

图 11.2　层次结构示意

2. 构造判断矩阵

对每一层次上各项要素的相对重要性进行判断，并根据权重排序。

设在某个层次上有 n 个要素，比较 n 个要素对同一目标的影响，每次取两个要素 b_i，b_j 进行比较，b_{ij} 表示要素 b_i 相对于要素 b_j 的重要性或权重值，判断矩阵为 $A=(b_{ij})_{n\times n}$，b_{ij} 数值的选取，应根据具体项目的特点或调查统计数据资料、专家或权威机构的意见以及决策者的认识进行综合平衡后参考 Saaty 的 1～9 标度法决定给出，见表 11-5。

表 11-5　比较尺度（1—9 标度的含义）

标　度	含　义
1	表示两个要素相比，具有相同重要性
3	表示两个要素相比，前者比后者稍重要
5	表示两个要素相比，前者比后者明显重要
7	表示两个要素相比，前者比后者强烈重要
9	表示两个要素相比，前者比后者极端重要
2，4，6，8	表示上述相邻判断的中间值
倒数	要素 b_i 与要素 b_j 的重要性之比为 b_{ij}，要素 b_j 与要素 b_i 的重要性之比为 $b_{ji}=1/b_{ij}$

3. 层次单排序

层次单排序即确定各目标层次中要素或指标对相邻上一层次的各要素或指标的优先程度，主要是计算判断矩阵 A 的特征根和它所对应的特征向量，来确定出相应各层次上的指标或要素单排序的权重值。取对应于最大特征根 $\lambda_{\max}$ 的归一化特征向量 $\{w_1,w_2,\cdots,w_n\}$，且 $\sum_{i=1}^{n}w_i=1$，w_i 表示下层第 i 个要素 i 对上层某要素影响程度的权值。

4. 一致性检验

在计算出层次单排序结果后，按照各指标或要素重要程度、优先次序对比的内在规律，检验判断矩阵是否满足以下条件：

（1）矩阵中对角线上的元素均为 1。

（2）矩阵中右上三角和左下三角对应的元素互为倒数。

（3）各指标优先次序的传递关系应满足 $b_{ij}=b_{ik}/b_{jk}$，k 为某层次，$\forall i,j=1,2,\cdots,n$。

如果判断矩阵满足上述 3 个条件，说明对各指标重要性的评分与评价决策准则没有矛盾，该判断矩阵是适当的，否则，必须对该矩阵进行调整。

对判断矩阵的一致性检验的步骤如下。

（1）计算一致性指标 CI：

$$CI = \frac{\lambda_{max} - n}{n - 1} \quad (11-2)$$

（2）查找相应的平均随机一致性指标 RI。对 $n = 1, \cdots, 9$，Saaty 给出了 RI 的值，见表 11-6。

表 11-6　随机一致性指标 RI 的数值

n	1	2	3	4	5	6	7	8	9
RI	0	0	0.58	0.90	1.12	1.24	1.32	1.41	1.45

（3）计算一致性比率 CR：

当一致性比率 $CR = \frac{CI}{RI} < 0.1$ 时，认为判断矩阵的一致性是可以接受的，否则应对判断矩阵进行适当修正。

5. 层次总排序及其一致性检验

计算同一目标层次上的不同指标或因素对投资项目总目标的优先次序，计算过程是从最高层到最低层逐次进行的。在分别计算出各子层次的排序问题后，得到同一最低层次的不同排序结果，按照它们对应子目标之间的关系，将相应排序权值对应相乘，即得到总目标的排序结果，如图 11.3 所示。

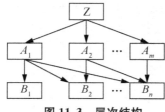

图 11.3　层次结构

在如图 11.3 所示的层次结构中，A 层 m 个要素 $A_1, A_2, \cdots, A_m$，对总目标 Z 的排序为 $a_1, a_2, \cdots, a_m$，B 层 n 个要素对上层 A 中要素为 A_j 的层次单排序为 $b_{1j}, b_{2j}, \cdots, b_{nj}$ ($j = 1, 2, \cdots, m$)，则 B 层的层次总排序为

$$B_1: a_1b_{11} + a_2b_{12} + \cdots a_mB_{1m} \quad (11-3)$$

$$B_2: a_1b_{21} + a_2b_{22} + \cdots a_mB_{2m} \quad (11-4)$$

$$\cdots$$

$$B_n: a_1b_{n1} + a_2b_{n2} + \cdots a_mB_{nm} \quad (11-5)$$

即 B 层第 i 个因素对总目标的权值为 $\sum_{j=1}^{m} a_j b_{ij}$。

设 B 层 $B_1, B_2, \cdots, B_n$ 对上层（A 层）中因素 A_j ($j = 1, 2, \cdots, m$) 的层次单排序一致性指标为 CI_j，随机一致性指标为 RI_j，则层次总排序的一致性比率为

$$CR = \frac{a_1CI_1 + a_2CI_2 + \cdots + a_mCI_m}{a_1RI_1 + a_2RI_2 + \cdots + a_mRI_m} \quad (11-6)$$

当 CR < 0.1 时，认为层次总排序通过一致性检验。到此，根据最下层（决策层）的层次总排序做出最后决策。

层次分析法作为一种定量化的分析方法，由于建设项目后评估往往涉及多种因素和指标以不同的方式共同作用、影响着项目总体的目标或某项效果，如项目的目标、前提条件

或约束、宏观政策、必须遵守的原则或准则、可供选择的技术方案、不同的评价指标等。各种指标的性质存在差异，表现形式也不完全一致，运用层次分析法可从系统的角度对项目总体效果给出一个全面、客观的评价。

在建设项目后评估中，层次分析法应用范围较广，可用于对项目的决策效果、经济效益、社会影响、环境影响、移民安置影响、可持续发展等方面进行评价。在评价中，常选用的指标或要素包括在财务效果方面评价项目盈利能力的指标、偿债能力指标、外汇平衡能力指标等；在国民经济效果方面评价项目国民经济可盈利能力指标、经济外汇平衡能力指标等；在社会效果方面评价项目经济增长指标、公平性分配指标、就业指标、技术进步指标、经济结构调整指标等；环境生态效果方面评价项目水土保持效果指标、生态结构指标、区域气候促进指标、耕地环境改善指标等；资源及可持续发展方面评价项目水资源开发效益指标、自然资源综合利用效果指标等；移民安置效果方面评价项目前期补偿效果指标、安置区基础设施建设指标、移民生产生活经济指标、环境影响指标、可持续性指标、后期扶持效果指标；项目风险方面评价项目投资风险指标、效益风险指标、技术风险指标等。

作为建设后评估的一种重要方法，层次分析法的主要优点如下。

（1）系统性。层次分析把研究对象作为一个系统，按照目标分解、比较判断、综合思维方式进行决策，是系统分析的一种重要工具。

（2）实用性。层次分析把定性和定量方法结合起来，能处理许多用传统的最优化技术无从着手的实际问题，应用范围很广。同时，这种方法将决策者与决策分析者之间建立了一种有效的沟通方式，增加了决策的有效性。

（3）简洁性。层次分析的基本原理较简单，基本步骤较明确，所得结果明晰，容易为决策者了解和掌握。

层次分析法的主要局限有以下几点。

（1）用于建设后评估时，它只能对原有方案进行评价，不能生成新方案，不能提出具体的对策。

（2）它的比较、判断直到结果都较粗略，不适于精度要求很高的问题。

（3）从建立层次结构模型到给出成对比较矩阵，人的主观因素的作用很大，这就使得决策结果带有决策者的主观意志，采取专家群体判断的办法是克服这个缺点的一种途径。

（4）应用层次分析法评价某一问题时，如随时间的变化，问题评价指标的重要性是动态变化的，需要重新构建判断矩阵，计算权重。

以下为应用层次分析法对某水电工程库区生态环境进行后评估的案例。

取库区的生态环境评价为最高层，表示要解决问题的目的，中间层取水文状况、植被状况、土地状况、气候状况、地貌状况，实现评价的具体因子为最低层。具体步骤如下。

（1）构建的层次分析模型如图11.4所示。

（2）参考环境评价方面的等级标准及相关专家文献，确定判断矩阵的指标。

（3）层次单排序计算。

（4）判断矩阵一致性检验。

（5）层次总排序计算。

（6）层次总排序一致性检验。

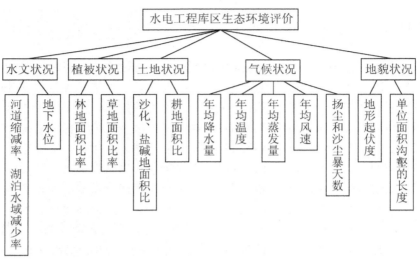

图 11.4　工程生态环境评价层次分析模型

（7）根据需要进行调整。

（8）对研究区进行生态环境后评估。

参考环境评价方面的等级标准以及相关资料，将每个评价因子（指标）划分为 5 个等级，每个等级的生态环境等级标准对应的分数和表征状态、指标特征见表 11－7。

表 11－7　生态环境等级标准

因子类型	生态环境评价指标	生态环境质量等级划分标准				
		Ⅰ(9)	Ⅱ(7)	Ⅲ(5)	Ⅳ(3)	Ⅴ(1)
气候	年均降水量/mm	≥1 200	1 200～600	600～250	250～100	≤100
	年均温度/℃	20～10	10～5	5～0	0～−5	−5～−10
	年均蒸发量/mm	<800	800～1 000	1 000～1 500	1 500～3 000	3 000～4 000
	年均风速/(m/s)	0～3.3	3.4～5.4	5.5～10.7	10.8～20.7	>20.7
	扬尘和沙尘暴天数/d	0	1～2	2～5	5～10	≥10
地貌	坡度/(°)	≤5	5～15	15～25	25～40	>40
	沟壑密度/(km/km²)	<0.5	0.5～1	1～1.5	1.5～2	2～2.5
植被	林地面积比率	≥40%	40%～30%	30%～15%	15%～5%	≤5%
	草地面积比率	≥75%	75%～50%	50%～25%	25%～10%	<10%
土地	沙化、盐碱地面积比	≤5%	5%～12%	12%～20%	20%～40%	>40%
	耕地面积比	≤3%	3%～6%	6%～9%	9%～12%	>12%
水文	河道缩减率、湖泊面积水域减少率	≥15%	15%～12%	12%～8%	8%～5%	<5%
	地下水位	≤30%	3%～5%	5%～7%	7%～10%	>10%

根据研究区 1987—1999 年的气象、水文、土地、植被、地貌变化资料，通过构建的模型计算得到的各类评价指标所属等级、评价值、分值、权重以及综合结果见表 11－8。

表 11-8　生态环境后评估综合结果

因子类型	生态环境评价指标	生态环境后评估综合结果：4.389				
		实际值	所属等级	评价值	权重	综合结果
气候	年均降水量/mm	424	Ⅲ	5	0.203 662	1.018 31
	年均温度/℃	3.8	Ⅲ	5	0.133 274	0.666 37
	年均蒸发量/mm	1 702	Ⅳ	3	0.060 165	0.180 495
	年均风速/(m/s)	3.4	Ⅱ	7	0.035 75	0.250 25
	扬尘和沙尘暴天数/d	16	Ⅴ	1	0.030 008	0.030 008
地貌	坡度/(°)	10.5	Ⅱ	7	0.017 69	0.123 83
	沟壑密度/(km/km²)	1.3	Ⅲ	5	0.035 385	0.176 925
植被	林地面积比率	22%	Ⅲ	5	0.032 943	0.164 715
	草地面积比率	47.9%	Ⅲ	5	0.065 897	0.329 485
土地	沙化、盐碱地面积比	5.08%	Ⅱ	7	0.091 861	0.643 027
	耕地面积比	22.5%	Ⅴ	1	0.015 328	0.015 328
水文	河道缩减率、湖泊面积水域减少率	0.32%	Ⅴ	1	0.175 764	0.175 764
	地下水位	3%～5%	Ⅱ	7	0.087 869	0.615 083

(9) 结果与讨论。通过层次分析法的应用，该区生态环境后评估综合判别结果为 4.389，根据表 11-9，可以得出结论。

表 11-9　生态环境评价综合判别指标特性

等级	分数	表征状态	指标特性
Ⅰ	9	理想状态	生态环境基本上未受到干扰和破坏，生态系统结构完整，功能较强，系统恢复再生能力强，生态环境问题不显著，生态环境灾害少
Ⅱ	7	良好状态	生态环境较少受到破坏，生态系统结构尚完整，功能尚好，一般干扰下可恢复，生态环境问题不显著，灾害不大
Ⅲ	5	一般状态	生态环境受到破坏，生态系统结构不稳定，功能受损较重，但尚可维持基本功能，受干扰后易恶化，出现生态环境问题，灾害时有发生
Ⅳ	3	较差状态	生态环境受到较大破坏，生态系统结构变化较大，功能不全，受干扰后恢复困难，生态环境问题较大，灾害较多
Ⅴ	1	恶劣状态	生态环境受到很大破坏，生态系统结构残缺不全，功能低下，退化性变化，恢复与重建很困难，生态环境问题很大，并经常演变成灾害

该区生态环境目前处于中等偏下的状况，已经受到一定程度的破坏而呈恶化趋势，处于生态环境能否逆转的关键时期，干旱的气候条件是导致该区生态环境恶化的基本因素，耕地所占比例大，水体所占比例小的状况加剧了该区生态环境的恶化。应加快该区生态环境的建设，做好退耕还林、还草的建设，减少因气候引发的灾害，并减少外因对生态环境的干扰。

11.3.4 因果分析法

一些项目建设周期较长,在建设过程中易受社会经济发展变化、国家政策等外部客观因素影响,以及项目执行或管理单位内部的一些主客观因素影响,导致项目实际的技术经济指标和可行性研究阶段以及勘察设计阶段预测结果发生一定的偏差,并对项目实施效果正在发生或已经发生较大影响。因此,在项目后评估时,需要运用因果分析方法及时发现问题、分析问题,提出解决问题的对策、措施和建议。即对造成变化的原因逐一进行剖析,分清主次及轻重关系,以便针对主要问题提出改进或完善的措施和建议。

因果分析可采用因果图的方式进行。因果图(Cause and Effect Diagram),又称鱼骨图(Fishbone Diagram),是由日本质量控制兼统计专家石川馨(Kaoru Ishikawa)教授发明的一种图解法,用以辨识和处置事故或问题的原因,如图11.5所示。因果图以图表的形式指出造成某种结果的各级原因之间的等级关系。在评价一个投资项目的工程质量或效益等方面的技术经济指标时,由于若干因素的共同作用,在项目的设计、施工建设、运营管理过程当中,使得实际指标与前评估阶段预期的目标产生一定的差距,以至于影响到项目实施的总体目标或子目标。在这些复杂的原因当中,由于它们又不都是以同等效力作用于实施效果或指标的变化过程,必定有主要的、关键的原因,也有次要的或一般的原因。在项目后评估中又不能对这些原因简单地一一罗列,必须从这些错综复杂的原因中整理出头绪,找出使指标产生变化的真正起关键作用的原因。因果分析图就是这样一种分析和寻找影响项目技术经济指标变化主要原因的简便有效的方法。

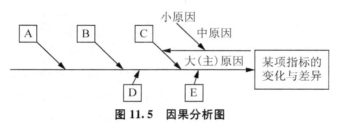

图11.5 因果分析图

说明:从项目中首先要找出或明确所要分析的问题或对象,并画一条从左至右的带箭头的粗线条作为主干,表示要分析的问题。在箭头的右侧写出所要分析的问题或指标。其中A、B、C、D、E为主要原因,在此基础上进一步划分次要原因。

因果分析图的绘制步骤与图中箭头方向恰恰相反,是从"结果"开始将原因逐层分解的,具体步骤如下。

(1)明确问题和结果。作图时首先由左至右画出一条水平主干线,箭头指向一个矩形框,框内注明研究的问题,即结果。

(2)分析确定影响该问题特性的大的方面原因,并对原因进行分类。将项目实施情况调查或考察中收集到的信息进行整理、分类。通常可按照问题的性质或属性进行分类,如人的因素、技术条件因素(评估方法及技术、勘测设计技术、工程技术条件、运营管理技术等)、环境因素(社会环境、自然环境、经济环境、相关政策法规环境等)、实施方法因素(项目管理方式及方法、招投标管理、投融资管理、施工管理、工程监理、审计监督、运营管理等方面)、设备及材料的因素(设备、材料的选型及质量保障等)。

（3）将每种大原因进一步分解为中原因、小原因，直到对分解的原因可以采取具体措施加以解决为止。

（4）检查图中的所列原因是否齐全，可以对初步分析结果广泛征求意见，并进行必要的补充及修改。

（5）选择出影响大的关键因素，做出标记"△"，以便重点采取措施。将通过对项目实地考察、调研或通过其他途径收集到的问题和情况以及项目评价专家组成员提出的问题和对原因的分析进行集中整理和分类。一般可以按照外部因素和内部因素两大类分，也可以按照项目管理的主要环节进行分类。例如，前期评估论证工作环节、立项审批程序环节、勘察设计环节、融资环节、项目招投标环节、工程建设实施及管理环节、建设资金使用情况、财务管理环节、竣工验收环节以及投产后运营管理环节等大原因进行分类，然后按照造成上述各环节变化的中原因和小原因依次罗列。其中，对于造成项目重大变化的，或对项目实施目标和效果产生重大影响的主要原因和核心问题加上突出的标记，便于作为重点分析评价的对象。

11.3.5 综合评价法

建设项目实施以后的效果应该是其综合性的表现，因此后评估需要分析项目的技术效果、经济效果、环境效果、社会效果等，对大型建设项目，还需要评价其政治效果（是否有利提高国家的国际地位、贯彻党和国家的各项政策、团结各民族）和国防效果（是否有利于巩固国防、防止敌对势力袭击）等。

综合评价方法是指运用多个指标对多个参评单位进行评价，也称为多变量综合评价方法，其基本思想是将多个指标转化为一个能够反映综合情况的指标进行评价。综合评价法是参照经济计算的定量指标，结合各种"非经济因素"描述的定性指标，集中专家和评价者的经验及智慧进行综合分析的评价方法，亦即从政治、社会、经济、技术、生态环境和风险等方面，运用系统工程的思想和方法，定性分析和定量分析相结合，对建设工程进行较全面和客观的描述和评价，在项目的各部分、各阶段、各层次评价的基础上，评价项目的整体效果，而不谋求某一项指标或几项指标的结果。评价范围包括由工程引起的从工程本身到社会经济系统和自然系统的各种直接的、间接的和潜在的变化、影响及后果。

综合评价法具有如下特点：评价过程不是逐个指标顺次完成的，而是通过一些特殊方法使多个指标的评价同时完成；在综合评价过程中，一般要根据指标的重要性进行加权处理；评价结果不再是具有具体含义的统计指标，而是以指数或分值表示参评单位"综合状况"的排序。

综合评价有两重意义：一是在各单项评价的基础上，谋求项目整体评价结果，二是将不同观察角度（如业主、承建商、当地民众、政府等）、不同价值观所得出的结论进行综合。目前国内外提出的综合评价方法已有几十种之多，但总体上可归为两大类，即主观赋权评价法和客观赋权评价法。前者多是采取定性的方法，由专家根据经验进行主观判断而得到权数，如层次分析法、模糊综合评判法等；后者根据指标之间的相关关系或各项指标的变异系数来确定权数，如灰色关联度法、粗糙集灰色聚类评价、TOPSIS法、主成分分析法等。

在进行建设工程项目后评估时，通常采取的综合评价程序如图 11.6 所示。

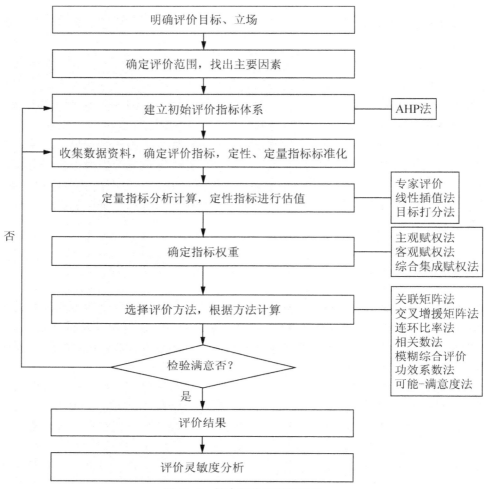

图 11.6 综合评价法评价程序

11.3.6 成功度评价法

建设项目后评估需要对建设项目的总体成功度进行评价，即项目成功度评价。成功度评价法是依靠评价专家或专家组的经验，综合各项指标的评价结果，对项目的成功度做出定性的结论。成功度评价是以逻辑框架法分析的项目目标的实现程度和经济效益分析的评价结论为基础，以项目的目标和效益为核心，所进行的全面系统的评价。

项目评价的成功度的测定标准可分为 5 个等级。

（1）完全成功。在进行建设工程项目后评估时项目的各项目标都已完全实现或超过。相对于其他要素而言，项目取得巨大的效益和影响。

（2）基本成功。在进行建设工程项目后评估时项目的大部分目标已经实现。相对于其他要素而言，项目达到了预期的效益和影响。

（3）部分成功。在进行建设工程项目后评估时项目实现了原定的部分目标。相对于其他要素而言，项目只取得了一定的效益和影响。

（4）大部分不成功。在进行建设工程项目后评估时项目实现目标的程度非常有限。相对于其他要素而言，项目几乎没有产生什么正效益和影响。

（5）失败。在进行建设工程项目后评估时项目的目标无法实现。相对于其他要素而言，项目完全失败。

建设项目后评估中的项目成功度法是通过成功度评价分析表来进行的，在项目成功度评价分析表中设置了建设项目后评估的主要评价指标。在进行具体的建设项目后评估时，要视具体情况评价其中相应的关键指标，而不是测定所有的指标。后评估者要根据评价对象的类型和特点，确定成功度评价分析表中的指标的重要程度，将它们分为"重要"、"次重要"、"不重要"3类，在表中第二栏（相关重要性）中填注。一般对"不重要"的指标不用测定，只需测定重要和次重要的指标，一般在建设项目后评估中实际测定的指标选在10项左右。

在建设项目后评估的指标测定时通常采用评分制，根据上述完全成功、基本成功、部分成功、大部分不成功、失败5个等级分别用A、B、C、D、E的符号来代表。通过建设项目后评估的指标重要性分析及后评估的各单项成功度的综合，可以得到建设项目后评估的总的成功度指标，也用A、B、C、D、E表示，填入表的最后一行的"建设项目后评估的总评"栏内。

建设项目后评估的成功度评价法使用的表格是根据建设项目后评估的任务、目的与性质确定的，为建设项目后评估设计的项目成功度评价分析见表11-10。

表11-10 建设项目后评估的成功度评价分析表

建设项目后评估的评价指标	相关重要性	评价等级	备注
（1）建设项目的宏观目标和产业政策			
（2）建设项目的决策及其程序			
（3）建设项目的布局与规划			
（4）建设项目的目标与市场			
（5）建设项目的设计与技术装备水平			
（6）建设项目的资源与建设条件			
（7）建设项目的资金来源和融资			
（8）建设项目的进展及控制			
（9）建设项目的质量及控制			
（10）建设项目的投资及控制			
（11）建设项目的经营			
（12）建设项目的机构和管理			
（13）建设项目的财务效益			
（14）建设项目的经济效益			
（15）建设项目的社会和环境影响			
（16）建设项目可持续			
建设项目后评估的总评			

11.3.7 社会调查法

社会调查就是人们按照一定的研究目的，通过运用各种科学的方法和经验研究手段，有步骤地实地考察有关的社会现象，收集大量的、具体的社会事实，在对这些资料进行定性和定量分析的基础上，探索社会现象发生、发展、变化的规律，达到认识社会、改造社会的目的。

社会调查收集资料的方法较多，一般需视建设项目的具体情况、后评估的具体要求和资料收集的难易程度选用适宜的方法，在条件许可时，往往采用多种方法对同一调查内容相互验证，以提高调查成果的可信度和准确性。社会调查法主要包括间接调查法、直接调查法、问卷调查等方法。

（1）间接调查法，是指调研人员通过各种媒体（互联网、报刊、杂志、统计年鉴、电视、广播、咨询公司的公益性信息等），对现成信息资料进行搜集、分析、研究和利用的活动。间接调查法一般包括查找、索讨、购买、交换、接收等具体的手段。

间接调查法的特点是获取资料速度快、费用省，并能举一反三。缺点是针对性较差，深度不够，准确性不高，需要采用适当的方法进行二次处理和验证。

间接调查法具有以下作用。

① 为直接搜集信息提供指导。在实地调研之前，应制订调研计划，明确调研目的，才能做到心中有数、有的放矢。而这些工作都必须根据已有的信息资料来推断。

② 对直接调查方法起弥补修正作用。在市场经济条件下，直接调查一般难以获取竞争对手的商业信息。但通过间接信息的统计推断可以对市场的整体情况进行估计和把握。甚至这些经过处理的信息还能替代实地调查的资料。

③ 鉴定、证明直接调查法所获资料的可信度。直接调研所取得的信息资料，由于受多种因素的影响，在搜集过程中容易出现某些差错。因而，分析人员可以通过间接获得的信息对比、鉴别、证明实地调研资料的可靠程度，并对其中明显的错误及时纠正。

间接调查法应遵循以下原则。

① 先易后难的原则。应先搜集那些比较容易得到的历史资料和公开发表的公益性信息资料，而对那些商业性信息和内部保密信息，只有在现成资料不足时才进一步搜集。

② 由近至远的原则。搜集信息应从最新的近期资料着手，然后采取追踪的办法逐期向远期查找。

③ 先内部后外部的原则。在间接搜集信息时，先从本企业、本行业或与本单位有业务往来关系的贸易伙伴着手，然后再到有关的单位与行业搜集有关的信息资料。

（2）直接调查法，就是将拟调查的事项，以面谈、电话或书面形式向被调查者提问，以获得所需资料信息的调查方法。

按照访问方式的不同，可将直接调查法分为面谈调查、电话调查、问卷调查、街头访问调查等。

① 面谈调查。面谈调查包括将专家请进来的座谈会调查和调查人员走出去的个人访谈。

面谈调查法的优点：当面听取被调查者的意见，可以全方位观察其本身的状况和对问题的反应；信息回收率高；谈话可逐步深入，获得意想不到的信息。

面谈调查法的缺点：调查成本高，调查结果受专家水平及调查人员本身素质影响较大。

② 电话调查。电话调查是指由调查人员根据抽样规定或样本范围，通过电话询问对方意见。

电话调查法的优点：可在短时间内调查较多样本，成本较低。

电话调查法的缺点：不易获得对方的合作，不能询问较为复杂的问题。

（3）问卷调查。问卷调查是一种应用较广泛的直接调查方式，它是通过设计调查问卷将调查意图清晰展现给被调查者的调查方式。

问卷调查的优点：调查成本低；能在短时间内使被调查者了解调查意图；由于问卷对每一问题往往设置选择项，节省了被调查者思考的时间；消除由于调查人员本身素质的差异造成的调查结果的误差；加强了调查工作的计划性和条理性。

问卷调查的缺点：有时回收率低；有时被调查人员不配合，影响调查人员的工作情绪。

设计问卷时应注意的问题：①问卷的内容不宜太多，问题应具有代表性；②问句应语义清楚，不能模棱两可；③每个问句后，最好有选择项供被调查人员判断；④问题要引起被调查者的兴趣，使其愿意回答问题。

11.3.8 预测法

预测是对尚未发生或目前还不明确的事物进行预先的估计和推测，是对事物将要发生的结果进行探讨和研究。预测的过程：从现在已知的情况出发，利用一定的方法和技术去探索或模拟不可知的、未出现的或复杂的中间过程，推断出未来的结果。

建设后评估中常用的预测方法如图 11.7 所示。

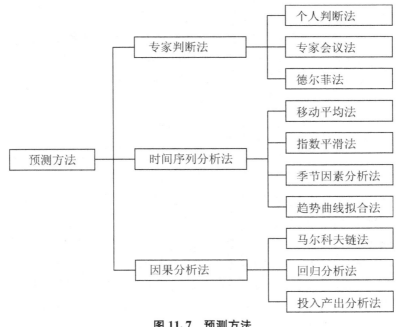

图 11.7　预测方法

德尔菲法，又称专家规定程序调查法。它由美国兰德公司在1964年开发并逐渐被广泛应用于许多领域。之所以以古希腊城市Delphi命名是因为其具有"集众人智慧"的意思。德尔菲法主要是由调查者拟定调查表，按照既定程序，以函件的方式分别向专家组成员进行征询；而专家组成员又以匿名的方式（函件）提交意见。经过几次反复征询和反馈，专家组成员的意见逐步趋于集中，最后获得具有很高准确率的集体判断结果。

德尔菲法具有以下两个特点。

(1) 匿名性。采用这种方法时，所有专家组成员不直接见面，只通过函件交流，就可以消除权威的影响。这是该方法的主要特征。

(2) 反馈性。该方法需要经过3～4个轮回进行信息反馈，在每次反馈中强调使调查组和专家组进行深入研究。最终结果能够基本反映专家的基本想法和对信息的认识，较为客观、可信。

德尔菲法的主要程序包括：①征询有关预测目标应预测的事件；②征询对事件的预测及理由；③征询修改后的预测及理由；④最后一次征询专家意见；⑤对专家意见进行统计分析。

本 章 小 结

建设项目后评估是指根据国家及其有关部门确定的基本建设项目的政策、法规以及该建设项目的实施过程，按照后评估相应的目的、程序及方法，经过系统的综合分析，对该项目的商业性（或社会性）、技术性、经济性做出客观的审核与判断，预测项目未来的发展前景，提出改进措施，总结经验与教训，并向有关部门反馈，用以改善该项目的管理，指导未来建设项目决策的活动。

通过本章学习，可以加深对建设项目后评估的目的和意义的理解，通过对后评估内容和方法的学习，初步具备编制建设项目后评估报告的能力。

习 题

思考题

(1) 为何进行建设项目后评估？

(2) 建设项目后评估如何做到公正、独立？

(3) 建设项目后评估公正性和可信性、实用性之间的关系如何？

(4) 建设项目的社会影响后评估需要考虑的内容有哪些？

(5) 建设项目的技术经济后评估内容中项目的技术、财务和国民经济影响之间有什么联系？

(6) 建设项目的可持续性后评估的研究范围主要包括哪些？

（7）采用逻辑框架法进行建设项目后评估的优点有哪些？
（8）应用"有无对比"方法对项目进行后评估时应注意哪些方面？
（9）应用层次分析法解决问题的思路是什么？
（10）层次分析法用于建设后评估时的应用范围、优缺点各是什么？
（11）因果分析法应用的具体步骤有哪些？
（12）应用综合评价法进行建设工程项目后评估时通常采取的程序是什么？
（13）项目评价的成功度的测定标准等级如何划分？
（14）如何提高社会调查法调查成果的可信度和准确性？
（15）建设后评估中常用的预测方法有哪些？

参 考 文 献

[1] 闫军印. 建设项目评估 [M]. 2版. 北京：机械工业出版社，2010.
[2] 何俊德. 项目评估：理论与方法 [M]. 2版. 武汉：华中科技大学出版社，2006.
[3] 何亚伯. 建筑工程经济与企业管理 [M]. 2版. 武汉：武汉大学出版社，2009.
[4] 王华. 建设项目评估 [M]. 北京：北京大学出版社，2008.
[5] 沈建明. 项目风险管理 [M]. 北京：机械工业出版社，2003.
[6] 谢亚伟. 工程项目风险管理与保险 [M]. 北京：清华大学出版社，2009.
[8] 黄明知. 国际土木水利项目风险与管理决策研究 [D]. 武汉：武汉大学，2001.
[9] 戚安邦. 项目评估学 [M]. 天津：南开大学出版社，2006.
[10] 丁赛华. 轨道交通车站布设方案的综合评价 [J]. 城市轨道交通，2009，12(7).